简明世界历史知识手册

武 寅 主编

A Handbook of Concise World History Knowledge

中国社会科学出版社

图书在版编目(CIP)数据

简明世界历史知识手册/武寅主编. —北京：中国社会科学出版社，2021.11

ISBN 978-7-5203-9071-2

Ⅰ.①简⋯ Ⅱ.①武⋯ Ⅲ.①世界史—手册 Ⅳ.①K1-62

中国版本图书馆 CIP 数据核字(2021)第 184135 号

出 版 人	赵剑英
责任编辑	宋燕鹏
责任校对	杨 林
责任印制	李寡寡

出　　版	中国社会科学出版社
社　　址	北京鼓楼西大街甲 158 号
邮　　编	100720
网　　址	http://www.csspw.cn
发 行 部	010-84083685
门 市 部	010-84029450
经　　销	新华书店及其他书店
印　　刷	北京明恒达印务有限公司
装　　订	廊坊市广阳区广增装订厂
版　　次	2021 年 11 月第 1 版
印　　次	2021 年 11 月第 1 次印刷
开　　本	710×1000 1/16
印　　张	27
字　　数	333 千字
定　　价	98.00 元

凡购买中国社会科学出版社图书，如有质量问题请与本社营销中心联系调换
电话：010-84083683
版权所有　侵权必究

编委会

主 编 武 寅

编 委 郭小凌 侯建新 刘北成 于沛

编写说明

一、本书以武寅主编《简明世界历史读本》知识体系为框架，收录相关基本历史知识，为中级以上文化水平的读者提供一本简明扼要的世界历史知识手册。

二、本书包括世界历史名词、世界历史年表两部分。其历史知识涵盖范围包括基本历史理论范畴与自人类起源至1949年的世界历史。

三、本书突出简明扼要特点，以通俗易懂的语言概述世界历史基本知识。名词部分以朝代名、国名、政治事件、政治制度、经济制度、法律制度、军事制度、民族与对外关系、历史地理、科技思想文化、书名、人名为基本内容。其中国名、政治事件比较多的，又按时间排列；书名按经史子集顺序排列；人名按生年顺序排列，生年不详的用卒年排列，生卒年都不详的，按其主要活动时间和领域与相关人物排列在一起；书末附有按汉语拼音顺序排列的名词索引，以方便读者查阅。

四、因本书受编纂结构和篇幅限制，所收内容体系尚不完整，词目取舍详略或有不当，祈请读者鉴谅并惠予指正。

目　　录

名词解释……………………………………………………… 1
　上古部分 …………………………………………………… 1
　中古部分 …………………………………………………… 108
　近代部分 …………………………………………………… 215
　现代部分 …………………………………………………… 276

世界历史年表………………………………………………… 381

参考书目……………………………………………………… 421

名词解释

上古部分

第一章 史前时代

1. 南方古猿

迄今可以确定的从猿到人过渡期间的生物,被认为是从猿到人转变的第一阶段。其化石最早于1924年在南非汤恩被发现,是一个幼儿头骨,之后化石发现于东非和南非的上新世和早更新世地层中,生存年代距今420万—100万年前。南方古猿的体质特征和人类接近,可以使用天然工具,能两足直立行走,脑容量约500毫升,可能已有运用语言的能力。已发现的南方古猿可以划分为非洲种(又称纤细种)、粗壮种、鲍氏种和湖畔种等。古人类学家一般认为,人类正是从南方古猿的一支或若干支脱胎而来,目前有较多可能性的是南方古猿阿法种。

2. 露西

南方古猿阿法种中最著名、最具代表性的化石,生活于距今约318万年前。由D. C.约翰逊等人于1974年在埃塞俄比亚阿法尔谷底哈达尔发现。发现时全身骨骼保存达40%,是一个20多岁的女性,根据骨盆情况推测生过孩子,脑容量只有400毫升。约翰逊等对这具骨架研究后，将其定名为南方古猿阿法种，认为阿法种是南方古猿非洲种和能人的共同祖先。一支由阿法种演化成南方古猿非洲种再到粗壮种；另一支由阿法种演化成能人、直立人再到智人。但人类学界对这些论点还有不同意见。

3. 能人

意即能够制造工具的人，是最早的人属（或最早的人类）成员。化石最早由利基夫妇于1960年在坦桑尼亚的奥杜威峡谷发现。1964年，该化石被命名为人属能人种。其生存年代距今240万—170万年。他们的头骨相对较薄，锁骨与现代人相似，手骨和足骨比现代人粗壮，脑容量大约为680毫升，已经能够制造工具，甚至可能已有初步的语言。

4. 直立人

生活在非洲、欧洲和亚洲的古人类，中国学者习惯上称为猿人。一般认为直立人起源于非洲。其化石最早是1890年在印度尼西亚发现的爪哇猿人。生存年代距今170万年或150万年至30万年或20万年，之后在欧、亚、非三洲均有发现。直立人的特征是头骨扁平，骨壁厚，眶上脊粗壮；脑容量大约从800毫升到1200毫升，平均身高为160厘米；下肢结构与人类十分相似，大腿骨接近现代人，行走的姿势已很完善。欧洲著名的直立人有德国的海德堡人；非洲著名的直立人有肯尼亚的KNM-ER3733号人、坦桑尼亚奥杜威峡谷的OH9号人；亚洲的直立人化石主要集中在中国，目前已发现并定名的有元谋人、北京人、蓝田人、和县人等。

5. 早期智人

中国学术界曾叫作古人，早期智人的化石最早是1856年在德国杜塞尔多夫发现的尼安德特人。生活于距今25万—4万年前。之后化石在亚、非、欧三洲有多处发现。其体质形态已和现代人接近，但仍带有一些原始特点，如眉脊发达、前额低斜、鼻部扁宽、颌部前突等，脑容量约为1350毫升，体质形态的地区差异也凸显出来。亚洲著名的早期智人有中国山西丁村人、广东马坝人、湖北长阳人等；非洲著名的早期智人有赞比亚的布罗肯山人等。

6. 晚期智人

也称为现代智人，中国学术界曾叫作新人。晚期智人的化石最早于1868年在法国克罗马农发现，之后化石广泛发现于欧、亚、非三大洲和大洋洲，生存年代距今5万—1万年。其体质形态和现代人大致相同，眉脊减弱，颅高增大，颌部退缩，下额明显，脑容量平均为1400毫升以上。会制造磨光的石器和骨器，已学会钻木取火。晚期智人出现的时候，现代人种也形成了。欧洲著名的晚期智人有法国的克罗马农人；亚洲著名的晚期智人有中国的广西柳江人、四川资阳人、北京山顶洞人等；非洲著名的晚期智人有南非的弗洛里斯巴人、边界洞人，坦桑尼亚的加洛巴人，埃塞俄比亚的奥莫人等。

7. 人种

是具有共同遗传体质特征的人类群体。在晚期智人出现的同时，现代人种也形成了。目前，划分人种比较通用的是三分法和四分法。三分法是把晚期智人分为蒙古人种或亚美人种，简称黄种人；赤道人种或澳大利亚尼格罗人种，简称黑种人；欧罗巴人种或高加索人种，简称白种人。四分法是把南亚、大洋洲及太平洋岛屿的土著居民即澳大利亚尼格罗人种中的澳大利亚人种单列出来，简称棕种人。不同人种的特殊遗传体质特征究竟是如何产生的，目前缺乏可靠的说明，相对比较合理的解释是地理环境的外因与基因变异的内因的相互作用。各人种之间只有肤色、发型、眼睛、鼻型、身材比例等外部形态上的某些差异，并没有本质上的差异和智力上的优劣之分。

8. 旧石器时代

远古人类采用打制办法制造石器的时代，距今 250 万—约 1 万年前。旧石器时代早期（约 200 多万年前—20 万年前），大致相当于早期猿人和晚期猿人的阶段，这一时期的石器多是一些用石英、石英岩、熔岩、燧石等打制成的石片和石核，作为切割、刮削和砍砸之用。此外，人类还学会了用火。火的使用，使人们变生食为熟食，缩短了食物的消化过程，有利于人类体质的发展，火还可供原始人御寒取暖、防御野兽的袭击，因此用火在人类历史的发展上具有很重要的意义。中期（约 20 万年前—5 万年前）相当于早期智人阶段，出现了用石片做的尖状器和半月形的刮削器，骨器也在这一时期出现。晚期（约 5 万年前—1 万年前）相当于晚期智人阶段，已经能制造简单的复合工具，此时人类开始进入氏族社会。旧石器文化以非洲坦桑尼亚的奥杜威文化、欧洲法国的阿舍利文化为代表。

9. 中石器时代

旧石器时代向新石器时代的过渡阶段。距今 15000—10000 年，中石器时代技术发展的主要标志是弓箭的发明，它的发明和使用，促进了狩猎经济的发展。目前所知的人类最早使用的弓发现于德国北部汉堡附近的斯坦尔莫，年代约为公元前 8500 年。中石器时代的另一项成就是开始驯养家畜，最早被驯养的是狗，狗成为猎人打猎时的有力助手，在当时人类的狩猎生活中起着重要的作用。中石器文化，在欧洲南部以法国、西班牙的阿齐尔文化为代表（公元前 9000—前 8000 年）；北部以马格尔莫斯文化（公元前 6000 年）为代表，其分布范围是从波罗的海向西跨西北欧到英国。

10. 新石器时代

以使用磨制石器为标志的人类物质文化发展阶段。传统的观点是将磨制石器、制陶术、农业和畜牧业，作为新石器时代的四个基本要素和新石器时代开端的标志。新石器时代开始于距今10000年左右，结束于距今5000—4000年。新石器时代早期距今10000—7000年，中期距今7000—5000年，晚期距今5000—4000年。世界各地进入新石器时代的年代和延续时间不尽相同，西亚和中国在10000年前就进入新石器时代，欧洲在5000年前进入新石器时代。其结束的年代也不一致，如太平洋的某些岛屿，北美北极地带等土著人现在仍处在新石器文化阶段。比较著名的新石器时代文化遗址有中国仰韶文化和红山文化、欧洲希腊的克里特文化等。

11. 农业的产生

人类历史上的一次巨大革命。这场革命被称为第一次农业革命或新石器革命。农业的产生得益于旧石器时代的采集经济。人们在长期的采集实践中，逐渐认识和掌握了某些可食用植物的生长规律，从而学会了如何栽培农作物，发明了农耕。由于世界各地区经济发展的不平衡，农耕出现的时间很不一致。原始农业的发生地有四个中心，即西亚、西非、东亚和中南美洲。西亚（现今叙利亚、伊拉克、土耳其国土上）是最早的农业发源地，年代可推至公元前9000年以后，首先成功栽培出大麦、小麦、扁豆、豌豆等作物。西非地区（今尼日利亚）的人们在公元前8000年左右成功栽培甘薯、黑豆和秋葵。中国长江流域与黄河流域的居民在大约公元前6500—前5500年栽培出稻谷、芥菜、粟（谷子）、黍子、大豆等作物，可能独立驯化了猪和鸡。美洲中部及中南部的印第安人则在约公元前4000年独立栽培出玉米，之后又培植出马铃薯、花生、番茄、辣椒等谷物与蔬菜。农业的产生，使人类的经济从旧石器时代以采集为主的攫取性经济转变为以农业为基础的生产性经济，为人类进入较稳定的定居生活和人口的增长提供了条件，极大地促进了人类文明的诞生。

12. 畜牧业

起源于新石器时代原始畜牧业取代狩猎经济的革命。在原始狩猎经济的基础上，人们将一些易于驯服的动物与野生种隔离开来，把它们驯养成家畜，从而产生了畜牧业。根据考古资料，早在中石器时代，狗和绵羊就被人们驯养了。但此时驯养的动物在骨骼形态上与野生种没有多大区别。真正的畜牧业是在新石器时代随着农业和定居生活的出现开始的。据现有资料可知，伊朗西部是最早饲养绵羊和山羊的地区，土耳其和希腊是最早饲养猪、牛的地区。距今7000年前，中国河姆渡的居民已经饲养猪、狗等家畜。乌克兰草原是最早养马的地区，时间约在公元前4000年。南美印第安人则驯养了骆驼和羊驼。畜牧业的产生，使人类的经济从旧石器时代以狩猎为主的攫取性经济转变为以饲养为基础的生产性经济，为人类进入较稳定的定居生活和人口的增长提供了条件，极大地促进了人类文明的诞生。

13. 农村公社

以地域关系结合起来的统一体，又叫村社或土地公社，它是以公有制为基础的社会向以私有制为基础的社会的过渡。农村公社具有两重性，一方面它保留着公有制，耕地、森林、牧场等均属公有，但耕地定期分配给各个家庭使用，以个体家庭为单位进行生产；另一方面，它却存在并发展着私有经济，生产工具、牲畜、农产品、房屋及房屋附近的小块土地，都是个体家庭的私有财产，而且随着生产力的发展，私有的成分越来越大。此外，农村公社还保留一些民主制度，重大事情由全公社的成员开会决定，但其管理机构已逐渐被脱离人民的富裕分子所把持，总之，农村公社是原始社会向阶级社会过渡的一种新型的社会组织形式。随着社会生产力的发展和阶级社会的形成，公有制进一步被破坏，农村公社便解体了。但在某些地区，农村公社在奴隶社会和封建社会中仍长期存在。

14. 氏族

原始社会中以共同血缘关系结合而成的一种血族团体，产生于旧石器时代中晚期。氏族是社会的基本经济单位，其成员出自一个共同的祖先，实行生产资料公有，集体劳动，平均分配，没有剥削和阶级，成员都处于自由、平等的地位。公共事务由选举的氏族长管理，重大事情由氏族成员会议决定。氏族先后经过母系氏族、父系氏族两个阶段，大约在铜石并用时代由于私有制的发展而解体。

15. 部落

民族共同体发展中的一种历史类型。由同一血缘的两个以上的氏族或胞族组成，形成于原始社会晚期（即旧石器时代的中期和晚期）。有较明确的地域、名称、方言、宗教信仰和习俗，有由氏族酋长和军事首领组成的部落议事会，部分部落还设最高首领。美国民族学家摩尔根在《古代社会》中对处于母系制阶段的印第安人部落形态做过详细记述。古希腊荷马时代，部落已建立在父系制基础之上，有作为常设权力机关的议事会和掌握军事指挥、祭祀、审判等权的军事首长（巴赛勒斯）。古罗马王政时代，每一部落须由10个库里亚（胞族）构成，并设元老院、人民大会和勒克斯（王）。进入原始公社后期，因战争的日益频繁，最终导致了血缘联系逐渐被地域联系所取代，出现了由若干部落的解体并结合而成的部落联盟，成为原始公社瓦解的开始和新的民族共同体部族或民族出现的前提。

16. 部落联盟

原始社会后期形成的部落联合组织，通常由若干近亲或近邻部落组成，结成联盟的主要目的在于共同合作出征或自卫等军事行动。中国古代也曾出现过这样的部落及部落联合组织，据《史记·五帝本纪》记载，黄帝在同炎帝和蚩尤作战时，曾训练熊、罴、貔、貅、䝙、虎6种野兽参加战斗，实际上这是用6种野兽命名的6个氏族，它们组成一个部落联盟。黄帝为有熊氏，说明熊氏族在这个联盟中居于首领的地位。部落联盟可以是血缘或近亲关系部落之间的联盟，也可以是不同部落之间的联盟。这为后来国家的出现准备了条件。

17. 对偶婚

原始社会时期，不同氏族的成年男女双方，在或长或短的时间内实行由一男一女组成配偶，以女子为中心，婚姻关系不稳固的一种婚姻形式。又称对偶家庭。由普那路亚家庭发展而来，产生于蒙昧、野蛮时代之交，存在于野蛮时代。对偶婚的产生"是氏族组织的结果"。氏族的产生和发展导致普那路亚集团范围的缩小，氏族内部禁止通婚的惯例，随着氏族人口的不断发展，分支增多而日益复杂，使普那路亚婚越来越不可能，而终于被对偶婚所排斥。对偶婚可划分为望门居、妻方居、夫方居三个阶段。从妻居的母权制是对偶婚的典型形式，建立在对偶婚基础上的两性组织形式是对偶家庭。其特点是男女对偶结合短暂，不稳定，男女双方仍分属各自的氏族，对偶家庭本身很脆弱，没有独立的家庭经济，没有成为社会的基本细胞。包括几个对偶家庭的母系大家族是社会的基本组织，实行原始共产制经济。对偶家庭已具有一夫一妻制家庭的若干特征。当从妻居发展为从夫居，可以同时确知生母和生父，就为一夫一妻制家庭的产生准备了条件，再向前发展则为一夫一妻制婚。当今世界的某些民族中仍存在对偶婚残余，新中国成立前，中国云南永宁地区部分纳西族及傣、佤、独龙等族的部分人亦尚存此残余。

18. 血缘家族

人类的第一个社会组织形式。在血缘家族中，婚姻按班辈划分，所有的兄弟姊妹，包括从兄弟姊妹之间都互为夫妻，而亲子之间的婚姻则被禁止。一个血缘家族就是一个集体、一个公社。其存在的时间大致相当于旧石器时代早期和中期。这种社会组织是19世纪美国学者摩尔根根据夏威夷人的亲属称谓提出的设想，但在考古材料中还没有得到实际的例证，所以有些学者不同意摩尔根的推论。

19. 安灵崇拜

可能是人类最早出现的原始宗教形式。原始人认为人死后他的灵魂还活着，因此他们把一些动物、小饰物、工具与死者一起埋葬，即安灵崇拜。旧石器时代中期的尼安德特人便已产生按一定规则埋葬死者的习惯，包括在死者身边置放少量物品。这可能意味着尼安德特人已初步形成对超出肉体之外的灵魂和精灵的迷信。在旧石器时代晚期，这种迷信明确化，旨在安抚与尊崇死者灵魂的殉葬成为较普遍的现象。

20. 自然崇拜

人类最原始的一种宗教信仰形式，大约产生于新石器时代。由于当时生产力水平十分低下，原始人对自然现象并不理解，对许多自然物和自然力既有所依赖，又有所畏惧。他们把自然物和自然力看作具有生命、意志及能力的对象加以崇拜，各原始民族对自然的崇拜往往因周围自然环境和生产力水平的不同而有差异。在所有自然崇拜中，以太阳崇拜最为流行。

21. 图腾

氏族的徽号。"图腾"一词源于北美印第安人奥季布瓦族方言 totem 的音译，意为"他的亲族"或"他的氏族"。原始人相信各氏族与某种动植物或某种无生物具有特殊的亲缘关系，故将该自然物视为本氏族的祖先或保护神，而加以崇拜。氏族往往以它命名，即成为本氏族的图腾。在现实生活中，图腾是祖先的象征，神圣不可侵犯，只在特殊情况下，举行一定的宗教仪式，才能食用。

22. 图腾崇拜

人类原始社会最早的一种宗教信仰现象，约产生于旧石器时代晚期。"图腾"为北美印第安人奥季布瓦族方言 totem 的音译，意为"他的亲族"或"他的氏族"。原始人类不能正确认识自然，因而把某种在经济上与自己有密切关系的动物或植物当作自己的亲属，认为它和自己有着共同的血缘关系，或认为氏族一切成员起源于某种动物或植物，而对它表示崇拜，氏族也往往以它命名。这种宗教崇拜即图腾崇拜。

第二章　古代埃及

1. 塞姆—哈姆语系

分布于北非和西亚的一个主要语系，包括阿拉伯语、希伯来语、豪萨语和阿姆哈拉语等主要语言。使用人口近 2 亿。通常分为以下 5 个语族：闪米特语族、埃及—科普特语族、柏柏尔语族、库施特语族和乍得语族。其特征是一种屈折语，辅音除了有清辅音和浊辅音外，还有一种重辅音，是在口腔后部和喉腔形成的。动词有人称前缀，有格和性的区别，但比印欧语系简单，词根基本由辅音组成。

2. 巴达里文化

古代埃及新石器文化遗址之一，因发现于上埃及的巴达里村而得名，距今约 4500—4000 年。巴达里文化的居民定居于村落，种植大麦与小麦，饲养绵羊、山羊，也从事渔猎，但手工业已不再为简单的石器制作，已有陶器和铜制装饰品。从房屋遗址和遗迹来判断，巴达里人建筑了圆形或次圆形的周边底部凹陷的茅舍，并身着兽皮或亚麻制的衣物。在该文化遗址中发现了一些裸体的妇女小雕像，用象牙和陶土制作而成，并且妇女的墓一般比男子的墓大一些，由此推断埃及在这一时期还处于母系氏族公社阶段。

3. 涅伽达文化

埃及史前文化时期遗址之一，因发现于埃及南部的涅伽达而得名。共分为两个时期，其中涅伽达文化Ⅰ期又称为阿姆拉特文化（公元前4000—前3500年）；涅伽达文化Ⅱ期又称为格尔塞时期（公元前3500—前3100年）。涅伽达文化处于埃及由原始社会向阶级社会过渡的时期，前段属原始社会末期，后段已建立若干奴隶制小国，在埃及史上有前王朝时期之称。涅伽达文化时期石器和陶器制作日精，对外贸易发展，铜器逐步增多，人工灌溉逐渐发达。这时村落转变为市镇，出现了最早的埃及文字、王族墓葬及国王权标，表明国家形成。当时涅伽达和耶拉孔波利斯相继为埃及南部最大的城镇和政治中心。涅伽达文化与西亚两河流域（美索不达米亚）有较多接触，表明这两处人类文明摇篮在文明开始时期联系密切。

4. 诺姆

古代埃及各地出现的最早城邦国家形式。古希腊人称之为"诺姆"，埃及人自称为"斯帕特"，汉译为"州"或"州国"。当时在埃及共有40多个诺姆，面积不大，人口不多，大都是从部落或者部落联盟转变过来的，是一种城邦式的国家。各诺姆都有一个处于交通要道上的城市，城内设有政府机关、王宫、神庙等国家机构。其最高统治者称为"阿塔兹"，拥有军事、行政、司法和祭祀大权。各诺姆之间为争夺土地、奴隶、财富和水源等经常发生战争，互相兼并。

5. 纳尔迈调色板

埃及著名文物。发现于埃及希拉康波里，属于早王朝第一王国时期文物，是一块盾形石板，高63厘米，两面雕刻着纪念国王纳尔迈统治的画面。调色板的正面，纳尔迈头戴白冠，右手高举权标，左手抓起跪在地上的敌人的头发。在国王的脚下，还有两名敌人正在狼狈逃窜。调色板的反面，纳尔迈头戴红冠，和他的随从一起巡视战场。他们的前面，横躺着10具被斩首的敌人的尸体。反面最下部分，象征着国王的公牛攻破了设防的城市，正在践踏着企图逃窜的敌人。调色板最引人注目的是，正面的纳尔迈戴的王冠是代表上埃及的白冠，反面戴的王冠，则是代表下埃及的红冠，红白两冠戴于一身，这在日后的埃及历史上一直都是表示全国统一的标志，而且有时两冠合一，被称为红白王冠。调色板被认为是纳尔迈统一上下埃及的实证。有些学者认为纳尔迈就是埃及第一王朝的建立者美尼斯，画面刻画了他为统一上下埃及而进行的战争。

6. 青铜时代

以使用青铜器为标志的人类文化发展的一个阶段，又称青铜器时代或青铜文明。青铜是铜与锡的合金，熔点较铜低，质地较铜坚硬，是制作工具与武器的良材，远胜先前的铜器与石器。根据考古发现，青铜器最早出现在西亚两河流域与伊朗南部，时间是公元前3000年代中叶。公元前3000—前2000年之交，青铜文化相继传至今叙利亚、巴勒斯坦和埃及等地区。青铜时代初期，青铜器具比重较小，甚或以石器为主；进入中后期，比重逐步增加。自有了青铜器和随之的增加，农业和手工业的生产力水平提高，物质生活条件也渐渐丰富。青铜出现后，对提高社会生产力起了划时代的作用。

7. 铁器时代

以使用铁器为标志的人类文化发展的一个阶段。当人们在冶炼青铜的基础上逐渐掌握了冶炼铁的技术之后，铁器时代就到来了。它以能够冶铁和制造铁器为标志。铁器与其他金属相比，具有资源丰富、价格便宜、质硬和耐磨损等优点，所以它的使用价值更大、范围更广。不同地区进入铁器时代的时间有所不同，世界上最早进入铁器时代的是两河流域北部的赫梯王国，在公元前1400年左右。欧洲铁器时代是从公元前1000年代初的哈尔施塔特文化开始的。中国商代中、晚期人们已对铁有所认识，商代藁城台西遗址和平台刘家河商墓中，发现过刃部用陨铁锻制的铜钺。掌握冶铁技术并使用铁器是在春秋中后期。非洲南部和撒哈拉地区，直到公元前1世纪才进入铁器时代。这表现了生产工具质料的发展和历史进程的不一致性。

8. 法老

古埃及对国王的尊称。它是埃及语的希伯来文音译，意为大房屋或国王的神庙住所，有神化君主之意。在古王国时代仅指王宫，并不涉及国王本身。新王国第十八王朝图特摩斯三世起，开始用于国王自身，并逐渐演变成对国王的一种尊称。第二十二王朝以后，成为国王的正式头衔。我们习惯上把古埃及的国王统称为法老。法老作为奴隶制专制君主，掌握全国的军政、司法、宗教大权，其意志就是法律，是古埃及的最高统治者。法老自称是太阳神阿蒙—拉神之子，是神在地上的代理人和化身。

9. 维西尔

又译作维吉尔。古埃及语为特提，维西尔是现代埃及学者引用阿拉伯语的一个词，中国将其译为宰相。维西尔是由国王任免的。古王国时期负责掌管行政、司法、经济、神庙等事务，也负责担任世俗法庭在中央的最高法官。该职位在新王国时被一分为二，其中之一主管上埃及和努比亚的事务，另一个分管下埃及和西亚的事务。前者权力较大，国王不在时可代行朝政。其职责范围包括行政、经济、司法、宗教、土地诉讼、分家析产、灌溉、遗嘱、农事、赋税等。但其主要使命仍是执行法老的指令，是法老专制统治的工具。

10. 金字塔

古代埃及法老的一种坟墓形式，因其形似汉字的"金"字，中国人称之为"金字塔"。金字塔的建造始于第三王朝第一个法老乔赛尔，第四王朝第一个法老斯涅弗鲁时期是从层级金字塔向真正角锥体金字塔转变的时期，最大的金字塔是第四王朝的胡夫法老时修建的。古埃及的金字塔现存约80座，起自第三王朝，止于第二中间期（新王国时期王墓不再用金字塔的形式，而是采用了岩墓的形式），它们分布于孟斐斯附近尼罗河西岸。金字塔是古埃及文明的象征，是古埃及人民智慧的结晶。但是金字塔的修建加重了人民的负担，耗费了国家的人力和物力，加剧了国内的阶级矛盾，削弱了君主专制的力量。

11. 喜克索斯人

古代亚洲西部的一个混合民族，可能由塞姆族的部落以及部分胡里特人和其他印欧族的人混合而成。在古代埃及第二中间期，他们借埃及政局混乱之机，携带硬弓、利箭和长矛，乘坐马拉战车，一批批侵入富饶的三角洲。形成盘踞势力后，喜克索斯人于公元前1720年自立王朝，建都于三角洲东部的阿瓦利斯。喜克索斯人文化落后，在埃及推行武力统治政策，屠杀居民，焚毁城市，毁坏神庙，征索贡赋，派兵驻守各地。喜克索斯人统治下埃及约150年，历经第十五、十六两个王朝，南部埃及也曾一度臣服。这是埃及历史上第一次遭遇外族的长期统治。但喜克索斯人的统治范围不仅包括埃及大部，而且还包括西亚的一部分地区。因此，喜克索斯人的统治在客观上对埃及和西亚的交往起了沟通作用。

12. 哈特舍普苏特

古埃及第十八王朝的第六位法老，公元前1479—前1458年（一说公元前1503—前1482年）在位22年。30岁那年，她的丈夫图特摩斯二世去世，王位继承人图特摩斯还不到12岁，哈特舍普苏特自然就成了摄政王，在"垂帘听政"了3年后，她索性宣布自己是法老。为避免图特摩斯的威胁，把图特摩斯安排到阿蒙神庙里当祭司。任命两个阿蒙神庙的大祭司为主要幕僚。在位期间中断了图特摩斯一世以来为征服亚洲进行的远征而转行和平贸易外交，特别注重与非洲的贸易，执政的第九年派遣的蓬特交易船，是那一时代的代表性活动，同古莱塔的贸易也活跃起来。在底比斯西岸的提埃尔巴哈利营造壮丽的葬祭殿，乘卡纳克神庙的扩大，供献方尖塔。为强行即位和变更对外政策，在政治中枢安插了孙谟特（据说为女王情夫）等忠实亲信。随着图特摩斯三世的成人，这些亲信相继失宠。不久，女王的身影也消失了，但她究竟是自然而死还是被暗杀，或是退位，尚不得而知。

13. 图特摩斯三世

古埃及第十八王朝法老（公元前1504—前1450年在位），公元前1458年前，哈特舍普苏特掌握着埃及的实权，图特摩斯三世被安排到阿蒙神庙里当祭司。从公元前1458年起，图特摩斯三世进行连续不断的战争，收复了西亚失地。约公元前1445年，图特摩斯三世打败了米坦尼国王，夺占米坦尼王国位于幼发拉底河西岸的土地。经过长期的征服，埃及南部的边界扩展至尼罗河第四瀑布，北临小亚细亚。为了巩固新征服地区的统治，图特摩斯三世在西亚驻扎精悍的军队，并派驻总督进行治理，同时也利用当地土著王公进行统治。他还将大批战利品奉献给阿蒙神庙，助长了阿蒙僧侣集团的权势。图特摩斯三世因他的征服而被誉为"第一个曾经建立了一个具有任何真正意义的帝国的人，也是第一位世界英雄"，"古埃及的拿破仑"。先进的中东诸文明第一次被如此紧密地联系在一起。

14. 拉美西斯二世

古埃及新王国第十九王朝法老（公元前1304—前1237年在位）。继位后，他力图恢复图特摩斯三世时期的帝国版图，发动了对西亚的大规模征服战争。公元前1299年，在叙利亚的卡叠什城下与南下扩张的赫梯人进行决战，战争延续十几年。公元前1283年，与赫梯国王哈图西里三世签订和约（即银板和约），大体以伊留西鲁斯谷划定边界，巩固了埃及在巴勒斯坦和南叙利亚的统治。他还发动了对利比亚和努比亚的战争。拉美西斯二世大兴土木，在埃及和努比亚到处修建或扩建庙宇宫殿，其中尤以卡尔纳克的阿蒙神庙和拉美西斯庙最为知名，许多建筑物上，都铭刻着他的名字。他把首都由底比斯迁到三角洲东北部，在那里建立了名为培尔—拉美西斯（意为拉美西斯之家）的城市。拉美西斯二世统治埃及67年，是古埃及史上统治时间最长、影响最大的法老，标志着埃及帝国法老的权力达到顶峰。

15. 阿蒙荷特普四世（埃赫那吞）

古埃及新王国第十八王朝法老（公元前1379—前1362年在位）。即位后，为打击僧侣集团势力和世袭权贵，加强中央集权的统治，进行了全面的社会改革。主要内容：太阳神阿吞为国家唯一崇拜的神，废除对阿蒙神和其他神的崇拜；没收阿蒙神庙和其他一切神庙的财产；封闭阿蒙神庙和其他神庙，驱逐其祭司；抹掉一切建筑物上的阿蒙字样；将自己的名字改为"埃赫那吞"，意为"阿吞的光辉"，将首都迁往阿玛尔那并改称埃赫塔吞，意为"阿吞的视野"；提拔出身中下层奴隶主担任高级官吏。这场改革实际上是一场在宗教的外衣下统治集团内部的政治斗争，它沉重打击了阿蒙祭司集团和地方世袭贵族的势力，提高了自由民的地位，提高了中小奴隶主阶层的地位，在一定程度上加强了中央集权，促进了阿玛尔那文学艺术的发展。但由于保守势力太强大，阿蒙荷特普四世死后，法老图坦哈蒙放弃改革，恢复对阿蒙神的信仰，首都迁回底比斯，改革最终失败。改革提出的一神信仰在历史上也是第一次。

16. 涅杰斯

古埃及中王国时期出现的一个以中小奴隶主为主的社会阶层。"涅杰斯"一词原意为"小人"，非贵族门第的人，大概起源于古王国末期。在第一中间期，涅杰斯形成一个小私有者阶层，是当时各诺姆军队的重要来源，从而成为各诺姆统治者所倚重的人。涅杰斯是社会经济发展、社会分化的产物。而社会经济和社会分化的进一步发展，也导致了涅杰斯阶层的分化。早在第一中间期，就已出现了所谓的"强有力的涅杰斯"。到中王国时期，这种分化仍在继续。有的涅杰斯已参与政权，成了高级官吏。但是，也有一些涅杰斯贫穷了。涅杰斯在政治上的发展与王权的加强息息相关。涅杰斯是中王国时期王权同地方贵族进行斗争的主要社会支柱，因而成了统治阶级的一个组成部分。但由于埃及商品货币关系发展的总体水平还比较低，涅杰斯这个阶层的力量还是十分软弱的。

17. 波克霍利斯改革

古埃及第二十四王朝时期进行的关于限制债务奴役的改革。后王朝时期，战乱不断，加剧了埃及内部的阶级分化，许多自由民丧失自由，变为债务奴隶，危及国家的兵源。因此，第二十四王朝的法老波克霍利斯不得不进行改革，宣布废除债务奴隶制。改革的主要内容是：（1）禁止本利之和超过本金双倍，即利息不得超过本金；（2）债权人只能索取债务人的财产作抵偿，而不能占取债务人的人身，因此财产属于个人，而公民人身属于国家，国家需要他们服役。

18. 克莱奥帕特拉七世

古埃及托勒密王朝的最后一任女法老（公元前51—前30年在位），又称埃及艳后。托勒密王朝在罗马扩张的过程中左右逢源，力图自保。末代女王克莱奥帕特拉七世起初按埃及传统与父亲托勒密十二世，之后与兄弟托勒密十三世、十四世共治。后在罗马统帅恺撒的支持下实现个人独裁。她作为恺撒情妇为其生有一子。恺撒遇刺后又与罗马统帅安东尼结为夫妻，力保王国不失。公元前30年，在罗马军阀的内战中，安东尼被屋大维击败，克莱奥帕特拉七世让毒蛇咬伤手臂昏迷而死。克莱奥帕特拉七世之死，标志着长达300年的埃及托勒密王朝宣告结束。此后，埃及成为罗马帝国的一部分，直到5世纪西罗马帝国灭亡。

19. 象形文字

古代埃及人创造的文字。象形文字是从图画文字演变而来的，具有表意和表音的特点。象形文字由意符（表意符号）、音符（表音符号）和限定符号（部首符号）三部分组成，共约700个符号。把意符、音符和限定符号适当组合起来，就构成了一个完整的词，成为"音、形、义"俱全的象形文字。象形文字刻在石碑、石柱、墓碑、金属器和木器上，或书写在神庙墙壁或纸草上，但保留在石头上的象形文字原文最多。1822年，法国语言学家商博良根据罗塞达碑文和另一块尖碑上的铭文，成功地释读了埃及象形文字。

20. 阿蒙神

古埃及宗教所信奉的神。阿蒙的神兽是绵羊，他的形象通常是坐在王座上的男人，有时是羊首人身，头上戴着两根长羽毛和一轮日盘。崇拜的中心在底比斯，阿蒙神被认为是该城的保护神。中王国时期，底比斯统一了埃及，阿蒙神地位逐渐上升，特别是在第十八王朝中期以后，他取代了拉神的地位，上升为全国崇拜的主神和王权的保护神，并又与拉神结合为阿蒙—拉神。法老为了把自己神化，往往自称阿蒙神的儿子。公元前664年，亚述毁灭底比斯，结束了阿蒙及其祭祀的崇高地位。

21．木乃伊

即"人工干尸"，意为"沥青"。世界许多地区都有用防腐香料或用香油或药料涂尸防腐的方法，而以古埃及的木乃伊最为著名。在埃及发现的木乃伊的数量最多、时间最早、技术也最复杂。古代埃及人用防腐的香料殓藏尸体，年久干瘪，即形成木乃伊。古埃及人笃信人死后，其灵魂不会消亡，仍会依附在尸体或雕像上。所以，法老等人死后，均制成木乃伊，作为对死者永生的企盼和深切的缅怀。

22．奥西里斯

埃及最重要的九大神明"九神"之一。相传他生前是一个开明的国王，死后是地界主宰和死亡判官。他还是复活、降雨和植物之神，被称为"丰饶之神"，他在做国王时教会了埃及人耕作，是文明的赐予者，冥界之王，执行人死后是否可得到永生的审判。奥西里斯以一个留着胡须、手持连枷及象征至高无上权力的权杖、头戴王冠的木乃伊形象出现，他头戴的白色王冠象征上埃及；皮肤为绿色，代表着植物。

23．伊西斯女神

古埃及守护死者的女神，亦为生命与健康之神。在古埃及神话中，伊西斯首先是以一位忠贞的妻子形象出现的。她尽心尽力地辅佐丈夫奥西里斯管理国家，然而奥西里斯的弟弟塞特却由于嫉妒心生杀兄之念。他使用金柜之计诱骗其兄躺进去，继而派人锁住柜子将奥西里斯封死在里面，扔进了尼罗河，自己当上了国王。伊西斯闻听丈夫的死讯伤心欲绝，于是沿河追寻，终于在尼罗河的入海口找到了金柜，并将之载回埃及。在旅途中，伊西斯化身为鸢鸟，拍动翅膀在奥西里斯身上盘旋，因此受孕，诞下鹰头儿子荷鲁斯，她请求天神让她的丈夫复活。然而，塞特得知后却再次使用毒计，将奥西里斯剁成 14 块，分散到埃及各处，并使其迅速腐烂。但是，伊西斯没有退却，踏上了寻找丈夫尸块的艰难历程。然而，此时天神却说奥西里斯已经不能再回到人间，只能安排他去做冥王。于是，伊西斯只能独自将儿子抚养大，并且在荷鲁斯长大后帮助他打败了塞特，一雪杀父之仇，继承了王位。

24. 荷鲁斯

古代埃及神话中法老的守护神，是王权的象征，同时，他也是一位战神。相传，荷鲁斯是伊西斯和奥西里斯的儿子。他的母亲将他抚养成人，让他为被其兄弟所谋杀的父亲报仇。最终荷鲁斯赢得了整个埃及的统治权。起初，荷鲁斯是天空之神，像鹰一样在埃及上空盘旋，来保护他的父亲奥西里斯国王。当荷鲁斯打败了谋杀父亲的凶手塞特时，他成为整个埃及的国王。他被描绘成头戴一顶上半部为象征上埃及的白色、下部为象征下埃及的红色的王冠。因为这个原因，埃及的统治者们总是将自己看成是人间的荷鲁斯，死后则成为奥西里斯的化身。在埃及神话中，荷鲁斯的形象是一位鹰（隼）头人身的，头戴埃及王冠，腰围亚麻短裙，手持沃斯（能量）手杖与安柯（生命）符号的神祇。

第三章 古代两河流域

1. 乌贝德文化

苏美尔文明铜石并用时代，为考古学上苏美尔从氏族公社向文明时代过渡的第一个时期（约公元前 4300—前 3500 年）。在此时期，苏美尔人已经初步掌握了人工灌溉技术，从事农业生产，畜牧业和渔猎活动在经济生活中仍起重要作用。劳动工具大部分为石器和骨器，但已开始出现铜器。居民的住房为用泥土和芦苇筑成的小屋。在埃利都遗址，发现一些建筑在高大土台基上的泥砖神庙，反映出氏族社会内部的分化。在埃利都遗址的墓地，出土了一座男性雕像，左手执一根泥制棍棒。这座男像代表了氏族部落的军事首领，其手中的棍棒则是后世王权和权标的起源。这说明苏美尔人已进入军事民主制阶段。

2. 乌鲁克文化

苏美尔文明铜石并用时代，为考古学上苏美尔从氏族公社向文明时代过渡的第二个时期（约公元前3500—前3100年）。这一时期，人工灌溉技术有了新的发展，铜器大量出现，陶器制作普遍使用陶轮，社会分化更为明显。乌鲁克遗址出土的石膏瓶上的浮雕清楚地表明了两个对立的阶级，一方是穿着长袍的祭祀或氏族贵族，另一方是奉献产品的裸体群众。同时，这一时期还出现了粗具规模的城市和宏伟的神庙建筑，作为财产标志的圆形印章和象形文字也已经出现。这些事实表明，苏美尔人已经迈入文明的门槛。

3. 阿卡德王国

古代两河流域南部由阿卡德人建立的奴隶制国家（约公元前2371—前2230年）。约公元前2371年，萨尔贡击败乌玛军队，俘虏国王卢伽尔扎吉西，建立阿卡德王国。随后，他经过多次战争，征服苏美尔诸城邦，向外扩张势力到达小亚细亚、叙利亚和巴勒斯坦一带，首次建立起一个西起地中海，南至波斯湾，东抵扎格罗斯山区的庞大王国。同时，萨尔贡一世兴修河渠、统一度量衡、扩建常备军，建立中央集权统治。国王纳拉姆辛统治时，国势最盛，后渐衰，纳拉姆辛的儿子沙卡里沙在一次宫廷政变中失踪，阿卡德王国灭亡。

4. 乌鲁卡吉纳改革

苏美尔城邦拉伽什国王乌鲁卡吉纳执政时期推行的改革。乌鲁卡吉纳推翻卢伽尔安达的统治后，为了缓和内部矛盾，以加强城邦政权对奴隶实行专政的职能，他进行了一系列经济、社会改革，如废除债务奴隶制，释放过去因债务而失去人身自由的平民，减免前任对婚丧嫁娶的收税，禁止贵族巧取豪夺，不得强迫平民出售自己的财产，取消对孤儿寡妇征收的税赋等等许多具体惠民措施。同时也降低贵族的捐税负担，平民与贵族均有所得。约公元前 2371 年，乌玛王卢伽尔扎吉西攻占拉伽什，乌鲁卡吉纳改革彻底失败。乌鲁卡吉纳改革是人类史上所知的首次自上而下的重大改革，改革废除了先前的各种弊政，缓和了先前的各种矛盾，打击了贵族寡头势力，减轻了平民的负担。

5. 乌尔第三王朝

古代两河流域南部苏美尔人建立的奴隶制国家。又称"苏美尔复兴"。约公元前 2113 年，乌尔总督乌尔纳姆在乌尔建都，统一两河流域，建立了乌尔第三王朝（公元前 2113—前 2006 年）。乌尔纳姆在位期间称霸美索不达米亚南部诸城邦，并自称"苏美尔和阿卡德之王"；颁布《乌尔纳姆法典》，为目前所知最早的法典；进行大规模的经济建设活动，如开凿运河，发展农业，促进内外商业往来，完善城防设施等。他去世后，其子舒尔吉保持了乌尔的霸国地位。公元前 2029 年伊比辛即位，乌尔第三王朝内乱兴起，东部城市脱离乌尔。约公元前 2006 年，阿摩利人与埃兰人乘机入侵，末代君主伊比辛被埃兰入侵者擒获，乌尔第三王朝灭亡。南部两河流域重新陷入诸邦分立局面。

6. 《乌尔纳姆法典》

乌尔第三王朝颁布的法典，为迄今所知世界上最早的一部成文法典。乌尔纳姆为了适应奴隶制的发展和奴隶主镇压奴隶反抗的需要，缓和自由民内部的矛盾，他下令用苏美尔文写成了一部适用于乌尔全境的法典。法典包括序言和正文两大部分，序言宣称，是神授予乌尔纳姆统治权力，乌尔纳姆在人世间的行为是按照神意，确立正义和社会秩序。正文是对奴隶制度、婚姻、家庭、继承、刑罚等方面的规定，规定不准非法占用他人土地；不许女奴擅居其女主人的地位；反对行巫术；带回逃亡城外的奴隶，主人要给予适当的报酬；伤害他人肢体、器官要处以罚款等。《乌尔纳姆法典》无论在内容上还是形式上，都有创新之处，在西亚地区占有重要的地位，对后来两河流域各国制定法典影响颇大。

7. 萨尔贡

阿卡德王国的创建者。约公元前 2371 年，萨尔贡击败乌玛军队，俘虏国王卢伽尔扎吉西，建立阿卡德王国。建国后，他改革政治，加强中央集权，委任总督统治其征服地区，又兴修河渠，统一度量衡，发展经济，规定官方语言为阿卡德语。在军事上，他建立了两河流域第一支常备军，先后出兵 34 次，击败乌玛国王卢伽尔扎吉西，挥兵南下征服乌尔、乌鲁克、拉伽什等，从而结束了巴比伦尼亚近千年来分立的局面，第一次统一了南部两河流域。他自称"天下四方之王"，又称沙鲁金（意为"正义之王"）。公元前 2316 年，萨尔贡病逝。

8. 古巴比伦王国

两河流域以巴比伦城为中心的奴隶制国家。巴比伦城市出现较早，但作为一个城邦大约是在公元前 1894 年阿摩利人苏穆阿布姆建立的。到第六代王汉谟拉比（公元前 1792—前 1750 年在位）时，巴比伦逐渐强大起来。汉谟拉比登上王位后，即着手进行统一两河流域的战争。汉谟拉比在位时，除亚述和埃什嫩那未被最后征服外，基本统一了两河流域。他还颁布了古代第一部比较完整的《汉谟拉比法典》。至萨姆苏伊鲁纳统治时期，乌尔、乌鲁克、伊新等地都发生了大规模暴动。古巴比伦王国在内外交困中日益衰弱，约公元前1595年，被北方入侵的赫梯人所灭。

9. 汉谟拉比

古巴比伦王国第六代国王（公元前1792—前1750年在位）。在他统治期间，两河流域的君主专制得以确立；注意修建灌溉渠道，发展经济；注意保证军队的稳定，分给他们土地，并不许买卖；他加强法制建设，颁布《汉谟拉比法典》，内容包括诉讼程序、盗窃处理、军人份地、租佃、雇佣、商业高利贷、婚姻、继承、伤害、债务、奴隶等，较为全面地反映了古巴比伦时期的社会情况，对后世立法具有重大影响。为宣扬君权神授，他竭力神化自己，自称其权力是马都克神授予。还采取灵活务实外交，先后灭了伊新、拉尔萨、马里等城邦，基本统一了两河流域。汉谟拉比在位42年，是古巴比伦王国的鼎盛时期。

10. 亚述帝国

两河流域北部以亚述城为中心的奴隶制国家。公元前10世纪，亚述进入铁器时代。铁器的使用，生产力的提高，为其长期对外战争提供了充足的兵源和给养。征战初期以掠夺为目的，以极度凶残为特色。自亚述纳西拔二世（公元前883—前859年在位）后，亚述遭到被征服地区人民的强烈反抗。与乌拉尔图王国的战争也屡遭失败，许多被征服地区重获独立。自沙尔马内塞尔三世（公元前858—前824年在位）以后，由于经济衰落、对外战争失败和统治阶级内讧，亚述进入危机时期。公元前746年，军事将领提格拉特帕拉沙尔夺得王位，实行亚述一系列改革，以巩固中央集权、提高部队战斗力、加强对被征服地区的统治和剥削。改革后重新开始大规模扩张。击败乌拉尔图，占领叙利亚，进入全盛时期。从中央到地方，建立起庞大的官僚制度。经过萨尔贡二世、辛那赫里布（公元前704—前681年在位）、伊萨尔哈东（公元前680—前669年在位）的征服，亚述已成为地跨亚、非两洲的奴隶制大帝国。亚述巴尼拔统治末年，发生内战，游牧部落西徐亚人入侵，征服地区纷纷独立，帝国迅速走向灭亡。公元前612年，在米底和新巴比伦王国打击下，阿淑尔和尼尼微先后陷落，亚述帝国灭亡。

11. 提格拉特帕拉沙尔三世

亚述帝国国王（公元前745—前727年在位）。即位后，为恢复亚述实力，维护国内稳定，进行了一系列的政治、军事改革。在军事方面：实行募兵制，把军队分成若干专门的兵种，如战车兵、骑兵、重装步兵、轻装步兵、攻城兵等；军队装备由国家供给，配备铁制的刀枪、弓箭、盔甲、护甲战马、攻城槌和投石机；用充气的山羊皮筏作渡河工具；建立王家兵团，作为军队的核心，加强国王对军队的控制，大大加强了亚述的军事力量。在政治方面：将大区改为小行省，对于不能并入版图的国家，一律保留原自治政府；在行省派监察官，缩小行省总督的权力；改变以往对被征服地区斩尽杀绝的政策，通过将被征服者迁徙到其他地区并交亚述奴隶主所有的方式保存和利用人力。他的改革在一定程度上缓和了统治阶级中各不同集团之间的矛盾，加强了亚述的军事力量，使亚述帝国迅速成为一个地跨西亚北非的铁器时代的第一个帝国。

12. 亚述巴尼拔

亚述帝国最后一个君主。在他统治时期，亚述的军国主义达到了崩溃前的顶峰。他文武兼备，曾进行多次远征。于公元前652年，他征服了整个埃及，并把安纳托利亚西部也收入帝国版图。他还在首都尼尼微的王宫内建立了一座大型图书馆。派遣僧侣和书吏到各地收集苏美尔—巴比伦文献，所收泥板文献一度近三万块。这些泥板文献中，既有各种宗教经典、文学作品、天文观测记录、医学原典、数学、化学、植物学及其他科学著作，也有历史文献、条约、法律、命令、书信、王室的经济报表、房屋和沟渠建筑的报告，还有语法著作，词典以及类似百科全书的著作。

13. 新巴比伦王国

公元前626年塞姆族迦勒底人在两河流域南部建立的奴隶制国家。公元前626年，亚述人派迦勒底人领袖那波帕拉沙尔率军驻守巴比伦。他到巴比伦后，却发动了反对亚述统治的起义，建立了新巴比伦王国，并与伊朗高原西北部的米底王国联合，共同反对亚述。公元前612年，亚述帝国灭亡，它的遗产被新巴比伦王国同米底王国瓜分，其中新巴比伦王国分取了亚述帝国的半壁河山，即两河流域南部、叙利亚、巴勒斯坦和腓尼基。尼布甲尼撒二世死后，新巴比伦王国开始衰落。公元前539年，波斯军队占领巴比伦，新巴比伦王国灭亡。

14. 尼布甲尼撒二世

新巴比伦王国国王（约公元前605—前562年在位）。即位前任王国的军事统帅，即位次年发兵出征叙利亚和巴勒斯坦，与埃及争夺势力范围，公元前601或公元前600年被埃及击败。公元前598年、公元前587年两度亲征犹太王国，于公元前586年攻陷耶路撒冷，将犹太的国王、贵族及一般居民掳至巴比伦尼亚，史称巴比伦之囚。公元前567年远征埃及，掠得大量财富。他在国内大兴土木，翻建了巴比伦城墙，用三道墙围绕城市。主墙长24千米，城墙上可四马并行，三道墙共计城门100个，均用铜铸成。建造了楼高7层约50米的马都克神庙，扩建了王宫。

为取悦其米底王妃，以解她思乡之情，又下令修造了一座高25米、每边底长120米左右的人工梯形山丘，其上遍植奇花异木，再现米底山区的景色，被誉为"空中花园"（古代世界七大奇迹之一），于公元前3世纪被毁。尼布甲尼撒二世时期是新巴比伦的鼎盛时代。

15.《吉尔伽美什史诗》

人类历史上的第一部史诗。《吉尔伽美什史诗》起源于苏美尔时代，至巴比伦年代编订成书。该史诗分别记载在12块泥板上，共3000多行。史诗的情节大致可分为四个部分：第一部分写主人公吉尔伽美什在乌鲁克城的残暴统治，以及他与恩启都的友谊；第二部分叙述了他与恩启都的英雄业绩：战胜林中妖怪洪巴巴和杀死残害乌鲁克居民的天牛；第三部分写吉尔伽美什为探索人生奥秘而进行的努力；第四部分叙述了他与恩启都幽灵的谈话。这首史诗生动地反映了人们探索生死奥秘这一自然规律的愿望，也表现了人们反抗神意但最终难免失败的悲剧色彩。现存的版本是亚述帝国时期的抄本。

16. 巴比伦之囚

新巴比伦王国时期，犹太人被掳往巴比伦的历史事件。公元前597—前538年，犹太王国两度被新巴比伦王国国王尼布甲尼撒二世征服，耶路撒冷全城被洗劫一空，城墙被拆毁，神庙、王宫和许多民宅被焚烧，全城活着的居民几乎全被掳到巴比伦，史称"巴比伦之囚"。公元前538年波斯国王居鲁士灭巴比伦后，被囚掳的犹太人才获准返回家园。巴比伦之囚对犹太民族凝聚力的孕育及犹太教改革产生了巨大影响。

17. 海上民族

公元前13—前12世纪从海上入侵埃及、巴勒斯坦和小亚细亚等地的一个成分驳杂的民族集团。其名称常见于当时的古埃及文献以及赫梯文学和考古材料。据研究，海上民族包括腓力斯丁人、吕基亚人、亚该亚人、撒丁人、西库尔人等。所有这些民族都来自欧洲的迈锡尼世界和安纳托利亚西部地区。被当地居民打败后，他们有的定居在巴勒斯坦沿海地区，有的返回家乡，还有的转向西部地中海寻找殖民地。据认为，赫梯王国的灭亡以及特洛伊战争都同他们有关。

18. 楔形文字

古代苏美尔人使用的文字。因苏美尔人用削成三角形尖头的芦苇秆或骨棒、木棒当笔，在潮湿的黏土制作的泥板上写字，落笔之后自然形成楔形，所以这种文字被称为楔形文字。楔形文字由表意符号（意符）、表音符号（音符）和限定符号（部首符号）三部分组成。苏美尔楔形文字对西亚许多民族语言文字的形成和发展有着重要作用，塞姆语系的阿卡得人、迦南人、巴比伦人和亚述人，印欧语系的赫梯人和波斯人，语系难定的埃兰人、胡里安人和乌拉尔图人都用苏美尔文字来记写自己的语言，因而又形成了不同的楔形文字体系。公元前后，楔形文字逐渐被人遗忘而变成一种死文字。1857 年，楔形文字被英国学者罗林森释读成功，由此诞生了一门研究两河流域及其附近使用楔形文字诸民族的语言、文字、历史和文化的亚述学。

第四章　古代伊朗、小亚细亚、巴勒斯坦

1. 埃兰人

目前能够辨识的伊朗地区的最早居民。公元前 3000 年代，埃兰人生活在伊朗高原西南部，并于公元前 3000 年代中期形成国家，之后 1000 年里多次入侵两河流域，但都立足未稳，最终退回高原地带。埃兰人的语言系属不清，肯定不属西亚北非流行的塞姆—哈姆语系，也不属于印欧语系。古代埃兰历史可分为三个时期：古埃兰时期（约公元前 2700—前 1600 年）、中埃兰时

期（约公元前 1400—前 1100 年）、新埃兰时期（约公元前 800—前 600 年）。公元前 650 年，埃兰人被阿舒尔（古代亚述人崇拜的主神和战神）人所征服。

2. 米底王国

以古代伊朗为中心的王国。领土最大时东起伊朗高原中部，南抵波斯湾，西达叙利亚，北邻里海。公元前 8 世纪，亚述帝国的入侵促使米底各部落走向联合，从而形成了米底国家。根据希罗多德的文本记载，米底王国的创建者是戴奥凯斯。因他善良忠诚、常为人民解决争端，在公元前 700 年左右被推举为国王，并建造了埃克巴塔那。然而，由于这个记载与亚述的一些文献相违，因此历史学家一般以普拉欧尔铁斯（即戴奥凯斯的儿子）作为米底的开国君主。普拉欧尔铁斯领导米底人征服波斯，然后他同亚述进行战争，但遭失败并战死于军中。其子库阿撒列斯于公元前 675 年成为米底王国的君主。他对军队进行了改革，将其分为持矛士兵、持弓士兵和骑兵；将埃克巴塔那定为米底的首都。并于公元前 612 年联合新巴比伦王国攻占了亚述首都尼尼微，灭亡了亚述帝国，分去了亚述帝国的许多地方，大大扩大了米底王国的统治地区。库阿撒列斯同小亚的吕底亚王国的战争（公元前 591—前 585 年），因一次日食而以和平告终。库阿撒列斯之子阿斯杜阿该斯与吕底亚的公主缔结了婚约，双方还划定了边界。在阿斯杜阿该斯统治末期，波斯人在居鲁士的领导下争得了独立，并于公元前 550 年灭亡米底王国，阿斯杜阿该斯被俘，米底成了波斯帝国的一部分，原米底王国征服的地区也相继被波斯人所征服。

3. 波斯帝国

古代伊朗以波斯人为中心形成的帝国。公元前 558 年居鲁士二世在波斯称王，定都波斯波利斯。波斯人在居鲁士二世的带领下，经过 8 年抗争，于公元前 550 年推翻米底王朝，取得了独立。大流士一世统治时期，波斯帝国的强盛达到顶点。公元前 492—前 449 年，波斯帝国发动了长达 40 多年的希波战争，结果以失败告终。希波战争严重削弱了波斯帝国的实力，加剧了国内的阶级矛盾和民族矛盾，从此国势渐趋衰弱。公元前 330 年，波斯帝国被亚历山大所灭。

4. 居鲁士二世

古代波斯帝国的创立者，亦称居鲁士大王。出身于波斯阿契美尼族。该族以活动于公元前 7 世纪初的先祖阿契美尼而得名，世代称臣于西亚的米底帝国。其祖父居鲁士一世和父亲冈比西斯一世，都是安善地区波斯人部落的首领，称安善王，据有埃兰东部和帕尔萨等地。公元前 558 年，居鲁士二世继承安善王王位。他继位后，立即领导波斯人民进行反对米底人奴役的准备工作，联合 10 个波斯部落组成联盟。公元前 553 年，发动波斯联盟反抗米底统治，到公元前 550 年，终于推翻米底王，建立起阿契美尼王朝，并以米底国都埃克巴塔那为都城，在米底帝国的基础上，建立起波斯国家。建国后，他通过外交和军事两种手段，逐步向外扩张。公元前 546 年，他灭小亚细亚强国吕底亚，并采取分化收买和武力征服相结合的政策，使小亚细亚沿海各希腊城邦臣服。公元前 545 年，领兵东进，占领阿富汗北部等地。公元前 539 年，进军两河流域，攻占巴比伦城，灭巴比伦王国，释放多年前被掳到巴比伦的犹太人，让其回归耶路撒冷。公元前 529 年，为巩固帝国的东北边境，居鲁士率军越过药杀水，深入马萨格泰游牧民族境内，不久即在一场激战中阵亡。居鲁士二世戎马一生，有勇有谋，是波斯著名的军事统帅。他对建立强大的波斯国家立下了重大功劳，在古代西亚军事史上写下了难忘的一页。

5. 高墨塔暴动

波斯帝国前期发生的一次暴动。波斯帝国刚建立不久，阶级矛盾、民族矛盾，乃至统治阶级内部王权与贵族的矛盾都十分尖锐。当冈比西斯对利比亚和努比亚的征服遭到挫折时，终于引发了高墨塔暴动。暴动于公元前522年3月爆发于波斯国内的庇里什瓦德地方的阿尔卡德里什山。暴动者打着冈比西斯的弟弟巴尔狄亚的旗号起兵。暴动引起强烈反响，各地纷纷响应。高墨塔自立为王，号召各地人民拥戴他而抛弃冈比西斯。他还派人到各地去宣布免除3年兵役和赋税。公元前522年9月，出身于阿契美尼族的大流士同其他6个波斯贵族一起密谋，杀死了高墨塔及暴动的其他领导者，镇压了各地起义，暴动历时7个月，震撼了波斯帝国的统治。

6. 《贝希斯吞铭文》

古代波斯国王大流士刻于贝希斯敦山崖的记功铭文。大流士即位后，为颂扬自己，他让人用埃兰文、波斯文和巴比伦文三种文字把其战绩刻在悬崖上，铭文约1200行。主要记述冈比西斯二世死后到大流士一世重新统一帝国期间的史事，其中包括高墨塔暴动、大流士镇压起义、大流士出征等。铭文左上部有浮雕，表现大流士头戴王冠，一只脚踩在高墨塔身上，身后有2名侍卫，面前是9名被俘国王；上方刻善神阿胡拉·马兹达形象。该铭文于1835年为英国学者罗林森发现。《贝希斯吞铭文》对研究两河流域历史和波斯古代文字有重要意义。

7. 大流士一世

波斯帝国的第三代君主（公元前522—前486年在位）。出身于阿契美尼族，其父维斯塔斯帕是帕提亚的总督。大流士随冈比西斯二世出征埃及，被任命为万人不死军的总指挥。公元前522年在镇压高墨塔暴动中夺取政权。此后，他次第平定巴比伦、埃兰、波斯本土和帝国东境等地的反抗，并两次出兵希腊。为巩固中央集权，他在政治、经济、军事等方面进行一系列改革。主要内容有：确立君主专制的统治形式；将全帝国分为20个行省和五大军区，整顿军队；统一铸币制度；修建驿道；奉琐罗亚斯德教为国教。改革的目的是加强君主专制的统治、巩固波斯人对各被征服地区的统治，但在客观上也促进了帝国内部各地经济文化的交流，有利于落后地区经济上的发展。公元前492年与公元前490年，发动了两次征服希腊的战争，均告失败。

8. 小居鲁士

波斯王子，国王大流士二世之子。吕底亚、弗里吉亚和卡帕多细亚总督。公元前407年被任命为波斯驻小亚细亚军队总司令。在伯罗奔尼撒战争中曾协助斯巴达舰队司令来山德击败雅典军队，保证了斯巴达在伯罗奔尼撒战争的最后胜利。公元前405年大流士二世临终时，小居鲁士被召回。公元前404年，当长兄阿萨西斯登上王位，称阿尔塔薛西斯二世，卡里亚总督提沙费尔尼斯指控小居鲁士企图谋杀他的哥哥，但是由于母后说情，小居鲁士被赦免，又回到原来总督的位子上。复任后，他立即开始准备夺取王位，聚集了大量的军队，公元前401年，小居鲁士从小亚细亚起兵叛乱，率领约2万士兵（其中11700名希腊雇佣兵）东进幼发拉底河争夺王位，他势如破竹般地进入巴比伦尼亚，其兄阿尔塔薛西斯二世赶紧召集一支军队，两军在库那萨克相遇，小居鲁士阵亡，但他所雇的希腊雇佣兵却成功退回希腊本土，这件事被色诺芬记录在他的《长征记》里。色诺芬对小居鲁士的勇气和能力有很高评价，但是从阿契美尼王朝的观点看，小居鲁士只是个勾结外人阴谋叛乱的人物而已。

9. 波斯波利斯

波斯阿契美尼王朝的都城。位于伊朗扎格罗斯山区盆地中。

为了纪念阿契美尼王朝历代国王,大流士一世(公元前522—前486年在位)即位后,下令营建。前后花费60余年,历经大流士一世、薛西斯一世、阿尔塔薛西斯一世三代国王才得以完成。该城东邻库拉马特山,其余三面是城墙,城墙依山势而高度不同。城内王宫建于石头台基上,主要建筑物包括大会厅、觐见厅、宫殿、宝库、储藏室等。全部建筑用暗灰色大石块建成,外表常饰以大理石。王宫西城墙北端有两处庞大的石头阶梯,其东边是国王薛西斯所建的四方之门。大会厅在城市中部西侧,边长83米,中央大厅和门厅用72根高20余米的大石柱支撑。觐见厅在城市中部偏东,是有名的"百柱厅"。城西南角为阿尔塔薛西斯一世和薛西斯一世的王宫,东南角是宝库和营房。成为当时波斯帝国最辉煌的城市。公元前330年,亚历山大大帝攻占了波斯波利斯,在疯狂的掠夺之后无情地将整个城市付之一炬。波斯波利斯古城遗址提供了许多关于古代波斯文明的珍贵资料,具有重要的考古价值。1979年联合国教科文组织将其作为文化遗产,列入《世界遗产名录》。

10. 拜火教

流行于古代波斯及中亚等地的一种二元论宗教,又称琐罗亚斯德教或祆教,相传为伊朗人的先知琐罗亚斯德所创。该教认为,世界上有善恶二神,善神即阿胡拉·马兹达,是光明、正义之神;恶神即阿格拉·曼尼,是黑暗、邪恶之神。善恶二神始终处在斗争之中,善和光明终将战胜恶和黑暗。该教要求人们站在善神一边,同恶神作斗争。其经典是《阿维斯塔》。该宗教的教义大概与农业部落和游牧部落、绿洲和沙漠的对立、矛盾有关。大流士统治时期成为波斯帝国的国教。拜火教在南北朝时(420—589年)传入中国,被称作祆教或波斯教;唐代时曾得到很大发展,首都长安建有祆教庙宇。

11. 泰莱皮努改革

公元前16世纪时赫梯王国泰莱皮努推行的王位继承制度改革。改革确定了王位继承的原则，即王位首先应由长子继承；无长子则依次由次子按照年龄大小继承；如没有王子则由长女婿继承。为解决王室内部斗争，规定王室内部纠纷由彭库思会议作出裁决；国王不得任意杀戮其兄弟姐妹；国王亲属犯罪，由其本人负责，不得牵连其家属和没收财产。改革调整了王室内部关系，巩固了王权，维护了赫梯王国政治稳定。

12. 卡叠什会战

埃及和赫梯为争夺叙利亚而发生的一次重要战役。拉美西斯二世统治埃及第五年，进军叙利亚，赫梯国王穆瓦塔鲁也将军队开进了叙利亚。埃及军队抓获了两个充当赫梯细作的贝督英人，据他们说，赫梯军队还在离卡叠什很远的地方。拉美西斯二世听信了这个假情报，亲率一个军团，孤军深入，进到卡叠什城西北扎营，而其他三个军团则落在后边。直至此时，拉美西斯二世还不知道赫梯大军近在咫尺。当拉美西斯二世再度审问两个贝督英人时，才知自己已陷于危急境地，于是赶快派人去通知援军。但赫梯军已行动起来，包围了拉美西斯二世的这一个军团，并几乎歼灭了它。不久埃及援军赶到，打败了赫梯军，才解了拉美西斯二世之围。卡叠什战役中双方损失惨重，无力再战。公元前1283年，赫梯国王哈图西里三世同拉美西斯二世缔结和约（即银板和约），从而正式结束了两国之间的争霸战争。

13. 腓尼基文字

古代腓尼基人创造的字母文字。腓尼基字母共22个，是线性符号，只有辅音没有元音，字的读音需根据上下文判断。后来，腓尼基字母传到希腊，希腊人在此基础上加入元音，制定了希腊字母。罗马人在希腊字母的基础上，制定了拉丁字母，拉丁字母后来为西方各国字母奠定了基础。东方的阿拉米亚字母也是在腓尼基字母的影响下形成的，而阿拉米亚字母又发展出希伯来字母、古波斯字母、阿拉伯字母、安息字母等。

14. 希伯来人

属古代北闪米特民族，是犹太人的祖先。历史家们使用"希伯来人"一词来指称《旧约全书》中那些族长们（如亚伯拉罕、以撒等人）的后裔，其时间即从那些族长们生活之时直到他们在公元前2000年末期征服迦南（今巴勒斯坦及其周边）为止。以后这些人就被称作以色列人，直到他们由巴比伦流亡返回迦南的公元前6世纪之末为止。此后这个民族便被称为犹太人。

15. 士师时代

以色列犹太史上的部落联盟时代。《圣经》中把以色列人占领迦南（约公元前1230年）到梭罗称王（公元前1020年）之间的两个世纪左右的时间称为士师时代。士师是集以色列人的先知、统帅和救世主三位一体的，被看作上帝选定的、被赋予上帝智慧的一些人，实际上是军事民主制时代的王或军事首领。士师时代是以色列犹太人的氏族制度解体的时期。

16. 梭罗

古代以色列王国的建立者（约公元前1079—前1007年）。为了反对腓力斯丁人，以色列人民要求先知撒母耳立一个王来治理和领导他们。于是，约公元前11世纪，梭罗被抽签选为领袖。他建立了一支强大的军队，在同腓力斯丁人作战中取得了重大胜利，但自己也战死沙场。梭罗的军事成功促进了以色列犹太民族的觉醒和统一。

17. 大卫

古代以色列王国的第二任国王（约公元前1000—前960年在位）。他依靠腓力斯丁人的力量，战胜梭罗的儿子，当上国王，并统一了以色列人和犹太人。后来，他同推罗结成同盟，开始同腓力斯丁人进行战争，并对约旦河以东死海以南的一些地区进行征服。他将腓力斯丁人赶出了以色列犹太国家，又从迦南人手中夺取了耶路撒冷，将以色列犹太国家的首都定于此城。从此，耶路撒冷就成了以色列犹太人的圣城。他还征服了周围许多其他地区，扩大了以色列犹太国家的版图。

18. 所罗门

古代以色列王国国王（约公元前970—前931年在位）。在位期间，进行改革。在内政方面，他将全国划分为12个行政区，设总督治理。每个行政区每年向国家提供一个月的所需费用。在对外方面，他采取与腓尼基城邦交好的政策，积极参与其水陆贸易活动，促进了国内商业的发展。所罗门还对外用兵，将其势力向南扩展到红海与亚喀巴湾沿海地区，向北伸入赫梯境内。此外，所罗门还大兴土木，耗巨资完成了由大卫时期兴建的豪华宫殿和神庙。所罗门统治时代，是以色列—犹太王国的全盛时期。

19. 犹太教

以色列犹太人信奉的一神宗教。犹太教发展了对民族神的排他性崇拜，以创造主耶和华为唯一的神，认为以色列犹太人是耶和华的"特选子民"，主要经典是《圣经》（即《旧约全书》）。在犹太历史上，散居在世界各地的犹太人把坚信犹太教作为民族认同的根据。犹太教对后来形成的基督教产生了重要影响。

20. 摩西五经

又称摩西五书，是希伯来圣经最初的五部经典，即《创世记》《出埃及记》《利未记》《民数记》《申命记》，相传它是由摩西接受上帝的启示而撰写，内容是古代的以色列人民间故事，主要思想是：神的创造、人的尊严与堕落、神的救赎、神的拣选、神的立约、神的律法。摩西五经是犹太教经典中最重要的部分，同时也是公元前6世纪以前唯一的一部希伯来法律汇编，并作为犹太国国家的法律规范。犹太国被灭亡后，它仍以习惯法的形式自动调节犹太人的生活。

21. 十诫

又称《摩西十诫》。公元前13世纪末，希伯来人在摩西的率领下离开埃及重返迦南。在归途中，希伯来人经历了许多艰难困苦，人心开始涣散。摩西为了统一人心，团结一致，重申了雅赫维（即上帝）与希伯来人的立约，并且借雅赫维之名制定了十条戒律，即著名的"摩西十诫"。十诫的主要内容是：只信奉雅赫维为唯一的神、不可制造和崇拜偶像、不可妄称雅赫维之名、以安息日为休息的圣日、孝敬父母、不可杀人、不可奸淫、不可偷盗、不可作伪证害人、不可贪恋别人的财产及妻子。这十诫后来成为希伯来人宗教思想的核心内容之一。摩西声称，人们只有遵守十诫，雅赫维才会赐福于他们。这样，希伯来人的一神教观念得到了加强，并成为一种民族的凝聚力。

第五章　古代印度

1. 哈拉巴文化

南亚次大陆古老的青铜文化（约公元前2300—前1700年），1921年由考古学家最早发现于印度河流域的哈拉巴（今巴基斯坦旁遮普省境内）而得名。以后又在其他地区陆续发现250多处类似文化，统称为"哈拉巴文化"。哈拉巴文化已经有文字，主要保存在石、陶、象牙等制成的印章上。主要经济部门是农业，手工业和商业也比较发达，铜器和青铜器是哈拉巴文化的两个重要手工业部门。城市是该文化的重要特色，已发现的有哈拉巴与摩亨佐·达罗等，估计已形成城市国家。该文化的创造者尚不清楚，可能是南亚次大陆的古老居民达罗毗荼人。对于该文化衰亡的原因有不同说法，主要有雅利安人入侵说、洪水泛滥说和气候干旱说等。

2. 印章文字

古代印度哈拉巴文化的文字，因为文字大多刻在石头或陶土制成的印章上，故称。印章多用皂石、黏土、象牙和铜等制成，大多雕有不超过 20 个铭文，还有许多形象生动的浮雕，其题材主要是当时常见的动物和古代印度河流域人民狩猎、航行、娱乐等情景，以及宗教神话等内容。到目前为止，共发现这种文物 2500 种左右，文字符号共有 400—500 个。这些符号一般由直线条组成，字体清晰，基本符号有 22 个。在印章上还有雕画，这种雕画和文字是什么关系还不清楚，根据学者推测，这些铭文可能是印章主人的姓名和头衔等，雕画可能是他们崇拜的事物。这些印章本身就是一种雕刻艺术，反映了当时人们丰富的社会生活和思想内容。

3. 达罗毗荼人

古代印度河流域的一支土著居民。他们皮肤颜色较深，鼻子扁平，在人种学上被归入澳大利亚—尼格罗人种，语言自成一系，即达罗毗荼语系。对其起源，学术界意见不一。多数学者认为，他们就是远在公元前 4000 年左右的印度河流域上古文明的创造者。这种文化的高度成就，从哈拉巴和摩亨佐·达罗两地的考古发掘中已得到表明。达罗毗荼人从事灌溉农业，以大麦、小麦为主要作物。同时也驯养牛、羊、猪、骆驼和象等畜类。他们处在石器、金属并用时代，已经有了青铜器。达罗毗荼人的城市建设和手工艺品是特别值得注意的，房屋是用烧成的砖砌的，有的好几层，城市有完整的下水道设备，这在当时都是首屈一指的。在公元前 2000 年左右，雅利安人侵入印度河流域，达罗毗荼人战败，大部分被奴役，少数人逃亡印度南部，与当地土著混合。

4. 雅利安人

俄罗斯乌拉尔山脉南部草原上的一个古老游牧民族，后迁移至中亚的阿姆河和锡尔河之间的平原。这些人被称为雅利安—旁遮普人，大约在公元前14世纪，雅利安—旁遮普人南下进入南亚次大陆西北部，这就是印度古文献中提及的雅利安人，他们往南驱逐古达罗毗荼人，创造了吠陀文化和建立了种姓制度，把雅利安—旁遮普语族的语言带到了印度。最终，古雅利安人和古达罗毗荼人融合成了今天体征独特的南亚次大陆人。20世纪30年代，希特勒掌权后，德国纳粹主观性地歪曲了"雅利安"原来的定义，用这个字眼指"高尚的纯种"，歪曲性地宣扬北欧五国以及斯堪的纳维亚半岛等地区的金发碧眼的日耳曼人是雅利安人的典型代表，实际上，将北欧五国以及斯堪的纳维亚半岛等地区的金发碧眼的日耳曼人，划为雅利安人仅仅是纳粹毫无科学依据的主观臆断和宣传手段，与历史和生物学家经过长期研究论证的古代雅利安人种相去甚远。作为游牧民族的雅利安人可能在欧洲占据一定的染色体和后代，但是将雅利安人重新定义是纳粹极端种族主义的产物，虽然在一定程度上有利于本国民族凝聚力的增强、发挥民族潜力，但长远来看还是违背科学的客观事实和无益于德意志本民族文明的发扬。

5. 吠陀

婆罗门教和现代印度教最重要和最根本的经典。它是印度最古老的文献材料，主要文体是赞美诗、祈祷文和咒语，是印度人世代口口相传、长年累月结集而成的。"吠陀"的本义是知识、学问的意思。《吠陀》作为文献名称有广狭二义。狭义只指最古的四部《吠陀》的本集部分，即《梨俱吠陀》《婆娑吠陀》《耶柔吠陀》《阿达婆吠陀》；广义则兼指本集所附加的其他上古文献，包括梵书、森林书、奥义书等。本集中年代最久的作品可上溯到约公元前 1500 年以前，《吠陀》中年代最晚的文献则为约公元前 6 世纪或 4、5 世纪的产物。"吠陀"用古梵文写成，是印度宗教、哲学及文学之基础。

6. 《梨俱吠陀》

《吠陀》中最重要的一部作品，也是印度最古老的一部诗歌集，编撰于约公元前 12—前 9 世纪。它是一部诗歌总集，共有 1028 首诗歌，以歌颂神为主，也有世俗诗歌。在诸神颂歌中，以战神因陀罗的颂歌最多，约占全书的 1/4。这些诗歌不仅反映了早期吠陀时代雅利安人的战争生活，还反映了雅利安人社会其他方面的一些情况。

7. 婆罗门教

以崇拜婆罗摩（梵天）为主神的宗教，约形成于后期吠陀时代。该教把雅利安人原始的万物有灵论和灵魂转移的观念加以改造，形成了它的基本教义，即"梵我一致，轮回转世"，其最高理想是达到"梵我一致"。它认为：整个物质世界并不是真实存在的，唯一真实存在的是梵或梵天。个人的肉体也非真实存在，只有被称为"神我"的个人灵魂才是真的。个人的神我来源于梵，它本应在人死后重归于梵，但由于人在世上遭了业，因而不能重归于梵，而转世投生为不同的生物。其转世地位的高低，是由人在前世造的业决定的。显然，婆罗门教是为种姓制度、为高等种姓的特权和低等种姓的苦难制造理论依据，因而是贵族统治的重要工具。

8. 种姓制

古代印度的等级制度。"种姓"一词在印度的梵文中叫"瓦尔纳"，就是颜色或品质的意思，因此种姓制度又叫瓦尔纳制度。该制度萌芽于早期吠陀时代，正式产生于后期吠陀时代。婆罗门教的典籍规定了四个瓦尔纳的地位以及不同瓦尔纳成员的权利和义务。第一等级是婆罗门，它主要掌握神权，占卜祸福，在社会中地位是最高的。第二等级是刹帝利，它是雅利安人的军事贵族，包括国王以下的各级官吏，掌握国家除神权之外的一切权力。第三等级是吠舍，它是雅利安人自由民平民阶层，从事农、牧、商等行业，没有政治特权。第四等级是首陀罗，是为前三个种姓服务的小生产者与佣工，实际上处于奴隶的地位。前三个种姓属于"再生族"，可以死后复生，转世成其他人。首陀罗是非雅利安人，属于"一生族"，因此没有转世的特许。种姓制度要求各等级职业世袭，父子世代相承，严重影响了印度社会的发展。1947年印度独立后废除。

9. 顺世论派

古印度的一个唯物论哲学学派。"顺世论"意为顺行世间、流行于人民中间的论点。顺世论派的创始人是毗珂跋提，该派反对一切转世轮回说和杀生祭祀，认为物质是世界的本原。世界由"四大"构成，即地、水、火、风。生命源于四大，因此根本没有神灵，没有灵魂。在顺世论者看来，人的精神和肉体同时存在，灵魂与肉体可以分离的说法是一派胡言。其理论的杰出代表阿耆多·翅舍钦婆罗精辟地指出，人只要身体死亡，就得气断命绝，不复存在。另一杰出代表巴亚希则认为，因为没有来世，所以没有因果报应，没有除了生自父母以外的任何再生者。在这种认识基础上，顺世论派激烈抨击婆罗门教的杀生祭祀行为，反对穷人忍气吞声的苦行主义和束缚人肉体与精神的种姓制，认为人的现实感官快乐是人生真谛所在。他们鲜明地提出人生而平等的理念，反映了平民知识分子的思想主张，因此受到统治阶级残酷的迫害，被视为异端邪说，作品基本全部被毁灭，目前仅存片断。

10. 耆那教

公元前6世纪兴起于印度的宗教。创始人筏驮摩那。耆那教的基本教义是业报轮回、灵魂解脱、非暴力和苦行主义。它的最高理想是，使灵魂脱离躯体，超越轮回，处于无所不知、无所不能的极乐状态。要使灵魂超越轮回，必须奉持"三宝"，即正信、正知和正行。耆那教否认人的种姓差别，这具有明显的反婆罗门教的时代气息，但它用极端的苦行去换取所谓灵魂的解脱，实际上是用慢性自杀的方式追求所谓的最高理想。

11. 摩揭陀王国

古代中印度王国，佛陀时代印度四大国之一。摩揭陀王国位于恒河中下游地区。在早期吠陀文化时代，摩揭陀尚被视为落后地区。由于缺乏相关史料，摩揭陀的早期王朝世系均不可考，虽然《往世书》中保留了一份极不可信的王表；史诗《摩诃婆罗多》中，摩揭陀国王妖连也曾作为一个强大的反面人物出现。摩揭陀真正清晰的历史开始于频比沙罗（瓶沙王）统治时期，这主要是由于佛教和耆那教文献保留了许多关于他的资料。国王频比沙罗（公元前544—前493年）统治时先并吞邻国鸯加，然后又征服相邻小国，势力范围南推到孟加拉湾，成为恒河中南部一霸。他的儿子阿阇世（公元前493—前462年）杀父篡位后，继续推行扩张政策，灭伽尸、跋祇国。其后任执行同样的政策，摩揭陀势头不可阻挡，至公元前4世纪晚期，渐次把整个恒河流域及邻近地区收入自己囊中，首都迁至华氏城，成为印度史上第一个幅员广阔的大国，为孔雀帝国统一次大陆奠定了基础。公元前413年摩揭陀王国被难陀王朝的难陀推翻。

12. 孔雀帝国

古代印度最著名的奴隶制王朝（公元前324—前187年）。公元前325年，马其顿国王亚历山大大帝从印度河流域撤走，在旁遮普设立了总督，留下了一支军队。这时，养孔雀家族的旃陀罗笈多率领当地人民揭竿而起，赶走了马其顿人。随后，又推翻了难陀王朝，建立新的王朝，定都华氏城。因此，后来人们把旃陀罗笈多建立的王朝叫孔雀王朝。到了旃陀罗笈多的儿子宾头沙罗统治时期，孔雀王朝已控制了印度河平原、恒河平原、孟加拉湾、德干高原以及远达阿拉伯海的广大领域。阿育王就是这强大王朝的继承者之一。公元前3世纪中叶阿育王在位时国势最盛，除印度半岛南端外基本统一印度全境。孔雀王朝约公元前187年为巽加王朝所取代。孔雀王朝奠定了印度大体上的统一疆域，使佛教得到空前发展。

13. 旃陀罗笈多

古代印度孔雀帝国的建立者（公元前324—前300年在位），又称月护王。他出身于养孔雀的家族，以孔雀为姓。幼年丧父。青年时期正逢马其顿国王亚历山大大帝入侵印度西北部，他乘机起事，建立军队，很快成为最具战斗力的义军。在公元前317年，旃陀罗笈多的部队将马其顿人完全赶出西北印度。约公元前324年或公元前321年自立为王，率军攻打难陀王朝都城华氏城，统一印度大部分地区，建立了中央集权国家孔雀帝国（公元前324—前187年）。建立一支包括步兵、骑兵、战车兵、水兵、象队和后勤部队号称60万人的常备军。为建立印度历史上第一个统一帝国奠定了基础。传其晚年笃信耆那教，按该教习俗绝食而死。

14. 阿育王

印度孔雀王朝的第三代君主（约公元前273—前232年在位），又称无忧王，频头沙罗王之子。18岁时，被任命为阿般提省总督，后又派为呾叉始罗城总督，镇压叛乱，初露头角。约公元前273年频头沙罗王逝世，阿育王在大臣成护的帮助下，与其兄苏深摩争夺王位取胜。公元前269年阿育王举行灌顶礼后即向外扩张。公元前262年,开始大举进犯南印度的羯陵迦。据铭文记载,在其当政第8年(公元前261年),羯陵迦国被征服;有15万人被俘,10万人被杀,死伤数十万。继而,除迈索尔地区外,统一印度全境。征服羯陵迦后,阿育王为了维护自己的统治,皈依了佛教,把佛教定为国教,并鼓励佛教外传。其统治时期成为古代印度史上空前强盛的时代。

15. 释迦牟尼

佛教创始人。释迦牟尼是佛祖后来的名号,意即"释迦族的圣哲"。原姓乔达摩,名悉达多,相传为古印度北部迦毗罗卫国的净饭王子。他16岁结婚,29岁得子。生子后,感到人皆受生老病死之苦,人世无常,人性无常,遂信奉苦行主义,出家修行。35岁时在菩提伽耶的一棵菩提树下冥思苦想49天(一说7天),终于悟道成佛。随后,他四方传教,收纳弟子,建立佛教组织。80岁时在拘尸那辞世。他的弟子将他的骨灰分作8份,藏于各地。他的言行说教经其弟子数次诵记整理,卒成经、律、论"三藏",奠定了原始佛教的基本教义。关于释迦牟尼其人,由于缺乏实证史料,现代一些学者认为他是虚构的人物,但多数学者认为历史上确有其人,只不过后来的佛教徒把他过于修饰而已。

16. 早期佛教

古印度宗教。又称原始佛教,相传为公元前6世纪释迦牟尼创立。基本教义是四谛(苦谛、集谛、灭谛和道谛)和八正道(正见、正思维、正语、正业、正命、正精进、正念和正定),主张"众生平等",反对婆罗门种姓的特权地位。释迦牟尼去世后,佛教在印度本土广泛传播,公元前5世纪被孔雀帝国国王阿育王定为国教。后佛教传入中国及东南亚等国,成为世界三大宗教之一。

17. 四谛

又作四圣谛，是早期佛教的基本教义，包括苦谛、集谛、灭谛和道谛。四谛是一个因果关系联结的整体。苦谛强调人生多苦的一面，它指出凡人皆要受苦，人的痛苦有八类从肉体到心灵的苦痛：生、老、病、死、爱别离、怨憎会、求不得、五受阴。这些苦痛都是与生俱来的。集谛解释苦痛的来源。苦起于欲望，有欲望就要在身（行动）、口（言语）、意（思想）方面有所表现，这就是业。造业就有报应，有报应就有轮回，有轮回即有周而复始的痛苦而不能自拔。灭谛提出解决办法，这就是灭欲，万念俱灭，就不再造业。不造业就不轮回，也无苦痛，达到佛教徒梦寐以求的理想境界。道谛讲修行灭欲的途径，即八正道，包括正见、正身等道德要求，为达到终极目的的方法和手段。佛说四谛的目的在于教化众生要按照佛法求得解脱。四谛是大小乘各宗共修之法。

18. 大乘佛教

亦称"大乘教"，是佛教最基本的两大派别之一。公元1世纪左右形成于印度，而后传播至中亚、中国、日本、朝鲜、越南、印度尼西亚以至斯里兰卡，它是北传佛教的主流。大乘佛教认为有神存在，而且把释迦牟尼也变成了神，因而崇拜偶像，它认为解脱不仅靠自己的努力，还可借他人之助，于是出现了菩萨，普度众生，从而使人人可以解脱。

19. 小乘佛教

又称上座部佛教，是佛教最基本的两大派别之一。小乘佛教坚持原始佛教的基本教义，不承认神的存在，不拜偶像，主张自救，通过自己修道得到解脱，因而无须别人的帮助，但不是每一个人都能通过修行得到解脱。小乘佛教主要流传于南亚和东南亚，故又称南传佛教。

20. 梵文

古代印度雅利安语的早期名称。梵文是在婆罗米文和怯卢文这两种字母符号的基础上发展出来的雅利安人书面语言，共47个字母，包括元音和辅音，按照严格的语法规则可分别拼写成不同的音节和单词。每个句子里的单词之间都存在紧密的语法联系，有复杂的名词形容词变格、动词变位和时态变化、性数格之间的约束关系，一个名词有达20多种变体。因此梵文是非常严谨也非常难学的文字系统，古代仅在高种姓的成员之间传播教习，懂书面梵文是高等级与有教养的人的文化标志。而口语则是雅利安人的方言俗语，是现代各种印度—雅利安方言的源头。婆罗门教的经典以及佛教经典都用梵文写成。

21. 摩珂婆罗多

古印度的两大史诗之一，原意为婆罗多的战书。相传作者为毗耶娑，实际上是很多代民间诗人逐渐积累并编集起来的。约形成于公元前5世纪或公元前4世纪。全诗分为18篇，长达10万颂。主要叙述了楼国王族（婆罗多族）后裔为争夺王位继承权而展开内争，结果引起18天的惨烈战争，把次大陆的其他国家也卷入其中。败方百名王子尽数战死，皆因战争的非正义性。胜方也损失惨重，虽获得王位，却深为兄弟残杀而内疚，最终挂冠而去，将王国交付孙辈，自己携家人到喜马拉雅山隐居修行。反映了雅利安各部落在向国家过渡时期所伴随的战争的情景。史诗在流传过程中逐渐增添了其他许多情节，以及各种各样的神话传说，也包含宗教和哲学等方面的讨论和素材。与《罗摩衍那》同被视为世界文学的名著。该史诗包括丰富的知识，是古代南亚的一部百科全书。

22. 罗摩衍那

古印度的两大史诗之一，被誉为梵文的一部"最初的诗"，罗摩衍那即罗摩的故事。相传作者为蚁垤大仙，实际上此诗也是在公元前4世纪至公元前2世纪间逐渐编成的。全诗分7篇，长24000颂。主要讲述了居萨罗国王子罗摩与妻子隐居时，魔王劫走了悉达；罗摩在神猴的协助下，率猴兵打败并杀死魔王，救出了悉达，然后携悉达回国为王。这部史诗虽然是神话性的，但也反映了雅利安人向东、向南扩展中的过程。它与《摩诃婆罗多》同被视为世界文学的名著。

23. 三藏

佛教经典的总称，分经、律、论三部分。经藏，指佛陀的言论汇编，上契诸佛之理，下契众生之机，皆属经部类；律藏，指佛教徒行为规范的汇编，能治众生之恶，调服众生之心性，皆属律部类；论藏，指对佛学哲理的解说。后来又编写了对三藏的注释。

24. 犍陀罗艺术

古希腊人侵入印度河流域时带来的希腊式佛造像艺术，初现于公元1世纪的次大陆西北部，繁荣4个世纪后衰亡。因为这种艺术大都出自犍陀罗，故称之为犍陀罗艺术。犍陀罗佛造像艺术的特点是写实性强，佛像身材比例、形态类同于古希腊雕像，只是穿戴的服装饰物以及面相有所不同。或曰以希腊雕塑风格为主，印度风格为辅的一种艺术形式。犍陀罗艺术产生以后，对南亚次大陆及比邻地区的佛教艺术均有很大影响。

第六章 古代希腊

1. 爱琴文明

古代爱琴海区域的青铜文明，以克里特岛和迈锡尼地区文明为中心，又称"克里特—迈锡尼"文明。约公元前2000年，克里特岛产生奴隶制城邦。约公元前1700年，克里特文明进入最繁荣的时期，以北部的克诺索斯城为中心建立了海上霸权，曾统治爱琴海诸岛。克里特人使用简便的楔形文字，为和迈锡尼的线形文字相区别，考古学上称之为线形文字 A，至今尚未释读成功。约公元前 1400 年，王宫突遭毁灭，原因不详。公元前 16 世纪，迈锡尼文明兴起，迈锡尼人创造了线形文字 B，生产力发展迅速，生产中大量使用奴隶，后因远征特洛伊，国力削弱，约公元前 1125 年，遭多利亚人入侵而灭亡，迈锡尼文明随之消亡。爱琴文明对古代希腊罗马文化有着重要影响，是西方文明的摇篮。

2. 克里特文明

爱琴文明的早期中心，也称米诺斯文明。根据考古资料，克里特文明可分为两个时期：早王宫时期（约公元前 2000—前 1700 年）和晚王宫时期（约公元前 1700—前 1400 年）。早王宫时期是克里特文明的形成和初步发展期。此时兴起了一些以王宫为中心的国家，工商业和海外贸易较为发达，出现了欧洲地区最早的文字，初呈图形，后字体逐渐简化为线形，向音节符号演进，人称线形文字 A。至今尚未被释读。晚王宫时期是克里特文明的繁荣期，此时克诺索斯的米诺斯王朝不仅统治克里特岛，还建立了海上霸权，商业交往更加频繁。公元前 1400 年左右，操希腊语的亚该亚人入主克里特岛，标志着克里特文明的衰落。

3. 迈锡尼文明

以迈锡尼为代表的南希腊早期文明，其创造者是希腊人的一支——亚该亚人。迈锡尼文明时期，生产力发展迅速，金属冶炼和手工业品的制造达到并且超过了克里特文明时期的技术水平。迈锡尼国家的统治阶级包括国王、将军、贵族、官吏、祭司；政治机构有贵族会议和民众大会；社会基层组织是农村公社，由长老领导。土地基本分为私有和公社所有两类。奴隶多属国王，但也有私人奴隶，他们从事手工业等生产性或非生产性劳动。其文字在考古学上称为"线形文字B",已被成功释读。迈锡尼城的城墙用巨石环山建成,城堡有宏伟壮观的"狮门"。公元前12世纪初,为掠夺土地、财产和奴隶,迈锡尼率南希腊诸国攻打小亚细亚西北部的特洛伊城。迈锡尼等城邦虽然获胜,但力量大为削弱。公元前1200年左右,由于多利亚人的入侵,迈锡尼文明遭毁灭。

4. 荷马时代

古希腊历史上氏族制度解体的时代,约公元前11—前9世纪。由于《荷马史诗》反映了这一时期的历史状况,故名"荷马时代",又称"英雄时代"。史诗反映了当时的社会和经济制度,铁器开始使用,土地仍为公有,畜牧业、农业和手工业初步发展,已出现氏族贵族和为数不多的奴隶,失地的农民常沦为雇工,由氏族或大氏族结成部落,进而形成部落联盟,管理公共事务的机构是军事首长、议事会和成年男子组成的人民大会。随着阶级社会的形成,公元前8世纪希腊城邦产生,荷马时代告终。

5. 特洛伊战争

希腊同盟远征特洛伊的战争。为了掠夺特洛伊的财富,以摆脱希腊本土各邦的社会危机,迈锡尼王便以海伦事件为借口,联合希腊本土各邦对特洛伊发动了战争。战争进行了10年,最后希腊人用木马计攻破了特洛伊城。希腊人把特洛伊城掠夺成空,烧成灰烬。男人大多被杀死了,妇女和儿童大多被卖为奴隶,特洛伊的财宝都装进了希腊人的战舰。希腊各邦经过此战也疲惫不堪,从此元气大伤,为北方的多利亚人的入侵提供了可乘之机。

6. 美塞尼亚战争

斯巴达对美塞尼亚的侵略扩张战争。公元前8世纪下半叶,由于阶级和人口的增加,斯巴达出现了严重的土地不足问题。为此,斯巴达加紧了对外扩张的步伐。从公元前8世纪到公元前7

世纪，通过两次大规模的战争，斯巴达人征服了土地肥沃的邻邦美塞尼亚，把美塞尼亚人变成了希洛人，并把侵占的土地在参战的斯巴达公民中间进行了分配。战争一方面缓解了斯巴达的内部矛盾，建立起稳固的小土地占有制；另一方面使斯巴达国有奴隶希洛人的数量增加，奴役和镇压这些奴隶的希洛制度日渐完善。

7. 希波战争

古希腊各城邦反抗波斯帝国侵略扩张的战争。公元前500年，小亚细亚的希腊城市米利都发生反波斯起义，导致战争爆发。希波战争从公元前500年开始到公元前449年结束，可分为两个阶段，第一阶段（公元前500—前479年）波斯军三次大举入侵希腊。公元前492年，波斯对希腊本土发动第一次进攻，但由于海军遭受风暴，陆军遭到色雷斯人的进攻，半途而废。公元前490年，波斯大军第二次进攻希腊，在雅典东北部的马拉松地方登陆。雅典步兵在雅典将军米太亚德的指挥下，大败波斯军。公元前480年，薛西斯率领波斯大军第三次入侵希腊。在中希腊的主要道口温泉关，波斯军战胜了李奥尼达率领的希腊联军。这年秋，希腊海军在萨拉米斯湾重创波斯海军，此役是希波战争的转折点。第二阶段（公元前478—前449年）主要是希腊人进一步解放爱琴海上和小亚细亚沿岸的希腊城邦。公元前449年，双方签订《卡利阿斯和约》，波斯承认小亚细亚各希腊城邦的独立，希波战争结束。希波战争以希腊的胜利告终，在世界历史上影响深远。此后，世界文明发展的格局便逐渐形成东西方并立共存之势，一直延续至今。希腊的胜利使希腊各邦得以继续发展，尤其使雅典达到空前繁荣，并为日后西方文明奠定基础。希波战争波斯虽败，但波斯帝国仍然继续发展。世界文明分为东西方的大格局，它最初的分水岭可以说就是希波战争。

8. 马拉松战役

希波战争中的一次重要战役。公元前 490 年，波斯第二次进攻希腊，在雅典东北部 40 公里处的马拉松平原登陆，当时波斯海陆军总数在 5 万人以上，而雅典的全部兵力只有 1 万人。雅典统帅米太雅德充分利用天时地利的优势，重点打击敌人较为虚弱的两翼。此次战役，波斯损失 6400 人，而雅典只有 192 人阵亡，雅典以少取胜，取得了第一场大规模战役的胜利。战后，雅典传令兵菲利普斯在受伤的情况下经过长距离奔跑，返回雅典城内通知胜利的消息，最终在完成任务后力尽而亡，后世因此而诞生了称之为马拉松的长跑运动。马拉松战役的胜利击破了波斯人不可战胜的神话，极大地增强了希腊人保家卫国的勇气和信心。

9. 温泉关战役

希波战争中的一次重要战役。温泉关又称德尔摩匹莱，是中希腊的主要隘口。此关地势险要，易守难攻。公元前 480 年，波斯第三次进攻希腊。在斯巴达国王李奥尼达的率领下，7200 名希腊守军血战 2 日，未能让敌人前进一步。但波斯军队在奸细的指引下，绕到守军侧后，迫使大部分军队撤离，只剩下 300 斯巴达战士和 1100 名志愿军坚守，最终斯巴达国王和 300 斯巴达战士几乎全部战死。温泉关写下了希波战争中最为悲壮的一幕，其精神一直鼓励着后世的爱国者们。温泉关虽然失守，但在战略上却为后方的备战赢得了宝贵的时间。

10. 萨拉米斯海战

希波战争的转折点。公元前 480 年，波斯国王薛西斯一世亲率大军约 50 万人，战舰 1000 多艘，发动了第三次入侵。是年 9 月，希腊联军 300 多艘战舰与波斯海军 1000 余艘舰船在萨拉米斯湾展开决战，战斗持续了一个白天。由于波斯海军统帅的阵亡，加上波军内部语言不通，军令不齐，大型舰船在狭窄的海湾难以施展，而希腊海军士气高昂，舰船灵活，指挥得当，最终以40艘战舰的代价歼灭敌船200余艘，波斯军队只得撤退。此战是希波战争的转折点，从此希腊开始由防守转为进攻。

11. 普拉提亚战役

希波战争中以斯巴达为首的希腊联军和波斯军队进行的战役。萨拉米斯海战以后，波斯军队在长达一年的时间里，在希腊内陆横行无忌，甚至烧毁雅典城。公元前479年，以斯巴达为首的联军11万人与波斯军队15万人在中希腊普拉提亚展开陆上会战。战争中，斯巴达重装步兵击毙敌统帅，致使波军阵势崩溃，伤亡达10万人之众，希腊本土全境获得解放。这标志着第二次希波战争的结束。

12. 提洛同盟

以雅典为首的一些希腊城邦结成的军事同盟，因盟址及金库设在提洛岛，故称"提洛同盟"，也称"第一次雅典海上同盟"。希波战争期间，为了继续与波斯人作战，公元前478年，以雅典为首的一些希腊城邦结成的军事同盟，最初入盟的主要是小亚细亚、爱琴海诸岛和中希腊的希腊城邦，后来增至250多个。入盟各邦原则上一律平等，在同盟大会上享有一票表决权。同盟事务由在提洛岛召开的同盟会议决定，按入盟城邦实力大小各出一定数量的舰船、兵员和盟捐。公元前454年，同盟金库迁至雅典。公元前449年希波战争结束后，盟捐成为雅典强令缴纳并随意用于本国需要的贡款。雅典向盟国派出大批军事殖民者，严厉镇压宣布退盟的城邦，强令盟国的重要案件交雅典审理，规定盟国采用雅典的铸币，支持建立亲雅典的民主政体。在伯罗奔尼撒战争期间，雅典更要求盟国增派援军和任意增加盟捐。斯巴达则利用盟国的不满，支持它们反对雅典，脱离提洛同盟。公元前404年，战败的雅典根据与斯巴达签订的和约，被迫解散提洛同盟。

13. 吕库古改革

古希腊斯巴达早期历史上的一次改革。约公元前825—前800年，吕库古宣传他从德尔菲的阿波罗神谕中获得了改革的《大瑞特拉》文件。改革的主要内容包括组成新的部落和选区、建立包括两位国王在内的三十人议事会、按季节召开民众大会、设立五名监察官、重新分配土地等。吕库古改革奠定了斯巴达军事强大的基础，对斯巴达古典时代的强盛产生了积极影响。

14. 提修斯改革

古希腊雅典早期历史上的一次改革。提修斯是希腊神话中的英雄人物，可以说提修斯改革是指当时雅典某位头领和民众共同进行的创建城邦宪制的活动。时间约在公元前9世纪或公元前8世纪初。改革的中心内容：联合境内各村社建立中央议事会和行政机构；把国内公民分为贵族、农民和手工业者三个等级，规定贵族充任官职，执行法律，农民和手工业者只在公民大会中有一席之地，而不能当官掌权。提修斯改革把公民划分为贵族和平民，为日后雅典的贵族政治奠定了基础，标志着雅典国家的形成。

15. 李奥尼达

古希腊斯巴达国王、古希腊抗击波斯入侵的民族英雄。约公元前490年即位。公元前480年波斯第三次远征希腊时，任希腊抗波联军陆军统帅，率部约7000人镇守北、中希腊之间交通要冲温泉关（德摩比利隘口），阻10余万波斯军南下。8月中旬指挥守军顽强阻击两天，多次打退波斯军进攻。后因当地希腊人出卖，联军腹背受敌。他为保存实力命令联军撤退，亲率300名斯巴达人坚守，与波斯军殊死搏斗，终因寡不敌众全部壮烈牺牲。李奥尼达与他的300勇士誓死守住阵地、视死如归的精神被希腊人所赞扬。他的事迹被拍成电影《斯巴达300勇士》。

16. 基伦暴动

古希腊雅典城邦平民反对贵族的一次暴动。公元前 7 世纪末，雅典平民与贵族的矛盾日益激化，社会动荡不安。公元前 632 年，贵族出身的基伦企图依靠自己的亲信，利用平民反对贵族的机会发动政变，以建立个人独裁的僭主政治。基伦曾是古希腊奥林匹克竞技会的胜利者，在雅典也颇有势力，但由于他没有发动群众导致政变失败，基伦同其兄弟出逃，其党羽尽被杀害。这次暴动虽然失败了，但说明雅典内部的阶级矛盾、阶级斗争已日趋尖锐了。

17. 梭伦

古希腊雅典的政治家、立法者、诗人、古希腊七贤之一，被誉为"雅典民主政治之父"。梭伦出身于雅典破落的贵族，他年轻时一面经商，一面游历，到过许多地方，漫游名胜古迹，考察社会风情。曾经在从邻邦麦加拉手中夺回撒拉米斯岛的战争中发挥重要作用，赢得了很高的威望。于公元前 594 年，出任雅典城邦的第一任执政官，制定法律，进行改革，主要内容包括：颁布"解负令"，解除平民债务及因负债而遭受的奴役；按照土地收入的财产资格重新划分公民等级，并规定相应的权利和义务，取消了之前的贵族、农民和手工业者三个等级之分；设立新的政府机关四百人议事会和新的司法机关民众法庭；实施抽签选举绝大多数国家官职；奖励公民从事手工业和商业等，史称"梭伦改革"。梭伦改革把雅典引上了建立奴隶制民主政治和发展工商业的道路，为雅典后来的繁荣和强大奠定了基础。梭伦首席执政官任满后，即放弃全部权力离开雅典去远游了。晚年他退隐在家，从事研究和著述，死后骨灰撒在撒拉米斯岛上。

18. 僭主政治

古希腊早期城邦政治中的独裁政治体制。僭主是古希腊人对利用非法手段夺取政权并实行独裁统治的人的称呼。僭主不经过公民选举而握有终身独裁之权，还可以将僭主之位传给子孙。从公元前7世纪中期到公元前6世纪中期，建立僭主政治的城邦有阿哥斯、科林斯等。僭主为了取得民众支持以巩固统治，往往奉行打击贵族、争取平民的政策，重视殖民活动并推动工商业发展，对发展经济、保护小生产者的利益曾起过积极作用。

19. 毕士特拉妥

古希腊雅典城邦著名僭主。从公元前560年到公元前546年，他通过三次政变在雅典建立起僭主政治。在其统治期间，不仅贯彻执行梭伦立法，而且还采取了一系列有利于工商业者和小农的政策和措施。主要内容有：对农民实行低息贷款；设立农村巡回法庭；扩展雅典工商业；进行大规模的雅典市政工程建设；重视雅典文化事业；打击威胁其政权存在的贵族力量等。总之，毕士特拉妥僭主政治时期所采取的一系列措施在一定程度上缓和了雅典的内部矛盾，客观上巩固和发展了梭伦改革的成果，顺应了雅典社会发展的趋势，具有重要意义。

20. 克里斯提尼改革

公元前6世纪雅典首席执政官克里斯提尼实行的政治和社会改革。公元前510/509年，克里斯提尼担任首席执政官，实行改革。改革的主要内容：废除传统的四个血缘部落，设立十个地区部落；组成五百人议事会，代替梭伦创设的四百人议事会；组成十将军委员会，由军事执政官任主席，实行陶片放逐法，对威胁集体统治的重大人物进行放逐等。克里斯提尼改革通过重新划分地域部落，从根本上削弱了氏族贵族的势力和影响，进一步巩固和完善了梭伦改革所奠定的民主体制，最终完成了雅典国家由贵族制向民主制的过渡。

21. 陶片放逐法

古希腊雅典城邦的一项政治制度，由雅典政治家克里斯提尼于公元前6世纪末创建。它是按公民投票来决定是否对某一公民实行政治放逐，因投票时把定罪人的名字写在陶片上而得名。每年由五百人会议提请公民大会讨论是否应行此法，若大会同意就召开全体公民集体进行投票，只要出席人数达到6000人，而某人获多数票就要被流放国外10年，但不动财产。这一措施对那些不受群众欢迎的人是很大的威胁，不失为民主政治的一个重要工具。

22. 铁米斯托克里

古希腊雅典民主派杰出的政治家、军事家。他出身于名门贵族家庭。从小聪颖机智、富于辩才。公元前493—前492年当选为雅典首席将军，在公民大会上通过海洋纲领，建设比雷埃夫斯军港，扩建海军。公元前490年，铁米斯托克里参加了马拉松战役，战役后成为雅典民主派的首领，并极大地推动了海军建设。公元前480年，波斯国王薛西斯第三次入侵希腊，铁米斯托克里主持科林斯大会，组成30多个希腊城邦的联盟，与波斯作战。铁米斯托克里率领希腊海军先在阿特米西亚与波斯海军激战两日，未分胜负，由于陆上温泉关的陷落而被迫撤退。随后在萨拉米斯海战中，铁米斯托克里充分利用地形，几乎全歼了数倍于己的波斯舰队，取得决定性胜利。公元前470年，铁米斯托克里被控"叛国罪"遭放逐，流亡希腊各地无法立足，被迫逃亡波斯，受到波斯国王薛西斯的厚待，后死于小亚细亚（一说自杀）。铁米斯托克里是希波战争中的关键人物，起到了扭转乾坤的作用，其在萨拉米海战中的卓越表现令人折服，但其英雄末路的结局令人叹息。

23. 伯里克利

古希腊雅典杰出的政治家。他出身于雅典名门，受过良好的教育，青年时代就投身于雅典的民主政治之中。公元前443年起连续15年担任首席将军，成为雅典的实际统治者，历史上把这一时期称为"伯里克利时代"。当政期间，对内加强雅典民主政治，对外加强提洛联盟，完成雅典与比雷埃夫斯港之间的"长墙"，晚年与斯巴达争霸，导致伯罗奔尼撒战争。他当政时期雅典的政治、经济、文化和国力进入鼎盛时期。马克思曾说"希腊的内部极盛时期是伯里克利时代"。公元前429年染瘟疫病逝。

24. 伯罗奔尼撒同盟

古代希腊以斯巴达为首的军事同盟。公元前6世纪中叶起，斯巴达陆续与埃利斯、西居昂等城邦订立双边军事同盟条约；公元前530年，伯罗奔尼撒半岛的大多数城邦参加了同盟。在同盟内部，斯巴达享有召集全体成员国会议的特权，并在战时任盟军统帅。在希波战争中，同盟各邦曾与雅典联合抗击波斯入侵。希波战争后，伯罗奔尼撒同盟和提洛同盟对抗，对整个希腊历史的发展产生了重大影响。公元前431—前404年，伯罗奔尼撒同盟与雅典及其同盟者之间爆发伯罗奔尼撒战争，失败的雅典一度被迫入盟。公元前4世纪上半叶，随着斯巴达国力的增强，它与盟邦的关系变得错综复杂，同盟内部纠纷迭起，退盟甚至战争屡有发生。公元前394年，忒拜联合雅典、科林斯等城邦共同反对斯巴达。公元前371年，斯巴达在留克特拉战役中大败于忒拜。同盟于公元前366年解散，斯巴达霸权亦告终止。

25. 伯罗奔尼撒战争

古希腊以雅典为首的提洛同盟与以斯巴达为首的伯罗奔尼撒联盟之间的一场争霸战争。因为这次战争首先由伯罗奔尼撒同盟发动，故称"伯罗奔尼撒战争"。底比斯袭击普拉提亚是战争的导火索。这场战争从公元前431年一直持续到公元前404年，整个战争可分为前后两个阶段。第一阶段（公元前431—前421

年）——10年战争。战争初期，斯巴达进逼雅典城下，雅典农民转移到城中，雅典海军则频频出击，袭击伯罗奔尼撒半岛沿岸。战争第二年夏，雅典暴发瘟疫，全城1/4居民死亡，包括伯里克利。战争双方互有胜负。最后，雅典主和派得势，双方缔结和约，保持50年和平，实际只是暂时休战。第二阶段（公元前421—前404年）以雅典发动西西里远征开始。远征失败使雅典海军受损极大，再无力恢复。此后，斯巴达不断侵入雅典国内，长期盘踞在阿提卡地区，雅典农村遭受严重破坏，城内发生2万奴隶大逃亡，雅典经济面临崩溃。公元前405年洋河之战，雅典海军被全部歼灭。公元前404年，雅典接受了斯巴达提出的苛刻条件，伯罗奔尼撒战争结束。这场希腊人之间的内战，牵涉面广、损失大，对希腊各邦造成了沉重打击，成为希腊城邦历史的转折点，希腊古典文明从此由盛转衰，开始陷入城邦危机时期。

26. 亚西比德

伯罗奔尼撒战争后期，雅典最著名的政治家和军事领导者。他出身贵族，从小在伯里克利身边长大，有着娴熟的政治技能，进入政界后他很快便赢得了众多的跟随者。公元前416年，亚西比德成功地煽动了西西里远征，并被任命为将军。后来由于牵涉赫尔美斯神像案，出逃斯巴达，转而为斯巴达人出谋划策，极大地危害了雅典城邦的利益。在与斯巴达国王阿吉斯矛盾激化后，他转而与波斯总督联合，试图重返自己的母邦，并极力促成雅典与波斯结盟，但未能如愿。后来在帮助雅典人取得塞西卡斯海战的胜利之后，他终于重返家园，担任雅典的将军，达到个人生涯的顶峰。从颠覆民主的嫌疑犯变成了再造民主的大英雄。公元前405年羊河之战后，亚西比德从色雷斯逃到弗里吉亚去投靠当地的波斯总督。公元前404年由于斯巴达的煽动，波斯总督将他杀害。亚西比德的政治地位动摇是伯罗奔尼撒战争中雅典失败的最大决定性因素。他的恶名也牵连苏格拉底,加强了政敌对苏格拉底的指控。

27. 来山德

来山德(?—前395年),古希腊斯巴达军事家。出身于斯巴达一个没落的贵族家庭。青少年时代,家境贫寒,但雄心勃勃,总想出人头地。希波战争结束后,以雅典为首的提洛同盟和以斯巴达为首的伯罗奔尼撒同盟在经济和政治等方面的矛盾日益尖锐,从而导致了伯罗奔尼撒战争的爆发。来山德指挥斯巴达舰队于公元前405年在埃果斯河战役中击溃了比自己强大的雅典海军,从而结束了伯罗奔尼撒战争。随后,他指挥军队占领了雅典城,宣布废除雅典民主政体,为雅典制定了新法律,在他的扶持下建立了三十人僭主集团,并四处推翻雅典在海外建立的各个民主政体。伯罗奔尼撒战争后,来山德获得了空前的荣誉和巨额财产,但因狂妄自大和专横跋扈而被撤去指挥职务。公元前395年再度得到起用。这年夏天,在陆上遭底比斯人的突袭而阵亡。

28. 埃帕米农达

埃帕米农达(约公元前410—前362年),古希腊底比斯统帅和政治家。公元前379年参加推翻斯巴达支持的寡头统治和重建民主制的斗争。后与民主派首领佩洛皮达斯共同执政。公元前371年当选为维奥蒂亚同盟的将军,率部迎击斯巴达入侵军。在留克特拉之战中,改变正面平分兵力的传统布阵方法,首次采用斜切战斗队形,集中主力于一翼,以劣势兵力击败斯巴达军。公元前370年、前369年、前367年三次率军南征伯罗奔尼撒,重创斯巴达军,导致斯巴达为首的伯罗奔尼撒同盟解体,使阿卡迪亚、美希尼亚恢复独立。公元前362年率军同斯巴达、雅典等邦联军会战于南希腊的曼丁尼亚,再次获胜,但伤重身亡。由他首创的斜切战斗队形(亦称"斜楔阵法"),是古希腊军事学术史上方阵战术的重大发展，其集中优势兵力于一翼的战法为后世军事家所效法。

29. 科林斯战争

公元前395—前387年爆发的古希腊城邦之间的战争，起因是伯罗奔尼撒同盟中的科林斯和底比斯等大邦不满斯巴达独断专横的统治，同时还有波斯从中离间牟利的影响。战争爆发后雅典、科林斯、底比斯等城邦在波斯的支持下与斯巴达作战，斯巴达无奈之下遂向波斯求和，之后由波斯出面使双方缔结和约。科林斯战争之后，波斯重新获得了统治小亚细亚各地希腊城邦的权力，而斯巴达也因此遭到其他城邦的不满和抵制。

30. 德摩斯提尼

德摩斯提尼（公元前384—前322年），古希腊著名的演说家、政治家，他天生口吃，嗓音不大，还有耸肩的坏习惯。为了成为卓越的政治演说家，德摩斯提尼非常努力，进行了异常刻苦的学习和训练。他第一次上台时，演说很不成功，发音不清，演讲空洞，听众把他轰下了讲台。从此，他更加努力学习。他抄写了《伯罗奔尼撒战争史》8遍；虚心向著名的演员请教发音的方法；把小石子含在嘴里朗读，迎着大海和波涛讲话；为了去掉气短的毛病，他一边在陡峭的山路攀登，一边不停地吟诗；他在家里装了一面大镜子，每天起早贪黑，对着镜子练习演说；为了矫正演讲时爱耸肩的毛病，他在屋梁上悬下两条绳索，绳索上吊上两把尖刀，让自己站在两刀之间练习演讲；为了让自己断绝外出玩耍的念头，他把自己剔成阴阳头，以便能安心躲起来练习演说……德摩斯提尼不仅训练自己的发音，而且努力研究古希腊的诗歌、神话，背诵优秀的悲剧和喜剧，以增加自己的学识。当时，柏拉图是深受人们喜欢的演讲大师，风格独特。他的每次演讲，德摩斯提尼都前去聆听，并用心琢磨大师的演讲技巧……经过十多年的磨炼，德摩斯提尼终于成为一位出色的演说家。在雅典，他是反马其顿派的代表，他号召雅典的公民振作精神，团结起来，不仅为自己而战，而且要像在希波战争中那样，为希腊的自由而战。他对腓力进行了无情的攻击，说他是荒淫放荡的僭主，他的战友是拦路抢劫的强盗。德摩斯提尼一针见血地指出，腓力的最终目的是劫掠希腊。他呼吁在雅典之船尚未完全沉没时，船上全体人员无论大小都来救亡，否则就会同归于尽。他的政治演说为其建立了不朽的声誉。他的演说词结集出版，成为古代雄辩术的典范，打动了千千万万读者的心。

31. 伊索克拉特

伊索克拉特（公元前436—前338年），希腊古典时代后期著名的演说家、教育家。他出身于雅典富裕奴隶主家庭，是智者普罗泰哥拉的学生，与苏格拉底亦有师生关系。他虽然猛烈抨击当时日渐颓败的智者教育，但局限于从道德人格上的指责，尚不能像柏拉图那样从理论上进行深刻的批驳；实际上，伊索克拉底在很大程度上还师承了智者派的教育传统，主要教授修辞学和雄辩术，以培养演说家为己任。公元前392年，他在雅典吕克昂附近创设第一所修辞学校。他一生写了许多演说词，其中最有名的是《全希腊盛会献词》《泛雅典娜节献词》等，多半是抒发自己政见的政论性文章、修辞学论文及法庭辩论。在雅典，他是亲马其顿派的代表，他请求腓力不仅成为希腊统一的领袖，而且成为征服波斯的领袖。征服波斯并不是为了报希波战争之仇，而是要掠夺东方的财富以解决希腊各城邦内部的矛盾。伊索克拉特企图借腓力领导的东侵来解脱希腊城邦的危机，其结果只能是搬起石头砸自己的脚。

32. 腓力二世

马其顿王国国王（公元前359—前336年在位）。腓力早年曾在希腊的底比斯城邦为质，回国后，夺取了年幼的侄子的王位。上台之后，就进行了一系列改革活动。主要内容有：加强王权，削弱贵族议事会和公民大会的权力；为提高军队的战斗力，创立马其顿方阵；推行币制改革，鼓励对外贸易；等等。改革取得了巨大的成功，使马其顿成为巴尔干半岛的军事强国，为其子亚历山大的大征服准备了条件。

33. 克罗尼亚战役

马其顿国王腓力二世称霸希腊的决定性战役。公元前338年夏，腓力二世领导色萨利、伊庇鲁斯、埃托利亚等联军，在中希腊克罗尼亚击败雅典和底比斯联军。此战役，由年仅18岁的亚历山大担任左翼指挥官。克罗尼亚战役标志着马其顿在希腊霸权的确立。

34. 科林斯会议

公元前337年春，马其顿国王腓力二世在科林斯召开全希腊会。会议成立了以马其顿为首的"希腊联盟"，奥林匹斯山以南所有城邦（斯巴达除外）和许多岛国都加入了联盟。会议规定了各成员国应承担的义务：保持和平；尊重各邦现存宪法；禁止死刑、土地财产再分配以及一切与当前法律相抵触的行为；镇压抢劫者与海盗。在联盟的第一次正式会议上，联盟与马其顿签订了永久性攻守同盟条约，共同对波斯宣战，并选举腓力为同盟最高领袖，全权统率军队。科林斯会议结束了希腊的城邦时代，希腊各邦已名存实亡。此后，希腊历史进入了马其顿帝国军事独裁统治时期。

35. 亚历山大大帝

马其顿王国国王、亚历山大帝国皇帝（公元前336—前323年在位）。早年受过很好的教育，13岁师从亚里士多德；18岁随父出征，在克罗尼亚战役中，指挥马其顿军的左翼，全歼著名的底比斯神圣军团。公元前336年，腓力二世被刺后继王位。他迅速控制了国内政局，平定了骚乱的北方，镇压了希腊城邦的起义。公元前334年，亚历山大率军东征，占领埃及，建立亚历山大里亚城；在高加米拉之战中击败波斯军队，灭波斯帝国；之后进攻印度，无功而返。通过东征，亚历山大建立起了一个地跨欧、亚、非三洲的庞大帝国。公元前323年6月染疾死于巴比伦。

36. 亚历山大东征

公元前4世纪马其顿王国联合希腊诸城邦对波斯帝国的战争。公元前334年，亚历山大率3万步兵、5000骑兵，发动了侵略亚洲和非洲的远征。公元前333年，马其顿与波斯军队在伊普苏斯展开会战，结果大流士三世逃走，波斯军全线溃败。公元前332年，亚历山大在腓尼基的推罗遇到顽强抵抗，经过7个月围攻，推罗陷落。接着亚历山大进入埃及，当地祭司表示欢迎，称他为"埃及的法老""阿蒙神之子"。公元前331年，亚历山大回攻两河流域，在尼尼微附近的高加米拉与大流士三世的军队再次决战，大败波斯军队，大流士逃亡。马其顿军队很快占领了巴比伦、苏撒、波斯波里斯。公元前329年，亚历山大又进入帕提亚和巴克特里亚。他在中亚转战3年，于公元前327年进入印度西北部。由于当地各土邦互相敌对，亚历山大进展顺利。他还企图进攻印度腹地，但由于士兵厌战情绪增长和热带病袭击，被迫撤退，于公元前325年回到苏撒。亚历山大东征历时10年，建立了一个西起希腊马其顿，东到印度恒河流域，南临尼罗河第一瀑布，北至药杀水的以巴比伦为首都横跨亚非欧三大洲的大帝国。亚历山大的东征是成功的，但却是非正义的。它给东方人民带来了深重的灾难，使他们饱受战争之苦，但在客观上远征使希腊文明与埃及、巴比伦和印度的文明得以接触、交流、融汇，扩大了各民族已知世界的范围，加快了人类世界由分散走向整体的进程。

37. 希腊化时代

古希腊文明与西亚文明、埃及文明及印度文明相融合的历史进程。时间上通常把亚历山大东侵（公元前334年）至罗马灭掉埃及托勒密王朝（公元前30年）这段历史称为希腊化时代，同时将这段时间在亚历山大帝国废墟上建立的国家称作希腊化国家，它们的文化称作希腊化文化。所谓的希腊化国家主要包括马其顿的安提柯王朝、埃及的托勒密王朝、西亚的塞琉古王国、小亚细亚的帕加马王国和本都王国。在希腊化时代，由于奴隶的劳动，农业和手工业有了进一步的发展，城市也日益繁荣，内外贸易频繁，经济出现繁荣景象。就文化而言，希腊化时代的文化具有希腊古典文化和东方文化相结合的特点，这在文学、艺术、科学和宗教等方面都有体现。希腊化时代的文化对后来罗马文化乃至近代欧洲文化都有着极其深刻的影响。

38. 伊浦苏斯之战

亚历山大部将们为继承人问题引发的战争。公元前301年，安提柯与塞琉古、吕辛马库斯、卡山达（安提帕特之子）组成的联盟在弗里吉亚的伊浦苏斯展开了一场大血战，安提柯兵败阵亡。伊浦苏斯之战标志着大帝国统一梦想的彻底破灭。从此，马其顿、西亚、埃及三足鼎立的大局已定，它们走上了基本相同但各有特色的发展道路。

39. 安提柯王朝

亚历山大帝国瓦解后由马其顿人安提柯创建的王朝。公元前301年，安提柯与塞琉古、吕辛马库斯、卡山达（安提帕特之子）组成的联盟在弗里吉亚的伊浦苏斯展开了一场大血战，安提柯兵败阵亡。伊浦苏斯之战后，马其顿几易其主，最后在马其顿及希腊建立长期统治的是安提柯的孙子安提柯·贡那特。安提柯成为与托勒密、塞琉古并驾齐驱的三大希腊化王朝之一。公元前168年，安提柯王朝被罗马所灭。

40. 托勒密王国

公元前305年亚历山大的部将托勒密在埃及建立的国家。以希腊—马其顿殖民者为主要统治力量，并继承了古埃及的法老制度和行政区划，实行以国王为首的中央集权制。其疆域以尼罗河流域为主，极盛时还包括巴勒斯坦、叙利亚以及小亚细亚的部分地区。首都亚历山大里亚人口众多，商旅云集，市场兴旺，学术繁荣，成为地中海最大的文化中心。公元前3世纪，托勒密王国与塞琉古王国为争夺巴勒斯坦和叙利亚一带，先后发生五次战争。公元前30年托勒密王国被罗马所灭。

41. 塞琉古王国

公元前312年亚历山大的部将塞琉古建立的国家。因其中心地区在叙利亚，又称叙利亚王国。王国极盛时包括西亚、中亚、小亚细亚以及印度的部分地区，是希腊化国家中领土面积最大的一个。塞琉古王国以民族混杂为特色，再加上各地经济和文化极不平衡，统治难度极大。王国实行中央集权统治，下设若干行省分区管辖，地方有一定的自治权。由于地处东西方海上和陆上商路的必经之地，塞琉古的工商业和对外贸易十分发达。公元前3世纪后，内外征战频仍，其统治下的一些地区乘机独立，版图大减，国势日衰。公元前64年，塞琉古王国亡于罗马大将庞培之手，成为罗马的叙利亚行省。

42. 线形文字B

古希腊迈锡尼文明时期所使用的文字。迈锡尼人在夺取了克里特的统治权后，在改造克里特人线形文字A的基础上，创制了自己的文字，即线形文字B。这种文字的使用不仅局限于王宫，而是传播到民间和希腊各地，迄今发现的线形文字 B 的资料大多是王宫库存和各地贡物的经济文书，对政治历史揭示不多。该文字已于 1952 年被英国学者迈·文特里斯和吉·柴德维尔成功释读，证明迈锡尼语属于印欧语系，从而解决了迈锡尼人的种族问题，更为重要的是为了解当时的社会经济状况提供了极为重要的线索。

43. 荷马史诗

古希腊史诗。包括《伊利亚特》和《奥德赛》两部分。相传由古希腊盲诗人荷马创作，实际上是特洛伊战争以来数百年希腊民间文学的结晶，两诗题材都和特洛伊战争有关。《伊利亚特》记述希腊最英勇的将领阿喀琉斯因迈锡尼王阿伽门农夺其女奴而愤然退出战场，使希腊联军连遭失败，待他最亲密的战友也阵亡后，他才投入战斗，击毙特洛伊主将赫克托耳。《奥德赛》则讲述了希腊英雄奥德修斯战后回国时漂泊 10 年，历经艰险的故事。荷马史诗不仅具有文学艺术上的重要价值，它在历史、地理、考古学和民俗学方面也提供给后世很多值得研究的东西，是后人了解荷马时代的主要文献资料。

44. 赫西俄德

古希腊农民诗人。出生于希腊中部的彼奥提亚，大约生活在公元前 8—前 7 世纪。其主要作品《工作与时日》（又译《田功农时》），计 828 行，以对其弟弟劝解为由，宣称人人都应努力工作，恪守正义，并用普罗米修斯胆大妄为而受惩罚和人类五个时代（黄金时代、白银时代、青铜时代、英雄时代、黑铁时代）递进的传说证明其论点，然后详述一年四季的务农之道，最后以历数每月的吉日和凶日结束全书。作品以日常的劳动生活为题材，对自然景色作了出色的描写，风格清新自然。另一作品《神谱》讲述世界缘起和天神世系，是希腊神话的汇编。

45. 米利都学派

公元前 6 世纪在古希腊米利都城邦形成的自然哲学流派。米利都哲学家泰勒斯（公元前 7 世纪末—前 6 世纪初）是第一位哲学家。他基于对自然的观察，认为水是万物的始基，一切生于水还于水，大地漂浮在水上。这种认识开创了用自然界的物质去说明自然的唯物主义解释方向。在哲学史上他被誉为"哲学之父"，他开创的哲学又被称之为朴素唯物主义的自然哲学。其门生阿纳克西曼德（约公元前 611—前 546 年）主张万物本原是"无限"，只有无限才能永恒存在，无限在运动中产生矛盾，如冷与热、干旱与潮湿等。这就把世界万物统一到一个相同的概念之中。阿纳克西曼德的学生阿纳克西美尼（公元前 6 世纪中期前后）则认为，世界的本原是空气，它的膨胀和收缩产生了世界万物；一切都在永恒的空气中发生和转变，其中也包括神灵。由于这三位早期哲学家均是米利都人，故被称作"米利都学派"。这一学派力求从自然本身去解释自然现象根本原因的做法，开创了一种与神话和宗教不同的思维方式。

46. 毕达哥拉斯

毕达哥拉斯（公元前 6 世纪中期），古希腊哲学家、数学家。曾游学埃及、巴比伦等国。后定居于克罗托内城，在那里形成毕达哥拉斯学派，对数学和天文学的发展起过巨大影响。在哲学方面，他是第一个使用"哲学"一词的人。他认为有人活着为名为财，也有少数人作出最好的选择，就是专注于思考自然，增长才智，做智慧的人。这种人就是哲学家。他实际上把哲学看作一种高贵的人生方式。在数学方面，他认为数是万物之本，由数而有形，由形而有物。并在约公元前 531 年，提出了直角三角形各边的平方关系，后人称为毕达哥拉斯定理，即中国称之为"勾股定理"。

47. 苏格拉底

苏格拉底（公元前 469—前 399 年），古希腊雅典著名的唯心主义哲学家。他出身贫寒，父亲是一名雕刻师，母亲为助产士。曾继承父业当石匠，后来致力于哲学和道德探讨，在广场和街头巷尾同人们讨论哲学、道德、社会、艺术等问题。伯罗奔尼撒战争期间，他三次服役并立过战功。雅典"三十僭主"统治时期，他是这个集团的重要人物。民主派执政后，苏格拉底因触犯了当时权贵的利益而被冠以"引进新神""毒害青年"以及反对民主制度等罪名于公元前 399 年饮鸩自杀。他一生未曾著述，其言论和思想多见于柏拉图和色诺芬的著作，如《苏格拉底言行回忆录》。苏格拉底认为哲学的任务主要在于探讨与人生幸福有关的道德伦理问题，提倡智德合一，认为美德基于知识，而两者之获得皆有赖于教育。他喜欢强调人之求知首先需承认自己的无知，"我知道自己一无所知"，便是他的名言。因此，他坚持以破求立，让人通过辨析认识到原以为正确合理的各种传统观念的谬误，进而树立新的思想。

48. 柏拉图

柏拉图（公元前 427—前 347 年），古希腊唯心主义的集大成者，欧洲哲学史上第一个建立唯心主义体系的哲学家。他出身于雅典的贵族家庭，青年时曾跟随苏格拉底学习，并曾经到过埃及、西西里和南意大利游历和讲学，两度到叙拉古推行其政治理念。一生主要的时间在雅典度过，在雅典郊外的阿卡德米体育场开办学校，广收门徒。他死后，该学园一直办到公元 529 年被东罗马皇帝查士丁尼封闭。柏拉图流传下来的著述，主要是他的对话，如《申辩篇》《会饮篇》《理想国》等，几乎全部保存到今天。他哲学的核心是"理念论"认为有两个世界，即理念世界和现实世界；理念世界是永恒的、真实的存在，现实世界是变幻无常的、非真实的存在；理念世界是现实世界的原型，而现实世界是由理念世界派生出来的。他倡导对永恒的真善美亦即理念世界的追求，后人往往把追求纯精神的唯理主义行为称作"柏拉图式的行为"。在认识论上，他提出了"回忆说"，主张"知识就是回忆"。此外他还提出了"理想国"的学说，在《理想国》一书中，柏拉图把人分成哲学家、武士、农民和手工业者三个等级，认为只要这三个等级各守其位，各尽其职，就能实现"理想国"。柏拉图的唯心论哲学体系对后世影响很大，希腊化时代和罗马时期各唯心主义哲学派别，以及中世纪的基督教神学都直接继承了其学说的某一方面，而且也成为近代形形色色唯心论观点的渊源。

49. 亚里士多德

亚里士多德（公元前384—前322年），古希腊最伟大的哲学家、科学家和教育家。公元前384年出生于爱琴海北岸的斯塔吉罗斯。17岁到雅典柏拉图的学园学习，长达20年。公元前343年，他成为马其顿国王腓力二世之子亚历山大的私人教师。亚历山大即位后，他回到雅典，创办了吕克昂学园，在这里从事教学和科研达12—13年之久。著作据说有千卷之多，虽大多散佚，仍有162卷幸存，包括《形而上学》《物理学》《气象学》《政治学》《伦理学》《修辞学》《范畴篇》等47部著作，其中有些可能是赝品。他不同意先师柏拉图的理念论。"吾爱吾师，但吾更爱真理"是他的名言。他的哲学认识论正是从批判柏拉图的理念论开始的。他认为自然界是客观的、真实的存在，人的认识来自对客观世界的感觉，没有感觉就没有知识。他把柏拉图的理念比作一种拟人的神灵，正如神是神化了的人一样，理念则不过是永恒化了的自然物体。亚里士多德是逻辑学的创始人，他提出归纳和演绎两种方法。前者由个别到一般，后者由一般到个别。他的研究便是先从收集大量材料开始，通过严密分析、归纳、概括、推理而得出最终的结论。亚里士多德的思想曾经统治过全欧洲，改变了几乎整个西方的哲学家。恩格斯称他是"最博学的人"。

50. 斯多葛派

希腊化时期的一个哲学派别，创始人是芝诺，因其在雅典市场北部的画廊讲学，学派由此得名。该学派学说兼有唯物主义和唯心主义的因素，承认事物是物质的、发展的、运动的，但认为发展变化的决定因素是神性和命运。认为道德即是幸福，提倡过道德的、自然的生活。提出了"人人皆兄弟"和世界公民的政治主张，其理想是建立一个由理性所统治的世界国家。斯多葛学派对罗马的哲学产生了直接影响，一直流行到公元前6世纪左右。

51. 伊壁鸠鲁

伊壁鸠鲁（公元前341—前270年），古希腊哲学家，伊壁鸠鲁学派的创始人。伊壁鸠鲁曾在小亚细亚的许多城邦教授哲学，后来在雅典的一个花园里建立了自己的学校，称为"伊壁鸠鲁花园"，逐渐形成了"伊壁鸠鲁学派"。他继承德谟克利特的原子论学说，但在具体解释上有所不同。他认为原子不仅如德谟克利特所说有形状和大小的区别，且有重量的差异。他还认为灵魂是物质的，由呼吸与热之类的微粒组成。在认识论方面，他强调感性认识的作用，认为一切感官都是真理的报道者，感觉是人类认识的来源，感觉无所谓错误，它始终是真实的，错误在于人们对感觉所做的解释与判断的偏差。他的人生观比较消极，认为快乐就是善，是人的最终目的。但他所指的快乐并非肉体感官的娱悦，而是指身心没有痛苦和纷扰。其学说的主要宗旨就是要达到不受干扰的宁静状态。

52. 犬儒学派

希腊化时期的一个哲学派别，此派创始人是安提斯提尼。犬儒主义与其说是一种哲学理论，不如说是一种生活方式。犬儒派人士坚持个人自由、自我满足，鼓吹根据"自然"生活，对社会持批判态度，对财富、地位等无所追求。犬儒学派盛行于公元前3世纪，是城邦末期人们情绪没落的一种反映。

53. 菲迪亚斯

菲迪亚斯（公元前490—前430年），古希腊雅典著名雕塑家、建筑设计师。伯里克利的艺术顾问和好友。希波战争中，雅典受到严重毁坏，菲迪亚斯受命主持卫城的重建工作，创作了卫城广场和帕特农神庙的两尊雅典娜像，以及神庙前后两面山墙上的巨型浮雕和四面檐部的浮雕饰带。他还创作了奥林匹亚神庙中的宙斯像，被誉为古代七大奇迹之一。代表作品有《命运三女神》等。其艺术特点是秀雅自然、高贵完美。

54. 米隆

米隆（约公元前492—前452年），古希腊雅典著名建筑家。与菲迪亚斯同师，以塑造青铜雕像而闻名。其创作题材多样，既有神与英雄，也有运动员和动物，尤擅长刻画运动的人体。他的代表作之一是《掷铁饼者》，塑造了竞技者在掷出铁饼前的一瞬间动作，由此表现出整个运动的连续性，极为自然准确。

55. 波里克列伊托斯

波里克列伊托斯（公元前460—前416年），古希腊雅典著名建筑家。他确立了刻画人体身高、年龄等的一系列基本规则，并著有一部总结性的雕刻理论作品。他的代表作之一《执矛者》表现裸体运动员肩荷长矛向前行进的情景，长期被奉为人体雕塑的楷模。

56. 普拉克希泰勒斯

公元前 4 世纪古希腊雅典最著名的雕塑家。他是第一个创作出与真人大小的裸体女性雕像的艺术家。他的著名代表作爱神阿芙洛狄忒（即维纳斯）的裸体像，神情潇洒，体态俊美，表现了女性的柔和秀美。

57. 埃斯库罗斯

埃斯库罗斯（公元前 525—前 456 年），古希腊悲剧家。出身于雅典贵族家庭，参加过抗击波斯军队的马拉松战役和萨拉米战役，据说他写过 70 多部戏，13 次在戏剧比赛中获奖（他死后其作品又曾 4 次获奖），流传至今的作品有《被缚的普罗米修斯》《波斯人》《乞援人》《七将攻忒拜》《俄瑞斯忒斯三部曲》等 7 部。其中《被缚的普罗米修斯》取材于普罗米修斯为人类从天上盗取火种的神话，塑造了一个为人类幸福而敢于反抗天神宙斯的英雄形象，歌颂了普罗米修斯为人类受苦受难的坚忍不屈精神。他的作品慷慨激昂，充满爱国热情，同时也对人在命运之前的奋勇反抗予以歌颂。他还是悲剧体裁的奠基者，为演出增加了第二个演员，加上了对白，还配上服装和布景，悲剧从此正式形成，因此恩格斯称他为"悲剧之父"。

58. 索福克里斯

索福克里斯（公元前 496—前 406 年），古希腊悲剧家。出身于雅典一个制造盔甲的作坊家庭，受过良好教育，与伯里克利、希罗多德等人交情颇深，曾当选雅典十将军之一。据说，他在戏剧比赛中获奖 24 次，创作了 120 多部剧本，但现在完整保留下来的悲剧只有《埃阿斯》《安提戈涅》《俄狄浦斯王》等 7 部。其中《俄狄浦斯王》描写了主人公俄狄浦斯不愿屈服于命运的安排，经历了各种曲折，但仍未能逃脱命运的捉弄，杀父娶母，在痛苦的煎熬中他刺瞎双眼，至荒山野岭受苦赎罪。索福克里斯突破了抒情诗式的悲剧形式，让歌队退到台外，减少了合唱的作用，加强了戏剧的作用，使悲剧艺术趋于完善。

59. 幼里披底斯

幼里披底斯（公元前 485—前 406 年），古希腊悲剧家。出身于贵族，爱好哲学，与普罗泰戈拉等人交往甚笃，深受智者学派的影响，因而在戏剧中较多塑造了普通劳动者和妇女的形象，注重刻画人物的内心矛盾与心理变化，同情他们的苦难，表现出了明显的人文主义精神。他大约写了 92 部剧，流传至今的只有 18 部，如《美狄亚》《希波吕托斯》《特洛伊的妇女》《酒神的伴侣》等。其中《美狄亚》描写女主人公美狄亚深爱自己的丈夫，但丈夫却抛弃了她和孩子。于是，她由极爱转为极恨，不仅杀死丈夫的新欢，且杀掉了她同丈夫所生的子女。反映了希腊妇女地位的低下及其对男权的反抗。《特洛伊的妇女》反映了战争给妇女带来的痛苦，表达了谴责侵略、维护正义这一主题。

60. 阿里斯多芬

阿里斯多芬（公元前 445—前 385 年），古希腊喜剧家，被称为"喜剧之父"。出身于贵族家庭，是苏格拉底和柏拉图的朋友。他大部分时间生活于伯罗奔尼撒战争期间，看到了战争给城邦和人民带来的灾难，因而反对战争、要求和平成了其喜剧的主题。他写过 44 部喜剧，现存 11 部，包括《阿卡奈人》《云》《蛙》《骑士》等。其中《阿卡奈人》的主人翁是雅典农民狄开俄波利斯，他反对战争，独自与斯巴达人签订和约，因而遭到阿卡奈人的反对。经过辩论，狄开俄波利斯最后说服了阿卡奈人，实现了和平。《鸟》是现存的唯一以神话幻想为题材的喜剧。剧中描写了两个雅典人和一群鸟一起在天和地之间建立了一个"云中鹁鸪国"。他们建立了没有贫穷之分、没有剥削的理想社会，作者以此来讽刺雅典城市中的寄生生活。这是欧洲文学史上最早描写理想社会的作品。

61. 希罗多德

希罗多德（约公元前484—前425年），古希腊历史学家，是欧洲历史上第一位伟大的历史学家，被西方学者誉为"历史之父"。生于小亚细亚南部的哈利卡纳苏城，早年曾广泛阅读爱奥尼亚"纪事家"的著作，后因政治斗争被放逐，漫游各地，足迹东至巴比伦，西达意大利南部，南到埃及南端，北至黑海北岸。公元前443年移居南意大利的图里伊城，后取得该城公民权，并在此著述终老。著有《希波战争史》（简称《历史》），约成书于公元前5世纪下半叶，全书共9卷，内容包括古希腊城邦、波斯帝国、近东、中东等地的历史文化与风土人情，以及叙述著名的希波战争。他声称撰写该书是"为了保存人类的功业，使之不致由于年深日久而被人们遗忘，为了使希腊人和异邦人的那些值得赞叹的丰功伟绩不致失去它们的光彩，特别是为了把它们发生纷争的原因给记载下来"。所以，他为了阐明希波战争发生的原因，几乎用了一半的篇幅来介绍波斯的兴起与扩张以及小亚细亚、埃及、黑海北岸等地的情况，并且取材宏富，对这些地区各民族的政治、经济、地理及风土人情等方面都作了记载。可以说，它是人类历史上第一部具有世界性的通史著作，为古代希腊、西亚、北非的历史研究提供了珍贵的史料。《历史》中对史料的运用总的来说是较为严谨的，表现了求真的精神，但也保留了梦兆、神谕等宗教迷信思想。《历史》以希波战争这一历史事件为中心来叙述历史，创立了历史叙述体，为西方历史编纂学开辟了一个新领域，并且发展成为西方历史编纂中的正宗体裁，至今仍为西方史学家们所通用。

62. 修昔底德

修昔底德（公元前460—前400年），古希腊历史学家。出身于雅典贵族，受过良好教育。伯罗奔尼撒战争期间，他作为雅典将军，亲身参加和指挥过一些战斗，后来被指责为贻误军机而被革职放逐。正是放逐生活使他有时间来研究这场战争，开始了《伯罗奔尼撒战争史》的撰写。他在战争结束后被特赦回雅典，以毕生精力来撰写这一历史巨著。《伯罗奔尼撒战争史》全书共8卷，按年代顺序记述了伯罗奔尼撒战争的经过。书中已完全排除了宗教迷信和神谶的因素，不再用神示来解释历史，而是从人的行为中去寻找历史事件的原因，"人是第一重要的"，表现了明显的人本思想。修昔底德是一位严谨治史的历史学家。他说："关于战争事件的叙述，我确定了一个原则：不要偶然听到一个故事就写下来，甚至也不单凭我自己的一般印象作为根据；我所描述的事件，不是我亲自看见的，就是我从那些亲自看见这些事情的人那里听到后，经过我仔细考核过的。"这种求实精神对西方史学的发展影响很大，被西方史家称为"世界上第一位具有批判精神和求实态度的历史学家"。

63. 色诺芬

色诺芬（公元前430—前350年），古希腊历史学家、作家。出身于雅典贵族之家，曾师从苏格拉底，公元前401年参加希腊雇佣军助小居鲁士争夺波斯王位，未遂，次年率军而返。公元前396年投身斯巴达，被母邦判处终身放逐。著有《希腊史》《远征记》《拉西第梦人的政制》《经济论》《雅典的收入》等著作10多种，是一个多产的作家。其中《希腊史》共7卷，上承《伯罗奔尼撒战争史》，止于公元前363年的曼提尼亚之战，叙述了斯巴达从称霸到衰落的历史。这是一部记载希腊城邦由盛转衰过程的史书。《远征记》是色诺芬对自己军事冒险活动的回忆录，叙述了一万名希腊雇佣军从波斯历尽艰辛返回希腊的经过，对沿途的山川形势和风土民情也作了记载，具有重要的史料价值。

64. 普鲁塔克

普鲁塔克（约46—126年），古罗马历史学家。生于希腊喀罗尼亚城。代表作品为《希腊罗马名人传》，记载了包括恺撒、安东尼、梭伦等约50位古希腊、罗马的著名军事、政治人物。他的作品是通过具体历史人物的生平事迹来发挥他自己的伦理思想。这部作品有欠严谨，充满英雄史观，但是取材丰富，文笔优美，保存了许多已经散失的史料，是一部研究古希腊罗马史的重要文献，并开创了西方史学传记体先河。他的作品在文艺复兴时期大受欢迎，莎士比亚不少剧作都取材于他的记载。

65. 波里比乌斯

波里比乌斯（约公元前205—前120年），古罗马史学家。生于希腊的麦加罗城。公元前169年任阿哈伊亚同盟长官。曾参加反罗马的战争，战败后以人质身份客居罗马，约公元前150年回到故乡。著有《通史》40卷，叙述了公元前264年第一次布匿战争爆发到公元前146年第三次布匿战争结束的历史，阐明了罗马是如何从一个城邦上升为世界帝国的。他认为，罗马人成功的奥秘在于他们拥有良好的政治制度——混合政体，即君主制、贵族制与民主制三者的结合，而罗马政体则集中了君主制、贵族制和民主制的优点，执政官、元老院和人民大会这三种权力机构互相分权与制衡，保持了国家的稳定，因而得以称霸地中海世界。他非常注重史料的客观性，主要以自己的经历和目击者的描述为依据，并且对一些文献史料的来源进行仔细的考证，表现了高度的求真精神。

66. 狄奥多洛斯

公元前1世纪古希腊历史学家。生于西西里阿吉拉，著有《历史集成》40卷，共三部分。第一部分首六卷按国别分别介绍古埃及（卷一）、美索不达米亚、印度、塞西亚、阿拉伯

（卷二）、北非（卷三）、希腊及欧洲（卷四至卷六）的历史与文化。第二部分（卷七至卷十七）记述自特洛伊战争以来下至亚历山大大帝的世界历史。第三部分（卷十七以后）记述亚历山大以后的继业者至公元前 60 年或公元前 45 年恺撒发动高卢战争。他以《历史集成》作为书名，表明此书乃是综合各种史料结集而成。他提到曾征引的著者有阿布德拉的赫卡塔埃乌斯、克特西亚斯、埃福罗斯、泰奥彭波斯、卡迪亚的希洛尼摩斯、萨摩斯的杜里斯、狄伊卢斯、菲利斯托斯、提麦奥斯、波里比乌斯及波希多尼等。

67. 阿庇安

阿庇安（95—165 年），古罗马史学家。生于埃及亚历山大城的上层贵族家庭，受过良好教育。早年在家乡官居要职，享有权势。曾在亚历山大城任官，后在罗马获得公民权，成为罗马帝国的拥护者和鼓吹者。曾在罗马开业当律师，皇帝哈德良时期任金库检察官一职。晚年担任埃及财政督察，大概卒于该职任内。著有《罗马史》，用希腊文写成，全书共 24 卷。记述从王政时代到图拉真时代的历史。在编写体例上，他按国别或重大事件来命篇，叙述其前因后果、本末始终，可算是西方史学中"纪事本末体"的创作者。他还注意到了历史事件的社会经济根源，把罗马共和国时代的社会斗争归结为土地所有权的斗争。他的《罗马史》是研究罗马史难得的资料，受到了经典作家马克思和恩格斯的高度评价。

68. 希波克拉底

希波克拉底（公元前 460—前 377 年），古希腊著名医学家。早期希腊的医学是与巫术联系在一起的，人们生病后往往求助于符咒驱邪。希波克拉底把医学从宗教与巫术的迷信中解放了出来，因此，被尊为"医学之父"。他著有 60 篇医学著作，公元前1世纪时被人编成《希波克拉底文集》。他提出了"四体液说",认为人体的生理是由血液、黏液、黄胆液、黑胆液四种体液的状况决定的,四体液失调则导致疾病。他还根据四体液把人划分为四种气质类型,这种划分方法沿用至今。希波克拉底注重医德,其医德规范被称为希波克拉底誓词,誓词中宣布要处处为病人着想,要保持医生及其行业的纯洁与神圣等,这一直影响到今天国际医学组织制定的医德规范。

第七章 古代罗马

1. 埃特鲁里亚文明

古代意大利早期文明。公元前8世纪,埃特鲁里亚人来到意大利,起初活动于亚努河和第伯河之间,后又向外扩展势力范围。大约在公元前7世纪,埃特鲁里亚出现了城市国家。但埃特鲁里亚人始终没有建立统一的国家,各城市国家皆独立自主,各自为政。公元前6世纪,埃特鲁里亚势力达到鼎盛,势力范围南达拉丁姆和坎佩尼亚,北抵波河流域。传说埃特鲁里亚人曾入主罗马,建立了塔克文王朝。后来,埃特鲁里亚城市国家相继被罗马征服。

2. 王政时期

古罗马军事民主制时代。根据罗马历史的传统说法,从公元前753年罗穆路斯建城起到公元前509年高傲者塔克文被推翻为止,先后有七个王统治罗马,这个时期称为王政时期。史载七王分别来自拉丁、萨宾和埃特鲁里亚三个部落,这意味进入成文史的罗马在历史上可能是三个部落联合的产物。在王政时代前期即前四王统治时期(约公元前8—前7世纪),罗马人生活在氏族社会末期的军事民主制下,当时家长制家庭已经发展成为社会经济的基本单位。库里亚大会、元老院和勒克斯(王)是其主要的管理机构。王政时代后期,埃特鲁里亚人在罗马建立了统治,即所谓的塔克文王朝（约公元前 6 世纪），勒克斯成为罗马的最高统治者。第六王塞尔维乌斯进行了重大的政治和军事改革，建立了新的以财产区分阶级关系的标准。这是罗马社会由氏族向国家转变的重要一步，成为罗马国家形成的划时代标志。而到最后一个王高傲者塔克文统治时期，因他执行暴政，极端专制，最后元老院召集会议，宣布推翻塔克文的统治，以执政官来代行政务。至此，罗马王政时代结束，开始进入新的共和国时期。

3. 法西斯

古代罗马高级长官的一种权力标志，系用皮带捆扎的一束棍杖。当时，罗马的每一个执政官都有 12 名侍卫官。侍卫官肩上荷着一束打人的笞棒，中间插着一把斧头，象征着国家最高长官的权力。这种笞棒就叫"法西斯"。它是用来处人以死刑的一种刑具。倘若有人犯了严重罪行，执政官便声若洪钟地宣判："用'法西斯'对他处以死刑。"侍卫官立即从肩上解开笞棒束——"法西斯"，狠狠地抽打罪人，直到把他打得皮开肉绽时，再拉他跪在地上，从"法西斯"中抽出斧头，当场砍下他的头颅。这就是"法西斯"的来历。法西斯主义即取名于此。

4. 元老院

古罗马国家的重要权力机构。起源于王政时代、罗马共和国时期。元老院掌握宣战媾和、国家安全、征募军队、财政预算、批准立法等内政外交大权，是共和国的核心领导机构和最高行政机构。至共和国后期，独裁者常以控制元老院来强化其统治。罗马帝国时期，皇帝的统治限制和削弱了元老院的权力，渐失去其重要性。

5.《十二铜表法》

古罗马第一部成文法。为限制贵族滥用职权，随意解释习惯法，在平民的要求下，于公元前 451—前 450 年制定了成文法，因法律条文刻在十二铜表上，故称《十二铜表法》。内容包括传唤、审理、索债、家长权、继承和监护、所有权和不动权、私法、公法、宗教法等。《十二铜表法》基本是对以前习惯法的总结，实质是维护贵族奴隶主的私有财产，但它在一定程度上限制了贵族在司法上的专横行为，保障了平民的权益。

6. 库利亚大会

即胞族会议，是罗马氏族社会的最高管理机构，由全体氏族成年男子参加的民众会议，起源于王政时代。每一库利亚包括10个氏族，当时罗马共有30个库利亚，大会由勒克斯召集，按库利亚分级议事，大概每个库利亚又按氏族分组。但通过决议时，30个库利亚各有一票表决权。大会有权选举高级管理人员、决定战争或议和、批准法律、回答国王的咨询、对氏族成员的死刑案作出最后判决等。公元前6世纪中期塞尔维乌斯改革时，建立了以财产资格为标志的森都里亚大会，取代了库利亚大会的实权。

7. 森都里亚大会

即百人队大会，是古代罗马公民大会的形式之一，贵族平民均可以参加，约创建于塞尔维乌斯改革时期。塞尔维乌斯改革把公民按财产资格划分为5个等级，各等级依军队方式组成不同数目的森都里亚（即百人队），共计193个队，其中第一等级提供98个，第二、三、四等级各出20个，第五等级出30个森都里亚。大会处理国家重大事务，如通过法令、决定战争与媾和、选举执政官，并审理牵涉公民重刑的上诉案件，作出最后裁决等。表决按等级顺序进行，只要第一等级一致通过，其他几个等级就无须再进行表决，因此，富有公民在大会中居于统治地位。

8. 特里布大会

即部落大会，是古罗马一种按地域部落组成的会议。最早只由平民参加，即平民会议。公元前474年获得承认。经该会议通过的议案称为平民决议，起初只对平民有效，后来围绕其法律效力问题展开了长期的斗争。公元前449年，根据执政官瓦列里乌斯和荷拉提乌斯颁布的法令，特里布会议成为全体公民参加的会议，会议决议对全体公民具有法律效力。公元前287年，平民出身的独裁官霍腾西阿颁布法令再次重申：会议决议不必经过元老院的批准即对全体公民具有法律效力。此时，特里布大会实际上取代森都里亚大会成为罗马主要的立法机构。

9. 保民官与否决权

亦译"保民平民官"，是古罗马时期维护平民利益的一种特殊的管理民政或军事的官职。产生于公元前5世纪初平民第一次撤离运动获胜之后。保民官从平民会议中选出，最初为2人，后来增加到10人。保民官人身不受侵犯，享有一种特殊权力——否决权。保民官有权出席元老院会议，其权力之大甚至可以否决罗马元老院的决议。除独裁官外，对其他任何高级长官的决定，只要违背平民利益，均有权予以否决。但其权力只限于罗马的城区和近郊。保民官任期一年，任职期间人身不受侵犯，必须在罗马城中居住，家门必须大开，以便任何平民可随时找他申诉。保民官在罗马共和国时代的平民反对贵族的斗争中曾起过一定的作用，但到帝国时代，它已形同虚设。

10. 李锡尼和绥克斯图法案

公元前367年由保民官李锡尼和绥克斯图针对平民土地、债务和担任高级官职等问题提出的法案。主要内容是全体公民都可以占有使用公有地，但不能超过500犹格；平民所负债务一律停止付息，已付利息按本金计算，尚未还清的分三年还清；两名执政官必须有一人由平民担任。该法案的颁布是平民对贵族斗争胜利的一个里程碑，从此罗马许多重要官职陆续对平民开放。

11. 霍腾西阿法案

公元前 287 年独裁官霍腾西阿颁布的法案。起因是同年平民与贵族之间发生的一场大规模斗争。平民举行撤离运动后，平民首领霍腾西阿被任命为独裁官，随后公布这项法律，再次批准特里布斯会议的决定对全体公民都有法律效力，这样，这项决定经过百余年的斗争，终于最后得到确认。一般认为，这项法案的出台标志着平民反对贵族斗争的胜利结束。

12. 维爱战争

罗马共和国早期罗马与埃特鲁里亚城市维爱进行的战争，由于战事主要在维爱进行而得名。战争开始于公元前 477 年，先后进行了三次，最终以罗马人于公元前 396 年攻陷维爱而告终。破城后罗马将维爱居民屠杀或变为奴隶，土地充为罗马公有地。通过这次战争，罗马解除了北方受埃特鲁里亚人的直接威胁，控制了台伯河流域的广大地区，成为意大利中部强国。

13. 拉丁战争

罗马与拉丁同盟之间发生的战争。为了战胜罗马，拉丁同盟各城市联合罗马人的宿敌厄魁人、伏尔西人和坎佩尼亚人共同对罗马作战。战争开始于公元前 340 年。战争之初，罗马人采取远交近攻的策略，同坎佩尼亚人保持同盟关系，在拉丁姆南部苏埃萨附近的特里芳努姆城下进行了决战，强大的罗马军团大获全胜，击溃了拉丁人及其同盟者，并和坎佩尼亚人单独缔结了和约，用罗马的公民权收买了卡普亚贵族。经过两年左右的激战，在苏埃萨附近的特里芳努姆城下展开了决战，最后罗马获胜，并解散拉丁同盟。拉丁战争的胜利使罗马确立了在拉丁地区的绝对优势，同时解决了后顾之忧。

14. 萨莫奈战争

罗马在征服意大利过程中与萨莫奈人及其同盟者进行的战

争，一共进行了三次（公元前343—前290年）。第一次萨莫奈战争（公元前343—前341年），萨莫奈人战败后退回山区，罗马占据意大利中部富饶的坎帕尼亚地区。第二次萨莫奈战争（公元前327—前304年）中，罗马军队屡遭失败，后经过长期苦战才取得胜利。不久，不甘失败的萨莫奈人联合埃特鲁里亚人、翁布里亚人和高卢人同罗马作战，发生第三次萨莫奈战争（公元前298—前290年），最后被罗马击败。罗马通过三次萨莫奈战争，控制了整个意大利中部，成为半岛最强大的国家，为日后统一全意大利打下了基础。

15. 皮洛士战争

罗马向意大利扩张中与希腊殖民城邦塔林敦发生的战争，因后者向希腊伊庇鲁斯国王皮洛士求援而得名。公元前280年，皮洛士率军在意大利登陆，在赫拉克里亚和奥斯库伦战役中连续击败罗马军队，但自己也遭到很大损失。罗马趁皮洛士移兵西西里之际，占据了南意大利一些希腊殖民城邦。公元前275年，罗马在贝尼温敦决战中击败皮洛士，皮洛士率残部返回希腊。公元前272年塔林敦投降罗马，其他一些南意大利城市也随之降服。至此，罗马控制了意大利半岛除波河流域以外的全部地区。

16. 布匿战争

古罗马与迦太基争夺地中海西部统治权的战争。罗马在向地中海扩张中，于公元前264—前146年与地中海强国迦太基之间共发生三次战争，因罗马人称迦太基人为布匿，故名。第一次布匿战争（公元前264—前241年）因争夺西西里岛而爆发，以迦太基的战败而结束。在这次战争中，罗马夺得西西里岛并获得巨额的战争赔款，西西里岛变成了罗马的行省。不久，罗马又乘迦太基内乱之机，强占迦太基领土科西嘉岛和撒丁尼亚岛。第二次布匿战争（公元前218—前201年）由迦太基的主动进攻拉开序幕。迦太基的著名将领汉尼拔率军从西班牙出发,越过阿尔卑斯山,直接进入意大利领土作战。在公元前216年夏天的康奈战役中,汉尼拔以少胜多,罗马8万军队几乎全部被歼。康奈战役因此成为世界战争史上著名的战役之一。汉尼拔军队在作战初期虽然取得了一定的胜利,但由于孤军深入,远离本土,供给困难,攻击力量逐渐减弱。公元前204年,罗马以围魏救赵之策,派兵进攻迦太基本土,迫使迦太基撤军回国。公元前202年,罗马与迦太基在扎马会战,迦太基战败求和,接受了极为苛刻的和约:赔款1万塔兰特;除保留北非领土外,放弃其余全部海外领土;交出全部战舰,不经罗马同意,不得对外进行战争。这次战争使迦太基失去了独立,罗马从此成为西地中海的霸主。第三次布匿战争(公元前149—前146年)是罗马蓄意灭亡迦太基的战争。公元前149年,罗马无理地进攻迦太基。迦太基人民奋起保卫祖国,经过3年多浴血奋战,终因弹尽粮绝,寡不敌众而城陷失败,人民全部被罗马卖为奴隶。迦太基地区从此变成了罗马的阿非利加行省。经过布匿战争,罗马取得了西地中海地区的霸权。

17. 汉尼拔

迦太基著名军事家。少时随父亲哈米尔卡·巴卡进军西班牙,自小接受严格和艰苦的军事锻炼。第二次布匿战争(公元前218—前201年)期间,率领军队从西班牙翻越比利牛斯山和阿尔卑斯山,进入意大利北部,在特拉西美诺湖战役(公元前217年)和康奈战役(公元前216年)中击溃罗马人。公元前204年,罗马人在大西庇阿的率领下入侵迦太基本土,迫使汉尼拔回到非洲。公元前202年,斯奇庇阿于扎马战役击败汉尼拔。战后汉尼拔成为迦太基的行政官,以帮助迦太基从战争的疮痍中恢复。公元前195年,在罗马人的施压下,汉尼拔出走东方,流亡到塞琉西王国,直到公元前189年,罗马打败安条克三世,并要求引渡汉尼拔，汉尼拔逃到小亚细亚北部的比提尼亚王国。公元前183年，汉尼拔服毒自尽。

18. 康奈战役

公元前216年迦太基与罗马在康奈进行的会战。第二次布匿战争期间，迦太基军队主帅汉尼拔入侵意大利，并且屡败罗马军队。为了截断罗马之粮食补给，进一步打击其士气，汉尼拔于是进兵至意大利南方之罗马粮仓康奈城。8月2日，迦太基军与罗马军相遇，大战爆发。汉尼拔发挥骑兵优势，采用两翼包抄战术，重创罗马执政官鲍鲁斯与发罗二人所统领的大军。此战虽然并没有令迦太基彻底击溃罗马，但汉尼拔战术运用之高妙，仍被誉为军事史上最伟大的以战术取胜的战役之一。

19. 罗马行省制度

古代罗马在统治征服地区建立的一种管理制度。"行省"一词源于拉丁文Provincia，原意为"管辖、辖区"，后引申为"意大利之外的占领地"。行省设置约始于公元前3世纪下半叶，公元前130年前后罗马已建立9个行省。罗马向行省委派总督实施统治。后来，由于行省数目增多，元老院委任卸任执政官和执法官为行省总督。这一原则逐渐成为惯例，后又获得法律上的认可作为制度固定下来。行省总督任期为1年，如遇特殊情况，任期可延长到2—3年。保卫本省安全、维护社会和平是总督的重要职责。总督之下有副总督3人和财务官1人，协助总督治理行省。罗马在行省通常实行包税制。除了实行贡赋制的行省，其直接税由地方当局办理，交给财务官以外，其他行省一切直接税和间接税的征集，都包给罗马或当地包税人。行省的设立，有利于罗马对广大征服地区的控制。476年，行省制度随罗马帝国的衰亡而趋于瓦解。

20. 斯奇庇阿

（公元前236—前184/183年）即大斯奇庇阿，古罗马统帅和政治家。生于贵族家庭。在坎尼战役（公元前216年）中担任军官，战败时设法逃脱。公元前206年为罗马夺取西班牙，将迦太基人赶出西班牙，并为他的父亲报仇。公元前205年担任执政官，受命进攻非洲的迦太基人。公元前202年，他在扎马战役中打败汉尼拔，而罗马人也以绝对有利的条件结束了第二次布匿战争，因此得名"征服非洲的西庇阿"。公元前199年当选执政官并成为元老院的领袖人物。公元前194年第二次出任执政官。他的政敌在加图的领导下指责西庇阿及其兄卢修斯在与马其顿的交战中给予马其顿过于仁慈的条件，并且没能得到这些条件所应该带来的钱。尽管这一罪行并无证据，西庇阿仍然引退，最后生活在罗马南部自己的别墅中病死。

21. 马其顿战争

罗马征服马其顿王国的战争，共进行了四次。第二次布匿战争期间，马其顿和迦太基结为联盟，罗马于是联合埃托利亚同盟反击马其顿，公元前215年，第一次战争爆发，未分出胜负。第二次开始于公元前200年，罗马与希腊诸城邦组成反马其顿同盟，公元前197年于辛诺塞法利（狗头山）战役打败马其顿军队，迫使马其顿承认希腊各邦独立，放弃国外领地，并支付巨额赔款。第三次开始于公元前171年，马其顿国王百尔修于公元前168年战败被俘，罗马将其领土分割为彼此孤立的四个自治区，彼此分立，不得往来。第四次战争（公元前151—前146年）中，马其顿接连举兵反抗罗马统治，最终罗马大军平息叛乱，四个自治区不复存在，马其顿成为罗马帝国的一个行省。

22. 同盟战争

意大利各"同盟者"反对罗马统治者的战争。罗马统一意大利后，实行分而治之的政策，意大利人被称为"同盟者"，他们没有罗马公民权，却须承担各种义务。同盟者战争便是意大利人反对罗马强权统治，争取罗马公民权的斗争。公元前 90 年，意大利人首先发难于阿斯库伦城，继而起义席卷中部和南部意大利，并以科非尼姆为中心创立了自己的国家，取名"意大利"。罗马元老院为之震动，派两名执政官及一批将领倾全力镇压。并且采取分化策略：答允凡属效忠罗马及在规定期限内放下武器者，将授以罗马公民权。随之"同盟者"阵营瓦解。公元前 88 年，斗争失败。但经过这场战争，多数"同盟者"不同程度地获得了罗马公民权，缓和了意大利人和罗马人在公民权问题上的矛盾，加速了意大利各地的罗马化进程。

23. 朱古达战争

罗马与同盟者努米底亚国王朱古达之间的战争。公元前 2 世纪时努米底亚王国已为罗马附庸。公元前 113 年，努米底亚发生王位之争，并与罗马发生冲突，公元前 111 年，罗马元老院向努米底亚宣战。战争初期，罗马军队连连败北，其军事力量的腐败无能暴露无遗。公元前 109 年执政官麦特卢斯接手北非军队后局面开始有所好转。公元前 107 年马略当选执政官后实行了军事改革，组织雇佣军远征北非，罗马军队战斗力大大提升。至公元前 105 年，罗马人终于赢得战争，努米底亚被分割，国王朱古达被俘。

24. 第一次犹太战争

犹太人反抗罗马统治的战争。公元 66—70 年，犹太人发起大规模的暴动，反抗罗马的统治，参加者主要为农民、手工业者和奴隶，他们组成"杰罗特"（狂热党）和"西卡里"（短刀党），焚毁藏在神庙中的债务账册，消灭耶路撒冷的罗马驻军，罗马皇帝尼禄派韦伯芗前往镇压。公元 70 年，罗马军队攻陷耶路撒冷，大肆破坏和屠杀，大批犹太人被卖为奴。犹太人国家的历史至此宣告结束。据犹太史学家约瑟法斯说，共有119.7万人被杀。罗马史学家塔西佗估计则为60万人。

25. 布鲁图斯

（推翻王政的元老，）古罗马共和制的奠基人，贵族政治家。据李维《罗马史》等古典作家记载，布鲁图斯虽是罗马人，但其母却是埃特鲁里亚人，是第五位埃特鲁里亚国王老塔克文的女儿。王政时代后期，布鲁图斯成为推翻塔克文统治的领袖。公元前510年，因高傲者塔克文暴虐无道、横征暴敛，激起罗马人的强烈不满。其子强奸贤惠的贵族女子卢克莱提娅，致使后者自杀。在场的布鲁图斯等人号召人民起义，塔克文及其家族被驱逐出境。随后布鲁图斯等人策划建立共和制，他本人当选为共和政府的执政官之一。被誉为罗马共和国之父。

26. 喀提林阴谋

罗马共和国末期以喀提林为首的集团企图夺取政权的事件。喀提林出身于贵族，是苏拉的追随者，公元前64年和公元前63年两度竞选执政官失败后，组织同党发动武装政变。公元前62年在皮斯托利亚战役中兵败被杀。喀提林事件证明：在罗马当时的情况下，企图依靠少数人密谋，并在软弱涣散的平民支持下夺取政权不可行。喀提林事件的出现是公元前1世纪罗马社会矛盾尖锐化的产物，反映了罗马共和制政府的危机。

27. 斯巴达克起义

罗马共和时期爆发的一次大规模奴隶起义。公元前73年，奴隶角斗士斯巴达克和他的伙伴们不堪忍受自己的悲惨境地，冲出角斗训练所，发动了起义。他们先扎营维苏威火山，不满罗马统治的奴隶和破产农民纷纷投奔，起义军人数迅速增至1万人。他们积极出击，袭掠奴隶主庄园。罗马政府意识到危险，派遣大军包围维苏威火山。斯巴达克带领大家用野葡萄藤编成绳梯，趁黑夜缒下悬崖，绕道敌后，袭击敌人，罗马军队惊慌而逃。起义队伍不断壮大，到公元前72年已发展到12万人。起义军纪律严明，越战越强。斯巴达克决定向北进军。但在越过阿尔卑斯山时可能遇到困难，随即挥师南下，纵贯意大利半岛，直抵半岛南端，计划渡海去西西里岛。罗马政府命大奴隶主克拉苏募集大军，全力应付起义军，在半岛南端最狭窄处挖沟筑垒，企图堵住起义军的后路。因缺乏船只，斯巴达克去西西里岛的计划未能成功。公元前71年起义军和罗马军在阿普利亚附近展开决战，斯巴达克率军冲锋陷阵，壮烈牺牲，起义军阵亡6万多人。斯巴达克起义沉重地打击了奴隶主统治阶级，促进罗马政权由共和制向君主制的过渡。斯巴达克和广大奴隶在起义中表现出英勇斗争的精神，在人民群众争取自身解放的斗争史上留下了不可磨灭的印记。

28. 隶农制

古代罗马的一种土地剥削和人身依附关系。隶农（又音译作科洛尼）最早于公元前2世纪在意大利出现，最初是指自由租佃者。他们除交纳一定的地租外，经济上独立，政治上是自由人。3世纪时，由于奴隶占有制开始衰落，劳动力日益缺乏，罗马政府和大庄园主，逐步采用强制手段把隶农固着在土地上，许多移居帝国境内的"蛮族"也成了隶农。4—5世纪，隶农的地位进一步发生变化。罗马法律规定土地所有者是隶农的主人，隶农及其财产是庄园财产的一部分，对隶农的婚姻权以及处置和继承财产的权利都作了限制，尤其限制隶农自由迁徙。这种依附制度在一定意义上可以视为中世纪农奴制的雏形。

29. 格拉古兄弟改革

古代罗马于公元前133—前121年由格拉古兄弟推行的以土

地问题为中心的两次改革。当时罗马土地集中和农民破产已造成严重的社会后果，失地农民迫切要求重新获得土地。公元前133年，提比略·格拉古当选保民官，提出了土地改革法案。规定：每户家长占有土地限于500犹格，如有儿子，则其子尚可各占250犹格，但每户占地总面积不得超过1000犹格；超过部分收归国有，划为30犹格的份地，分给无地的农民。同时，由公民大会选举提比略本人、他的岳父克劳狄和他的弟弟盖约三人组成委员会，负责处理收回和分配土地事宜。这一改革触犯了大土地所有者的利益。提比略在竞选下一年的保民官时，元老院贵族蓄意挑起械斗，提比略连同他的300名支持者被杀害。这是共和制建立以来首次公民内部的血腥斗争，古代认为开启了罗马百年内战。公元前133年和公元前132年，盖约在罗马平民的支持下连任两届保民官。他重申提比略的土地法，还提出实行赈济城市贫民的粮食法和授予骑士司法权的审判法等内容广泛的法案：国家向平民廉价供应粮食；在亚细亚行省由包税人负责征收什一税；改组审理行省中官员违法案件的法庭等。公元前122年，他又提出公民权法案，授予被征服的意大利人罗马公民权等。但此法案未通过。盖约改革也以失败告终，他和数千支持者被贵族派杀害。格拉古兄弟改革，在一定程度上缓和了土地集中进程，改善了部分平民的生活条件。特别是盖约由单纯的土地改革发展到实行多方面的社会改革，沉重打击了元老贵族势力，改进了国家行政和司法管理机能，对罗马社会的发展起了促进作用。

30. 马略军事改革

古罗马共和国后期执政官马略推行的军事改革，是罗马军队由公民兵向职业化过渡结束的重大历史事件。公元前107年，执政官马略为强化罗马军事力量，以便取得对朱古达战争的胜利，对罗马军制进行改革，其内容主要有：废弃传统的财产资格限制，将征集公民兵改为募兵制；规定士兵服役期为16年，服役期间由国家供应装备、给养和支付军饷，退役士兵由国家分给土地；改革军团，扩充军团人数，推行联队制等。马略的改革基本上解决了兵源问题，恢复了军队战斗力，完成了罗马军队从业余的公民兵向职业军队的转化进程，为日后将领拥兵自立乃至军事独裁奠定了基础。

31. 苏拉

苏拉（约公元前138—前78年），古罗马军事家、政治家。公元前88年担任执政官，为争夺米特拉达第战争的指挥权与马略发生冲突，于公元前83年率军返回意大利，首次以罗马军团攻陷了罗马城，夺取政权。为肃清政敌，他发起极其残酷的古代政治迫害运动——公敌宣告运动，颁布"公敌名单"和举报公敌的奖励措施，对大批马略派的元老、骑士贵族进行抄家、没收财产并处以极刑。经过血腥运动，他自任终身独裁官，同时恢复元老院的特殊地位，限制公民大会及保民官等行政长官的权力。公元前79年他突然隐退，次年病死。其军事独裁统治沉重打击了古罗马共和制，为日后恺撒等人的独裁统治提供了范例。

32. 庞培

庞培（公元前106—前48年），古罗马军事家、政治家。贵族出身。17岁随父参加同盟者战争。公元前83年投靠贵族派首领苏拉，先后在西西里、北非作战，征讨马略余部。公元前71年参与镇压马略部将领导的塞多留起义，并协助克拉苏镇压斯巴达克起义。翌年当选执政官。公元前67年受命清剿地中海海盗，采取分区进剿、剿抚并重方针，速见成效。公元前66—前65年征服本都，结束米特拉达第战争，继而吞并叙利亚和巴勒斯坦，于公元前61年返回罗马，获得盛大凯旋式的殊荣。翌年与克拉苏和恺撒结为"前三头同盟"，左右罗马政局。公元前53年克拉苏死，同盟趋于解体。公元前50年与元老院联手反对前盟友恺撒。公元前49年1月恺撒率军突袭罗马，他作为共和军队的统帅退守希腊。在法萨卢战役中被恺撒击败，逃亡托勒密埃及，被埃及国王托勒密十三世遣人所杀。

33. 瓦罗

瓦罗（公元前116—前27年），罗马时代的政治家，著名学者。出生于萨宾地区的一个小乡村，曾任大法官（执政官）。先追随庞培，代替庞培管理远西班牙行省，在恺撒征服远西班牙行省后跟随恺撒，公元前49年作为庞培党人参加了西班牙战争。公元前47年奉命建造第一个国家图书馆。公元前43年被安东尼剥夺公民权，但未被判处死刑。公元前30年内战结束，他获释后致力于学术研究。他是罗马最博学的人之一，精通语言学、历史学、诗歌、农学、数学等，78岁时已写出了490多篇论文和专著。他力图掌握全部希腊文化并用罗马的精神加以改造。著有《论拉丁语》和《论农业》。其中《论拉丁语》今仅存残缺的第5卷、第10卷，是研究早期罗马历史的宝贵史料；《论农业》论述了农牧业生产技术和经营管理方法。

34. 西塞罗

西塞罗（公元前106—前43年），古罗马著名政治家、演说家、雄辩家、法学家和哲学家。出身于奴隶主骑士家庭，以善于雄辩而成为罗马政治舞台的显要人物。从事过律师工作，后进入政界。开始时期倾向平民派，以后成为贵族派。公元前63年当选为执政官。公元前60年"前三头同盟"成立后，拒绝恺撒要他参加政治同盟的邀请。公元前57年被放逐，次年返回罗马。公元前49年，恺撒与庞培内战爆发后支持庞培。恺撒被刺后，他热衷于恢复共和，连续发表演说抨击安东尼。公元前43年"后三头同盟"成立后，被安东尼部下杀死，为共和献出了生命。《论共和国》和《论法律》是他的主要政治学和法学著作。西塞罗赞成共和，提出了"共和国是人民的事务"，把国家看成是全体人民的共同财产。在政体方面，他提出最好的政体是君主制、贵族制和民主制"三种最好的政体互相纠正而形成的那种共和政体"，在这种政体中，执政官、元老院和人民大会相互制衡，并以法律制度予以规定，用法律的形式明确各机构的权力。西塞罗的分权思想和法制原则，对西方近现代政治思想产生了巨大影响。

35. 前三头同盟

公元前60年，恺撒、克拉苏和庞培组成的政治联盟。三人出于政治需要，达成秘密协议，建立所谓前三头政治同盟，以共同对付元老院。根据三头协议，恺撒担任公元前59年执政官。公元前56年，为弥合同盟之间的裂痕，加强三头之间的团结，三头在路卡城聚会。三头达成协定：恺撒在高卢总督结束后再续任5年；庞培和克拉苏担任公元前55年的执政官，卸任后分别出任西班牙和叙利亚总督各5年。公元前53年，克拉苏死于帕提亚战争，三头同盟破裂。公元前49年，恺撒攻占罗马，庞培逃亡埃及，为托勒密所杀。公元前44年，恺撒被任命为终身执政官，不久在元老院被刺身亡。前三头同盟是在个人独裁条件不成熟情况下形成的少数人独裁。

36. 克拉苏

克拉苏（约公元前115—前53年），古罗马著名政治家、军事将领，共和国末期声名显赫的富人。他大半生在政坛度过，曾帮助苏拉在内战中夺权，建立独裁统治，并继承父业进行商业投机。他通过奴隶贸易，经营矿产，投机地产买卖，以及非法夺取他人财产等手段积攒万贯家财，被称作罗马首富。公元前72—前71年期间，斯巴达克率奴隶爆发起义，克拉苏带领罗马军队残酷镇压。苏拉隐退后，他和庞培、恺撒合作，组成三头政治同盟。相对于两巨头，克拉苏控制的军队最多，拥有的财富也最多，但是在指挥作战的能力方面逊色于庞培和恺撒。他于公元前53年仓促发动了对安息帝国的战争，试图取得可与另外两位同盟者媲美的战功。但在卡莱战役中全军覆没，克拉苏本人也死于征战中。

37. 恺撒

罗马共和国末期杰出的军事统帅、政治家。恺撒出身贵族，历任财务官、祭司长、大法官、执政官、监察官、独裁官等职。公元前60年，他与庞培、苏拉秘密结成前三头同盟，随后出任高卢总督，用8年时间征服高卢全境，还进击日耳曼和不列颠，培养出一支听命于他的强大军队。公元前49年，他率军渡过卢比康河，发动内战，占领罗马，打败庞培及共和派，集大权于一身，实行独裁统治。在担任独裁官期间，恺撒在罗马实行了一系列改革，主要内容有：进行人口普查和公民登记，确定战乱之后公民的人数；颁布反移居法，防止人口出现新的流失；颁布自治市法案，以罗马的政制为蓝本确定自治市的政治体制，正式把自治市列为国家的行政单位；授予高卢与西班牙一些城市居民以公民权；规定非贵族出身的公民有权进入元老院，元老人数增加到900人，他的亲信甚至被释放的奴隶也成为元老。他还增设一些公职，自己获得任命一半公职人员的权力。他另向8万多退伍老兵、贫苦公民分配了公有地，还指导编制了儒略历，把一年定为365天，每4年闰一天，为现行公历奠定了基础。改革适应了罗马的社会经济的发展，但由于个人专断和改革触动了共和派贵族的利益，恺撒在公元前44年被以布鲁图为首的元老院成员谋杀身亡。

38. 后三头同盟

公元前43年，由屋大维、安东尼和雷必达组成的政治同盟。

与前三头同盟的私人协议不同,后三头政治同盟获得了罗马公民大会的承认,授权同盟颁布法令和任命高级官员,统治国家5年。因此具有公开和合法的性质。他们三分罗马行省:安东尼统治高卢,屋大维控制阿非利加、撒丁尼亚和西西里,雷必达掌管西班牙,意大利则由三人共同治理。另外,雷必达担任公元前42年执政官,安东尼和屋大维负责征讨占领东方各省的共和派。公元前40年,三人重新划分势力范围。公元前36年,屋大维解除了雷必达的军权,至此变成两头对峙。公元前30年,屋大维战胜安东尼,后三头同盟结束,罗马重新统一。

39. 屋大维

奥古斯都,罗马帝制的确立者,统治罗马长达40多年(公元前27—14年)。公元前43年,他与安东尼、雷必达结成后三头同盟,打败了刺杀恺撒的共和派。公元前36年他剥夺雷必达的军权,后在亚克兴海战打败安东尼,灭埃及托勒密王朝,成为罗马帝国事实上的统治者。公元前30年,他被确认为"终身保民官",公元前28年获得"奥古斯都"称号,建立起徒有共和国之名、实为个人独裁的元首制。屋大维建立元首政治后,采取了一系列措施,以加强其对帝国的统治。在对内方面,屋大维提高元老院的政治地位和社会荣誉,削弱其实际权限。元老院的外交权、军事领导权和财政权被削减。他还扩大元老和骑士的特权,使他们共同支持元首制并成为其主要社会基础。对于破产农民和无业游民,屋大维一方面严格限制平民的政治活动,镇压他们的暴动;另一方面则用各种施舍来收买他们。屋大维竭力维护奴隶制,加强对奴隶的压制和镇压。屋大维还颁布了一系列法令,健全家庭关系,奖励生育儿女,提倡节俭生活。还恢复罗马的宗教崇拜和传统习俗,并大兴土木。改善行省管理制度,调整了行省的统治政策。在军事方面,屋大维把60余个军团编为28

个精锐军团，还创设近卫军 9 个大队。经过整顿和改编军队，屋大维使罗马军队完成了向职业常备军的过渡。在对外政策中，屋大维依靠军队继续推行扩张政策。他所采取的一系列政策，开创了相对安定的政治局面，为罗马帝国初期的繁荣打下了基础。

40. 元首制

古罗马政治家奥古斯都（屋大维）创立的政治制度。元首，是拉丁文 Principate 的中文意译，直译为第一公民。由第一公民掌握的国家制度，称为元首制。公元前 27 年，屋大维战胜安东尼，成为罗马最高统治者。为了显示自己效忠于共和制，而非实行军事独裁，他实行了保持共和形式的"元首制"。在该制度下，共和制的各种政治机构如公民大会、元老院等均得以保留，但作用大大削弱，元首实际控制着政治、经济和宗教等各方面事务。到了 3 世纪危机时期，元首制无论在实质还是形式上，都突出了君主个人独裁的特征，因此在戴克里先执政后，便直接采用君主专制制度，元首制正式结束。

41. 提比略·克劳狄

罗马帝国克劳狄王朝首位皇帝（公元 14—37 年在位），奥古斯都的继承人，公元 14 年登基。统治初期与元老院保持和谐的关系，把公民大会有名无实的选举权和立法权转交给元老院，但保留部分高级官员候选人的推荐权和指定权。元老院因此仅有部分人选的决定权。在司法方面，元老院逐渐成为审理叛逆罪和牵涉元老与骑士的刑事案件的主要法庭。他还使元首顾问会议成为较固定的机构，经常参与处理国家大事，进一步加强元首（皇帝）集权。同时，在骑士和被释放奴隶中挑选和任用官吏，管理政事和皇家事务。他恢复"侮辱罗马人民尊严法"，鼓励告密，制裁任何对皇帝本人的抨击，严厉镇压反对派。他还把近卫军集中到罗马以保护自身安全。公元 37 年，他被近卫军将领刺杀，其养子卡里古拉继位。从他统治时代起，争夺皇位继承权的斗争便层出不穷，宫廷阴谋和政变的恐怖气氛开始笼罩罗马，近卫军在废立皇帝过程中扮演重要角色。

42. 卡里古拉

罗马帝国克劳狄王朝皇帝（公元37—41年在位），原名盖乌斯，卡里古拉为绰号，意为小靴子。他性格乖谬无常，完全忽视和破坏了屋大维建立和提比略维持的皇帝与元老院的关系。他不仅剥夺元老的一些特权，而且还怂恿告发，进行叛逆审判，处死和逼死了一批元老，没收他们的财产，以弥补他挥霍耗费所造成的国库空虚。他还力图将元首制直接改为君主制，属下需向元首俯拜，把元首看作罗马主神朱庇特的化身，并为自己建造了神庙。公元41年，卡里古拉在一场预谋的政变中被近卫军所杀。

43. 尼禄

罗马帝国克劳狄王朝皇帝（公元54—68年在位），著名的暴君。公元54年登基。其统治凶暴无度、奢侈挥霍、不务政事，甚至杀死了他的母亲和其他亲人。公元64年，罗马发生大火，他却以此为由残酷迫害基督徒。其统治引起罗马各阶层普遍的不满，各地反抗暴动频繁，不列颠、巴勒斯坦、西班牙、高卢乃至意大利本土起义此起彼伏。公元68年，元老院宣布其为公敌，他在众叛亲离、走投无路中被迫自杀。尼禄之死标志克劳狄王朝统治的结束。

44. 图拉真

罗马帝国安敦尼王朝皇帝（公元98—117年在位），古罗马帝国历史中的贤帝之一。即位前出任日耳曼行省总督，后被皇帝涅尔瓦立为帝位继承人。公元98年即位后，他鉴于前朝之失，采取比较有效的措施缓和各方面的矛盾。他尊重元老院的政治地位，注意吸收东方各行省的大奴隶主贵族参加元老院，扩大自己的统治基础。他改革地方行政，任命一些忠于职守的亲信到行省去做总督，改善中央和行省的关系。他懂得人民载舟覆舟的道理，采取轻徭薄赋的经济政策，减轻人民负担；并用政府贷款的方式，帮助小农维持生计。此外，他还沿袭涅尔瓦所创行的办法，由政府拿出一部分税款在各地设立基金，用以养育贫苦无告的孤儿，因而获得元老院赠予的"最佳元首"称号。在对外政策方面，他积极对外扩张，两次进兵达西亚，发动远征阿拉伯和帕提亚战争，使罗马帝国的版图扩大到极限。公元117年，图拉真在远征回军途中病逝，由其养子哈德良继位。

45. 哈德良

罗马帝国安敦尼王朝皇帝（117—138年在位），古罗马帝国历史中的贤帝之一。从早年起，他便跟随图拉真转战各地，深得这位皇帝的赏识。105年任平民保民官，106年晋升执掌兵权的执政官。107年出任下潘诺尼亚行省的总督，108年担任执政官，112年出任雅典执政官，117年登基。在位期间，停止东方战争，与帕提亚缔结和约，放弃了图拉真所设立的亚述省和美索不达米亚省，并且让亚美尼亚重新成为仅依附于罗马的小王国，把罗马帝国在东方的边界缩至幼发拉底河。他用兵巴勒斯坦，镇压犹太人的起义。改革官僚制度，高级官职不再任用被释放奴隶，改从骑士中选定。他还委任著名法学家萨尔维乌斯·尤利安努斯把以前行政长官的一切敕令汇编成册，批准为"永久敕令"，又称"尤利安努斯"敕令，作为帝国法律的基础，规定只有元首才能对罗马法进行修改和补充。哈德良非常重视行省建设，赋予许多行省城市自治权，鼓励行省城市进行市政建设、修筑神庙、剧场、公共浴室、举办各种娱乐活动，并慷慨资助一些城市。在他统治期间，罗马行省城市和罗马的经济和文化差距缩小，行省城市的生活趋向罗马化。他还在不列颠北部建造了横贯东西的

"哈德良长城"，以防御居住在现今苏格兰的"蛮族"入侵。他维持了罗马早期帝国的繁荣。

46. 奥里略

罗马帝国安敦尼王朝皇帝（161—180年在位），笃信和传播斯多葛学派的哲理，并著有《沉思录》一书，被誉为哲学家皇帝。他出身于罗马贵族，自青年时代起三度出任执政官，并在40岁时成为拥有全权的皇帝。但是，他力主与养兄维勒斯一道继承皇位，成为罗马帝国历史上第一次由两个具有同等地位和权力的皇帝共执朝政的范例。他为帝国夙兴夜寐地勤勉工作，作为体恤民情的法律实践者，他颁布大量法令，作出很多司法决定并从民法当中删除不合理的条款。作为统帅，他为平定各地兵患和动乱而征战四方。为保护北方的罗马国境，并使其免遭新的侵袭，他决定让那些愿意为罗马服役的部落定居在帝国北部边境。从此以后，日耳曼人逐渐成了罗马雇佣军的主要来源，罗马军队也就开始自身蛮族化进程。在其统治晚期，罗马帝国盛极而衰，全面危机的征兆显露出来。他于公元180年病逝于军中。

47. 塞维鲁

古罗马帝国皇帝（193—211年在位），塞维鲁王朝（193—235年）的开创者，是首位来自非洲的罗马皇帝。出身于骑士之家。约173年进入元老院。190年成为执政官。192年任上潘诺亚总督和驻多瑙河的司令官。由于康茂德和继位者佩提那克斯相继被杀，他被部队拥立为皇帝。统一全国后，他提高军饷，优待士兵，另建近卫军，任用军人为行政官员。同时又改组元老院，使元首顾问会议成为国家最高机关，任命骑士出身的官员对元老院担任总督的行省进行监督，推行军队与官僚相结合的政策。197年，率兵击退安息人对美索不达米亚的入侵，两年后把美索不达米亚并入帝国的版图。208年率军西征不列颠，最终病死在不列颠战争中。

48. 3 世纪危机

公元 3 世纪罗马帝国发生的经济、政治和社会危机。从 2 世纪末到 3 世纪末，罗马帝国陷入了严重的社会危机之中，表现为农业萎缩，商业萧条，城市衰落，财政枯竭，政治混乱，以及贫民奴隶不断起义和大批蛮族乘机入境。罗马帝国四分五裂，陷于风雨飘摇、岌岌可危的境地，几十位皇帝死于非命竟成为正常现象。这种在罗马帝国社会中发生的全面而深刻的危机，与君主专制的腐恶、奴隶制的衰落和沉重的赋税密切联系在一起。危机在戴克里先统一罗马后得到缓解。

49. 戴克里先

古罗马帝国皇帝（284—305 年在位）。284 年罗马皇帝努买利安被杀，戴克里先被军队拥立为新皇。他软硬兼施，削平四方叛乱，结束 3 世纪的危机。基于危机的教训，为进一步加强中央集权，强化国家机器，巩固帝国的专职统治，戴克里先在政治、军事、财政、宗教等方面推行了一系列改革。政治上，废弃元首名号，直接称多米努斯（主），正式确立了君主专制制度。把帝国分为四个地区，实行"四帝共治"。其中两个君主称"奥古斯都"，两个君主称"恺撒"；两奥古斯都的女儿嫁与两恺撒，两奥古斯都和两恺撒各自是兄弟关系，彼此之间则为父亲与继子及翁婿关系，其意在于既互相牵制，又分而不裂。将全国行省细分为 100 个，10—12 个行省合为一州，州实行军政分治，由文职官任总督。军事上，重组军队，吸收蛮人入伍，把军队划分为两个军种，即常备治安部队与边防部队，分别负有御外和护内作用。经济上，对农民实行人头税，成年男子计为一"头"，缴全税；成年妇女为半"头"，纳半税；市民则按从事的职业缴纳不同数额的税金。行政官员、老兵、无产者免税。为保证税收与加强社会控制，规定一切居民不可迁徙与更换职业，大地产主有权保护自己的庄园、隶农和奴隶财产，可在庄园修筑防御工事。这样的庄园成为中世纪农奴制庄园的雏形。改革税制和币制，颁布"限价敕令"，限定商品的最高价格。宗教政策上，他是罗马国教的信徒，自称朱庇特之子。303年，他颁布取缔基督教的饬令，拆毁所有教堂，收缴《圣经》和其他与基督教有关的书籍，规定基督徒一律不准担任公职，不能获得荣誉，若系奴隶永远不准解放等。他的措施强化了专制统治。对帝国的社会危机有暂时缓解作用，但并未消除危机的根本原因，反而种下了未来分裂的种子。

50. 四帝共治制

由戴克里先创设的君主共治制度。所谓"四帝共治"就是把帝国分成四部分，由四位统治者治理。帝国东西两大部分各设一名"奥古斯都"，分别由戴克里先和马克西米安充任；奥古斯都各自任命一位副手，称为"恺撒"，并在自己管辖地区分出一部分交给恺撒掌管。同时规定，奥古斯都在20年任期届满后交卸职权，让位于恺撒；两位奥古斯都将其属下的恺撒收为继子，并将女儿嫁给恺撒。四帝共治意在维护帝国的统一和政权的稳定，在强人戴克里先在位期间也起到了一定作用，为他推行其他社会改革提供了有利的政治条件。但在戴克里先退位后，四帝共治这种多头统治形式很快解体。

51. 君士坦丁

古罗马帝国皇帝（306—337年在位），史称君士坦丁大帝。305年戴克里先退位后，共治的四帝之间的矛盾导致新的内战，结果李基尼乌斯和君士坦丁分别控制了帝国东西部，形成了两个奥古斯都并立的局面。323年，君士坦丁战败李基尼乌斯，成为全国唯一的皇帝，也标志四帝共治制的破产。统一后，君士坦丁为巩固自身统治，在政治、军事、财政、宗教等方面推行一系列新措施。如在政治上废止"四帝共治制"，委托自己的子侄治理帝国部分地区，从而把罗马君主专制推到一个新的高度。同时将帝国划分为高卢、意大利、伊利里亚和东方四大行政区，下设低一级行政区，下辖各行省。并把帝国首都从罗马迁到东方的拜占庭，改名君士坦丁堡，号称新罗马。在军事方面，他继承并完成了由戴克里先开始的把军队分为边防军团和内地机动军团的军事改革，并在行省中实行军政分开的政策，以宫廷禁卫队代替近卫军，将军事大权完全集中到皇帝手中。在经济上，他顽固维护奴隶制，颁布法令重申奴隶主有权鞭挞奴隶致死，规定对逃亡奴隶及煽动奴隶逃亡者加重惩罚；准许贫民出卖子女为奴，允许奴隶主将释放的奴隶连同其子女一起重新变卖；制定法律，严禁隶农逃亡，规定隶农及其后代必须固着在主人的土地上，对逃亡隶农应戴上镣铐解归原主，力图把隶农降到和奴隶相似的地位。在宗教方面，他和当时统治帝国东部的李基尼乌斯联合颁布了"米兰赦令"（313 年），正式承认基督教存在的合法性，并归还没收的基督教堂和财产。之后他还颁布诏令，赐给基督教会许多重要特权，如教会有权接受遗产和馈赠，教会神职人员豁免税权和徭役，等等。325 年，君士坦丁主持召开尼西亚大会，规定三位一体为基督教的基本信条，使基督教有了统一的教义和组织，并确立皇帝对教会的领导权，使基督教成为罗马帝国的统治工具。他的一系列改革措施，为欧洲向基督教文明社会过渡起到重要作用。

52.《米兰赦令》

罗马皇帝君士坦丁于 313 年在米兰颁发的赦令，宣布基督教合法化。赦令规定：所有人享有信奉宗教的自由；罗马神庙和它的祭司、大祭司都维持旧制，皇帝还保留大祭司长的尊号；凡先前没收的基督教徒的集会场所和教会财产一概归还。《米兰敕令》是基督教史上的转折点，标志罗马帝国统治者放弃长期对基督教镇压的基本政策，转为承认现实，采取对基督教保护和利用的方法。基督教从此与帝国政权合流，逐渐成为帝国皇权维持自身统治的思想工具。

53. 尼西亚大会

基督教历史上第一次宗教大集结。君士坦丁取得全国政权并使基督教合法化后，为了进一步把基督教发展为帝国统治的有效工具，决定以皇帝权力来解决基督教内部的纷争，帮助教会统一教义和组织。323年，尚不是基督徒的君士坦丁在尼西亚召集318名主教举行会议。会议制定了所有基督教信徒必须尊奉的教义即"尼西亚信条"，确认基督与圣父圣灵同体，树立三位一体派为正统，谴责阿里乌斯派，革除阿里乌斯的教籍，对其予以放逐。经过尼西亚大会，基督教已具有统一教义和组织，受到罗马帝国皇帝的庇护和控制，蜕化为帝国统治阶级的工具。鉴于此，这次大会标志原始基督教向统治阶级的宗教质变过程的终结。

54. 巴高达运动

罗马帝国时期高卢下层人民的反抗运动，因参加者自称"巴高达"（高卢语意为"战士"）而得名。巴高达的队伍主要由奴隶和隶农组成。269年是巴高达运动的起事年，起义者围攻鲁格敦高卢的奥登城。经过7个月的围攻，巴高达终于攻克该城，杀死一部分奴隶主贵族，剥夺他们的财产。这次起义坚持3年多，后被罗马皇帝奥略良镇压。但是自283年起，巴高达运动又重新兴起，仍以鲁格敦高卢为中心，展开更大规模的斗争。起义者攻城陷阵，杀富豪，焚庄园，分地分财。他们选举两位首领埃里安和阿芒德为皇帝，自铸钱币。皇帝戴克里先于286年派共治者马克西米安前往高卢镇压，马克西米安几次被化整为零的巴高达挫败，士兵临阵退却。后来，马克西米安以十抽一法处罚退却士兵，整饬军纪，才最终把起义镇压下去。此后，巴高达运动的余波仍未消失，部分起义者继续活动，直到5世纪末仍坚持斗争。

55. 阿哥尼斯特运动

罗马帝国晚期，北非贫苦农民、隶农和奴隶开展的起义活动。阿哥尼斯特意即"争取正当信仰的战士"，参加者有奴隶、隶农和农民，还有反对罗马统治的土著居民柏柏尔人。起义人民多信仰多那图斯教，带有明显的宗教色彩。起义者摧毁大庄园，打杀地主，焚毁奴隶名单和迫使他们沦为奴隶的债券，后被罗马军队镇压。阿哥尼斯特运动沉重打击了罗马在北非的统治。

56. 日耳曼人

意指原居住在欧洲北部，即多瑙河、莱茵河、维斯瓦河与北海之间广大地区的，具有相近语言、文化和习俗的民族。恺撒的《高卢战记》和塔西佗的《日耳曼尼亚志》详细记述了日耳曼人的社会和生活。当时，他们大多处于原始氏族公社阶段。随着生产和生活方式的演进，以及人口的不断扩增，出现了私有制和阶级的萌芽，军事首长及其扈从渴望向外扩张，夺取财富和土地。3世纪起，日耳曼人开始向南和向东迁徙，严重威胁罗马帝国的边防。4世纪时，日耳曼各族已经在不同程度上受到罗马文化的影响，在语言和风俗上发生分化，形成东日耳曼人和西日耳曼人。前者包括伦巴第人、汪达尔人、勃艮第人和哥特人，后者包括萨克逊人、苏维汇人、阿拉曼人和法兰克人。在民族大迁徙过程中，他们在欧洲北部和中部建立了各自的王国，最终导致欧洲列国新格局的形成。

57. 耶稣

传说中的基督教创立者。根据《新约全书》的说法，耶稣是上帝之子，由凡间处女玛利亚（圣母）感上帝圣灵而生。长大后，表现出非凡的神力，能治病救人，起死回生，驱妖逐魔。他对拿撒勒派的组织和教义进行改造，宣称自己是上帝的儿子，被上帝派到人间，引导人民笃信上帝，迎接上帝之国的来临。这一上帝之国是未来的理想世界，那里没有人对人的剥削和压迫，没有私有财产和货币，没有暴君和奴隶，人们无忧无虑地生活。他有 12 个门徒，实际上是他传教活动的骨干人员。他吸引了很多处于社会下层的信徒，被罗马当局和犹太教上层视为祸端。后被其门徒之一犹大出卖，被钉死在十字架上。耶稣受难的十字架后来就成了基督教信仰的标志。关于历史上是否有耶稣其人，学界分歧很大。有相当一些学者认为耶稣是传说中的人物。

58. 老加图

老加图（公元前 234—前 149 年），罗马共和时期的政治家、历史家和演说家。出身于平民家庭，参加过第二次布匿战争和叙利亚战争。公元前 195 年任执政官。他是第一位使用拉丁语撰写历史著作的罗马人，著有《论农业》《起源》（又译《创始记》）。其中，《起源》讲述罗马自建城以来到第二次布匿战争结束的历史，也包括意大利其他城邦和部落的历史，指出罗马征服了所有希腊人，却因输入被征服者的文化而削弱了优良传统。他在文化上是典型的保守派人物，这也是他极力提倡拉丁语写作的原因。《农业志》是一部论述奴隶制庄园经济的著作，是对奴隶制庄园经营经验的总结，其中包括如何使用奴隶劳动和对待奴隶。该书是研究意大利公元前 2 世纪罗马社会经济史的重要史料。他的演说词大多散失。

59. 老普林尼

老普林尼（27—79 年），罗马时代著名的学者、自然学家。骑士家庭出身，担任过许多重要官职，曾统率骑兵参加镇压日耳曼人的战争。他在总结前人和自己考察研究的基础上，写就一部百科全书式的巨著《自然史》（又译《博物志》），书中涉及天文、地理、民族志、动物学、植物学、农业、医学、冶金等诸多方面的知识，是对古希腊、罗马时期所获得的自然与科技知识的较完整汇编与总结。公元 79 年 8 月 24 日，意大利维苏威火山爆发，老普林尼为了解火山喷发状况，并救援这一地区的灾民，乘船赶往火山喷发地区，因吸入含硫气体而中毒身亡。

60. 李维

李维（约公元前 59—17 年），古罗马著名的拉丁历史学家。生于意大利北部的帕塔维乌姆，早年受过良好的传统教育。后移居罗马，与屋大维过从甚密，曾为屋大维的继孙克劳狄的老师。他用毕生精力撰写《罗马建城以来》一书，又称《罗马史》，共 142 卷，其中第 11—20 卷和第 46—142 卷已散佚，记述自传说中的埃涅阿斯抵达意大利至公元前 9 年的史事。李维撰史目的在于歌颂罗马创业的艰辛，帝国的来之不易，寓道德说教于叙史之中。他的著作史料丰富，是研究罗马早期及罗马共和国历史的重要文献。

61. 塔西佗

塔西佗（约 56—120 年），古罗马政治家、文学家、历史学家。出身于高卢南部一旧贵族家庭。97 年任执政官，112—113 年任亚细亚行省总督。塔西佗在政治上属贵族共和派，虽然承认帝制不可避免，但憎恶专制君主，鄙夷元老们的奴颜婢膝，对共和制度充满感情。传世著作有《阿古利可拉传》《日耳曼尼亚志》《历史》《编年史》和《演说家对话录》。其中《日耳曼尼亚志》记载 1 世纪末日耳曼人的社会状况，是最早记载日耳曼人社会历史的专著。《历史》和《编年史》主要叙述早期罗马帝国历史，其材料翔实，语言精练典雅，描写细致入微，极富文采，对后世史学有重大影响。在西方史学史上，他还首先提出了客观主义的治史原则，把拉丁史学推到了高峰。

62. 罗马法

古罗马国家法律的总称。包括从公元前6世纪到公元6世纪中叶东罗马皇帝查士丁尼在位时1000余年所颁布和实施的法律。罗马最早的成文法是公元前5世纪罗马共和时代早期的《十二铜表法》，6世纪30年代，东罗马皇帝查士丁尼编纂了《查士丁尼法典》《法学汇编》《法学阶梯》三个法律汇编，后人将其在位时期的法律编成《查士丁尼新律》，四者被汇编成《民法大全》。该法集罗马法之大成，后人往往称其为罗马法。罗马法的主要内容是私法，私法又主要是民法，有关诉讼权利和诉讼程序的规定也列为私法范畴。罗马法对资本主义法律影响巨大，尤其是资本主义民法，终致造就了一个以罗马法为基础的大陆法系。

63. 万民法

罗马法中对帝国境内各民族普遍适用的法律。其内容主要是调整财产关系，特别是有关所有权和契约关系的规范。它除了包含罗马法原有的部分规范外，还吸收了与罗马有贸易关系的其他民族和国家的法律法规。与公民法相比较，这种被罗马法学家称为"各民族共有"的万民法，是以自然理性为依据的，接近自然法观念，没有公民法那样狭隘的民族性和形式主义的缺点，因而更能满足奴隶主统治阶级的利益和社会的要求。

（撰稿人：韩薛兵起草，陈德正修改，郭小凌审阅修订）

中古部分

第八章　早期中世纪的欧洲

1. 日耳曼人大迁徙

日耳曼人大迁徙（The German Immigration）主要是指在罗马帝国统治末期，居于帝国北部的日耳曼各部族逐渐侵入罗马帝国境内，最终导致西罗马帝国灭亡，并开启了欧洲文明发展的历史。罗马帝国在地中海创造了盛世，而帝国周边多为蛮荒之地，居民被罗马人统称为"野蛮人"或"蛮族"，其中日耳曼蛮族对罗马帝国的历史命运影响最大。他们居于北欧，最初在斯堪的纳维亚半岛南部和日德兰半岛一带。日耳曼人体形高大、白肤、蓝眼、金发，与地中海世界的居民区别显著。大约公元前后，一些日耳曼部族开始南下侵袭罗马帝国；在2世纪和3世纪中期，已经深入罗马腹地。4世纪时，日耳曼人逐渐形成东西两大群体，西日耳曼人包括萨克逊人、苏维汇人、法兰克人、阿勒曼尼人，他们以农业为主；东日耳曼人主要是指哥特人、汪达尔人、伦巴德人，他们主要以游牧业为生。但在4世纪晚期之前，罗马帝国尚能勉强抵御蛮族入侵，或将他们纳入自己的统治。

4世纪中后期，日耳曼入侵的进程因北匈奴西迁大大加快。匈奴人攻击顿河流域的东哥特人，引起了日耳曼人的大规模迁徙。375年西哥特人进入帝国境内定居，这是日耳曼民族中迁入帝国境内的第一批移民群。410年西哥特人攻陷罗马城，并向北进入高卢南部和西班牙。5世纪20年代和30年代，汪达尔人穿过高卢和西班牙，渡过直布罗陀海峡进入北非，占领迦太基，并于455年洗劫罗马城。在欧洲西北端，盎格鲁人和撒克逊人于5世纪后逐渐占据了不列颠的东部和南部沿海地区。勃艮第人和法兰克人分别占领高卢南部和北部。476年蛮族出身的罗马将领奥多亚克发动兵变，废黜最后的西罗马帝国皇帝。495年奥多亚克被东哥特人狄奥多里克击败，后者进占意大利。568年伦巴德人大举入侵意大利，占领北部、中部及南部部分地区。至此，日耳曼民族大迁徙告一段落。

日耳曼人在入侵过程中，在原罗马帝国的疆域内纷纷建立起蛮族王国，并将日耳曼人的马尔克公社制度、亲兵制度和习惯法传统与基督教、罗马传统相融合，构成了后世欧洲文明发展的基础。

2. 日耳曼诸王国

日耳曼部落在入侵过程中，摧毁了中央集权的西罗马帝国，并在帝国旧址上建立起自己的国家，被称为蛮族王国。随着这些王国的建立，欧洲开始显现出中世纪的基本轮廓。日耳曼诸王国的建立情况大致如下：

419年西哥特人在高卢西南部和西班牙北部建立西哥特王国（419—711年）。439年汪达尔人在北非建立汪达尔王国（439—534年）。457年勃艮第人在高卢东南部建立勃艮第王国（457—534年）。493年东哥特人在意大利和西西里岛建立东哥特王国（493—553年）。568年伦巴德人在意大利中部、北部和南部部分地区建立伦巴德王国（568—774年）。7世纪初，盎格鲁—撒克逊人在不列颠建立起七个较大的王国，包括肯特、苏塞克斯、威塞克斯、埃塞克斯、东盎格利亚、麦西亚和诺森伯利亚。上述王国存在时间长短不一，或被人征服，或统一为更大王国。西哥特王国被阿拉伯人征服；汪达尔王国和东哥特王国在东罗马皇帝发动的收复失地战争中先后灭亡；勃艮第王国和伦巴德王国先后被法兰克王国灭亡。在大陆日耳曼人王国中，法兰克王国存在时间最长，影响最大。在不列颠，10世纪初威塞克斯国王统一其他王国，建立起英格兰王国。

随着日耳曼诸王国纷纷建立，西欧历史发生了剧烈的变化。罗马政府的管理体制在西方瓦解，政治中心由地中海地区转移至以法兰克为中心的内陆地区；古代世界的奴隶经济被以半自由农为基础的体制所取代；各日耳曼王国先后皈依基督教，除法兰克王国和不列颠诸王国信奉基督教正教外，其他蛮族王国大都信奉阿里乌斯派基督教。这些日耳曼王国按照各自的习惯法生活，如法兰克人的《萨利克法典》、西哥特人的《阿拉里克法典》、勃艮第人的《贡多巴德法典》等，接受各自国王的统治，代替罗马人成为西欧的新主人。

3. 法兰克王国

法兰克王国（Kingdom of the Franks）是中世纪早期由法兰克人建立的一个日耳曼人王国。法兰克王国的统治形式与罗马帝国已完全不同，实际上是一个原始的日耳曼君主国。法兰克人是入侵西罗马帝国的日耳曼人的一支，原居于莱茵河中下游地区。4世纪开始，法兰克人以"同盟者"身份占领高卢地区，定居该地，并逐渐向外扩张。法兰克人中重要的一支萨利克人在墨洛温家族的克洛维（481—511年在位）率领下迅速崛起，发动多次战争，消灭了西罗马帝国在北高卢的残余势力，统一法兰克人各部落，于481年建立法兰克王国，史称墨洛温王朝（481—751年）。496年，克洛维带领法兰克人皈依罗马基督教，并接受教宗的加冕礼，从而得到了教会的支持。

克洛维死后，继承人之间争斗不止，王朝日渐衰落，贵族地位上升。按照法兰克人诸子平分土地的继承制度，法兰克王国只是名义上的政治统一体，实际上分为几个王国。王国的数量和地域因年代而有所变化，但主要的王国有三个，分别是位于东部的奥斯特拉西亚、西部的纽斯特里亚、东南部的勃艮第。7世纪中叶，由于几代君主不理朝政，皇宫中的加洛林宫相逐渐掌握了国家实权，国王则成为傀儡，这一时期被称为"懒王时期"。687年奥斯特拉西亚宫相丕平平息内讧，统一了王国。715年查理·马特当政，发起了历史上著名的采邑制改革，为日后加洛林王朝的强盛创造了条件，也成为欧洲封建制度发展的重要基石。

751年，查理·马特之子"矮子"丕平推翻墨洛温王朝，在罗马教宗的支持下建立加洛林王朝（751—843年）。至查理大帝时期，法兰克王国达到鼎盛，建立起幅员辽阔的大帝国。帝国疆域西起大西洋，东至多瑙河，南到地中海，北抵波罗的海，囊括了今天法国、德国、比利时、荷兰、瑞士、匈牙利和大半个意大利。但随着封建割据势力的增长，帝国很快解体。840年"虔诚者"路易去世，几个儿子发动内战，并于843年签订《凡尔登条约》，三分帝国：莱茵河右岸和巴伐利亚地区，称东法兰克王国，归"日耳曼人"路易；大体相当于今天法国境内的地区，称西法兰克王国，归"秃头"查理；法兰克中部包括意大利半岛中、北部及东西法兰克之间的洛林地区，称中法兰克王国，由洛塔尔领有。这三个王国互不统属，分别成为后来德意志、法兰西和意大利三个国家的雏形。《凡尔登条约》的签订，标志着法兰克王国的结束。

4. 克洛维一世

克洛维一世（Clovis Ⅰ）（约465—511年）是法兰克王国墨洛温王朝的建立者，中世纪早期曾统治东北部高卢和莱茵兰等西欧大片领土。克洛维出身于墨洛温家族，是希尔德里克一世（Childeric Ⅰ）之子。481年其父去世，克洛维继位，但最初统治并不稳固。墨洛温家族的其他竞争者也要求继承王位；南部高卢尚有罗马的末代统治者西亚格利乌斯（Syagrius）的残余统治；阿拉曼尼人、勃艮第人和西哥特人也威胁着克洛维的统治。此时的宗教信仰也不统一：法兰克人是异教徒，罗马人信仰天主教，勃艮第人和西哥特人则是阿利乌派。

克洛维是一个极有野心的国王，在其一生征战中，他从仅仅一个法兰克人的小国王，变成西欧最强大的日耳曼统治者之一。克洛维先后击败并杀害了与他竞争王位的对手，逐步征服了其他政治势力。486年克洛维在苏瓦松击败罗马统治者西亚格利乌斯，控制了东北部高卢的大部分地区。克洛维在莱茵兰地区与阿勒曼尼人交战。506年在托尔比亚克战役中，击败阿勒曼尼人。克洛维与西哥特人作战，507年在普瓦提埃附近获得决定性胜利，尽管没有把西哥特人完全驱逐出高卢，但使高卢—罗马人占据王国人口多数。

克洛维的征战扩大了王国领土，为巩固统治，他采取了各种措施。克洛维受信奉天主教妻子的影响，皈依罗马基督教，并赋予教会各种特权，兴建教堂，鼓励修道院的发展，甚至在511年死前召开过一次教会会议。法兰克人的皈依使拉丁文化和日耳曼文化的缓慢融合成为可能，这对中世纪文明的未来具有决定性的影响。克洛维接受东罗马帝国皇帝授予的"执政官"荣誉头衔，以加强统治的合法性，并保留罗马大贵族原有的土地，吸收他们参与政治统治。他将土地分封给自己的亲兵，还编纂了《萨利克法典》。这些措施使法兰克王国得到了罗马教会、高卢—罗马贵族、亲兵的支持。

克洛维因对基督教的特殊贡献，使其成为西方教会史上的一位英雄人物，但他的残忍和狡诈同样显著。克洛维是一名早期的日耳曼国王，并不了解罗马帝国的国家观念，按照法兰克人的继承习惯，在其死后王国作为私人财产被其四个儿子瓜分。

5. 马尔克公社

马尔克公社（Mark Community）是日耳曼人从氏族公社向土

地私有制过渡时期的村落共同体，是当时的一种社会经济组织形式。马尔克一词原意是指边境、边界，后成为日耳曼人农村公社的名称。它是按地域关系由若干大小不等的村落组成的农村公社。古代日耳曼人入主西欧以后，按公社组织定居，由原来的血缘关系的结合逐渐转化为地域关系的结合，形成了马尔克公社。在古代日耳曼部落里，马尔克制度几乎是唯一的社会制度，对中世纪产生了极为深远的影响。

马尔克公社标志性的政治制度是自由民大会。一切重大事情，包括罪犯的审判、管理人员的推选，都由自由民大会集体决定。公社成员经常定期集会，讨论和决定共同事务。酋长们可以决定小的事情，重大事情则先由酋长们详细讨论，再交部落会议作最后决定。社员之间基本平等，但已出现贵族和平民之别。土地所有制性质具有过渡特征，耕地也不是完全私有，但森林、牧场、池塘、荒地等仍归公社所有，各个成员都可以使用。

日耳曼人入主西欧前，长期实行马尔克公社制度。征服西欧并普遍封建化后，马尔克公社逐渐被庄园制代替，然而马尔克的文化传统、深层次的生活准则，已经深深扎根于日耳曼人的全部生活。中世纪绝大多数人口生活在乡村，在欧洲乡村公共生活中，有着马尔克传统的村社组织，始终发挥着不可替代的作用。马尔克公社与东方家长制下的氏族公社不同，前者主要表现为自由人的联合体；有较多的民主传统。这一民主特征保留在中世纪的司法中，西欧中世纪各地的庄园法庭就是马尔克自由公社成员集会的变形，庄园法庭和村民会议往往合二为一。庄园法庭的裁决者是法庭全体出席人，这显然是马尔克村民大会的遗风。庄园法庭所依据的习惯法或惯例，体现了日耳曼人的马尔克传统。该传统中的民主因素，特别对政治特权无限贪婪的本性具有某种程度的限制，使得西欧传统等级社会，即使在农奴制的最残酷条件下,也能有个人财富独立发展的可能。至15、16世纪庄园制名存实亡,具有马尔克传统的村民会议更加凸显出来,甚至在一些偏僻的山区,完整的公社形态一直保留到近代。

6. 亲兵制

亲兵制(comitatus)是指在古代晚期和中世纪早期欧洲日耳曼人普遍实行的军事制度。这是一项古老的日耳曼制度。亲兵制这一术语首次出现在公元2世纪,当时的作家塔西佗在其《日耳曼尼亚志》中有所描述。在日耳曼人大迁徙过程中,原来的氏族血缘关系被打乱,氏族公社原有的民兵制难以实行。国王和贵族们开始豢养专事打仗的武士,他们多为骑兵,成为战争的主力。亲兵就是对当时武士群体的称谓。通过宣誓效忠,亲兵依附于他们的首领,主要任务是为领主作战,而领主负责供养他们的生活和提供武器装备。

当日耳曼人入主西欧并纷纷建立王国之时,塔西佗时代的亲兵制及其观念被继承下来。亲兵组成了日耳曼王国的主要军事力量。比如在盎格鲁—撒克逊时期的英格兰,日耳曼人英雄史诗《贝奥武甫》(*Beowulf*)等作品充满了对亲兵效忠事例的描述。这种亲兵制观念虽然与塔西佗时代相隔六七个世纪,但二者却极其类似,所不同的只是酋帅换成了国王,亲兵变成了军事贵族格塞特和塞恩,他们为国王服兵役,报酬则是土地。在墨洛温时期的法兰克王国,国王和地方贵族也都拥有亲兵。亲兵多是自由人委身而来,他们要为国王和贵族服兵役,而国王和贵族多是分配给亲兵一块土地,利用土地收益提供生活所需和武器装备。这些亲兵逐渐发展成为封臣。

亲兵制是早期日耳曼社会的重要构成因素。首领与亲兵的关系体现了原始的相互的权利与义务,这是一种原始契约因素。这种关系被视为中世纪封臣制的起源。亲兵对首领的效忠,体现的是一种密切的私人关系式的个人效忠，这种封建性质的人身依附关系，是超经济强制的重要体现，在整个中世纪保持了社会的基本黏合力。在日耳曼亲兵制下，一名合格的亲兵要具备荣耀、忠诚、勇敢的品质，这构成了亲兵制的道德基础，并成为后来中世纪骑士精神的滥觞。

7. 血亲复仇

血亲复仇（blood feud）是氏族部落时期一种极为普遍的世界性社会现象，但血亲复仇的具体方式则具有民族性、区域性特点。其中，日耳曼各部族的血亲复仇制度较为典型。日耳曼人亲族网络庞大，部落内的基本法律单位是家庭，成员相互保护。如有外来者伤害或杀害了亲族中的某人，将导致血亲复仇形式的报复。受害者的亲人会与施害者的宗族结下世仇，向他们宣战。在社会公权力不发达的情况下，这种原始的复仇形式是维护当时社会生活秩序的一种基本制度。

血亲复仇是日耳曼部落社会的典型要素。日耳曼人珍惜荣誉，在他们生活的世界里，荣誉是赢得光荣的一种手段，意味着要"相互扯平"。即是说，当家族成员被伤害或被杀死，这个家族就失去了荣誉，必须进行报复，这才能"相互扯平"，才算维护了家族荣誉。因此，血亲复仇作为日耳曼人的古老习俗，虽然导致数不尽的流血悲剧，但这种做法按照当时人们的观念和法律制度，被认为合理合法。私人复仇被赋予道德和法律的正当性，在这种古老的生活状态中，棍棒和矛刺是解决争端的重要途径，这完全不同于现代社会的行为准则。

血亲复仇毕竟无益于社会的稳定，为防止过度仇杀，日耳曼人后来发展出"赎杀金"法律观念和制度，以此减缓血亲复仇的负面影响。至少在塔西佗时代，日耳曼人便已经开始出现金钱赔偿制度，赔偿金以受害人的身份高低而定。通过支付赔偿金，过错方及其亲属将承受沉重的金钱负担,这种威胁可能比死刑或致残的肉体威胁更能有效地制止犯罪,社会代价更小。虽然出现金钱赔偿制度,但并未完全排除血亲复仇,两者并行了很长时间。随着国家权力的增长和国王司法权的扩展,特别是从 8 世纪开始,血亲复仇制度日益受到限制。教会法也反对血亲复仇制度。教会认为,在合理的赔偿建议提出以后仍坚持血亲复仇,就是对上帝的冒犯。教会法和王室法禁止血亲复仇,但进入 15 世纪后,这种做法在欧洲许多地方仍继续存在。

8. 赎杀金

在古代日耳曼法中,赎杀金(wergild)是指施害者支付给受害人亲属的一定数额的赔偿金,以平息双方的仇恨。最初,赎杀金并不确定,后来逐渐由中世纪的一些法典固定下来。赎杀金制度最重要的特点是,其数额由受害人的社会地位来决定。比如根据《萨利克法典》,杀死一个伯爵应被罚 600 金币;杀死一个自由法兰克人的赎杀金是 200 金币;普通罗马人的赎杀金是自由法兰克人的一半;半自由人的赎杀金是自由人的一半。根据《伦巴第法典》,一个自由人谋杀一个自由的男人或女人,需要 1200 先令赔偿金,而杀死一个家仆的赔偿金仅是 50 先令,地主的赎杀金是无地者的两倍。在盎格鲁—撒克逊法律中,杀死拥有 5 海得土地的塞恩,其赎杀金是一个普通刻尔的 6 倍。这种对生命价值精细的计算,并非是指受害人亲族的经济损失数额,而是要表达一个观念,即某些人的生命价值要高于另一些人。比如在盎格鲁—撒克逊法中,一个人共誓涤罪誓言的分量,要根据其赎杀金的数额来定。因此,塞恩誓言的价值是厄尔的 6 倍。

赎杀金制度是对血亲复仇的补充,通过这一制度,愤怒的亲族可以向施害者一方复仇。但是,施害者是否会支付赎杀金,受害者亲族是否愿意接受赎杀金,则没有保证。偶尔,施害者的亲族可能通过交出施害者，或者宣誓不对其提供任何帮助来代替支付赎杀金，从而避免血亲复仇。不管怎样，血腥的宗族战争和赎杀金制度都延续到中世纪后很久。

在日耳曼法中，与赎杀金有关的还有两种赔偿方式。一是赔偿金（bot），作为对造成的未致死伤害的赔偿。比如约公元600年的《埃塞尔伯特法》以其为各种伤害确立了非常详细的收费表而著称，每种想象得到的伤残，小到手指和牙齿，都有相应的价格级别。另一种是伤害罚金（wite），它是在赎杀金之外，作为对故意加害行为的惩罚而上交国王的罚金。设立由过错者亲属偿付受害者亲属的金钱惩罚制度，是12世纪以前欧洲民族法律的一个显著特征。不过，随着王权的加强和政府有效统治的建立，不再允许以支付赔偿金的方式来赎罪。12—13世纪，赎杀金制度和日耳曼法中的其他金钱赔偿方式逐渐消失。比如在英格兰，国王亨利二世进行司法改革，将杀人视作冒犯整个共同体的罪行。国家接管了对罪犯的惩罚，亲族因此失去了索偿损失的权利。在欧洲其他地方，赎杀金存在时间稍长，但整体而言至1300年基本结束。

9. 神明裁判

神明裁判（ordeal）是中世纪判定人们有罪与否的一种日耳曼法律制度。该裁判方式源自日耳曼法，并获得了基督教理论的支持，如果被告是无辜的，当他经历此种审判时，上帝会庇护他幸免于受伤或死亡。神明裁判主要分为两种：火的神明裁判和水的神明裁判。前者如热铁神明裁判（hot iron ordeal），后者包括热水神明裁判（hot water ordeal）、冷水神明裁判（cold water ordeal）。火的神明裁判适用于较高等级的人，水的神明裁判适用于普通人。决斗裁判（campfight）也属于神明裁判，一般适用于较高等级的人。

神明裁判遵循较为固定的程序。先由教士进行一番富有戏剧性的祈祷仪式，然后神明裁判开始。在热铁神明裁判中，要求被控者捡一块炽热的铁块，并手拿铁块走若干步。受伤的手会被包扎起来，三天之后检查伤口。如果化脓，证明有罪，如果愈合，证明无罪。热水神明裁判与此类似，先由双方各自派人验证热水是否达到要求的标准，然后要求被控者从一大锅沸水中捡出一块石头。能够不受伤地拿出来，即被判决无罪。在冷水神明裁判中，水被认为是纯洁的事物，在经过祝圣之后，水会拒绝接受有罪之人。被控者被投入水中，如果沉到水中，即被证明无罪；如果浮在水面，即是有罪。决斗裁判也是神明裁判的一种形式，在中世纪早期的欧洲大陆广为采用。盎格鲁—撒克逊时期的英格兰尚不存在决斗裁判制度，诺曼征服之后决斗裁判才经由诺曼人传入英格兰。决斗裁判在中世纪后期盛行，被告人与起诉人进行殊死搏斗，幸存者为无罪之人。当事人可以亲自参加搏斗，也可指派武士代为决斗。此外，神明裁判还包括吃食神明裁判，在教士监督下吃下若干数量食物，若吞咽不下，则为有罪。

神明裁判不是凭借证据进行判决，在今天看来可谓荒诞，但在当时血亲复仇盛行的年代，这些方式可以使他们在一定程度上和平相处。不过神明裁判不能无条件地随意使用。它一般作为最后的裁决手段，只有当其他方式无法确定有无罪责时，才会使用神明裁判。神明裁判到12世纪之后开始逐渐退出历史舞台。1215年第四次拉特伦宗教会议禁止教士参与神明裁判。但神明裁判的残余仍然存在了很长时间。

10. 贤人会议

贤人会议（witan）是英格兰盎格鲁—撒克逊时期国王的重要咨议机构，职权广泛，但并非完全受国王支配。贤人会议由古代日耳曼民众大会演变而来。贤人（witan）字面意义即为聪明人（wise men），他们是国王的首席顾问。贤人会议即是这些"聪明人"的集会。

在盎格鲁—撒克逊时期，国王及其王室不断巡游，因此，贤人会议召开的地点和时间并不固定。原则上，国王可以随时随地召集会议。不过，国王更倾向于在某些特定城市开会，比如伦敦和温彻斯特。贤人会议的召开时间一般选在重大宗教节日，比如圣诞节、大斋节和复活节，但有时国王也会临时召集贤人会议。

贤人会议一般由国王主持召开，参会人数不尽相同，但基本固定在百人左右。国王是最重要的会议成员，他携带王室成员参加会议。参会人员还包括高级教士（坎特伯雷、约克大主教以及其他主教和修道院院长等）、世俗贵族（伯爵、郡长等）。较低等级的塞恩以及地方官员也参加贤人会议。

贤人会议职权范围广泛。第一，贤人会议具有法律职能，协同国王一起编纂、颁布法律。国王并无颁布法律的专断权，所颁法律必须征得贵族同意。第二，贤人会议具有司法职能，审理有关国王及大贵族的案件。贤人会议通行"同侪审判"制度，所审案件主要涉及书田争端问题，还可作出类似叛国罪和放逐的审判。第三，贤人会议在国王继承方面作用重大，不但有权选举新国王，而且有权废黜国王。第四，其他重大事务，如征税、战事、宗教甚至日常事务等，也常常在贤人会议上协商。

贤人会议并非现代意义上的代议机构，它只是国王的咨议会，是国王寻求与贵族合作的统治机构。但通过贤人会议的政治活动可以看出，日耳曼王国的运转并非单纯依靠国王意志。贤人会议也被认为是英国议会的先驱。

11. 习惯法

当习惯、惯例和通行做法已经相当确定，并同法律体系一样为人们所公认并具有法律约束力时，它们就是习惯法（customary law）。古代各国法律的形式大量表现为习惯法，如著名的古罗马《十二铜表法》便是古罗马习惯的集中反映，构成了古罗马法的重要渊源。建立在西罗马帝国废墟上的各日耳曼王国纷纷采用了本部族习惯法，并将其成文化。由于日耳曼人在法律适用上采取"属人主义"的原则，由此导致了日耳曼法和罗马法二元并存局面。9世纪，查理曼帝国瓦解后，西欧大陆进入封建割据时期，法兰克人编纂的法典、颁布的法律已不具有普遍效力，沦化为分散的地方习惯法，各大封建领地，甚至每一个庄园都有自己的习惯法。不过这种地方习惯法与早期的习惯法有很大不同，它是在罗马法、教会法、日耳曼法相互渗透、融合的基础上发展而来的。

至12、13世纪，分散杂乱的习惯法得到了整理、汇编和注释。这些习惯法汇编一开始大多由私人进行，例如《诺曼底大习惯法》《撒克逊法典》和《士瓦本法典》等；15、16世纪后又出现了官方汇编，例如1510年《巴黎习惯法》、1509年《奥尔良习惯法》、1539年《不列塔尼习惯法》等。这些以日耳曼法为基础延续下来的习惯法一直是中世纪西欧各国法律发展的主要渊源。

不同国家对习惯法承袭和发展的程度各不相同。在英格兰，君主制得到发展并且以巡回审判方式创立了普通法，但在此之前，所谓法律仅仅是习惯法而已，其中大部分习惯法是某些地区部落的地方性习惯与习俗。这种特点持续了几个世纪。格兰威尔与布莱克顿都曾写过英国法律与习俗方面的著作。过去各郡法院和百户区法院都适用地方习惯，甚至取代它们的封建法院也主要适用地方习惯法。当王室法官们经过多年努力，通过一个个判例逐步形成普通法时，显而易见，它建立在古老习惯法的基础之上。在德意志，习惯法的范围更为广泛。王室立法兴起对法律的渊源和原则形成一定影响，但在民法方面，德意志王室法长期低迷，即使有立法出现，也是对习惯法重新演绎，仅在城市立法活动中尚有积极表现。这使得中世纪德意志的私法与习惯法相差无几。而法国的情况则较为复杂，封建时期形成了罗马法和习惯法两大法区，虽然二者并不决然泾渭分明，但显然已成分庭抗礼之势。习惯法不仅为1804年的《法国民法典》提供了重要理论资源，更对法国法学研究和法律制度建设产生了深远影响。

12.《萨利克法典》

法兰克萨利克人的习惯法汇编（Salic Law）。墨洛温王朝的建立者克洛维统治后期（约507—511年）颁布，其后继者两度重新颁布，在加洛林王朝时期系统化。法典内容包括诉讼程序、犯罪与刑罚、契约、家庭、婚姻、继承等方面，但其中大部分是刑法规定，详细列举了对各种违法犯罪行为应罚没的赔偿金数额。

法典在形式上体现为判例汇编，如关于杀人罪内容分别按照"烧毁或抢劫教堂和谋杀牧师者""杀害伯爵之人""在军队里遭谋杀之人""自由民犯杀人罪""团伙犯杀人罪"等具体情况进行列举，而没有确立杀人罪的概念，缺乏抽象规范。除此之外，法典各条文之间显示出一种无序状态，其中各种刑法罪名罗列与诉讼规则、私法规范内容相混杂，反映出早期法典在内容上不成体系的普遍特点。

由于法兰克王国在日耳曼人国家中最强大、存在时间最久，所以该法典当时具有很高权威与影响，被认为是5—9世纪诸蛮族法典中的典范。即使在法兰克王国分裂之后，法典在习惯法区域内依然通行，许多内容得到保留。英国著名法史学家梅特兰（F. W. Maitland）曾指出，《萨利克法典》由于诺曼人征服不列颠而成为英吉利法的来源之一。

《萨利克法典》（在经过长期口头传述之后）使用拉丁文写成，保留下来的文本较为完整，但并未受罗马法太多影响。作为法兰克人早期的法律和习俗记录，《萨利克法典》提供了关于原始日耳曼人生活与社会情况的诸多线索，具有重要的史料价值。

13. 查理·马特改革

法兰克王国宫相查理·马特进行的一场军事改革（Charles Martel's Benefice Reform）。法兰克王国建立之初，国王对亲兵、廷臣和主教的土地封赐以一种无条件的方式进行，新兴法兰克贵族与原罗马大贵族成为大土地所有者。但王国兵源和赋税受到严重影响，自由民丧失自由和土地，地方势力逐渐形成割据局面，外敌入侵也时时威胁着王国安全。于是，宫相查理（715—741年）改变了以往无条件的封赐，强行征用贵族和教会土地，以服兵役为条件，将土地分封给可以提供骑兵武装的人。受封者领地不能世袭，若不能履行义务，土地随时可以被收回，死后须交还土地。封地者和受封者需要重新举行封赐仪式以确定关系。这种带有一定军役义务的、终身领有的土地被称为"采邑"。"采邑"制度防止了地方领主势力坐大，加强了统治者的武装力量。依靠采邑制度组建的骑兵，查理击退了阿拉伯人侵犯，阻止阿拉伯人向西欧的继续深入，捍卫了法兰克王国独立。查理因此名声大振，被称为"马特"（铁锤之意）。

采邑制的建立促进了以土地为纽带的封建制度形成，为职业骑士阶层的出现奠定了基础；同时，采邑改革加强了封君封臣的从属关系，加速了法兰克王国封建化进程；另外，采邑所有者强迫领地上的居民服劳役或缴纳代役租，促使自由农民进一步农奴化。

14. 查理大帝

或称"查理曼"（Charlemagne），意即"伟大的查理"（约

742—814年）。法兰克王国加洛林王朝国王（768—814年）和查理曼帝国皇帝（800—814年）。查理是加洛林王朝开创者"矮子"丕平之子，曾征服西欧大部分地区，是西欧中世纪初期最强大的统治者。作为法兰克国王，查理征服了意大利的伦巴第王国，降服了撒克逊人，并将巴伐利亚并入其王国，除了西班牙的阿斯图里亚斯王国、意大利南部、英伦三岛外，实际上将西欧大部分地区都统一在一个王国内。公元800年圣诞节，教宗利奥三世在罗马为查理举行加冕礼，称查理为"罗马人的皇帝"，史称"查理大帝"。

为了巩固统治，查理在边境地区设立"马克"（边境军事行省），委派边侯统辖，其他地区划分为伯爵辖区，任命伯爵治理，同时组派巡察使团，巡行各地，对地方行政、司法和宗教事务进行监督，设立"巡回法官"巡回复查案件，弥补地方法庭某些非专业性审判所造成的缺憾，促进更加科学合理的司法审理。他还封赐贵族和教会许多有特权的领地，规定拥有一定数量土地的人必须在伯爵或领主率领下服兵役。这些措施促进了采邑制的推广。查理曼时代，西欧封建制度基本确立，庄园制和农奴制成为封建制的基石。查理和封建主都以领地内的庄园作为主要收入来源。他曾发布《庄园敕令》，详细规定庄园的组织和生产管理，反映了庄园具有自然经济和以农奴劳动为主的特点。查理拥护罗马教宗，利用教会作为巩固统治的工具，加强各级教会组织，敕令居民严守教规和交纳什一税，使教会进一步巩固了在西欧的统治地位。查理重视文化教育，设立学校，罗致欧洲知名学者前往讲学，派人收集和抄写大量古典文献，督促贵族和教会人士致力学习，这些成就被西方史家称为"加洛林王朝文艺复兴"。

查理曼帝国虽强盛一时，但境内各地区与各部族之间缺乏经济和文化联系，地方封建主在连年征战中逐渐形成割据势力，而广大自由农民日益破产，因而帝国统治基础遭到破坏。814年1月28日，查理在亚琛去世，不久帝国即告分裂。843年，查理曼的孙子签订协议三分帝国，三块国土后来分别演变为法兰西、德意志和意大利三个国家。查理曼奠定了西欧文明及政治版图的基础，被誉为"西欧之父"。

15. 凡尔登条约

公元843年，加洛林帝国皇帝虔诚者路易一世的3个儿子在凡尔登签订的划分领土的条约（Treaty of Verdun）。这一条约结束了持续3年的加洛林内战，是查理曼帝国瓦解的第一阶段，奠定了近代西欧法、德、意三国的雏形。

840年路易一世死后，其长子洛泰尔即位。翌年，路易一世的另外两个儿子日耳曼人路易和秃头查理结成联盟，反对洛泰尔，展开内战。洛泰尔在丰特努瓦（今比利时）败北求和。843年在凡尔登达成协议：莱茵河以东归日耳曼人路易统治，称东法兰克王国，此地日后即为现代德国的核心；莱茵河以西归秃头查理，称西法兰克王国，后来演变为现代法国；洛泰尔保留皇帝称号，但实际上对日耳曼人路易与秃头查理的王国并无统辖权。真正归洛泰尔统治的地区仅为北意大利及东西法兰克王国之间的狭长地带，包括今比利时、尼德兰、德国西部、法国东部、瑞士和意大利大部。因为领地狭长和阿尔卑斯山阻隔造成各地区沟通不畅，中法兰克王国在洛泰尔死后（855年）被他的三个儿子再次瓜分。

16. 委身制

罗马帝国灭亡之后，欧洲地区一直战乱频繁，盗匪横行，社会动荡不安。而日耳曼各王国旧的氏族和部落组织解体，王的权力趋于衰落。王国内部原来结成马尔克公社，没有继承份地权力的幼子们只能迁往其他地区，包括尚未开垦的荒地；而外来的手艺人和其他居民因无份地，处于村社组织保护之外。原来的隶农、半自由人和奴隶被固着在部落酋长及其亲兵占有的土地上，供他们役使，还要缴纳代役租，地位已经接近农奴。从6世纪末7世纪初开始，马尔克的土地逐渐可以自由转让；村社成员的份地转变成"自主地"。但是，这些成员无力抵抗自然灾害和瘟疫的袭击，也经不起战争的破坏，他们还担负着沉重的兵役和各种捐税，濒临破产。教俗贵族趁机兼并土地，成为大地产所有者。这种情况下，没有财产的底层村民和一些自由农民或以个人自由或连同自己的财产为代价委身投靠于地方上的豪强势力，以寻求保护。这种委身投靠的方式（commendation）在西欧中世纪早期极为普遍。保护人则要起誓保证提供被保护人生活所需和安全保障，把这些土地租给委身者耕种，收取贡赋。这些土地被称为"恩地"，由被保护人终身或世袭使用。耕种者须向领主缴纳贡赋。领耕"恩地"的农民经过几代之后，大都变为依附于领主的农奴。

这种委身和恩地，可以说是受罗马的隶农制和日耳曼的亲兵制的影响，它打破了日耳曼农村公社的平等原则，标志着封建关系的出现。

17. 诺曼征服

公元1066年，法国诺曼底公爵威廉率军入侵并征服了英格兰，在当地建立起新的诺曼王朝（1066—1154年），史称"诺曼征服"（Norman Conquest）。

1066年，英格兰国王忏悔者爱德华去世无嗣，传位于王后的哥哥——威塞克斯伯爵哈罗德。新王继位后，合法性受到两位潜在王位继承人的挑战，即挪威国王哈拉尔德三世和诺曼底公爵威廉。其中爱德华的表侄（舅舅的孙子）威廉宣称：爱德华生前曾承认他为王位继承人,而 1064 年哈罗德滞留诺曼底期间,也表示愿意将继承权让予自己。因而哈罗德继位后,威廉向罗马教廷控诉哈罗德背约,并得到了教宗的支持。同年,威廉召集军队,与他的竞争对手哈拉尔德先后攻入英格兰。

1066 年,挪威人先行从北部入侵英格兰,遭到了英军的迎头痛击。9 月 25 日挪威军被击溃,国王哈拉尔德被杀。随后英军立刻南下,迎击从南方入侵的诺曼底人。10 月 14 日,哈罗德率军在黑斯廷斯与诺曼底人交战。由于军队疲敝且人数上处于劣势,英军战败,哈罗德本人也于是役战死。战后,英格兰人仍然以伦敦为中心继续抵抗。因而威廉挥师北进伦敦,并一路进行破坏,封锁伦敦并对其制造压力,迫使伦敦于年底投降。12 月 25 日,威廉以爱德华的继承人身份,在伦敦的威斯敏特大教堂加冕为英格兰的新国王,是为"征服者威廉一世",完成了诺曼征服。

威廉继位后,残暴地镇压了几起叛乱,并重金哄走了支持叛乱的丹麦侵略者,于 1072 年巩固了对当地的统治。继位后他保留了爱德华时期的法律,并采取与当地贵族合作的态度,只将入侵期间战败者的领土没收,重新分配给自己的支持者。诺曼征服后,封建制被威廉从欧洲大陆引入英国,成为塑造未来几百年间英国社会的关键因素。而此后英国国王长期同时拥有法国贵族的身份,并在法国拥有个人领地,也造成了后来数百年间英、法两国间领土纠纷的隐患。

18.《末日审判书》

1086 年,英国国王威廉一世下令对全国土地进行调查,调查结果汇编成册,是为《末日审判书》(Domesday Book)。土地调查清册最初并没有正式的官方命名,只因长期存放于温彻斯特的国库中,而被称为温彻斯特书或温彻斯特档案(liber or carta of Winchester）等。而深感恐惧的地方百姓则将调查结果称为"末日审判书"，隐喻基督教文化中最后的审判（the Last Judgement）。1179，英格兰司库作出的官方解释是，由于记录在册的调查结果如同最后审判一样，结果无法更改，所以才被称为《末日审判书》。此后这一称呼作为正式的名字被沿用下来，并于1221年首次出现在官方档案中。

1066年，法国诺曼底公爵威廉征服英格兰之后，将法国的封建制引入英国，并在当地推广开来。为了搞清自己的庄园财产以及直属封臣的地产，以便加强财政管理，制定新的租税政策，并确定封臣的封建义务，威廉命人于1085年圣诞节开始，进行全国性的土地调查。调查由国王派出的专员前往各地进行，并由各地郡长、男爵、教士、庄园管家以及每村派出的六名维兰从旁做证。调查事项不分巨细，包括地产归属，庄园面积，工具与牲畜数量，不同身份的农业人口，草地、牧场、森林、鱼塘面积，以及各个地产的价值等。

调查结果用拉丁文写成，被编纂成《小末日审判书》（包括诺福克郡、萨福克郡以及埃塞克斯郡）以及《大末日审判书》（包括英格兰剩其余地区中的大部分，以及部分威尔士地区）两卷，每卷又分章节按顺序依次列出各郡的王室领地以及各类直属封臣的封地情况。尽管在其诞生之时，《末日审判书》就已经落后于时代的发展，与各地的实际状况产生脱节，但它是后人了解当时英国社会的重要资料。

19. 贵族

在欧洲中世纪，贵族（Nobility）是法律认可的特权阶层，其地位仅次于王室，通常享有多种可世袭特权。不同时期不同国家的贵族所享有的特权不尽相同，比如英国贵族出席上议院的特权，法国贵族的免税特权等。此外，一般来说，他们作为封建制下的大封建主，在自己的领地内也都享有宗教、政治、司法、财政等方面的特权。

贵族头衔的继承方式存在差异。在英、法等西欧国家和地区，贵族头衔往往只传给长子；而在东欧许多地方，则会传给所有的继承人。因而封授一名贵族往往同时也意味着造就了一个贵族家族，故很多地方对此都有严格的限制。早期贵族主要源于因战功而获得封赐的军事贵族，后来成为封建社会当中的土地贵族，后来国王也会授予一些富裕的市民阶级以贵族头衔。

在时代发展的过程中，在贵族阶层内部形成了特有的行为规则和生活方式。比如12世纪，被认为是符合贵族身份的礼仪风俗与道德戒律开始在法国宫廷形成，进而影响到了德意志和意大利地区。与此同时，贵族们还热衷于狩猎、比武等带有强烈好战色彩的娱乐活动。不过，尽管贵族群体在职业和生活方式上拥有很多共性，但在内部存在着巨大的等级差异，比如存在公爵、侯爵、伯爵、子爵、男爵的等级划分。而大小贵族之间的权力、财富以及个人声望都差别极大。

20. 骑士

在欧洲中世纪，一名接受正规军事训练、能全副武装骑马作战的骑兵，经过专门的封授仪式被授予骑士封号，并作为附庸以替领主参战为条件持有采邑，是为骑士（Knight）。

成为一名职业骑士，需要经过多年训练：当事人在七八岁的时候，先要被送入领主的城堡中担任侍童，开始学习一些成为骑士所必需的礼节、文化知识和技艺；随后，到了十四五岁，他要开始担任随从侍卫，平时要训练骑术、剑术等作战技巧，培养作战勇气和信念，同时他还要学习陪主人消遣娱乐的技艺。在经过上述一系列严格的训练后，到了当事人21岁的时候，他才有资格接受受封仪式，成为正式的骑士。

骑士受封仪式受到了强烈的基督教因素影响。首先会由神职人员对佩剑进行赐福，然后由领主或领主委托的高级教士授予佩剑，最后再由新晋骑士展示武功。平时对骑士的册封常常在宫廷中集体进行，其间会宣讲渗透基督教精神的骑士准则，之后还会有大型的庆典活动。不过骑士受封仪式也可在战场上进行，在条件不允许的情况下象征性的宗教仪式并非必需。

随着受封骑士从领主手中获得土地，他便作为领主的附庸，承担起作为骑兵替领主作战的义务。由于骑士需要自备昂贵的装备，因而骑士多为贵族或富裕农民出身。不过骑士本身并不属于贵族阶层，贵族也并非都被授予骑士称号。

21. 骑士团

骑士团（Chivalric order）是在十字军运动期间建立起的军事化修会，成员既是修道士又要接受军事化训练。骑士团成立的初衷是为了保护十字军运动中占领的东方土地，以及前往耶路撒冷的朝圣者。骑士团名义上直属于教宗，不受各级教会以及世俗政权的管辖。但随着骑士团实力的扩张，他们逐渐成为实际上不受任何控制的独立军事力量。

实力最强最为重要的三大骑士团分别是医院骑士团、圣殿骑士团和条顿骑士团。医院骑士团又称圣约翰骑士团，于1099年率先创立。它最初只是一个照料伤者的慈善组织，1120年后才正式发展成军事修会。1291年十字军在地中海东岸的土地全部失守后，医院骑士团退守罗德岛。15世纪君士坦丁堡陷落后，罗德岛不久也遭到围攻，该团又于16世纪被迫辗转马耳他，在当地建立起了马耳他骑士团国，到近代一直长期活跃。

圣殿骑士团因驻扎在传说中所罗门圣殿的遗址上而得名，他们是十字军运动期间对穆斯林作战的主力军。圣殿骑士团通过征税、掠夺和收集募捐聚集起大量的财产，在12世纪末他们在欧洲的地产就已超过 9000 处；同时他们还开创了现代银行的经营模式，并利用手中的财富开展借贷业务，通过有效的运营让骑士团更加富有。可是 1187 年耶路撒冷失守后，圣殿骑士团存在的政治、宗教意义大打折扣。1291 年后他们又彻底失去了领地，辗转流落到法国。1307 年圣殿骑士团因财产受觊觎而遭到法国人突袭，许多成员被捕并以异端罪处死。1312 年，教宗迫于法国国王的压力正式宣布将其解散。

条顿骑士团的前身是德意志人建立的医护性质慈善团体，1198 年仿效圣殿骑士团改为军事修会。条顿骑士团在十字军运动中建树不大，而是主要活跃在欧洲。他们从 13 世纪开始在普鲁士、立陶宛等地对抗异教徒，推行基督教化，并在该世纪末统治了东欧大片区域，达到了全盛时期。之后，在 1410 年的坦能堡战役中，条顿骑士团被波兰—立陶宛军队重创，遭到了决定性的失败，从此一蹶不振。1525 年，条顿骑士团主体因团长皈依新教而解散。

22. 十字军运动

十字军运动（Crusades）是指 11—13 世纪，由罗马天主教教宗推动的一系列对伊斯兰教的军事行动。最初的名义，是为了夺回被穆斯林控制的基督教圣地耶路撒冷，以确保朝圣者的安全。

11 世纪，罗马天主教的权威在改革中振兴，而与此同时，塞尔柱土耳其人建立的伊斯兰帝国崛起，在 1071 年占领了耶路撒冷，对基督教朝圣者构成了巨大的威胁。11 世纪末，接连遭受塞尔柱人重创的东罗马帝国向罗马教廷求救，时任教宗的乌尔班二世，决定趁此机会进一步提升权威、平息基督教世界内斗，因而于 1095 年号召人们背起十字架，远征耶路撒冷。

第一次十字军运动是唯一成功的一次，爆发于 1096—1099

年，以十字军胜利占领耶路撒冷为标志。战后十字军在地中海东岸占领区建立起四个十字军国家，不过统治从一开始就不稳固。12世纪，随着大片区域重新落入穆斯林之手，十字军运动再起。

1114年，塞尔柱人占领了十字军国家之一的埃德萨公国，引发了第二次十字军运动（1147—1148年）。1148年十字军被击败返回欧洲，未达到任何目的。1187年，埃及苏丹萨拉丁攻陷了大部分十字军国土，包括耶路撒冷在内，引发了第三次十字军运动（1189—1193年）。尽管此次十字军重新夺回了一些领土，但未能重新拿下耶路撒冷。到13世纪初，欧洲重新做好了准备发动了第四次十字军运动（1201—1204年），只是这次十字军不仅没有到达耶路撒冷，反而洗劫了前盟友东罗马帝国的首都君士坦丁堡。

在13世纪，欧洲又先后发动过几次十字军运动。战争的发动者开始从教宗转向世俗权贵，只是每次军事行动仍然都以失败告终。到1291年，十字军国家的所有领土完全陷落，宣告了长达两个世纪十字军运动的结束。

23. 城堡

城堡（Castle）盛行于9—14世纪的欧洲，起源于"堡垒化的私宅"，兼具防御性和居住功能。城堡既可用于抵御外敌，也可以当作发起进攻的基地。同时它们作为控制当地人口和重要道路的行政中心，本身也是权力的象征。

在不同的历史时期，城堡的发展又有不同的特点。9、10世纪城堡出现之初差异极大，各地领主们为了加强自家防御，所采取的手段五花八门，无论是筑城墙挖壕沟，建高地盖塔楼，还是用砖石结构替代传统的土木结构，都有人采用。到10世纪后期，修建城堡的风气开始大范围扩散，城堡的布局和功能也日趋完善，而各地的设计理念也开始相互贴近，并形成了几个主要特征：坐落于天然或人造高地之上，核心的防御性塔楼被城墙、罩墙、壕沟或护城河层层包围，在防御最薄弱的城门部分修有巨大的门楼，等等。13 世纪螺旋形的同心圆城堡出现，这是城堡发展史上的一次重大的技术革新。坚固的外墙环绕更高的内墙，而在内墙的各个方向又修有环形塔楼，不仅可以扩大弓箭手的视野和射程，也能使内外墙上的守军形成交叉火力，其结果是曾经作为城堡中心的主塔楼逐渐失去重要性，逐渐被省略。到了 14 世纪，随着火药的引入与推广，传统城堡的军事地位逐渐下降，很快被不宜居住但可以配备火炮的新式纯粹的防御工事所取代。

第九章　西欧庄园、城市与议会

1. 巡行就食

"国王靠自己收入生活"是西欧中世纪的一个基本原则。按照这样的原则，同其他领主一样，国王及王室的花费均出自他个人管辖和经营的王室领地。实际上，在中世纪相当长一段时期内，西欧的国王和皇帝尚没有固定的住所。国王带着王室终年在其所管辖的各领地之间巡行，不仅因为军事征服、巩固权威、视察地方、围猎、越冬等，也是为了到各领地的庄园消费物资，以维持自己和王室的生活。因此被称为"巡行就食"（prandial perambulations）。这里的"王室"通常也是轻车简从，13 世纪以前不过是王室家属和一行侍从而已。对于王室领地之外的土地和农民，国王无权谋取收益，臣民也没有向国王提供消费品的义务。不仅如此，无论是国王还是普通领主都不能对其庄园任意索取。他们经常被告诫应视一年各季节的情况和各处庄园吃肉吃鱼的时机，确定在每处庄园各逗留几周，无论在哪处庄园逗留，都不要一住就是很长时间，或给当地造成沉重债务，而应在离开某庄园时，当地不仅不至于负债，且要给庄园留下点什么，而且不能影响庄园转年的生产生活，如要留下足够的待来年耕种所需的种子，要留下合理数量的牲畜，尤其是牛和羊，使其数量能进一步增加并达到增值的目的，从而抵偿逗留期间的衣食住行一应开支。

2. 庄园制

庄园制（manorialism）是一种政治、经济和社会制度，它的基本单位是庄园。在这种制度下，庄园是一个自给自足的经济单位和自治的农村共同体，庄园内的一切生产主要是为了供应领主消费和依附农民及其家庭的生活需要，庄园的公共事务及领主和依附农民之间的矛盾冲突也主要通过庄园法庭处理解决。庄园的领主与依附农民之间有互相约定的权利与义务——依附农民提供劳役、耕作、缴税；而领主则必须分给他们土地、提供保护、执行司法。

"典型的庄园"包括一个村庄和周围的土地。但并非所有庄园和村庄如此吻合。较大的庄园往往包括几个村庄，小的庄园只占据一个村庄的一部分。庄园和村庄一致的多半是教会的领地，而属于世俗领主的庄园，往往年代越久分裂越甚。

庄园实行敞田制，通常情况下土地分为三个部分，包括领主自营地、农民的份地以及庄园居民共同使用的林地、牧场、草地、池沼等。这几类土地并不是各自集中，而是相互错杂，分散于庄园各部。领主自营地由庄园中的依附农民每周用3—4天自带工具，无偿耕作，其收获全归庄园主。农民份地分为自由农份地和农奴份地，按照土地的位置、质量等分割成许多大小不同的地块，再分割成窄窄的长条形"条田"，一户农民的份地经常散落于庄园土地的多个角落。各户农民小块份地上的收获则归他们自己支配。林地和牧场属于公地，平时由庄园成员按照惯例共同使用，放牧自己的牲畜。领主在庄园里还建有住宅、教堂、磨坊、马厩、仓库等设施。

庄园中的劳动者，有少数奴隶（9世纪后逐渐消失）及临时雇工，有的大庄园还有一些手工业作坊及专职手工业者，但主要是各种不同身份的依附农民，尤以农奴占大多数。此外，还有相当一部分自由农民。他们通常交纳货币地租，负担较轻，可以自由地转让租佃权。庄园主对各种依附农民有不同的人身奴役及司法权力。可以利用庄园法庭（一般由总管主持）审判农民并收取罚金，也可以根据本庄园的习惯向农民征收各种实物及货币等，这些成为庄园主收入的重要来源。

庄园制度的重要性，在欧洲的不同地区和不同的时期有所不同。在西欧，到8世纪时已十分昌盛，到13世纪开始衰落；在东欧，15世纪以后它的势力最为强大。庄园制度是封建制度的一个重要特征，但并非必不可少，即使是在西欧封建制度盛行的时期，也并非所有农村都成为庄园，庄园制度瓦解以后，西欧的封建制度还存在了一个相当长的时期。

3. 庄园法庭

西欧中世纪的庄园法庭（manor court）是一种村民大会的形式，抑或可以说是日耳曼马尔克村民大会的变体。与日耳曼人的马尔克大会一样，村庄里或者庄园里的所有成员，无论是自由人还是依附农，都有义务出席法庭、参与诉讼审判，除非他正在为国王服役，或者其他经过领主允许的理由，否则缺席者将会被处以缴纳罚金的处罚。在庄园法庭所审理的案件中，有相当部分所涉及的都是有关土地的纠纷和赋税方面的内容。庄园法庭的形成主要是由中世纪的农业体制决定的，一是因为庄园的成员根据当地的习俗享有对共有的牧场、草地和林地的使用权；二是轮作制的长条形耕地必须是全体成员共同进行播种和收获，这些都需要全体成员共同协商达成一致的决议。此外，养护道路和桥梁之类的公共事务也都是庄园里的成员应尽的义务，必须在庄园法庭上作出规定、提出要求。

庄园法庭依据当地流行的习惯法进行裁决，法庭一般设在当地人约定俗成的场所，或者是在村里的大树下。庄园法庭维护领主的利益，也在一定程度上限制领主的贪婪，维护佃户的权利。庄园法庭还解决庄园成员在生产和日常生活中的矛盾和纠纷，审理盗窃、抢劫、伤害等刑事案件。

4. 公簿持有农

公簿持有农（copyholder）产生于15世纪末16世纪初的英国，是依据庄园习俗、按照领主意愿，以法庭卷宗为副本而持有土地的佃户。主要由中世纪时期的农奴——维兰（Villein）演化而来。到16世纪前半叶，公簿持有农约占英国全部乡村人口的2/3或更多。

按其持有地产的类型，又可进一步划分为可继承的公簿持有农（copyhold of inheritance）、终身公簿持有农（copyhold for life）和为期数年的公簿持有农（copyhold for years）。可继承的公簿持有是根据习俗，领主以终身、数代或数年为期限将习惯的自由继承地产（customary fee simple）或其他可继承地产让渡给佃户，佃户需要支付一笔较低的年金，并在出售或继承土地时要交纳一笔大额的费用，但可以无限期地将土地传给继承人。终身公簿持有以数代人相继的方式持有保有权，不过每一代人继承这块公簿持有地时，需要支付一笔固定数额的更新租契的地租。为期数年的公簿持有农是根据习俗以一定年限（通常为12年）为期领有土地。

5. 黑死病

14世纪中叶黑死病（Black Death）横扫欧洲，它是一种传染性极强的鼠疫，主要以老鼠和跳蚤为媒介传播。此种传染病起源于亚洲，1347年突厥军队围困克里米亚的一个热那亚贸易商埠时，曾将带病的尸体带入当地。1347—1351 年该病在地中海各港口及整个欧洲蔓延开来。黑死病对欧洲社会的最直接的影响，是造成人口的大量死亡。1348—1350 年，黑死病集中而大规模地在英国传播，总人口死亡率最高几达 45%。黑死病在 14 世纪后半叶和 15 世纪前半叶反复发生，使欧洲人口难以得到必要的恢复。例如意大利前后发生过 9 次，西班牙在 1381—1444 年发生过 4 次，法国在 1361—1426 年发生过 6 次，英国在 1363—1391 年发生过 5 次。

  黑死病对欧洲产生了深远的影响。首先，瘟疫过后人口锐减及劳动力缺乏对欧洲尤其是西欧社会经济结构产生了重大的影响。人口锐减使得大量土地空置，领主难以按照原有的经营方式管理地产，被迫减少各类役务或者将土地出租，同时由于土地价格不断下降，土地租赁逐渐发展起来。劳动力减少引发供需矛盾，工资普遍上涨，给雇主带来负担，为提高工资所作的斗争也屡见不鲜。其次，这场瘟疫带来的巨大痛苦和恐惧，极大地冲击了人们的精神生活，使教会逐渐丧失了精神上的权威，失去了人们的支持。许多人的信仰发生了动摇和变化，禁欲主义逐渐退出，人文主义逐渐兴起，人们把目光从对天国的期许中转向了对现世的关注。更有一些极端的宗教团体，认为黑死病是上帝惩处人们罪恶的行为，相互鞭笞、自我惩罚，产生了一定社会影响。最后，部分时人认为正是由于犹太人在基督教世界投毒而导致黑死病暴发，促使欧洲长期存在的反犹思潮变成了大规模屠犹运动，并得到上层统治者的支持，从而在地域和精神上确立了把犹太人同其他人隔离开来的"犹太区"。

  6. 自治城市

  中世纪英格兰的自治城市（Borough）是持有特许状，享有特权、自治权、豁免权等权利的城市。诺曼征服后，根据《末日审判书》的记载，当时大约有 46 个自治城市。12 世纪时英格兰就有不少村庄通过获得特许状而转变为自治城市，自治城市的数量与规模都在不断扩大，成为独立于郡—百户区—村庄之外的地方政府单位。自治城市中市民拥有市民权，这不仅是一种土地权利（遗赠或转让城市土地的权利），还是一种市民身份和法律身份，即市民拥有携带武器、免除封建赋税、在自治城市法庭接受审判、限制王室征税与罚款等诸多权利。自治城市的管理机构是城市法庭，拥有各类相对固定的管理人员。从 16 世纪起，自治城市作为地方政府单位的重要性虽然降低了，但是作为议会选区却增加了新的重要性。到 17 世纪末，大约 200 个自治城市选举出议会下院约 4/5 的成员。进入 19 世纪，随着议会选举制度的改革，部分衰败的自治城市也成为改革的对象。1835 年市政改革使得英国的自治城市拥有了统一的法律，自治城市从寡头政治走向民主政治，使之成为现代地方政府的单位，为民选地方政府在英国的设立开了先河。1888 年的《地方政府法案》建立了一种新型的郡级自治市（the county borough），它们不同于市自治区，被赋予不受郡政府支配而独立行动的权力，地方政府郡议会由民选直接选举产生。但 20 世纪 70 年代英国改组地方政府时，废除了郡自治区。可以说，中世纪英格兰自治城市的出现奠定了地方自治的传统，它的发展体现了中央与地方权力的博弈，对英国行政区划建制产生很大影响。

7. 行会

行会（Guild）是西欧中世纪和近代社会经济组织之一，其上限可以追溯到中世纪城市复兴之时，下限则越过了 18 世纪产业革命，它曾在很大程度上控制了西欧城市经济生活。随着生产力水平的不断提高，西欧国家的行会组织大致经历了商人行会、手工业行会和公会三个发展阶段。商人行会问世最早，1050 年尼德兰圣奥梅尔的商人行会已相当强大，并拥有自己的会馆；1060年，斯堪的纳维亚的商人在乌得勒支建立了行会。1087年至1107年间授予伯弗特市的特许状也提到了商人行会。13世纪时，大部分英格兰城市都已建立了商人行会。手工业行会作为行会史的一个重要发展阶段，在商人行会和公会之间起着承上启下的作用。从15世纪开始，公会逐渐成为西欧行会组织的主导形式。除少数公会由单个手工业行会直接演变而来外，大多数公会由多个手工业行会合并而成。行会进入公会发展时期以后，虽然基本的生产单位依然如故，但普通作坊主的经济独立性却逐渐消失。公会内部的商人逐渐控制了普通工匠的生产活动。西欧各国的公会从根本上改变了内部生产关系的性质，使自身的经济活动开始具有资本主义商品生产的性质。在17世纪，在英国部分城市中，集中的手工工场已经成为最基本的生产方式，只有少数行会残留下来。18世纪产业革命最终敲响了西欧行会的丧钟，虽然仍存有一些行会，但只是有名无实的躯壳。法国一直到大革命时期才最后取消持续了数百年之久的行会特权。德意志和意大利的行会特权则延续到了19世纪中叶。

8. 汉萨同盟

汉萨同盟（Hanseatic League）是北欧诸城市结成的同盟，旨在保障加盟城市的共同利益，在欧洲中世纪史上具有举足轻重的地位。汉萨一词，德文意为"公所"或者"会馆"，最初只是汉堡、吕贝克、不来梅等城市的联合，14世纪中叶成立同盟。汉萨同盟成立之后，其宗旨很快从镇压海盗、打击掠夺行为和取消不合理的通行税等保护商业的行为转至在海外扩展商业势力，垄断商业利益，压制来自同盟外的德意志城市以及来自英格兰、佛兰德等地的商业竞争。到14世纪，从威悉河口的不来梅到维斯杜拉河口的但泽，沿波罗的海所有德意志港口城市都加入了汉萨同盟。1367年成立以吕贝克城为首的领导机构，汉堡、科隆、不来梅等大城市的富商、贵族参加，并且拥有武装和金库，拥有宣战、媾和及缔结条约之权。在与丹麦的战争中获胜，订立《施特拉尔松德条约》，这是汉萨同盟进入鼎盛时期的标志。同盟垄断波罗的海地区的贸易，并在西起伦敦，东至诺夫哥罗德的沿海地区建立商站，实力雄厚，此后加盟城市不断增多。就其政治性质来说，汉萨同盟只是一个松散的城市同盟，同盟需定期在吕贝克召开议事会。中世纪晚期近代早期，不少国家开始试图摆脱对汉萨同盟的依赖，15世纪中叶后，随着英格兰、尼德兰等国商贸的发展和新航路的开辟，汉萨同盟逐渐转衰。1669年，历史上最后一次汉萨同盟大会在吕贝克召开。罗斯托克、布伦瑞克、科隆、汉堡和不来梅等派代表参加，此时的同盟已名存实亡。会议结束以后，许多城市宣布脱离汉萨同盟，同盟最后解体。汉萨同盟垄断北海—波罗的海贸易长达数个世纪，积极地促进了西北欧地区的经济联系和发展，改善了该地区的商业贸易环境。汉萨同盟在城市建设、建筑艺术以及法律文化上的遗产则保留至今，是世界文明中不可忽视的重要组成部分。

9. 普通法

普通法（Common Law）发轫于12世纪后期的英格兰，由王室法庭的法官们依据古老的地方习俗、通过遵循先例的司法原则，在不同时期的判例的基础上发展起来的一套共同适用于整个英格兰王国的司法体系。在与以罗马法为基础的欧陆成文法系相区别时，是指以英格兰普通法为基础的"英美法（系）"。因其区别于由立法机构制定并颁行的成文法，实际由法官们创制、依据判例发展而来的，故又称为"判例法"。作为一种法律制度，普通法有如下主要特点：第一，"遵循先例"的司法原则。第二，陪审团审理，取代了神裁法和决斗裁判。第三，法律具有至高无上性。第四，强调程序法和形式公正，注重救济。第四，采用对抗制（adversarial system）审理。与欧陆成文法系的纠问制（inquisitorial system）不同，普通法法官采取仲裁人态度，并将司法公开贯彻到司法审理的每一个环节。

从普通法形成发展的历史脉络来看，安茹王朝亨利二世（Henry Ⅱ，1154—1189年在位）司法改革之前，英格兰地区处于原始法阶段，司法权和司法机构多元而分散，为加强对英格兰的统治和集中王室司法权，亨利二世进行司法改革，建立令状制度、专业法庭、巡回审判制度以及陪审团制等，从而奠定了王室法律体系的基础，促进了普通法的发展，到13世纪末普通法初步成型。随着普通法法律职业化的加强，其相对于国王的独立性开始增强，到都铎时期，由于王权强化，普通法与王权之间的矛盾不可避免，于是在16世纪、17世纪初遭到王权的压制并经历了一场危机。后经17世纪革命，王权受到限制并确立了议会主权、立法至上的原则，普通法得以平稳发展。再到19世纪社会变革（大规模制定法出台和司法改革），普通法在与议会的关系中处于受支配的地位，一直延存至今。

10. 陪审团制

陪审团制（Jury System）是普通法系一种独特的法律制度。陪审团制起源于欧洲大陆的法兰克王国，后因法兰克王国分裂而一度消失，但在法国诺曼底有幸保存下来，1066年诺曼征服后被引入英格兰。自亨利二世司法改革开始，陪审团制作为一种常规审判制度确立下来，并完成两大改进，一是陪审团不再为王室专用而面向所有自由人，具有普遍适用性；二是确立了统一的固定模式，日趋合理化，主要适用于民事的土地纠纷案件和刑事案件中。首先建立的是民事审判陪审制。1164年，亨利二世颁布《克拉伦登宪章》规定教俗土地出现纠纷时，应从当地居民中选出 12 名骑士或自由人组成陪审团，经宣誓后作出裁决。后又被推广应用于新近侵夺地产案、土地继承案等的审判。其次在刑事案件中，建立陪审团起诉制度。根据规定，当巡回法院开庭时，郡长应从各百户区召集 12 名骑士或"合法自由人"，从各村镇召集 4 名"合法自由人"出席，经宣誓后指控亨利二世即位以后当地的刑事案件及刑事犯，但不作裁判，仍用神判法审判。这种提出指控的陪审团是为现代大陪审团（Grand Jury）即控诉陪审团的雏形。1215 年第四次拉特兰公会议上宣布废除了神判法。小陪审团（Petty Jury）的运用填补了神判法废止后留下的空缺，陪审团审判制迅速普及开来。1352 年的一项议会法案禁止大陪审团成员参与同一案件的审判，独立小陪审团即审判陪审团正式出现。从此，大陪审团仅负责案件审核和决定是否起诉嫌疑人，审判权由另行组成的小陪审团和法官行使。这个法案就确立了起诉陪审团和审判陪审团相分离的制度。大约在 14 世纪后期，大陪审团由 23 人组成，小陪审团由 12 人组成成为定制。陪审制度的确立是英格兰司法审判方式上的一次革命，它以"人的推理判断"取代了"神的声音"，"这意味着一种理性的查证方式对于那些古老的、非理性的、诉诸上帝或其他神秘力量的方式的胜利"。

11. 衡平法

衡平法（Equity）本意为"公正为法"，是指英国从公元 14 世纪末开始与普通法并行发展的、由大法官判例集成的、适用于民事案件的一种法律形式。它根源于罗马法中的衡平原理，即法官根据自身关于"自然的公平、道德与良心"的判断，对案件作出裁判。"Equity"一词则是来自拉丁语"æquitās"，这一词汇在英国据说最早出现于 13 世纪布莱克顿的《英格兰法律与习惯》之中。

英国于12世纪开始普遍实施普通法，对所有的自由人实施司法救济，但是普通法具有严重的程序主义的特征，当事人必须按照规定的格式、规定的程序取得大法官颁发的令状，法院才予以受理诉讼，并且令状的数量与普通法的救济方式都是有限的。这种僵化的模式日益不能满足社会的发展与臣民的需要，于是他们纷纷向国王进行申诉，由国王或大法官代表国王根据公平、正义的原则，作出司法行政裁判。14世纪，此种申诉案例逐渐积累而形成与普通法相并行的衡平法。爱德华四世（1464—1483年在位）期间，御前会议的审判权被限于维持社会治安的案件和刑事犯罪案件，其他案件基本上均由大法官运用衡平法负责审理。从此，衡平法与衡平法院明确了其单独的法律体系地位。

与普通法案件相比，衡平法的诉讼程序比较简单，不要求令状，不设陪审，凡普通法院不受理的案件均可在此提出，且大法官根据自己的判断、按"公平正义"的原则进行裁判，判决由衡平法院负责执行。由此，催生出衡平法的一系列原则，如"衡平即平等""衡平法注重意图而非形成""衡平法不允许有违法行为而无法律救济"与"衡平法不做徒劳无益的事"等。面对着日益庞大的案件数量，衡平法不得不发展出一套理性的程序与观念来处理相似的案件。1660年之后，它像普通法那样也形成了一套程序规定与原则体系。

如此一来，衡平法成为英国法律的重要渊源之一，它不是为了取代普通法，而是补充了普通法，防止了英国普通法的崩溃，完善了英国的法制。虽然在实践中，这两种法律、法院与诉讼程序之间不免发生对立，曾一度在斯图亚特王朝期间发生摩擦，但主要还是管辖权限的冲突，多数情况下衡平法集中关注普通法调整不力的财产纠纷领域，特别是信托、合同与保险等方面。为了简化司法制度，1873年，英国议会通过了《最高法院审判法》

（1875年生效），废除了普通法院和衡平法院的区分。从此，两种法院合为一体，统一适用普通法和衡平法。1925年，司法条例进一步规定，在高等法院和上诉法院都可适用普通法和衡平法。但在二者相冲突时，优先适用衡平法。至此，普通法与衡平法两种独立的体系宣告统一。

12.《大宪章》

《大宪章》（*Magna Carta*）是英格兰国王约翰在贵族和教会的迫使下于1215年6月15日在伦尼米德（Runnymede）签署的保证臣民自由和政治权利的宪法性文件。诺曼征服后，经过亨利二世的司法改革，王权日益强大，贵族司法权的受损以及各类捐税负担的加重，引起了贵族的不满。到约翰统治时期，为了筹措军费应付对法战争，国王对贵族及市民任意征税，无论税率还是频次，都大大超越以往，侵犯了贵族和平民的财产、生命和自由。随着对法战争的失败，不仅国王损失了在法国的领地，贵族利益也遭受损失。加之约翰夺得王位的手法遭人非议、在坎特伯雷大主教选举问题上又与教宗出现争执，教会并不总情愿无条件地支持国王，相反越来越希望国王的权力受到约束。约翰越来越不得人心，并受到贵族公开反抗。1215年在坎特伯雷大主教斯蒂芬·朗顿的斡旋下，约翰被迫签署了《大宪章》。《大宪章》总共63条，其内容是关于保护贵族、教会和市民人身权利及财产权利的问题，从而防止受到王权任何形式的侵夺，并试图将王权置于法律的约束之下。《大宪章》体现出的妥协和理性的态度、依法而治的精神、君民共治的架构以及未经同意不得征税的原则等，被认为是英格兰宪法自由权利的基础，因其效能的长久性而被视为西方宪政的源头。

13. 模范议会

模范议会（Model Parliament）又称"模范国会"，英国国王爱德华一世（Edward Ⅰ，1239—1307年）在1295年召开的议会。

"会议"的英语拼写为"parliament"，它的词源是法语"parlement"，即动词"parler"（说话、发言）的名词形式。该词自13世纪中期开始在英格兰广泛使用，指的是国王和贵族在大议会上的谈话或谈判。这时的大议会，不仅由国王、教俗贵族组成，而且还有宫廷议会成员也加入其中；这种类型的会议被称为"Parliament"，具有政治、司法、立法和财政职能。

爱德华一世在位期间（1272—1307年），先后对威尔士、苏格兰、法国发动战争，导致军费骤增；为了应付战争，爱德华一世不得不经常向臣民加征"非常税"。这种"非常税"的征收必须经过大议会的同意，而"无代表权不纳税"基本上成为当时英王不能撼动的原则。1295年，为了筹集军费，爱德华一世召开议会，并仿照1265年西蒙（一译"西门"）·德·孟福尔（Simon de Montfort）召集的议会模式，允许每郡两名骑士和每市两名市民作为地方代表参与议事。出席会议者共400名，包括91名宗教界人士、50名伯爵和男爵、63名骑士和172名城市代表，他们分别代表着三个重要阶层：教士、贵族和平民。尽管此次议会被贵族主导，但是骑士和市民的正式代表开始规范性地出席议会，从而为后来英国议会下院的产生奠定了基础，因而被称为模范议会。

此次议会再次确认了议会的征税权。同时，它的召开，既是英王寻求臣民财政支持的结果，也是英王和贵族之间相互斗争的结果；此后，双方开始正式寻求骑士和市民的支持，"国民"的范畴扩大。此次议会召开的目的是为王国的战争筹集军费，规定所有自由的土地所有者都有承担保卫王国的军事义务，促进了民众的"国民"精神的产生，在一定程度上推动了英国民族国家的形成进程。

14. 三级会议

三级会议（Estates-General）是法国中世纪的等级代表会议，具有立法和咨议职能。

1302年，法国国王腓力四世（Philip Ⅳ，或译"菲利普四世""菲利浦四世"）为了对抗罗马教宗卜尼法斯八世（Pope Boniface Ⅷ）、取得法国人民的支持，他召开全国性的代表会议，除了教士和贵族代表之外，还邀请城市代表参加会议。与会者来自三个等级：第一等级高级教士、第二等级世俗贵族和第三等级城市富裕市民，故称"三级会议"。农民（后来才会代表）、手工业者和城市贫民都没有代表参与三级会议。1308年，三级会议再次召开，确立了三级会议召开的传统。三级会议由国王召集和解散，各等级与会代表分别讨论并提出陈情书，一般没有大会讨论议程。

三级会议的召开标志着法国等级代表会议君主制即等级君主制的形成，也反映了法国市民力量在政治上的崛起。但是，三级会议在很大程度上仍然是法国国王加强王权的工具，它的重要职能是批准新税；并且，三级会议通常是在国家出现危机、国王需要援助的时候召开，国王还能利用三个等级之间的矛盾达到自己的目的。

英法百年战争时期（1337—1453年），国王在战争中屡屡失利和民族意识的觉醒使得三级会议的权力得到加强。典型事件是1357年"三月大敕令"的颁布。1357年3月，太子查理［后来的查理五世（Charles Ⅴ）］为了赎回被英军俘虏的约翰二世（John Ⅱ），召开三级会议，颁布"三月敕令"：同意每年定期召开两次三级会议，国王征税须经三级会议批准，三级会议有权委任国王的御前顾问，等等。但这个敕令并未真正实施。

15世纪，随着王权的增强，三级会议逐渐被国王抛弃。但在宗教战争期间，三级会议再次活跃起来，成为贵族争夺或调节王权的工具。1614年，三级会议在调节王权上遭遇失败；此后175年间，三级会议再未召开过。1789年，路易十六（Louis XVI）为了解决财政危机重新召开三级会议，结果却为法国大革命拉开了序幕。

15. 选帝侯

查理帝国分裂后，在东法兰克王国一直存在着恢复帝国的梦想。936年奥托一世（936—973年在位）成为东法兰克国王。他经过征战，扩大了疆域，又通过将土地封给主教和修道院院长，掌控主教叙任权。962年教宗给奥托一世加冕，并授予其"神圣罗马帝国皇帝"称号，这样，"德意志民族神圣罗马帝国或日耳曼民族神圣罗马帝国"建立，意大利、波兰、波西米亚、匈牙利都承认帝国的统治。帝国一直保留明显的日耳曼传统，皇帝与诸侯仍然只是封君封臣关系，诸侯实力强大，在各自领地内具有完全独立的统治权。教权也对皇权构成挑战，意大利地区统治权是双方争夺的焦点。到腓特烈二世即位，德意志教会控制权被交回教宗，诸侯在领地内享有行政管理权。教会和意大利长期对抗帝国，1250年神圣罗马帝国已经分裂为诸侯国林立的政治联合体。此后20年处于无君主的"空位时期"。1273年德意志贵族行使对皇帝的选举权，并提出许多限制要求。

1356年卢森堡王朝查理四世颁布《黄金诏书》，正式确认德皇由贵族选举产生制度以及七大选帝侯（electors）地位，德意志国王就是神圣罗马帝国皇帝，不需要罗马教宗承认。七大选帝侯包括科隆、特利尔、美因茨三位大主教，以及萨克森公爵、勃兰登堡边地侯、巴拉丁伯爵、波西米亚国王四位宫廷选侯。选帝侯可以由长子继承，领地不能分割，在自己领地内有独立的政治、经济、最高司法裁判权，拥有监督帝国的权力。《黄金诏书》（也被译作《金玺诏书》）除序言外共 31 章。事实上，诏书从法律上确定了德意志的诸侯国分立体制。1806 年，神圣罗马帝国被拿破仑勒令解散，选侯权失去了意义。

16. 自然法和自然权利

两个词（natural law & natural right）均源于拉丁语 Ius Naturale。自然法概念出现较早，亚里士多德、斯多葛学派、西塞罗、罗马法官等都对其有所论述。自然权利概念出现于 12 世纪教会法文件中，如格拉提安的《教令集》，认为自然法是上帝法，是适用于宇宙万物与生俱来的生存法则，不同于任何特定国家或其他组织制定的实在法。而自然权利则是作为实定法的内在原则出现的，先于客观法律秩序存在。此后，《教令集》的注释者们则将 ius naturale 一词理解为主观意义上的权利，认为这种含义是该词的本义，而客观的含义是由此引申出来的。1321 年的使徒贫困的论战为发展和探讨自然权利提供了有利契机。许多思想家纷纷参与论战，其中马克西利乌斯将 ius 区别为主观和客观两种含义，即 lex（law）（客观的法律）和 right（主体的权利）。杰尔森是早期个人权利理论的拥护者，主张每个人都可以实践上帝的法律。自然权利可以包括自有的权利、自卫的权利、权利个体形成的共同体可以运用合法权利的权利。奥卡姆更为细致地分析了自然法和自然权利理论，他将每个人都有与生俱来的自然权利的思想，与基督教信徒中福音派的自由权观念以及宗教法学家对权利的理解组合在一起，提出了一种新的观念，认为自然权利是每个人与生俱来的权利，是主体的特性、理性、自由和行为的能力。它是与实在权利相对的，不是由规章或人的同意建立的关于外在物的合法权利，而是源于自然的为所有人共有的权利。

自然权利是一种观念，在不同时期其具体内涵有所变化，在中世纪可以用"主体权利"表述，表示相对于国家、政府和社会权力而言的人的应然的权利。17世纪的思想家赋予其新的内涵。格劳秀斯、洛克、霍布斯等人从自然状态衍生出自然法则体系以及自然权利理论，自然法是一种理性的戒条，自然权利是天赋人权，生而有之，与社会和法律权利相对，包括生命、财产、自由、抵抗等权利。这种理论对欧洲近代政治制度和社会发展产生了深远影响。

第十章　西欧基督教大学与文化

1. 教父哲学

基督教正统教会通常把古代与中古时期基督教的权威思想家称为教父，依据时代、语言、地域等标准，教父群体可以分为"使徒教父""希腊教父""拉丁教父"以及"东方教父"等。所谓"教父哲学"（patristic philosophy）通常指公元1世纪末至公元8世纪教父们的哲学思想体系。教父哲学上承古典哲学，下接中古的经院哲学，在西方思想史上占有重要地位。从整体来看，教父哲学在融合两希传统的基础上，致力于用理性证明信仰的正确性，使哲学服务于信仰。其思想体系基本是以灵魂与肉体为独立实体构建基督教的神学世界观，以善恶本质及自由意志等问题指明人生的终极意义在于对上帝的信仰与侍奉，同时，把逻辑思辨的理性主义同精神体验的神秘主义视为达到最高境界的并行之路。

早期教父文献多为宣传基督教并为基督教辩护的作品，其代表如殉道者尤士丁的《护教首篇》《护教次篇》、德尔图良的《申辩书》等。基督教在罗马帝国被接纳为官方宗教之后，众教父开始为基督教营建哲理化的教义体系，这一进程大大增强了基督教的思想深度，但也催生了各种被主流教会视为异端的思想，其中一些教父在同各种异端思想斗争的同时，发展出之后基督教的正统神学体系，并对之后的基督教文明产生了深远影响。这其中的佼佼者当属奥古斯丁。奥古斯丁在基督论、三一论、自由意志等基督教教义关键问题上的思想均被之后基督教正统教义所接受，从而奠定了基督教神学的理论基础，这套理论在托马斯·阿奎那把亚里士多德的思想融入基督教之前，在西部教会一直居于主导地位，而宗教改革时，奥古斯丁的思想依然是新教各派重要的理论来源。

2. 教会法

也称"寺院法""宗规法"，有广义与狭义之分。广义上的教会法（Canon Law）是指对天主教、东正教、基督教以及其他教派教会法规的总称。狭义上的教会法通常仅指西欧中世纪罗马天主教会的法律。本词条仅仅解释后者。

中世纪天主教会法的产生与发展和基督教的发展紧密相连。总体来看，它是以基督教神学为思想基础，吸取了若干罗马法原则而形成的。教会法把圣经、教宗教令集、宗教会议与决议等视为主要的法律渊源，其内容主要是关于教会与教徒管理的法规，但同时又广泛涉及财产、契约、婚姻、家庭、继承、刑事等诸多领域。教会法本质上是一种神权法，同时又具有浓厚的封建色彩，它促进了罗马法的传播，并与罗马法、日耳曼法并列，成为西欧中世纪三大法律支柱之一。

公元325年，罗马君士坦丁大帝颁布的《尼西亚信经》作为第一部正式的教会法，标志着中世纪教会法开始形成。初期的教会法只限于约束神职人员的行为，《圣经》为当时主要的教会法来源。333年，罗马帝国皇帝正式确认了主教的裁判权，即民事案件的原告既可以向主教请求裁判，也可以向世俗法院起诉；大部分刑事案件则先由教会审判，若认为被告有罪，在剥夺其教籍后，再交由世俗法院对其罪行进行判决。这个"二元化"的管辖原则，为教会法体系的形成打下了基础。496年，克洛维皈依基督教之后，规定全体居民必须信奉基督教，教会法管辖范围扩大。750年，丕平献土之后，教会法不仅适用于教徒，而且对所有居民也开始具有强制性。

10—14世纪，随着教会势力的迅猛发展，教会法得到全面发展，进入极盛时期。首先，教会法地位通过教宗革命得以极大提高。其次，教会法内容不断发展并形成独立的法律体系。这一时期不断颁布的教令、时常召开的宗教会议与决议极大地丰富与完善了教会法的内容。最后，在与王权斗争的胜利中，教会法院管辖权不断扩大，它的审判权实际上不受任何限制。15—16世纪以后，随着文艺复兴、西欧现代民族国家的形成与宗教改革运动，教会权力极大衰落，使得教会法在新教国家不再发生效力，在旧教国家中的管辖权也受到限制，教会法的适用范围日益缩小。资产阶级革命之后，西欧各国均奉行政教分离原则，国家法律实现了世俗化，教会法的管辖范围更是缩小到信仰与道德领域。但是，教会法作为一种法律体系存活下来，它对西欧各国法律发展仍有影响，特别是在婚姻、家庭、继承方面的某些原则与规定都是西欧各国立法的重要渊源。

3. 什一税

什一税（tithe）是基督教教会向基督徒征收的一种常规税。什一税的传统源自《旧约全书》中的记载，以色列人的祖先亚伯拉罕将其在战争中获得的战利品的1/10献给了国王和祭司，此后逐渐成为犹太教的一条律法。基督教从犹太教中分离出来之后，基督的信徒延续了这一做法，《新约全书》中多次提到要缴纳什一税，但在基督教早期什一税只是信徒自愿向教会捐献的财产，其数量也不确定，以供教会日常所用。8世纪，罗马教会规定缴纳什一税是基督徒的义务；779年查理大帝在一次宗教会议上明令所有法兰克的自由人都要向教会缴纳什一税，此项规定于

1140年被教会法学家格拉蒂安收入其编纂的《教会法大全》。什一税分为大什一税,即谷物和大牲畜;小什一税,即蔬菜瓜果,等等。宗教改革之后,瑞士最先取消了什一税,此后一些信奉新教的地区也取消了什一税。进入近代以后,西欧很多地区都取消了什一税,有的地区则将什一税转为教会税,成为国家税收的一种形式。

4. 教阶制

教阶制(Ecclesiastical Hierarchy),即基督教的教职等级体系和教务管理制度,也被称为"教会体制""圣统制"。公元2—3世纪,基督教形成了主教、长老和执事三级教职品位。4世纪末,基督教成为罗马帝国国教,教阶制进一步完善,主体由主教、神父(祭司或司铎)、执事(助祭)三个品位组成。主教是一个教区或重要城镇教会的负责人,全权负责当地的教务,主持圣事礼仪、祝圣或派立神父等。神父为教会中的一般神职人员,负责协助主教管理教务,通常是一个教堂的负责人。神职人员在成为神父前,一般需要担任执事(Deacon)。执事是直属于主教下的服务人员,协助主教做具体的教务和事务,如慈善赈济事宜;协助主教或神父参加一定的礼仪,但没有资格举行圣礼。在逐渐分裂的情况下,东西部教会各自形成了不同的教阶体系。随着教宗和教廷制度的发展,天主教内的神父教阶细化为:神父、主教、助理主教、教区主教、教区大主教、宗主教(东正教称"牧首")、枢机主教(红衣主教)等,最终形成了等级严格的教阶制。在礼仪和圣事方面,不同等级的神职人员所拥有的"神权"各不相同;在教务方面,教职人员按照等级逐级对下行使管理权。东正教逐渐形成了牧首制,不存在教宗和枢机主教,其余品位与天主教类似。新教一般都革除了天主教会教阶制,少数教派如圣公会等则对其进行了简化。

5. 修道制度

修道制度（Monasticism），或译"修会制度""隐修主义""僧侣制"等，基督教遁世苦修或独身修道的一种主张和制度，其他宗教如佛教、伊斯兰教、印度教等也存在类似的制度。3—4世纪时，一些基督教徒为了躲避罗马帝国的迫害或抵制教会的腐败和世俗化倾向等，选择遁世隐居，禁欲苦修，逐渐形成修道制度。其中，埃及的安东尼（Anthony）被称为"隐修主义之父"。隐修主义最初盛行于埃及、叙利亚、小亚细亚等东方教区，最早的集体修道和第一座隐修院便是在这里出现。529年，意大利的本笃（Benedict）对罗马天主教修道制度进行改革，创立本笃修会，在基督教历史上产生了深远影响。本笃修会强调集体生活，反对过分严苛的苦修，但修士必须"绝财"即不置私产，"绝色"即保持独身，"绝意"即服从长上，等等。10世纪，本笃修会进行改革，逐渐形成了克吕尼修会、加尔都西会和西多会等。1073年，教宗格列高利七世规定了严格的修士独身制度。十字军东征期间，罗马教廷还组织了一批军事修会，如意大利施洗者圣约翰医护骑士团、法国圣殿骑士团、德意志条顿骑士团等。12世纪以来，托钵修会兴起，出现了加尔默罗会（亦称"白衣修会"）、方济各会（亦称"灰衣修会"）、多明我会（俗称"黑衣修会"）、奥斯定会等。这些修会主张修士应该放弃一切财产，云游四方，乞食为生。随着16世纪宗教改革运动，新教废除了修士独身的规定。耶稣会也与此同时在天主教内部产生，强调对教宗的绝对忠诚，并且积极对外传教。这些修会提高了教会地位，传播了基督教，并且在文化教育方面作出了贡献。

6. 教宗

教宗（Pope），亦称"教皇"，源于拉丁语"papa"以及希腊语"πάππας"，意为"爸爸"，在基督教早期它是对高级神职人员的尊称，后来成为天主教罗马主教的最高称谓。教宗的全称为：罗马城主教、罗马教省都主教、西部宗主教、梵蒂冈君主、教宗。除了这些正式职衔之外，他还有其他加称如"圣伯多禄（彼得）的继承人""基督在世的代表"等。在基督教是罗马帝国国教之时，罗马、君士坦丁堡、亚历山大、安提阿、耶路撒冷等五地主教皆有宗主教衔。罗马主教仅以此职衔为西部教会的领袖。随着西罗马帝国的衰亡，罗马主教在西方的地位逐渐提升。445年，罗马主教利奥一世自封为普世基督教教会的最高领袖。随着众多的日耳曼王国信奉基督教，罗马主教的威望进一步提升。756年，法兰克国王矮子丕平奉献土地之后，罗马主教成为教宗国的君主，并因此拥有世俗政权。11世纪中叶东西教会大分裂之后，"Papa"（即Pope）这一称谓逐渐被罗马主教独占，其"教宗"含义日渐明晰，教宗制（Papacy）逐渐形成。此前，教宗的受任者须经世俗君主或意大利贵族推选或认可；此后，受任者只能从枢机主教中选举产生，但世俗君主仍对候选人具有否决权，这一传统一直延续到20世纪。教宗终身任职，仅能因异端罪被罢免，可以自行辞职而无须任何机构批准，无权指定继承人。

7. 教宗国

教宗国（Papal States，756—1870年），以教宗为首、位于亚平宁半岛中部的政教合一国家，又称"教皇国"。4世纪，罗马皇帝君士坦丁大帝将拉特兰宫（Lateran Palace）赠予罗马教会，罗马教会开始合法拥有教产。西罗马帝国灭亡后，罗马主教在罗马掌握实权，并且通过与法兰克王国联合扩大权势，逐渐成为西方教会的最高领袖。751年，在教宗的支持之下，法兰克王国宫相丕平篡夺王位，建立加洛林王朝。出于报答，丕平于756年将意大利中部从拉文纳到罗马周边的土地赠予教宗，史称"丕平献土"（Donation of Pepin）。丕平献土标志着教宗国的建立，教宗是其君主。774 年，查理曼（Charlemagne，768—800 年在位）将贝内文托和威尼斯等城市赠予教宗，教宗国版图随之扩大。从这一时期起，罗马教廷开始宣传所谓的君士坦丁赠礼（Donation of Constantine），即君士坦丁大帝曾在皈依时授予罗马主教即教宗以罗马帝国西部的世俗统治权；这个伪造的文件成为教宗夺取世俗权力的依据，直至文艺复兴时期被证明是杜撰。此后，教宗国版图进一步扩大，在 12—13 世纪达到一个鼎盛时期。阿维农时期，教宗的世俗统治权受到挑战，教宗国内部的许多城市实行地方自治，被封建贵族控制。14 世纪，教宗英诺森六世重整教宗国秩序，教宗于 1377 年重返罗马。到 17 世纪，教宗国的领土达到了顶点，几乎占有整个意大利中部地区，还在意大利南部和法国南部拥有领地。1791 年，法国吞并阿维农（从 1348 年开始成为教宗国的领地）。1798 年，拿破仑迫使教宗庇护六世放弃领土，成立罗马共和国。1815 年维也纳会议恢复教宗国，并委托奥地利保护。1859—1860 年奥意战争结束后，教宗国失去了 2/3 的领土和 3/4 的人口；在法国的保护下，它仅保留罗马及其周围地区。1870 年普法战争爆发，法军撤出罗马，意大利将其定为首都，教宗国在事实上灭亡。1929 年，墨索里尼同庇护十一世签订《拉特兰条约》，正式承认教宗在独立的梵蒂冈城国拥有主权，此后，罗马教宗国的名称不再沿用。教宗国的兴衰，在一定程度上反映了罗马教宗在争取世俗权力上的成功和最终失败。

8. 教宗革命

教宗革命（Papal revolution），10 世纪罗马教宗们发动的一场旨在摆脱神圣罗马帝国皇帝控制的改革运动，此次改革运动主要是在教宗格列高利七世（Gregorius Ⅶ，1073—1085 年在位）的主导下进行，故又称"格列高利改革"（Gregorian Reform）。

格列高利七世俗名为希尔德布兰德（Hildebrand），意大利人，出身于克吕尼修会；在进入罗马教廷之后，他积极推动教会改革，核心内容为：神职人员严守独身，各地主教由教宗而非由君主任命，禁止买卖神职，教宗权力至上。由此引发了主教叙任权之争，进而推动西欧中世纪政教冲突进入高潮。1075年，格列高利七世颁布《教宗敕令》，宣称教宗高于一切，有权任命主教，甚至有权废黜各国君主。由此引发了皇帝亨利四世和格列高利七世之间的激烈冲突，前者取胜，后者客死异乡。但教廷中的改革派势力仍然存在，在1122年与皇帝缔结《沃尔姆斯宗教协定》（Concordat of Worms）。双方同意德意志的主教按照教会规定自由选举产生，但需皇帝或皇帝代表在场，如选举发生争议，皇帝有权介入协调；主教在其封地上的世俗权力由皇帝授予，其宗教权力由教宗授予。至此，教宗和皇帝之间的主教叙任权之争最终以妥协告终。

9. 阿维农之囚

阿维农之囚（Avignonese Captivity），对1309—1378年驻阿维农的七位教宗的统称，又称"阿维农教宗"。1305年，在法国国王腓力四世（1285—1314年在位）的操纵下，法国人贝特郎德·德戈被选为教宗，史称克雷芒五世。随后，教廷从罗马迁往法兰克王国境内的一块飞地阿维农（Avignon，又译"阿维尼翁"，今属于法国）。此后的六任教宗也都是法国人，分别是约翰二十二世、本笃十二世、克雷芒六世、英诺森六世、乌尔班五世和格列高利十一世。教廷由罗马迁往阿维农，标志着教廷权威的衰落。在阿维农教廷中，法国人占据绝对优势，不仅7位教宗是法国人，并且当时被任命的134名枢机主教中的111名也都是法国人。阿维农之囚的出现，是西欧王权和教权之争的一个结果和过程。尽管这段时期被普遍称为基督教会史上的最黑暗的阶段，但是教廷在其间进行了一些具有影响的改革，如改革教廷机构、继续修订教会法典、扩大枢机主教团的权力，为后来教廷的重新崛起奠定了基础。

10. 会议至上运动

会议至上运动，又译"公会议至上运动""（公）会议至上主义"等，指 14 世纪以来天主教世界结束教会分裂、整饬教会秩序、限制高度集中的教宗权力、让公会议（Ecumenical council，即 1054 年前的基督教和其后的天主教由高级神职人员和神学专家参与、商讨和处理重大教务和教理问题的世界性会议，又称大公会议、普教会议等）掌握教会最高权力的思潮和运动。在阿维农之囚时期，面对教宗被法王控制的局面，教会中的有识之士出现了公会议权力至上的观点，并且迅速在教会思想界达成共识。1378 年后，天主教会出现阿维农教廷和罗马教廷并存的局面，这被称为天主教会大分裂（Western Schism），召开公会议被认为是解决分裂的最佳方法。1414 年，康斯坦茨公会议（1414—1418 年）召开，1417 年推选出新的教宗马丁五世（Martin V，1417—1431 年在位），最终结束这一分裂局面。尽管这次公会议被视为罗马教廷从绝对专制向君主立宪制转变的尝试，但是，会议在教会道德和行政改革方面却未能取得实质性进展，教宗仍然掌握着最高权力。巴塞尔公会议（1431—1449 年）的召开宣告这场天主教内部的改革运动的失败，但它却对宗教改革运动和近代欧洲宪政主义产生了深远影响。

11. 经院哲学

经院哲学（Scholasticism），又译"士林哲学""经院主义"，即西欧中世纪的基督教哲学、神学体系。修士们聚集在教会学院（Schole，又译"经院"）研究基督教教理以及哲学、逻辑、文法和修辞等其他学问，他们凭借逻辑而非科学实验或经验观察，并根据《圣经》和教父们的著述进行探究，力图寻求理性与信仰的调和，以服务于基督信仰。9世纪，在加洛林文艺复兴的背景下，西欧基督教哲学开始在教父哲学组织教理的基础上向着论证教理的方向发展。11—12世纪，出现了安瑟伦（Anselm）、洛色林（Roscelin）、阿伯拉尔（P. Abelard）等一批早期经院哲学家，他们从一开始便在个别与共相（即普遍、一般）的关系上发生分歧，形成唯名论和唯实论之争。唯名论（nominalism）否定共相具有客观实在性并且认为共相后于事物，唯实论（Realism，或译"实在论"）的观点则恰好相反。随着阿拉伯学者和拜占庭学者的到来以及亚里士多德著作的传入，欧洲思想界的柏拉图主义让位于亚里士多德主义，经院哲学在13世纪进入黄金时期，出现了两位著名的哲学家托马斯·阿奎那（Thomas Aquinas）和邓斯·司各脱（Duns Scotus）。托马斯·阿奎那是唯实论者，全面、系统地阐述了基督教信仰，他的神学理论后来成为天主教的官方神学。方济各会修士司各脱则坚持唯名论，与之抗衡。进入14、15世纪，随着教宗权威的衰落和人文主义的兴起，经院哲学渐趋衰落，人们纷纷转向神秘主义或回归教父哲学。这一期间的代表人物是方济各会修士威廉·奥康，他坚持唯名论，挑战教宗权威，质疑通过理性认识上帝的做法，提出哲学应与神学分家的观点，为经院哲学画上句号。

12. 托马斯·阿奎那

托马斯·阿奎那（Thomas Aquinas）（约1225—1274年），中世纪经院哲学的集大成者，自然神学的倡导者，托马斯主义的开创者，基督教神学和神权政治理论的最高权威，著有《神学大全》《反异教大全》等名著，并对《圣经》、亚里士多德著作进行注疏；死后被罗马教廷封圣，故而又被称为"圣托马斯·阿奎那"。他出生于意大利洛卡塞卡（Roccasecca），先后就读于那不勒斯大学和巴黎大学，获得神学博士学位，随后积极从事神学教育活动和参与教会事务。他深受亚里士多德哲学的影响，认为以"启示真理"为本的神学高于以"理性真理"为本的哲学，信仰高于理性，哲学应服务于神学；提出了关于上帝存在的五种证明，认为上帝是"第一因""第一推动者"，等等，宇宙万事万物是由上帝从空无中创造而来的。在认识论上，主张形式是第一性的，质料是第二性的、派生的，只有上帝才是永恒不变的"最高形式"和"最纯粹的现实性"。在政治上，主张一切权力来源于上帝，神权高于政权。他的哲学和神学体系被后世称为"托马斯主义"，并在1879年被定为天主教的官方哲学和神学。

13. 中世纪大学

大学一词出自拉丁文 universitas，意为协会或联合会，因此大学最初就是学者行会，由一批名师和慕名而来的听众聚集而成。这些学者来自欧洲各地，不能享受当地人的法律保护，为了保护自身利益，以生源地、专业、住所等结成各自的团体。12世纪前后，教会、王室开始给予大学各种特权，并出资新建一批大学（Medieval University），大学逐渐成为欧洲一支重要的社会力量，并被誉为"中世纪最美丽的花朵"。

大学最初出现在交通便利、商业贸易比较发达、文化交流比较频繁的地区。意大利萨莱诺大学、博洛尼亚大学、巴黎大学都是在已有的专科学校基础上逐渐发展成为综合性大学，之后得到特许权。博洛尼亚大学和巴黎大学有着不同的管理模式，前者以学生行会推举代表进行管理，后者则由文科教师团体进行管理，这两种模式分别成为欧洲南部和北部学校效仿的范例。英国牛津大学和剑桥大学都是依巴黎大学模式建立起来的。

中世纪大学一般都分为基础学部（文科学部）和高级专业学部，文科学部主修文法、修辞、辩证法、算术、几何、天文、音乐七门课程，此后增加了哲学课程。课程主要采取诵读和辩论两种方式进行。学习期满获得担任教师的资格，并可以升入高级专业学部学习。高级专业学部分为神学、法学和医学。学习期满可以获得在大学任教的资格。12世纪陆续开始授予学位，1158年博洛尼亚大学获得罗马教宗颁发的世界第一份博士学位授予证书，13世纪有了学士学位和硕士学位。

中世纪大学在建立和发展过程中受到来自社会各种力量的影响，在王室和教会的支持下获得办学许可状、司法审判权、免税权、罢课权、迁移权、多种经济权利等。13世纪各大学建立了学院，依靠个人捐赠、教会财产以及城市或乡村地产获得收入来源，并作为独立的经济实体享有自治特权，监督学院成员的行为、协调学院与市民的经济关系、向大学法庭报送违法行为等。此后学院承担起教育功能，实行导师制度，成为大学主要的学术活动场所，大学仅负责行政管理工作。

大学为社会培养各类人才，保持了自治、学术自由、办学独立的精神，孕育了人文主义精神和近代科学思维，并在议会中拥有席位，参与社会事务。

第十一章　阿拉伯帝国

1. 徙志

"徙志"（al-Hijra）是阿拉伯语"迁徙"一词的音译，亦称"希吉拉"或"希志来"。作为历史名词，"徙志"特指公元622年先知穆罕默德及其追随者离开麦加前往麦地那的迁徙事件。由于穆罕默德于公元621年成功调解了叶斯里布的部落纠纷并使部分部落成员皈依伊斯兰教，故皈依伊斯兰教的叶斯里布部落民于公元622年再次向穆罕默德宣誓效忠。此时，一方面为了规避麦加贵族的迫害，另一方面为了建立伊斯兰教的根据地，穆罕默德决定依靠叶斯里布穆斯林的誓约，离开麦加，前往叶斯里布。公元 622 年 9 月，穆罕默德离开麦加，历尽艰辛之后抵达叶斯里布。从此，叶斯里布更名为麦地那，意为"先知之城"；而追溯穆罕默德迁移到麦地那的麦加穆斯林被称为"迁士"，辅助穆罕默德传布伊斯兰教并建立伊斯兰政权的麦地那穆斯林则被称为"辅士"。

"徙志"标志着早期伊斯兰教的历史发生重大转折。穆罕默德在麦加屡遭迫害，但在麦地那则成为地区领袖，而穆斯林也获得了稳固的根据地。在麦地那，穆罕默德实施了一系列巩固发展伊斯兰教的举措，使伊斯兰教的发展进入新时期。他在麦地那建清真寺，即先知寺，确立了一系列伊斯兰教的仪制，使清真寺成为伊斯兰文明中集宗教、军事、政治、教育与日常公共生活等各种功能为一体的重要机构。同时，他贯彻伊斯兰教中穆斯林平等的原则，使"迁士"与"辅士"结为兄弟，巩固了穆斯林的团结。在此基础上，穆罕默德与迁士、辅士及犹太人协商后，制定了《麦地那宪章》，旨在建立一个由穆斯林占绝对主导地位、非穆斯林依附于穆斯林的社会共同体，即"乌玛"。"乌玛"以宗教取代血缘，实质上是政教一体的地域性政权，穆罕默德借此号召圣战，一方面保护麦地那政权，另一方面传布伊斯兰教，最终使伊斯兰教在阿拉伯半岛真正兴起。鉴于"徙志"在伊斯兰教历史上的划时代意义，第二任哈里发欧麦尔于公元 639 年颁布法令，将徙志之年作为"伊斯兰纪元元年"，创立了伊斯兰世界通用至今的"徙志历"。

2. 哈里发

"哈里发"（Caliph）在阿拉伯语中意为"继承人"。穆罕默德去世后，作为其继承者和"乌玛"的首领，哈里发成为伊斯兰世界中执掌政教大权者的头衔，伊玛目是哈里发的宗教称谓，信士的长官则是哈里发的世俗称谓。伊斯兰文明由此进入政教一体的哈里发国家时期（公元632—1258年）。

哈里发国家可以分为正统哈里发国家、倭马亚王朝和阿拔斯王朝三个阶段，"哈里发"在各个阶段体现出不同特征。正统哈里发国家的政体为共和制，哈里发的产生方式为推选。公元632年穆罕默德去世之际未指定"继承人"，各派势力通过会商博弈，推举阿布·伯克尔担任哈里发。此后，欧麦尔、奥斯曼和阿里依次被推选为哈里发，此四人被称为"正统哈里发"或"四大哈里发"。公元661年，穆阿维叶创建倭马亚王朝，正统哈里发时代结束。倭马亚王朝放弃哈里发推选的传统，开创了哈里发家族世袭的君主政制，同时还围绕哈里发设置了一系列官僚机构，但该王朝的哈里发并未得到伊斯兰教法家的承认，在宗教权威合法性方面颇具争议。阿拔斯王朝创立后，沿袭哈里发家族世袭的制度，极大地强化哈里发国家的神权统治色彩。阿拔斯王朝的哈里发以"安拉的继承人"自居，以宗教权威巩固政治统治，在宫廷中聘用宗教学者依据经、训的原则制定统治政策，政教高度一体化。阿拔斯王朝后期，地方割据自立，哈里发逐渐为权臣架空成为傀儡。1258年，蒙古入侵，处死末代哈里发，哈里发国家覆亡。尽管之后埃及的马木鲁克王朝以及随后的奥斯曼帝国依然存在哈里发，但哈里发更多地体现为伊斯兰教的精神领袖。1924年，土耳其共和国实行政教分离政策，正式废除了哈里发。

在伊斯兰教的历史上，哈里发权位的归属和产生方式也是出现教派分裂的关键所在。哈瓦利吉派仅把哈里发视为仲裁者而非统治者，主张哈里发公选，反对古莱西人享有出任哈里发的特殊权利。什叶派认为穆罕默德去世后，只有阿里及其直系后裔才有资格成为穆罕默德事业的合法继承者，他们以伊玛目的身份世袭伊斯兰世界的领袖权位。逊尼派承认阿布·伯克尔起历任哈里发的合法地位，该派认为哈里发应该具备渊博的学识、虔诚的信仰、统治的才能以及古莱西人的血统四项条件，而包括选举、协商以及合法的暴力等三种方式均可成为产生哈里发的方式。

3. 什叶派与逊尼派

什叶派与逊尼派（Shiah & Sunni）是伊斯兰教内部最重要的两大教派。

"什叶"一词为阿拉伯语的音译，有"宗派""追随者"等含义，该派由正统哈里发时代阿里的支持者发展而来。阿里遇刺后，阿里党人转变为什叶派，开始登上伊斯兰世界的政治、宗教舞台。就政治思想与宗教信念而言，什叶派的特点在于其伊玛目学说和塔基亚策略。"伊玛目"为阿拉伯语音译，意为"表率者"，被什叶派用来特指穆斯林的政教领袖。什叶派认为伊玛目具有超凡神性，能够理解《古兰经》的秘义，是真主与人之间的中保，这一权位及其传承仅属于阿里及其直系后裔，此为安拉钦定，大众无权选举。另外，什叶派还认为末代伊玛目虽已离开人间，但并未死亡，只是暂时隐遁，待末日到来前夕将以"救世主"的身份重返尘世惩恶扬善，此即伊玛目"隐遁回归"的学说。作为宗教少数派，什叶派历史上经常遭到镇压，故该派允许信徒在身处险境时隐晦内心的真实信仰，此即塔基亚策略。就宗教经典与宗教活动而言，什叶派的特点在于其"圣训"来源及其圣墓崇拜。什叶派与逊尼派均尊奉《古兰经》和"圣训"，但什叶派只承认阿里及其后历代伊玛目传述的"圣训"，由此形成什叶派的四部"圣训集"。自阿里始，历代伊玛目多身遭横祸惨死，这些人被什叶派穆斯林视为圣徒，而其陵墓则视为圣墓，成为什叶派穆斯林的朝圣之地。什叶派内部也有宗派分立，比较重要的是十二伊玛目派、伊斯马仪派以及栽德派等。十二伊玛目派人数最多、分布最广。16世纪初，伊朗萨法维王朝定十二伊玛目派为其国教，自此奠定了什叶派在伊朗的主导地位。伊斯马仪派曾于10世纪初在北非建立法蒂玛王朝，中国史书称之为绿衣大食。栽德派亦于10世纪初在也门北部立国，至今仍在该地具有重要影响。

"逊尼派"全称"逊奈和大众派"，该派自称"正统派"。"逊奈"是指先知穆罕默德的言行，"逊尼"意为遵循"逊奈"之人。正统哈里发时代末期，哈瓦利及派和什叶派相继出现，余下的大多数穆斯林便构成了逊尼派。逊尼派承认阿布·伯克尔起历任哈里发的合法地位，其经典为《古兰经》和"六大圣训集"。根据对《古兰经》、"圣训"、类比推理和公议四种法律来源的不同侧重，逊尼派内部又分为哈乃斐、马立克、沙斐仪和罕百里四个教法学派。

4. 伊斯兰教

伊斯兰教（Islam）是世界三大宗教之一，目前主要流行于西亚、北非、中亚、南亚和东南亚地区，其信徒称为穆斯林，意为"顺从真主之人"。作为最晚出现的一种一神教，伊斯兰教出现于公元7世纪初的阿拉伯半岛，穆罕默德对其创建发挥了关键性作用。穆罕默德出生于古莱氏部落的哈希姆家族，熟谙当时阿拉伯社会的状况。公元610年的某个夜晚，穆罕默德称获得真主安拉的神启，自此便以先知与使者的身份传达唯一神安拉的启示，并开始在麦加传教。初始，穆罕默德的传教并不顺遂，屡遭麦加权贵迫害，于是他与归信的穆斯林迁移至麦地那，创立巩固根据地，并与麦加方面积极斗争，最后于公元632年成功收复麦加进而使伊斯兰教在阿拉伯半岛确立地位。

伊斯兰教的基本信仰体现于其清真言——"万物非主，唯有安拉，穆罕默德是真主的使者"，并可概括为"六信"：信安拉、信使者、信经典、信天使、信末日以及信前定。伊斯兰教的基本宗教制度为"五功"：念、拜、斋、课、朝。"念"即念诵清真言。"拜"指"礼拜"。穆斯林每日有"五时拜";周五午后有集体礼拜,为"聚礼";开斋节和宰牲节有"集体礼拜",为"会礼"。"斋"指斋戒,主要指斋月期间的斋戒。"课"指纳天课,是伊斯兰教以安拉名义向信徒征收的宗教税。"朝"指朝觐,即凡有条件的穆斯林一生至少一次前往麦加朝觐的一系列宗教礼仪活动。在经典方面,伊斯兰教的经典包括《古兰经》和《圣训》。《古兰经》被认为囊括了安拉经天使启示给先知穆罕默德的言语,于第三任哈里发奥斯曼时代完成正典化,称"奥斯曼本"。"圣训"是指穆罕默德的言行,它包括穆罕默德非启示性的言论或训示、他的种种行为以及他对弟子言行的默认。"圣训"被认为是对《古兰经》经文的具体阐释,和《古兰经》一起成为伊斯兰文明重要的法律来源。

5. 阿拉伯帝国

阿拉伯帝国(Arabian Empire),中国史书称"大食",7世纪中叶起于早期哈里发国家,极盛时疆域横跨亚、非、欧三大洲,囊括西亚,近东大部,伊朗,中亚腹地,北非和西班牙等地,至公元1258年为蒙古所灭,伊斯兰教为其主导宗教,哈里发为帝国元首。

就历史发展而言,阿拉伯帝国可以分为正统哈里发时期、倭马亚王朝和阿拔斯王朝三个时期。正统哈里发时期,以阿拉伯人为主体的穆斯林公社便开始大规模扩张,这在第二任哈里发欧麦尔时期尤为突出。欧麦尔主张伊斯兰教与阿拉伯人合一,因而对阿拉伯穆斯林与非阿拉伯穆斯林,即"马瓦里"区分对待,致使二者之间的矛盾上升为主要的社会矛盾。同时,欧麦尔还在阿拉伯穆斯林内部实行以差额分配为特征的年金制,加剧了穆斯林社会内部的贫富差距,而新征服行省的总督多由自成势力的军事统帅担任,这些都为穆斯林社会的分裂冲突埋下伏笔。奥斯曼任哈里发时期，任人唯亲，倭马亚家族势力上升，使其在奥斯曼遇刺后与继任哈里发阿里分庭抗礼。双方围绕哈里发大位的争斗以公元661年倭马亚王朝的建立而告终，而斗争过程中则产生了伊斯兰政治教派的分化，"哈瓦利吉派"和"什叶派"先后出现。倭马亚王朝时期，对外扩张出现第二次高潮，但统治者沿用阿拉伯人与伊斯兰教合一的原则，使阿拉伯人垄断军政要职，"马瓦里"阶层遭到歧视，使得二者矛盾日益激化，同时，什叶派、阿拔斯派的问题也日趋严重。故哈里发希沙姆死后，倭马亚王朝迅速衰落，而阿拔斯派则在"还政于先知家族"的口号下团结各派势力，于公元750年建立阿拔斯王朝，定都巴格达。从8世纪中期到9世纪中期的大约100年间，阿拉伯帝国的统治达到极盛。伊斯兰世界在政治、经济、文化等各个方面均呈现出繁荣局面，伊斯兰教的经注学、圣训学、教法学、教义学等均蓬勃发展。阿拔斯统治者开始重用波斯人，但对其始终提防，为此于9世纪中叶建立了突厥禁卫军，突厥人遂逐步取得权势，架空哈里发并左右朝政。由于中央弱化，帝国境内各种矛盾错综复杂，地方王朝割据的情况在9世纪后愈演愈烈，各大势力只是在形式上承认阿拔斯哈里发的宗主权，而西班牙和埃及甚至出现独立的哈里发国家与阿拔斯王朝相抗衡。公元1055年，塞尔柱突厥人占据巴格达建立割据王朝，但塞尔柱王朝不久即陷入王位争夺的混乱中，致使伊斯兰世界在11世纪末十字军东侵时抵抗乏力，因赞吉王朝和阿尤布王朝等地方势力的抗击才收复失地。13世纪，蒙古西征的铁蹄最终使孱弱的帝国覆灭。

6. 花剌子密

花剌子密（al-Khowārizmī，约780—850年），波斯著名数学家、天文学家、地理学家，被誉为"代数之父"。全称穆罕默德·伊本·穆萨·花剌子密，因其出生于中亚阿姆河下游的花剌子模，故以花剌子密为姓。花剌子密曾在阿富汗、印度等地旅行，后定居巴格达，在阿拔斯王朝哈里发麦蒙创办的智慧馆（集贤馆）所属的沙马西亚天文台工作，负责收集、整理和翻译大量散失的古希腊和东方的科学技术及数学著作，并长期从事数学研究和天文观测。

他在天文、数学方面多有创获。在融汇了印度、波斯和罗马的各种历法基础上，他编辑了天文表，此表在中世纪阿拉伯世界长期流行，在欧洲则被译成拉丁文成为编制《托莱多天文表》的依据。820年前后，花剌子密写成代数学的名著《积分和方程计算法》（*Hisāb aljabr w-al-Muqābalah*）。在该书中，他收集整理了800多道例题，首次运用了移项、同类项合并等代数运算法，论证了一元二次方程的解法，提出了二次方程的无根条件。此书的阿拉伯文原本已经散佚，其拉丁文译本在欧洲却广为流传，到16世纪为止一直是欧洲各大学的主要数学教科书。而"代数学"这门科学和代数学的阿拉伯名称"Algebra"也凭借此书传入欧洲。花剌子密的另一部数学著作《算术》，原本已失，其拉丁文译本于18世纪正式出版，定名为《印度计算术》（*Algoritmi de numeroindonum*）。书中介绍了从印度传入的十进位值制计数法和以此为基础的算术知识。现代数学术语"算法"（Algorithm）即源于这本书的书名，即花剌子密的拉丁文译名"Algoritmi"。

花剌子密对后世东西方的许多数学家都有很大影响，后来的阿拉伯数学家欧麦尔·赫雅木、比萨人列奥那多和佛罗伦萨人雅科卜等都是在花剌子密的基础上发展数学和代数学的。

第十二章　东欧与北欧

1. 《法律大全》

《法律大全》（*Corpus Juris*）由拜占庭帝国皇帝尤士丁尼一世下令编纂的法律、法学作品及其颁布的法令组成，包括《尤士丁尼法典》《学说汇纂》《法学阶梯》和《新敕令》四部分内容。尤士丁尼一世在任期间积极从事法制建设。公元528年，他责令法学家特里波尼阿努斯组建十人委员会，负责编修以往的罗马法令，并于公元534年颁行12卷的修订版《尤士丁尼法典》。公元530年，尤士丁尼再次任命以特里波尼阿努斯为首的十六人委员会，负责编纂历代罗马法学家的著述，最终成果为公元533年颁行的《学说汇纂》，共50卷。与此同时，尤士丁尼还令特里波尼阿努斯等人另编一部官方的法学教科书，此即《法学阶梯》。最后，从公元535年至公元565年尤士丁尼一世去世的30年间，他又颁布了200多条新敕令，这部分法令在其死后由私人编辑，是为《新敕令》，包括《尤利亚摘抄》《正本汇编》以及《168条新敕令汇编》三种版本。《法学大全》是罗马法精华的总汇，成为后世研究、应用罗马法的核心资料。

尤士丁尼时代之后，罗马法在西欧地区一度相对沉寂，这种情况在11世纪末12世纪初主要由于著名法学家伊尔内留斯的努力而发生显著改变。伊尔内留斯的主要学术成果是对《法律大全》，特别是对《学说汇纂》的正文作出了大量注释；同时，作为出色的法学教师，他在意大利北部的波隆尼亚创办法律大学讲授罗马法，培养了大量人才，从而使法律作为一门独立科学在欧洲文明内部得以确立。在12世纪罗马法复兴的过程中，法学研究者主要以《法律大全》为依据，注释并说明相关的法律文本，调和其中的各种矛盾，使其前后一贯，故后人称这些研究者为"注释法学派"。正是这一学派将尤士丁尼的上述四种法学作品合称为《法律大全》。为了与《教会法大全》相区分，《法律大全》也被称为《国法大全》或《民法大全》。

2. 东正教

东正教（Orthodox Eastern Church）孕育于拜占庭帝国。公

元1054年，基督教大分裂后遂产生西方天主教和东方正教，即东正教，主要流行于东南欧地区及俄罗斯。东正教的经典包括《圣经》和《信经》，前者不含《次经》内容，后者由基督教七次大公会议通过并修订。东正教在基本教义方面同天主教并无不同，但在三位一体的教义上主张圣灵只来自圣父，反对天主教主张的圣灵来自圣父与圣子之说；同时特别崇拜圣母玛利亚。在教制与教职方面，东正教实行牧首制，即在牧首区内以牧首为最高宗教领袖，但牧首并非只有一位，早期的东派教会便有亚历山大里亚、安条克、耶路撒冷及君士坦丁堡四个牧首区，虽然君士坦丁堡牧首享有"普世牧首"的尊号，但牧首之间互不统属。在之后的历史中，东正教在世界范围内又出现了十几个自主教区，其中最重要的是莫斯科牧首区。由此，东正教呈现出多中心的特征。

就东正教的历史而言，拜占庭帝国和之后的俄罗斯与之存在着密切关系，体现出东正教依附于世俗权力的重要特征。东正教源于罗马帝国时期的基督教，在罗马帝国衰落、西罗马帝国覆亡的过程中，逐渐成为东派教会的主流并依附于世俗统治者，成为帝国政治重要的组成部分。拜占庭皇帝在东正教中享有最高权威，并以各种方式成功地维持着自身对于教会的管控，包括干预教会内部各种异端争论、发动"圣像破坏运动"、控制基督教大会召集权以及高级教职人员的任免权等，由此形成皇权高于教权、控制教权的格局。拜占庭帝国于公元1453年灭亡后，东正教首脑的位置很快为俄国沙皇取代，俄罗斯东正教会完全依附于沙皇政权。17世纪后半叶，沙皇阿列克谢·米哈伊洛维奇改革教会，把神职人员尼康推上牧首宝座，后者对俄罗斯东正教会的经书和仪式进行了大刀阔斧的改革。然而，尼康却因试图挑战沙皇王权而被流放。鉴于尼康夺权的教训，彼得大帝曾于1721年颁布谕令，宣布东正教为国教，取消牧首制，直接控制教会，沙皇身兼国家元首与教会领袖。这种政教格局一直持续到十月革命。

3. 大分裂

基督教史上的重要分裂事件，此处特指公元 1054 年东西方教会的大分裂（The Great Schism）。

罗马帝国晚期，东、西方教会之间便在语言、文化和政治区划等多个方面存在差异。然而，东西教会争执的关键还是宗教权威和政治权力。自君士坦丁大帝始，东部教会便处于罗马皇帝的控制之下，政教大权均掌握在皇帝手中。西部教会则不同。西罗马帝国于 476 年灭亡后，该地区长期陷入群雄割据的分裂局面，而罗马教会逐步成为同时握有宗教权威和极大世俗权力的特殊势力。罗马教会宣扬"彼得优越论"，借此表明罗马主教，即教宗为基督教会的最高领袖，统领东派教会，在此基础上罗马教会还力图摆脱拜占庭皇帝的控制。公元 484 年，罗马教宗因反对拜占庭皇帝的宗教谕令而绝罚起草该谕令的君士坦丁堡牧首，致使东西方教会在 36 年间互不往来。公元 726 年，拜占庭皇帝发动"圣像破坏运动"，罗马教宗方面坚决反对，转而向法兰克人寻求支持，于 8 世纪中叶成功建立教宗国。此后，罗马教宗与拜占庭皇帝操控下的东派教会又围绕着君士坦丁堡牧首任命问题以及在摩拉维亚与保加利亚设立新教区的问题争执不休，双方关系几近决裂。公元 963 年，罗马教宗为德意志国王奥托一世加冕，称"神圣罗马帝国皇帝"，这一另立罗马皇帝的行为引发拜占庭方面的震怒，双方裂痕已无法弥合。

时至 11 世纪，在德皇支持以及西欧修道院改革的推动下，罗马教廷实力日增，开始教会独立的进程。在此背景下，东西教会大分裂最终发生。是时，罗马教廷与拜占庭帝国围绕意大利南部地区展开激烈的势力争夺。公元1053年君士坦丁堡牧首致信罗马教宗利奥九世，谴责罗马教会的异端罪行，教宗则写信回击，指责君士坦丁堡方面滥用"普世牧首"称号，重申罗马教会及教宗在基督教中的至高地位。公元1054年，教宗利奥九世派出特使携信前往君士坦丁堡，君士坦丁堡牧首拒绝接见，于是教宗特使把绝罚君士坦丁堡牧首的"教宗通谕"放在索菲亚大教堂的圣坛上以示决裂，而君士坦丁堡牧首也召开宗教会议绝罚教宗，东西方教会至此彻底分裂。1054年东西教会大分裂以后，西派逐渐强盛起来，而东派却在穆斯林的攻击下日益衰落。

4. 拜占庭帝国

拜占庭帝国（Byzantine Empire）亦称东罗马帝国，它一方面是罗马帝国的延续，另一方面又不同于罗马帝国，体现出巨大转变——作为操希腊语的基督教国家，拜占庭帝国以君士坦丁堡为核心，主要势力范围在巴尔干地区和小亚细亚。自4世纪以降，希腊人以及希腊化的斯拉夫人、亚美尼亚人等在这片地区逐渐融合成拜占庭人。拜占庭人自身称他们的国家为罗马帝国而非拜占庭帝国。作为指代国家的术语，拜占庭最初由16世纪德意志学者赫罗尼姆斯·沃尔夫引入。

学界通常把拜占庭帝国的发端定于公元330年，是年，君士坦丁大帝正式启用古城拜占庭为新都，此即君士坦丁堡；帝国灭亡是在1453年，标志是奥斯曼突厥人攻陷君士坦丁堡。拜占庭帝国长达千余年的历史大致可以分为早、中、晚三个阶段。早期阶段大致从330年持续到610年。在这一时期，面对激烈的蛮族入侵，诸多皇帝以不同方式应对挑战，其中最重要的人物是尤士丁尼一世。他试图在旧体制下重现罗马帝国的辉煌，不仅在军事征服上取得巨大成就，还在保存发展罗马法方面发挥了重要作用。然而他的成就难以为继，此后拜占庭帝国陷入内忧外患之中，直至 610 年希拉克略一世即位，而罗马帝国东部的文明形态也在这一时期逐渐转型。中期阶段自 610 年始直至 1204 年。在这一时期，希拉克略一世在对萨珊波斯的斗争中取得优势，但在新兴的阿拉伯帝国的进攻下惨败，希拉克略之后，拜占庭帝国在近东和北非的领土基本丧失，其疆域范围大致在巴尔干地区与小亚细亚，为应对危机，拜占庭帝国开始推行以军区制为中心的系列改革。改革取得的成效使得帝国在马其顿王朝时走向强盛，但军区制引发地方势力坐大，也为帝国衰落埋下伏笔，最终导致帝国于 1204 年被十字军攻占。晚期阶段自 1204 年持续到 1453 年，帝国在这一时期政权崩溃，领土萎缩，日趋衰落，在周围强敌的威胁下苟延残喘，最终为奥斯曼帝国所灭。

5. 基辅罗斯公国

又称古罗斯、罗斯国，指的是公元 9 世纪晚期至 12 世纪初在东欧平原上建立的以基辅为首都的早期封建国家。始建于 882 年，建国者是何人，学界仍有争论。一派学者认为罗斯人指的是起源于 6 世纪左右东欧平原南部的一支东斯拉夫人，基辅罗斯公国（Kievan Rus）的建立者正是这支东斯拉夫人。

主流观点认为此公国是由维京人所建。9 世纪前后，维京人中的一支丹麦人沿着水路到达拜占庭经商，东斯拉夫人称他们为"瓦兰吉亚人"，芬兰人称他们为罗斯人，久而久之东斯拉夫人也称他们为罗斯人。之后在东斯拉夫人与游牧民族的斗争中，丹麦人留里克被前者邀请率兵帮忙，之后他趁机推翻诺夫哥罗德公爵，建立以自己为大公的诺夫哥罗德公国，并镇压了当地东斯拉夫贵族的反抗。留里克去世后，他的继承人在奥列格的辅政下继续扩大公国范围，于 882 年到达并占领基辅，建立了以基辅为首都的基辅罗斯公国。

882—912 年，奥列格先后征服邻近的斯拉夫人部落以及北方的麦里亚人、维西人、楚德人等非斯拉夫人部落，形成以基辅罗斯为中心、以东斯拉夫人为主体的早期封建国家。10 世纪初起，基辅罗斯多次发动对拜占庭的战争，意欲争霸，一度于 911 年获得大胜，迫使其给予罗斯商人免缴贸易税的特权。但之后都是无功而返，10 世纪末才开始专注于内政发展。

建国初期，公国通过"索贡巡行"的方式向人民征收贡物，在遭受人民不断反抗之下，这种形式逐步废止。10 世纪起，公国开始封建化过程，村社自由农民中的贫富分化加剧，少数富户兼并破产农民的土地，失地农民逐渐沦为依附者。王公贵族也开始夺取村社土地，建立庄园，奴役自由农民，强令履行各种封建义务。并且，封建化的成果被数部成文法固定下来，其中以《罗斯法典》最为著名。988 年，基辅大公接受基督教，并宣布基督教为国教，下令全国居民接受洗礼。

随着封建关系的发展，封建贵族势力不断扩大，11 世纪初期，他们开始要求独立，公国分裂之势显现。到 12 世纪，公国分裂为 12 个封建小国，互相混战。虽弗拉基米尔二世（1113—1125 年）于 12 世纪初曾企图恢复公国的统一，但未能实现。13—14 世纪时，割据的公国分别遭到蒙古、立陶宛、波兰的入侵。1234—1240 年，蒙古大军大举进攻公国，并占领基辅。1243 年，新建立的金帐汗国迫使公国内诸王公称臣纳贡，于是基辅罗斯彻底解体，以后逐渐由日益强盛的莫斯科公国所取代。

6. 罗斯法典

古代罗斯较早的成文法，又称《真理法典》，在俄国历史上占有重要的地位。公元 11—12 世纪，在东斯拉夫人习惯法的基础上，结合罗斯历代大公颁布的法令，如奥列格大公颁布的《罗斯法律》（*Truth of Russia*）与弗拉基米尔一世颁布的《国家条例》等编纂而成。法典中反映了罗斯封建制度的形成过程，其目的在于保护封建土地制度。法典文本流传至今的有简本（11世纪古本）、增大本（12世纪本）与缩本（不详）等三种。前者包括两个部分，第一部分为第1条至第17条，大约形成于基辅大公雅罗斯拉夫时期（1019—1054年），又被称为《雅罗斯拉夫法典》，主要反映了公元7—9世纪东斯拉夫人氏族制度解体过程的社会情况，从中可以看出财产与社会的分化、阶级的产生等情形，其中氏族制度的残余——"血亲复仇"仍很盛行。法典颁布的目的在于调整因激烈的社会经济关系变化带来的阶级矛盾和社会冲突。它将村社作为罗斯人政治、经济和社会活动的单位，表明原始的以血缘为纽带而形成的社会关系已经让位于地域关系，彼时公国已经进入阶级社会。这一部分成文的形成还是1015—1016年诺夫哥罗人民起义的结果，本质上它还是诺夫哥罗德地区的社会治安条例，没有真正涉及封建土地关系的扭转。

简本的第二部分为第18条至第43条，是由雅罗斯拉夫的三个儿子和他们的贵族们共同修改制定的，所以又称作《雅罗斯拉维奇法典》，或称《三王子法典》，大约形成于公元11世纪60年代。它主要反映了公元9—11世纪基辅罗斯由氏族制度向封建制度的转变情况。其主要内容是巩固封建土地制度，表明了彼时在贵族、自由民和奴隶之间已确立了明显的不平等关系；且旧的氏族血亲复仇已被罚金所取代。增大本又在此基础上增加了《摩诺马赫法规》，此法规与简本的第二部分充分展现了古代罗斯社会封建化进一步加深的场景：彼时封建土地关系日益形成；封建世袭领地普遍出现；村社自由农民逐步丧失自由，沦为各类封建依附者。据此，《罗斯法典》是研究古代东斯拉夫人氏族制度解体和基辅罗斯国家由氏族制度末期向封建制度过渡的珍贵史料。

7. 莫斯科公国

公元 14 世纪中叶在莫斯科河流域和克利亚济马河上游地区的莫斯科公国（Grand Duchy of Moscow）辖境建立的封建国家，是近代俄罗斯国家的基础。13 世纪末期，由弗拉基米尔大公国分封而成。首都莫斯科城初建于 1147 年，原为罗斯托夫·苏茨达尔公国王公犹里的领地，由于地处森林深处，受鞑靼人的侵扰较少，农业和手工业发达，加之城内还有数条流向波罗的海、黑海及高加索地区的河流，这座小城逐步发展起来，13 世纪末成为小侯国的都城。14 世纪初起，该公国陆续合并四周王公领地，国势渐强，1326 年莫斯科又成为俄罗斯东正教教会大主教的永久居留地。

1328 年，伊凡一世受金帐汗国册封为弗拉基米尔大公，取得代征全俄贡纳的权力，到 14 世纪 40 年代成为全罗斯最强的公国。1380 年，大公季米特里·顿斯科伊在顿河库里科沃原野大败蒙古军，成为罗斯人争取独立的关键一战。之后，他宣布把金帐汗封给他的公国作为自己的"世袭领地"来支配，可以不经金帐汗国的同意就把公国传给自己的继承人。之后，公国继续兼并周边国家，先后迫使诺夫哥罗德和特维尔臣服。相比之下，此时的金帐汗国内部纷争不断，汗庭权力日渐削弱。14 世纪末，花剌子模、克里米亚、保加尔逐渐从金帐汗国中分裂出去，并且遭到中亚帖木儿帝国的侵袭。到 15 世纪时，金帐汗国已经分裂成为几个独立的小汗国：喀山汗国、大帐汗国、诺陔帐汗国、克里米亚汗国、西伯利亚汗国、阿斯特拉罕汗国。而莫斯科公国在大公伊凡三世（1462—1503 年）时期，利用各汗之间的矛盾，加速兼并其他国家。

1480 年，伊凡三世与钦察汗国分裂后的大帐汗国和立陶宛大公卡齐米尔四世结成的军事联盟作战，并最终于乌格拉河获得胜利，此后停止向前者交纳贡赋，标志着罗斯人从此彻底结束了蒙古鞑靼人和金帐汗国长达 240 年的统治。1485 年，伊凡三世统一了东北罗斯，将国名正式定为俄罗斯。与此同时，莫斯科公国基本完成了对罗斯各公国的兼并，此时俄罗斯的版图已经扩大了 6 倍，其领土面积已经和神圣罗马帝国统治下的欧洲不相上下，成为东欧地区首屈一指的大国。伊凡三世的儿子瓦西里三世（1505—1533 年）在此基础上继续扩张，把大片领土并入俄罗斯版图，最终完成了俄罗斯的统一。在他去世时，莫斯科公国的疆土面积已达 280 万平方千米，成为欧洲最大的国家，俄罗斯西部边界的雏形基本奠定。至此，莫斯科公国的疆界与俄罗斯民族分布的边界是一致的，它成为属于俄罗斯本民族的国家。1547 年，伊凡四世加冕为沙皇后，莫斯科公国改称俄罗斯帝国。

8. 沙皇

俄罗斯帝国君主公元 1547—1917 年的称呼。俄语中"沙皇"（Tsar）一词中的"沙"系由拉丁语"恺撒"转移而来，是"大皇帝"的意思，中译音义并用，翻译成"沙皇"。保加利亚国王于 19 世纪末至 1946 年也自称沙皇。最早在伊凡三世时期（1462—1505 年），他就在一些公文中自称"全罗斯沙皇"，其继任者瓦西里三世（1505—1533 年）也曾被属下如此称呼，但沙皇这一正式的称号是在 1547 年由东正教大主教宣布授予伊凡四世的。从"大公"到"沙皇"不仅是称呼的变化，还意味着俄国从等级代表君主制向绝对专制君主制——沙皇制度的转变。

为了实现这一制度，伊凡四世采取了以下措施：1549 年，建立缙绅会议取代领主杜马的地位，君主拥有了最高决策权。1549—1555 年，改革国家行政机构，在中央设立分管各部门行政事务的政厅，在地方上废除总督制，并提拔中小贵族担任主要官吏。1550 年，统一全国法律，颁布新法典，加强中央机关的作用，限制地方行政长官的权力。1551年，召开"百章会议"，建立统一的教会。1556年，颁布《兵役条例》，进行军事改革，组建沙皇军队，由他统一指挥。1565年，逼迫贵族们同意实行特辖制的改革，把全国土地包括莫斯科划分为由沙皇亲自管辖的特辖区和由大贵族管辖的普通区。前者设置在条件好的中部、南部，面积约占全国面积的一半，其余皆属普通区。特辖区中王公贵族的世袭领地归王室领有，其损失用偏远贫瘠的普通区土地予以补偿，他们也必须迁到普通区居住。而原属大贵族的世袭领地，沙皇把它们分配给了中小贵族，并由他们组成了沙皇特辖军团，以镇压各地大贵族的反抗。这些军团还用暴力强迫普通区上的农民迁到特辖区，成为自己的农奴。

伴随着俄罗斯民族国家的形成，沙皇专制权力的不断加强，沙皇制度的发展对推动俄罗斯国家的统一，防止强大的邻国入侵，发展封建经济都起到了不可缺少的重要作用，顺应了15世纪下半叶至18世纪俄国历史发展和社会进化的趋势。1721年彼得大帝改称皇帝，但直到1917年为止，俄国的统治者一直都称为沙皇，也一直实施着沙皇制度。1861年，沙皇亚历山大二世宣布"废除农奴制"，但是其残余一直保留至20世纪初，直到1917年，俄国二月革命才完全推翻了沙皇与沙皇制度。

9. 禁年

俄国农奴化进程中出现的一种禁止农民迁徙的现象。由Заповедь一词而来，本意为禁止，禁止农奴迁徙的当年称之为禁年（Forbidden years）。公元16世纪末17世纪初之前，俄国农民是可以自由迁移的。伴随着封建制的形成，封建主不断扩大自营地，强迫农民耕种，采取劳役地租的形式加重对农民的压榨。不堪忍受地主阶级沉重剥削的农民成群结队出逃到未开垦的地区，开荒种地。这种大规模的迁移大概从14世纪末一直持续到

17 世纪初，起初的方向是单向的，向伏尔加河上游以北移动；后来，从 16 世纪中叶开始，在伊凡四世征服喀山和阿斯特拉罕后，农民的迁移变成双向的，也向东南部的顿河、伏尔加河中游和下游一带移民。

在这个过程中，农民的结构方面出现了两个阶层：定居的阶层，即老住户，他们是当地最基本的组成部分，土地租税的缴纳依赖于他们；流动的阶层，即新移民。这两个阶层也不是完全固定的，老住户也可能迁移变成新住户，他们的个人自由不受到限制。一旦老住户出走，就会加重剩余农民的负担，使得地租与税收迟迟不能缴付。在这样的情形下，王室与贵族的利益就受到了极大的损失，他们开始采取一些措施，强迫农民永久定居。首先，把迁移的日子固定，1550 年伊凡四世颁布法令规定：农民只能在尤里节（东正教节日，俄历 11 月 26 日）前后各一周时间离主人而去。其次，限制老住户的迁移，如果他们要迁移必须按照居住的年份缴纳相当一大笔赎金。1550 年，法律提高了这笔费用的数额。然后，新迁徙地上的王室与贵族地主也不接受这些老住户的移民，这使得他们即使迁移，也很难转移到负担较轻的土地上，特别是教会的土地上。此外有时候，地主还会把迁移的农民送回原居住地。

1581 年，伊凡四世正式颁布了关于"禁年"的法令，规定在禁年期间即便在尤里节前后农民也不得迁居，并且在此期间，可以把出走的老住户送回原住地。1581—1586 年、1590—1595 年沙皇实行禁年。禁年的规定是俄国农民农奴化的重要阶段，也是俄国由国家主导形成农奴制的重要表现。此后，禁止农民自由迁徙实际上成为永久性的规定，农民虽时有逃亡，但基本上都被束缚于土地之上。1592—1593 年，沙皇命令重新调查土地和户口，农民一旦被登记在其地主名下，就成为其固定的农奴。1597

年，法令规定：为地主工作半年以上的农民，便沦为他的农奴，不准外迁，且地主有权追回外迁未满 5 年的农奴。到 1649 年，罗曼诺夫王朝法典规定可以无限期追缉逃亡农奴，俄国农奴制至此完全确立。

10. 约翰·胡斯

约翰·胡斯（Jan Hus，约 1372—1415 年），捷克著名宗教改革家和爱国主义者，他所领导的捷克宗教改革运动为胡斯战争制造了舆论，并对 16 世纪全欧性的宗教改革运动产生了深远的影响。他出身于捷克南部胡西尼茨村的贫苦农民家庭，1391 年入布拉格文学院学习，1394 年毕业并在该校任教，1401 年当选为该院院长，1402 年升选为校长，同时在布拉格的伯利恒教堂开始布道。此时的捷克处于波西米亚公国时期，虽是中世纪欧洲封建经济较为发达的地区之一，但是危机重重。一方面，国内社会贫富差距拉大，农奴与农民赤贫化严重，农村中阶级矛盾尖锐；另一方面，德意志封建主的大量移民，形成了控制公国经济命脉与政治权力的社会集团，他们与农民、城市贫民与工人之间不仅有阶级矛盾还有民族矛盾，这些矛盾激化了社会中的各种矛盾。其中天主教会是各种矛盾的焦点，因为教会中的高级教士几乎都是德国人，且他们是公国内最大的封建主，他们的腐朽、堕落、贪婪与虚伪激起了胡斯进行宗教改革的欲望。

他主张没收教会的土地，分给广大农民使用，认为只有这样才能恢复"真正的"基督教会；肯定教会应服从世俗政权、蔑视教宗的权威，把教宗称为"基督之敌"，号召人们用武力来对付教宗；抨击兜售"赎罪券"，主张俗人和教士同享领取圣餐之权，赞同用本民族语言做礼拜，并校订了捷克文的《圣经》；特别是他把约翰·威克里夫的《三人对话录》翻译成捷克文，在继承关于"《圣经》是教义唯一源泉"思想的基础上，更深入地主张每一信徒均有权按自己对《圣经》的理解来决定信仰，为路德教"信仰得救"说奠定了基础。胡斯的思想引起了天主教会的恐惧与仇视。1411年他被天主教会开除教籍，1414年在出席康斯坦茨宗教会议时被捕，1415年7月6日被判处火刑。但改革并没有因此结束，反而引起了大规模民众以暴动的形式参与其中。4年之后，这场暴动酝酿成了欧洲历史上时间较长、影响深远的农民起义，即胡斯战争。在胡斯派哲里夫斯基等人的领导下，布拉格人民先后五次粉碎了罗马教宗马丁五世和神圣罗马帝国皇帝西吉斯蒙德的十字军的围剿。但是，由于缺乏作战经验，取得胜利的起义军很快分裂成圣杯派和塔博尔派。1434年5月的里旁会战，圣杯派起义军叛变，与反动统治者联合击败了塔博尔派起义军，胡斯战争结束。起义虽然以失败告终，但持续15年的捷克农民战争沉重地打击了天主教会与日耳曼贵族，保证了捷克在一定时期内独立的政治地位，对促进捷克民族语言与文化的发展具有很大意义，也直接推动了欧洲的宗教改革运动与农民起义运动。

11. 维京人

公元8—11世纪，由北向南远征西欧以及其他周边地域的一支日耳曼人的总称（Viking），又称北方人、诺曼人或维京海盗。具体而言，他们还包括丹麦人、哥塔尔人、瑞典人与其他居住在今日挪威地区的各群体。以尼德兰半岛为分界线，从查理曼时代起，南部的日耳曼人接受基督教，成为法兰克诸王国领地内的成员；北部以及更远居住的日耳曼人始终保持着独立的地位和传统的习惯，其居住的地方大致相当于今天的挪威，所以又称"北方人"，直译过来就是"诺曼人"，后者严格地限于欧洲大陆人使用。Viking一词，有些学者认为是由斯堪的纳维亚词海湾（vik）派生而来；另一些学者认为由日耳曼词汇城镇或集市

（wik）衍生而来。目前尚无定案，但它确指谋求暴利和战争冒险的人，所以又称"维京海盗"。语言方面，他们中虽略有差异，但都同属于斯堪的纳维亚语支。社会结构方面，他们大致有三个阶层：世袭贵族、自由的武士与奴隶。这种划分并不绝对，自由人与奴隶之间可以转化。

8世纪起，他们开始以水路为途径，劫掠西欧内陆与其他地区。第一次进攻浪潮始于788年，于840年以后达到最高潮，并一直持续到930年前后。经受他们摧残的城市与堡垒不计其数，而且他们每到一个地方，都会对此地区征收数额不等的贡税。不只是西欧，他们的入侵范围还深入冰岛、格陵兰岛、俄罗斯内陆与巴勒斯坦地区，甚至曾一度到达纽芬兰与部分北美地区。

随着入侵的深入，维京人开始在欧洲部分地区定居，并最终融入了欧洲文明中。早在9世纪，维京人各首领就在欧洲两个端点——爱尔兰与基辅罗斯上建立了早期的公国。维京人的定居以英格兰的丹麦区与法国的诺曼底最为著名。878年，威塞克斯国王阿尔弗雷德与一支维京人的首领古斯鲁姆签订《韦德摩尔条约》，前者割让英格兰近1/3的土地归这支维京人，使他们定居；后者皈依基督教。之后，他们更是多次侵入伦敦。虽英格兰一度收回丹麦区，但1016年维京人的后代克努特先后成为英格兰、丹麦与挪威国王，彼时完成了丹麦区与盎格鲁—撒克逊王国的融合。

法兰克方面，911年，国王傻瓜查理与一支维京人的首脑罗洛签署《圣卡莱尔条约》，承认他们对塞纳河两岸以及鲁昂和埃乌尔多附近地区的占领。之后，他们完成了对贝叶、西斯、阿乌朗切斯和孔坦斯的占领，以法王封臣的名义合法地居住在西法兰克王国内。皈依了基督教之后，这支维京人完成了定居并建立了"诺曼底"公国。其余在法兰克地区侵扰的维京人最终都被击败。11 世纪初，维京人的长途远征时代结束。

12. 克努特大帝

克努特大帝（Canute the Great，995—1035 年），英格兰、丹麦和挪威的国王。公元 1013 年夏，他随父斯维因一世征服英格兰，其父当上了英格兰国王。他父亲去世前留有遗诏，由他继位，但是并没有成功，他不得不返回丹麦。1014 年，克努特亲率庞大舰队再次远征英格兰，在 1016 年的阿兴顿战役中战胜埃德蒙二世，当上了英王。1019 年，他继承其兄长哈拉尔的丹麦王位。1027 年，他率军侵入苏格兰，取得苏格兰三个王国的承认。后世有的史学家认为只是到了此时，英格兰才同"丹麦法区"融为一体，从这种意义上说，克努特应该是"真正统一英国的第一位统治者"。次年，他又征服挪威，并在该地称王。至此，克努特已成为由英国、丹麦、挪威、苏格兰大部和瑞典南部组成的北海大帝国统治者，被后世称为克努特大帝。

在对北海大帝国的统治中，他把主要精力放在了对英格兰的统治上，其他地区由他的儿子或代理人代为管理。在英格兰，为了争取盎格鲁—撒克逊人的拥护，缓解丹麦人与当地人的矛盾，他采取了积极的怀柔政策，主要体现：迎娶威塞克斯已故国王的遗孀为王后；允准盎格鲁—撒克逊文字与丹麦文字并用；允许教会征收什一税，以博取教会的支持，再通过他们取得普通民众的信任；等等。在政治决策方面，他承袭当地的古老习惯，继续召开贤人会议，重用的大臣除了丹麦裔大贵族外，仍有许多英裔显贵；他还把英格兰分成诺森伯利亚、麦希亚、东盎格里亚和威塞克斯四个行政区，每个行政区由一位伯爵治理，伯爵既有丹麦贵族也有英裔贵族，但他特意强调各地高级官吏应该由国王任命。同时，他把英格兰各个地区的习惯法汇编成《克努特法典》，以此来强化社会秩序。此外，在他统治期间，丹麦金作为直接税一直在征收，成为加速自由农民破产变成农奴的原因之一。

1035 年，克努特大帝猝死于夏弗特斯堡，年仅 39 岁。此后，北海大帝国很快崩溃，英、丹、挪分立。

第十三章 东亚、南亚和东南亚

1. 大化革新

日本历史上第一次大规模的改革（The Taika Reform）。这场改革发生于公元 645 年，目的是打击氏族豪强势力，建立以天皇为中心的中央集权体制。

日本自古形成氏姓制度，最高统治者称为"大王"。6 世纪后期，大和国家出现社会政治危机，氏姓贵族势力逐渐强大，严重制约"大王"权力。圣德太子时期将"大王"称谓改为"天皇"，并提出多项改革措施，虽收效甚微但为进一步改革准备了条件。645 年 6 月 12 日，以中大兄皇子和贵族改革派领袖中臣镰足为代表的改革势力发动宫廷政变，斩杀擅权的氏姓贵族首领苏我氏，拥立中大兄的舅舅为孝德天皇，确立年号为"大化"，以中国唐朝律令制度为蓝本，颁布《改新之诏》，推行全方位、系统的改革措施：在天皇之下设立二官八省为中央机构，设置国、郡、里为地方统治机构；设置关塞、防人及驿站；实行科举制；建立户籍制度和严格的等级身份秩序；颁行《大宝律令》《养老律令》等，以法律形式把改革成果固定下来。

经济上，废除皇室和贵族的私有土地制度和部民制，实行公地公民制。公民全部登记造册，直属国家，推行班田收授法和统一的租庸调制、兵役制，国家按照一定比例将公田班授给 6 岁以上的男女公民作为口分田，每 6 年按照户籍、田亩进行一次调整，公民死后公田归还国家，不得买卖继承。私奴婢按公民标准 1/3 授田，交由其主人管理。大夫以上高官贵族按职位高低赐予食封，并享有一定量的私田。

大化改新后日本进入律令制国家，废除大贵族垄断政权的体制，形成以天皇为首的中央集权国家，改善了日本政治、经济、文化面貌。

2. 武士与武士道

武士（Samurai）是 10—19 世纪日本社会一个阶层，通晓武艺、以战斗为职业，不畏艰难、忠于职守。平安时代（794—1192 年），律令体制下庄园制发展，大贵族权势逐渐增加，藤原氏取得独揽朝政的大权。公元 8 世纪末，恒武天皇提出给可以协助自己讨伐本州的地方势力授予"征夷大将军"称号，以此获得地方豪族支持。此后，一些地方领主也开始建立私人武装。最初是庄司组织武装家兵，与主人结成保护和效忠的主从关系，逐渐地这种武装演变为制度化的专业军事组织。这是日本历史上武士的起源。10 世纪，中央以武力镇压地方势力叛乱，武士成为依靠力量，形成特权统治阶级。镰仓幕府建立后，武士阶层成为其政权基础，武士时代来临。德川幕府时期，统治阶级由将军、大名为代表的高级武士到最低级武士组成。

武士道（Bushido）是日本文化中的重要组成部分。德川幕府时期从思想意识方面大力宣扬武士精神，其渊源可以追溯到日本的神道和神道教，佛教、孔孟之道是日本武士阶级必须严格遵守的原则、道德规范和哲学。武士道推崇义、勇、仁、礼、诚、名誉、忠义、克己等精神信仰，重视君臣戒律，强调战场上的武勇和对主人的献身精神。武士道是幕藩统治者驱使武士效忠的精神武器。

3. 幕府与幕府政治

"幕府"（Bakufu）一词始自古代中国出征时将军的府署，最初是近卫大将的住所，后来指武士首脑征夷大将军府邸。日本封建武士通过幕府实行统治，称为"幕府政治"（shogunate politics），又称武家政治。

律令国家逐渐衰落，中央贵族掌控了国家权力。经过激烈政治斗争，原本担任侍卫的武家势力介入中央政治，其中出身皇族的源氏和平氏两大集团掌控了全国土地管辖权、征税权和警察权。1185 年，源氏歼灭平氏，建立了第一个掌握实权的中央政府——镰仓幕府，天皇任命的征夷大将军是幕府最高职位。幕府设有公文所，掌管领地、年贡、公文、财政和庶务，后改为政所，是行政机构，设有军事机构侍所、司法机构问注所。幕府内部，将军与下属之间结成以恩赐和尽忠为纽带，与同族观念、血缘观念联系的特殊的主从关系。幕府向地方派出地头和守护，负责征收租税，掌管军务，全面控制了地方政权。

日本历史上曾经出现三个幕府政权：镰仓幕府、室町幕府和德川幕府。武士是幕府统治的阶级基础。1603 年德川家康平定全国，就任征夷大将军，在江户设立幕府，武家政治发展到顶点。他建立幕藩体制，弱化大名藩国势力，建立更严格的等级身份制，控制藩国，控制全国政治经济命脉，1639 年实行"锁国"政策，限制西方思想和物质文明的影响。幕府统治实际上是在天皇政权之外另立了武士政权，成为日本社会的重要特征，直到明治维新时期幕府宣告终结。

4. 朝鲜壬辰卫国战争

壬辰卫国战争（Renchen War to Defend the Nation）是指 16 世纪末中朝人民在朝鲜半岛联合抵抗日本侵略的战争。自丰臣秀吉统一日本以后，日本的大小领主为了在经济上获取财富并转嫁国内矛盾妄图向海外扩张，而一水之隔的朝鲜成了首要目标。1592 年 4 月，日本关白丰臣秀吉派出 20 万军队，侵入朝鲜沿海，发动对朝鲜的全面战争，史称"壬辰战争"。

在战争爆发后短短两个多月内，朝鲜军队难以有效抵御日军进攻,"望风奔溃",汉城、开城、平壤三都相继失陷,大部分国土沦丧,朝鲜国王逃到靠近中朝边境的义州,朝鲜亡国灭种的危险迫在眉前。在此危急关头,朝鲜王廷向上国明王朝求援。在朝鲜的一片求救声中,明朝神宗皇帝本着"抚藩字小"原则,加之考虑到"唇亡齿寒",担忧日本灭亡朝鲜后进一步入侵明朝,在万历二十年(1592年)和二十五年(1597年)先后派出李如松、杨镐等率领多路兵马,援朝抗倭。在与倭寇作战过程中,明朝与朝鲜军队相互协助,浴血奋战,相继取得"平壤大捷""稷山大捷""露梁海战"等战役的胜利。万历二十六年(1598年)十二月,遭明、朝联军沉重打击的日本军队被迫全部退出朝鲜半岛,"关白(丰臣秀吉)死,兵祸始休,诸倭亦皆退守岛巢,东南稍有安枕之日"。至此,这场前后持续7年之久的战争正式宣告结束。

发生在1592—1598年的壬辰战争,具有重大历史意义,它对当时的明朝、朝鲜产生了重要影响。通过壬辰卫国战争,朝鲜虽然保障了主权独立和领土完整,但也损失惨重,劳动力锐减,耕地大片荒芜。嗣后,朝鲜党争加剧、经济萧条、边备废弛等乱象相继而起。抗倭援朝战争的胜利虽间接保卫了明朝的领土利益,但明朝也遭受财力物力的极大损失,边防空虚,边疆民族女真人趁机崛起,建立后金,与明朝展开争夺天下的斗争,加速了明朝的灭亡进程。

壬辰战争的发生,是古代东亚国家政治关系中的重大事件,由于日本入侵朝鲜及明朝援朝抗倭,使这场朝鲜战争具有了地区国际性战争的性质,它对中朝日三国关系乃至东亚地区国际秩序的演变产生了深远影响。明朝及时援朝抗倭,使朝鲜国土免遭日本的涂炭,"再造"了朝鲜,战后明朝与朝鲜的传统朝贡关系更加牢固,但由于明朝在战争中力量大为削弱,因而其在东亚地区的霸主地位产生动摇。战后日本德川幕府致力于发展国内经济，为后世称霸东亚积蓄物质基础。

5. 李氏朝鲜

李氏朝鲜（Joseon dynasty，1392—1910 年）是朝鲜半岛历史上最后一个统一的封建王朝。国号"朝鲜"是由明太祖朱元璋选定，由于朝鲜国王籍贯是全州李氏，故又称为"李氏朝鲜"。

开国国王为太祖李成桂。李成桂本为高丽末期大将，他通过发动"威化岛回师"兵变掌握了实际政权，又进行"科田法"改革，准备物质基础。在各种时机成熟的情况下，1392 年李成桂推翻高丽朝，建立朝鲜王朝，初都开京（今开城，又称松都），后定都汉阳（后改称汉城，今首尔）。李氏朝鲜王朝历经 27 代君主，共 500 余年的历史。

李氏朝鲜前期，在政治上通过一系列加强中央集权的措施，强化王权，建立起高度中央集权化的君主专制体制，1485 年颁布《经国大典》标志着朝鲜具有了完备的国家和社会体制；在理念上以儒教治国，儒家思想取代佛教成为国家统治的主要理念；经济上进行土地改革，与明朝及日本开展贸易，物质基础较为雄厚；文化上开展"诗赋外交"，广泛接受明清文化。尤为重要的是，朝鲜在世宗王时期创立了本国民族语言文字"训民正音"，提高了朝鲜平民的识字率，促进了朝鲜文化事业的发展，朝鲜由此获得文化上的心理优势，自称"小中华"。然而，从 16 世纪末开始，朝鲜内部党争不断，外部则遭到壬辰倭乱和后金的军事压力，开始闭关锁国，国势渐衰。

在对外关系上，李氏朝鲜重视与宗主国中国的关系，在大部分时间里是中国明清两朝的重要藩属国。其中与明朝保持了长达 200 余年的传统友好关系，在 16 世纪末壬辰战争中曾与明军联合抗倭，"再造"朝鲜，更使两国朝贡关系趋于紧密。明清易代之际，迫于后金（清）的军事压力，朝鲜被迫脱离明朝成为清朝的附属国。朝鲜与清朝的臣属关系一直持续到1896年。中日甲午战争后，朝鲜脱离与清朝的朝贡关系，改国号为"大韩帝国"。1910年，日本吞并朝鲜，李氏朝鲜王朝灭亡。

6. 戒日王

戒日王（Harsha，589—647年）是印度历史上最后一个统一北印度的土著国王，其统治时期（606—647年）是印度历史上的一个辉煌时代。其婆罗门朝臣波那（Bana）撰写的颂词《戒日王传》和中国唐朝求法僧玄奘（他在630—644年"巡行圣迹旅行到戒日王的印度"）的著作《大唐西域记》，是我们今天研究戒日王所依据的主要资料。

他是印度塔内萨尔王国普西亚布蒂王族第六代国王，名称音译为"曷利沙"（Harsha）或"曷利沙伐弹那"（Harsha-Vardhana），意译为"喜增王"，号"尸罗逸多"，意译"戒日"。自606年即位为王后，他励精图治，继续奉行与穆克里王朝的结盟政策，以曲女城为都，征服"五天竺"（伐特彼、摩揭陀、克什米尔、古查拉特和信德），最终在643年建立戒日帝国，统一了从卡提阿瓦到孟加拉的北印度大部分地区，结束了自笈多帝国崩溃后北印度分崩离析的混乱局面。在帝国范围内，戒日王极力实行集权统治，在中央设大臣会议辅佐，在地方则亲自巡行来树立权威。但实际上戒日帝国和笈多帝国相似，只是一个以戒日王为首的众多封建小邦的集合体。因此，帝国的统一是不彻底的，没有完备的中央集权体制，戒日王的权力难与孔雀王朝诸王相比，政治权威受到诸多限制，地方统治者在自己的统治区域内则掌握较大权力。受这种体制影响，戒日王死后，无嗣，戒日帝国旋即因内乱瓦解。

与政治功绩相比，戒日王在文化方面的贡献更为突出。他重视文化，奖掖文学，尊重学者，其大臣波那写的《戒日王传》被认为是梵语散文的优秀范例。而戒日王本人对文学也素有兴趣，造诣很深，在繁忙的政务中，他写出了三部剧本，其中两部是古典风格的喜剧，第三部是严肃的宗教主题。在宗教方面，戒日王实行兼容并蓄的政策。受其姐姐影响，戒日王与阿育王一样，支持佛教，在北印度建立了许多佛塔和寺院，"圣迹之所并建伽蓝"，著名的那烂陀寺在其扶植下得到极大发展。而玄奘西去印度取经，则曾受到戒日王的礼遇。在戒日王统治下，印度教也很受欢迎，形成了古典的"崇拜"（puja）形式，信徒被要求带着他们的贡品水果、甜食和其他佳肴到神像前面来，既可以"虔诚"（bhakti）地崇拜神像，也可以通过表演一些神秘的仪式来崇拜。

正因在戒日王时期，印度的古典文化蔚为繁荣，所以他被誉为印度古典文化的集大成者。

7. 种姓制度

种姓制度是印度历史上长期存在、影响既深且远的一种社会等级制度。种姓制度（Caste system in India）经历了两个阶段，第一个阶段是瓦尔纳（Varna）制，以后在它的基础上，又发展出了阇提制。而我国佛教典籍将两者都称为"种姓"，西方则称之为"卡斯特"（Caste）。

在吠陀时代（公元前1500—前600年）后期，随着雅利安人对印度当地土著征服的完成与生产力的发展，印度社会进一步分化，雅利安人中间因社会分工地位差异形成了不同的社会集团。加上被征服居民，印度居民一共分为四个瓦尔纳，即婆罗门（Brahman）、刹帝利（Kshatriya）、吠舍（Vaishya）和首陀罗（Shudra）。四个瓦尔纳职责不同，地位不同。婆罗门掌管祭祀，垄断教育，刹帝利掌管军政大权，吠舍则从事农牧业和商业，而首陀罗则主要由被征服居民构成，要为上述三个瓦尔纳服务。从吠陀末期起，婆罗门就制定出种种清规戒律，在宗教和社会生活上限制和歧视低级种姓。比如，四个种姓分别实行内婚制，不同种姓之间禁止通婚，种姓成员必须遵守规则；每个种姓不仅高贵或低贱程度不同，各自还有一个特定的颜色：婆罗门为白色，以下依次为黄色、红色、黑色；不同种姓之间不可接触。由此可见，种姓制度的形成和延续既有宗教与职业原因，也与种族差别有关。然而，种姓制度从来不是僵化的、一成不变的。随着王权的建立与加强，刹帝利种姓地位急剧上升。后来，随着雅利安社会界限的不断扩大，又出现了一个四种姓系统之外的人群——不可接触者，也被称为"第五种姓"（panchamas）或贱民。这个种姓的习俗或职业被认为非常陌生或"不洁"，以至于首陀罗都不想"触碰"他们。

到印度中古时期，随着社会进一步发展，种姓制度更趋复杂。婆罗门和刹帝利依然保持着他们在社会中的统治地位，吠舍已专门指从事商业的居民，而首陀罗则专指从事农业的依附农民。在四种姓之外，还出现了一种更加精细的划分社会人群的方法，即衍生出一种复杂的亚种姓等级——阇提（Jati）。阇提内部职业世袭，共同进餐，相互通婚，并设立管理机构，监督成员遵守规章制度和风俗习惯，违者要受到惩罚，直到被剥夺受保护的权利。阇提之间相互隔绝，不准通婚。随着手工业分工的加细，各种手工业阇提的数目不断增加。

总之，种姓制度是印度进入阶级社会后社会组织的基本制度。这种制度把社会各个集团隔离，使之彼此封闭，同时又使之相互依存，形成一种静态平衡，对保存古代印度文明、维持社会秩序方面起了重要作用，但它又严重阻碍了印度社会的进步和发展，其不良影响一直持续到今天。

8. 印度教

印度教（Hinduism）是印度在中古时期，以婆罗门教义为基础，吸收了佛教、耆那教的诸多思想，融合各种各样的民间信仰而形成的新型大众宗教，又被称为"新婆罗门教"。

早在笈多王朝时期（320—540 年），在佛教、耆那教的强有力挑战下，婆罗门教发生众多变化，其内部出现了正宗六派哲学。其中吠檀多派等反对注重祭祀，强调内心信仰、亲证神和修行，《薄伽梵歌》（形成年代说法多种多样）对祭祀万能也作了批判。这些学说批判传统婆罗门教盛行的祭祀万能、婆罗门至上的观念，也促使婆罗门教逐渐远离传统，转型成新型的、大众的救赎宗教——印度教，满足普通民众的需要。

这种新型宗教在中古时期，经过商羯罗改革正式成型。公元 9 世纪，吠檀多派大师商羯罗（约 788—820 年）为消除吠陀哲学的晦涩和矛盾之处，对吠檀多派哲学作了新的阐释。他主张，世界唯一实在是梵，梵体现为"小我"；除了梵以外没有真正实在的事物，一切外界事物都是"摩耶"（幻）。而"摩耶"有一种力量，能使人把不实的事物看成是实在的，即无明；而破除无明的解脱之道就是直接证悟"梵我同一"。这种经过商羯罗改进的吠檀多派学说构成了印度教神学体系的主要思想基础。他还主张简化印度教的朝拜仪式，消除其中一些烦琐的、不必要的仪式。在组织方面，他借鉴佛教建立僧伽的方法，在印度教中建立了僧侣组织，并开始兴建印度教寺庙作为敬神的主要公共场所。商羯罗的改革适应了日益变化的社会形势，回应了其他宗教派别的有力挑战，从而使新兴的印度教建立在一个坚实的理论基础之上。印度教由此确立了它的基本形式，在 8 世纪以后蓬勃发展，到 10 世纪已在南亚次大陆占据统治地位。

虽然对印度教难以下准确定义，但大多数印度教徒依然具有共同的特征。印度教各派虽各有经典，但大都承认吠陀经典的神圣性。吠陀提到许多神明，其中具有宇宙功能的主要有两位主神：一位是毗湿奴，他是世界的保护者，在天堂里观察整个宇宙，偶尔会化身为人，来到世间惩戒邪恶或传播教旨；另一位则是湿婆，他是具有丰产和毁灭力量的神，既创造生命，也剥夺生命。围绕这两位主神，印度教内部形成了湿婆派、毗湿奴派和坦陀罗派（性力派），其中毗湿奴派和湿婆派是主要派别。在宗教仪式上，印度教仪式虽然已经简化，但相比其他宗教仍然相当烦琐。

总之，印度教的松散性、包容性及开放性非常有利于不同地区不同文化背景的人接受，在中古时期它破茧而出成为印度最主要的宗教信仰，并延续至今，有着极强生命力。

第十四章 蒙古帝国和奥斯曼帝国

1. 蒙古帝国

蒙古人铁木真及其后裔在13、14世纪建立的地跨欧亚大陆的游牧帝国。

铁木真出身于蒙古部孛儿只斤氏族。13世纪初，他将松散的蒙古各部统一起来。1206年在斡难河的忽里勒台大会上，铁木真建立大蒙古兀鲁斯，被尊称为"成吉思汗"（拥有四海的统治者），拥有至高无上的地位。之后，他依靠蒙古骑兵东征西讨。到1220年，他基本控制了以北京为核心的中国北部地区，在中亚则先后灭亡了西辽、花剌子模等国家。到他逝世时，蒙古人的统治以蒙古高原为核心已经扩大到东至中国北部、西至波斯地区，为一个强大的蒙古帝国奠定了基础。然而，成吉思汗是一个征服者而非管理者，他并没有在被征服地区确立比较永久的管理体制。

之后，他的子孙们继续对外扩张，到忽必烈时形成了覆盖欧亚大陆的世界性帝国及四个地域性汗国。蒙古大汗统治中国，并于1276年攻灭南宋，建立"大元兀鲁斯"，中国俗称元朝；察哈台的后裔统治着中亚地区，波斯落入伊儿汗国的统治之下，而金帐汗国则控制着俄罗斯。大汗在名义上要高于其他汗，但却很少能行使其权威。在统治各地的农耕民族时，蒙古人在不同地区采取了不同策略。在波斯，伊儿汗国吸纳波斯人的上层进入统治集团，开始吸收波斯的文化传统，1295年，伊儿汗国的合赞汗甚至公开改宗伊斯兰教。而位于中国的蒙元统治者则与汉文化有相当多的隔膜，他们采取等级制度，把中国的臣民视为下等人，拒绝吸收中国的文化传统。

到14世纪中叶，蒙古各汗国开始衰落。1335年，伊儿汗国的末代汗死后绝嗣，伊儿汗国灭亡。而中国的蒙元王朝则在农民起义军的进逼下，于1368年放弃大都，退回草原。虽然蒙古国家并没有完全消失，在欧亚内陆还有相当活力，但这些事件标志着蒙古帝国已经瓦解。

在缔造庞大帝国的过程中，蒙古人给欧亚大陆大部分地区带来了巨大破坏，但同时也促进了不同社会民族之间的互相交流。正是由于蒙古人创造了欧亚大陆上空前绝后的"蒙古和平"（Pax Mongolica），建立了由驿站组成的四通八达的通信网络，欧亚大陆东西两端之间的交流才更加顺畅直接。远距离贸易和交流活动增多，商人、使节和传教士在欧亚大陆之间穿梭，中国与西欧这样相距遥远的土地才第一次联系在一起。不仅如此，蒙古人的扩张还促进了欧亚大陆的族群流动，许多新的民族（如回族等）诞生，促进了不同社会民族之间的交流。可以说，正是蒙古帝国在历史上首次以空前的力度加强了欧亚大陆东西之间的交往与联系。

2. 成吉思汗

成吉思汗（1162—1227年）是著名的军事统帅、征服者，大蒙古国的缔造者。约1162年出生于蒙古部孛儿只斤氏族，原名铁木真。12世纪下半叶蒙古高原上大小不一、为数众多的游牧部落彼此之间纷争不已。铁木真9岁时，其父也速该被塔塔儿部人毒死，孛儿只斤氏族部众离散。铁木真历经磨难，成为乞颜蒙古部的首领。他善于征战谋略，先后击败蔑儿乞部、塔塔儿部、克烈部，成为蒙古高原的霸主。1206年，蒙古贵族、将领举行忽里勒台（大聚会），推举铁木真为大汗，称"成吉思汗"（"成吉思"意为"强大"，一说是海洋之意），国号"大蒙古国"（Ikh Mongol Uls）。

与此同时，成吉思汗改造了蒙古诸部，拆散以前的部落体制，将蒙古游牧民族统一编组为95个千户，千户下又分百户、十户。这些千户、百户、十户既是军事编制，又是地方行政单位。他任命亲族子弟、将领功臣为千户长，世袭统辖。在大汗周围则建立一支万人的护卫亲军——怯薛（轮班之意），由大汗直接掌握，平时充当大汗侍卫，战时随军出征。成吉思汗还以"札鲁忽赤"（大断事官）负责处理行政事务，编纂了一部著名的法典《扎萨》（Jasagh）。他沿着贸易路线设立驿站，让信使骑驿马快速传递讯息；他以广纳谏言著称，不分种族、宗派或肤色，而且善于任使，宽于赏赐。

依靠这种军政合一的军事体制，铁木真称汗后展开数次大规模的军事活动，开始了对外征服的历程。1205—1209年三次攻西夏，迫使西夏称臣纳贡。1211—1215年两次伐金，占领中都（今北京），更名为"汗八里"（Khanbaliq，"可汗之城"，即大都）。1218年起先灭西辽（即哈剌契丹），随即攻灭花剌子模（今乌兹别克斯坦），前锋抵达印度河。其中一支曾越过太和岭

（今高加索山），大败斡罗思（即俄罗斯）王公的联军。

1226 年，成吉思汗进攻西夏，翌年死在贺兰山下。至此，蒙古人的统治已经扩大到东至中国北部、西至波斯的广袤地区，为一个强大帝国奠定了基础。

3. 蒙古四大汗国（钦察汗国、察合台汗国、窝阔台汗国、伊儿汗国）

13 世纪蒙古人在欧亚大陆被征服地区所建立的汗国，即钦察汗国、察合台汗国、窝阔台汗国和伊儿汗国。四大汗国的统治者在血统上均出自成吉思汗"黄金家族"，彼此血脉相连，因此在名义上承认元朝皇帝的大汗地位，是元朝的宗藩之国，但实际上是独立的，其发展历程不尽相同。蒙古四大汗国占据中亚、西亚以至东欧的广大区域，存在时间较长，对当地的历史产生了深远的影响。

钦察汗国

由成吉思汗长子术赤后裔所统治，又称术赤兀鲁思、金帐汗国。1243 年，蒙古第二次西征结束后，术赤长子拔都建都于伏尔加河下游的拔都萨莱城（今阿斯特拉罕附近），汗国版图东至额尔齐斯河，西抵俄罗斯，南至巴尔喀什湖、里海、黑海，北到北极圈附近。其统治组织保持军政合一的性质，贵族之下是军事行政单位万户、千户、百户和十户。汗国境内民族成分复杂，经济社会发展极度不平衡。而蒙古人生活在大量突厥语族中，渐趋突厥化，到 14 世纪前叶蒙古人已使用突厥语。最高统治者向所属各地派出官员进行统治或监治，征收租税和贡赋。14 世纪 50 年代末起，汗国陷入内讧，逐渐衰落。15 世纪 20 年代起，从汗国相继分裂出喀山等诸汗国，所剩疆土无几。1502 年克里米亚汗与莫斯科大公国结盟，进攻萨莱城，汗国城破国灭。

察合台汗国

始建于1222年，由察合台及其孙子哈剌旭烈后人统治。汗国最盛时疆域东至吐鲁番、罗布泊，西及阿姆河，北抵塔尔巴哈台，南越兴都库什山。14世纪中叶，分裂为东、西察合台汗国，西部后为帖木儿帝国所吞并，东部仍掌握在察合台后裔手中，1514年被叶尔羌汗国所灭。

窝阔台汗国

由成吉思汗第三子窝阔台（1186—1241年）及其子贵由后人统治。汗国建于1225年，亡于1309年，是蒙古四大汗国中最短命者。其疆域包括原蒙古乃蛮部落的广阔土地和西辽国的部分领土，即额尔齐斯河上游和巴尔喀什湖以东地区。建都叶密立城。窝阔台之孙海都在位时，国势最为强盛，曾与元朝武力抗争30多年，并迫使察合台汗国成为附庸。海都死后，子察八儿继位，国势日衰。1309年，察八儿逃到元朝，其领地多为察合台汗国所有，汗国灭亡。

伊儿汗国

1259年，蒙古第三次西征后，西征统帅旭烈兀所建。汗国以波斯为中心，由旭烈兀及其后裔所统治。伊儿是突厥语"从属"之意，旭烈兀自称"伊儿汗"，汗国由此得名。领土东起阿姆河、印度河，西包小亚细亚大部，南抵波斯湾，北达高加索，以大不里士为都城。1295年，合赞汗即位，改宗伊斯兰教为国教，并进行社会改革，国势达到顶峰。在四大汗国中，伊儿汗国自始至终与元朝保持密切关系。14世纪，伊儿汗国内乱不已，纷争不断，14世纪末被中亚帖木儿所灭。

4. 奥斯曼帝国

西突厥人的一支所建立的地跨欧亚非的大帝国（1300—1922年）。创始人奥斯曼一世（Osman），其先祖出于乌古斯突厥人的卡伊部落，12世纪迁入安纳托利亚。1282年左右，奥斯曼在拜占庭边境建立一个酋长国，从属于罗姆苏丹国。之后，奥斯曼及其后裔率领穆斯林战士，依靠征调的基督徒奴隶组成的"加尼沙里"（Janissaries，近卫军），不断蚕食拜占庭在安纳托利亚的领土。其子奥尔汗曾应拜占庭帝国皇帝约翰五世之邀，进入色雷斯地区，于1352年占领了加里波利，由此在欧洲立足。在巴耶塞特一世（1389—1402年）时，奥斯曼人在安纳托利亚败于中亚的帖木儿帝国，对外扩张暂时中断。之后，历任苏丹开始收复失地，到穆罕默德二世时，奥斯曼国家国力强劲，于1453年攻占君士坦丁堡，掀开了奥斯曼人对外扩张的新篇章。到苏莱曼大帝在位时期（1520—1566年在位），奥斯曼帝国达到鼎盛，其疆域横跨欧亚非三洲，囊括了两河流域、叙利亚、埃及、突尼斯和利比亚等大部分地区，在欧洲兵锋逼近维也纳。与此同时，奥斯曼帝国在突厥游牧民族传统的基础上，继承了伊斯兰遗产，努力寻求能够让帝国范围内多民族、多宗教和谐发展之路。帝国境内宗教法与民法并行，非伊斯兰民族则根据"米勒特"（Millet）制度，保留了他们原来的法律、传统和语言。

16世纪中叶以后，帝国开始由盛转衰。苏丹多不亲政，沉湎后宫，大权旁落于"大维齐尔"（首相）之手，致使近卫军干政，控制苏丹；财政拮据，工商业衰落，社会动荡不安；在文化上也趋向保守，其臣民秉持一种傲慢的优越感，无视欧洲的文化和技术进步。18、19世纪，欧洲国家和俄罗斯通过政治、军事、经济等手段对奥斯曼帝国施压，迫使其缩小统治地区。谢里姆三世（1789—1807年在位）和阿卜杜勒-迈吉德一世（1839—1861年在位）等苏丹也曾试图改革重振，然而阻力重重，帝国衰落已不可扭转。境内希腊、塞尔维亚等欧洲诸族尽皆独立，北非的埃及、突尼斯和利比亚等地也已丧失。对外则不断败于欧洲新兴列强，割地赔款。"一战"后，奥斯曼帝国因加入同盟国阵营，而遭到协约国瓜分。在凯末尔革命胜利后，苏丹制被废除，土耳其宣布建立共和国，奥斯曼帝国瓦解。

第十五章　早期美洲和撒哈拉以南的非洲

1. 玛雅文化

美洲玛雅人在今天南墨西哥、危地马拉、伯利兹、洪都拉斯和萨尔瓦多等地创造的非凡文化，中心位于危地马拉的佩腾地区。玛雅人是创造美洲文明的先驱者。大约从公元前1500年起，玛雅人开始有宗教与社会组织。从公元300年到900年，玛雅文明达到了高度繁荣。15世纪时，玛雅文化因政治动荡而全面衰落，不久又遭到西班牙殖民者的无情破坏，其文化发展进程中断。

在社会组织形态上，玛雅人没有形成统一国家，而是以大型建筑——金字塔、宫殿和神庙为中心形成了数十个城邦国家。一些较大的中心吸引了密集人群，并发展成为城市，其中最重要的是第卡尔（Tikal），有将近4万人口，在公元4世纪到9世纪之间成为玛雅最重要的政治中心。在玛雅社会，庞大的农民和奴隶阶层供养着整个社会，并为城市和纪念物的建造提供劳动力。世袭贵族拥有大量土地，并与国王、祭司共同负责组织军队和参与宗教仪式。除此之外，玛雅社会还包括一个庞大的祭司阶层，正是他们创造和维系了玛雅文化。

玛雅祭司十分了解天体运行，能够标绘出行星轨迹，预测日食和月食，在此基础上他们创造了古代美洲最为精确的历法——由太阳历和礼仪历交织而成，反映出一种希冀时间轮回的强烈愿望。在数字方面，玛雅人采用20进位制，并且发明了"零"的概念和符号。在奥尔美加人书写铭文的基础上，玛雅人创造了早期美洲社会中最复杂的书写体系——象形文字。这些文字由表意符号（类似中国的汉字）和表音符号构成，主要刻在建筑物、石柱和陶器上。尽管大部分文字仍无法释读，但其中部分石柱上的象形文字已能破译，从而使玛雅历史有确切年代可考。

在玛雅文化成就中，对人类影响最大的莫过于农作物的培育。他们培育的玉米、西红柿、甘薯、豆子、辣椒、可可、烟草等作物，后经欧洲殖民者传遍全世界，为丰富世界各国人民的饮食结构与消除粮食短缺发挥了不可估量的作用。

第十六章　文艺复兴与宗教改革

1. 百年战争

1337—1453年，英、法之间长期爆发了长达百余年的战争（Hundred Years' War）。战争最终以法国的胜利告终，英国则彻底丧失了在法国的领土。

长期的领土争端是百年战争爆发的主要原因。诺曼征服后，英国国王同时也是法国贵族，长期在法国拥有领地。到了13世纪后期，随着法国国王对地方上的管理加强，英法之间的摩擦不断。到百年战争爆发前，法国西南部富庶的阿基坦地区仍然控制在英国手中，成了冲突的焦点。而1328年的法国王位之争，又给两国增加了新的紧张关系。当年去世的法国国王查理四世没有儿子，与他血缘最近的男性亲属，是外甥英国国王爱德华三世。然而法国人却以爱德华不能从母亲那里获得继承权为由拒绝让他继位，而是拥立了查理四世的堂兄继位，是为腓力六世。1337年，腓力六世宣布收回法属的英国国王领地，爱德华三世迅速作出回应，对法国王位提出要求，百年战争爆发。

百年战争主要分四个阶段进行。1337—1360年是战争的第一阶段。英国虽然在兵力和财力上处于劣势，但由于英国长弓手对法国骑兵的战术优势，英军先是在1346年的克雷西会战中大破法军，1356年又在普瓦提埃战役如法炮制，俘虏法国国王，取得了重大胜利。而法国的内忧外患则由于连年战败被推向了一个顶点，被迫于1360年求和，答应割地赔款。根据《布列塔尼条约》，爱德华三世放弃对法国的王位要求，而法国则割让了卢瓦尔河以南至比利牛斯山脉的全部领土，并同意用一笔相当于英国国王5年收入的巨款赎回被俘的法国国王。不过法国人最终并未筹够赎金，而在国王回国筹钱过程中，他留在英国做人质的儿子又逃跑了，因而讲信义的法国国王又于1364年自愿回到英国，并不久在那里病逝。

1369—1396年是战争的第二阶段。经过一段时间的休养生息，法国展开了反攻，通过消耗战逐渐收复失地。到14世纪70年代末，英国已经被逼退至沿海地区。不过随着英法国王相继去世，双方于1396年签订了20年停战协定，从战争中抽身打理国内事务。

1415—1428年是战争的第三阶段。英国为了扩张领土、转移国内矛盾，再次以争夺王位为口实发动对法战争，并在1415年的阿金库尔战役中取得了决定性的胜利。1420年，法国被迫签订了《特鲁瓦条约》，承认英国国王为法国王位继承人。1428年，英军对法国南部的法国太子领地展开进攻，将气势低落的法军逼入绝境。

1429—1453年是战争的最后阶段。1429年圣女贞德解救了被英军长期围困的奥尔良，一举提起了法军的气势，法军随后进入了战略反攻阶段。到1453年10月19日波尔多的英军投降，百年战争宣告结束，法国收复了加莱以外的全部领土。

2. 保有制

保有制（Tenure）一般指诺曼征服后在英格兰确立的一种土地制度，即土地保有人（tenant）以承担一定役务为条件，从领主（lord）那里取得土地并拥有与所获土地相匹配的权利。诺曼征服后，国王作为英格兰境内的最高领主，将土地进行分封，受封者为直属封臣，后者也将土地不断分封，形成复杂的封建从属关系，这种复杂关系的维系依赖于土地保有制中明确的权利与义务的规定。作为一种封建土地保有关系，保有制包含着双向的权利与义务关系，土地保有人根据所持土地的性质向领主履行特定的役务，领主需要保障土地保有人的人身与财产安全。12 世纪中叶以后，随着普通法的发展，土地保有性质不断规范，以保有人所提供的役务是否具有确定性为标准，土地保有制逐渐被划分为自由持有保有制（包括教役、骑士役、杂役和索克制等几种类型）和不自由保有制（主要是维兰保有制）。前者指保有人因向其领主提供确定性的役务而在一定时间内不受限制地使用土地的持有形式，近代以后逐渐获得与所有权无实质差别的权利。随着封建制度的衰落，土地保有制所暗含的身份因素不断弱化，中世纪后期到近代早期，维兰保有制演变为公簿持有保有制（copyhold tenure）。随着土地租赁现象的频繁发生，出现了一种基于出租人和承租人订立契约而维持关系的持地方式，双方的权利与义务由契约而定，即租赁持有保有制（leasehold tenure）。这三类土地保有形式一直持续到 20 世纪初，此后英国进行《财产法》改革，将公簿持有保有制正式废除，转化为自由持有保有制，至此英国主要存在自由持有保有制和租赁持有保有制两种类型。

3.《土地买卖法》

中世纪英格兰，自由流转土地被视为是损害领主封建权益、削弱领主—佃户关系的行为，佃户既不能在有生之年转让土地、也无权通过遗嘱的方式处置身后的土地。虽然佃户没有获得流转土地的合法权利，但仍可通过"替代"与"再分封"这两种方式来实现实质上的土地转让，这就侵害了领主的利益。13 世纪中期开始，随着人身依附关系逐渐松动，土地流动现象日益频繁，对领主权的损害也不可避免。因为通过"替代"，尽管保有人的身份有所变更，但所履行的义务尚能保持下来；但是以"再分封"转让土地，实际在原来的保有关系上再创建新的保有关系，也就令原保有关系中的领主损失了土地附属的封建权益，对领主造成实际的损害。为了维护领主的封建权益，1290 年爱德华一世颁布《土地买卖法》（Quia Emptores）授予自由持有人买卖自由继承地产（fee simple）的权利，但必须要履行附在地产上的相应役务，从而避免因土地流转而造成的封建利益的损失。该法案的颁布在一定程度上避免了领主封建权益的损失，阻止了因再分封而导致的领主权数量不断增加的趋势。虽然该法案仍有一定局限性，但这毕竟是英国历史上首次公开承认买卖自由土地行为是合法的，确认了自由持有人让渡土地的权利，简化了土地交易的程序，土地交易也更加频繁，以至于小土地所有者的数量也有所增加。

4. 敞田制

敞田与圈地相对而称，指未被圈围的土地。敞田制（Open field system）是中世纪英格兰部分地区曾经采用的一种田制。由于敞田受到一定程度的公共控制，故又被称为公田（common land），前者突出田地的外貌特征，而后者则侧重田地的性质和功能。有学者认为，敞田制并非起源于日耳曼人农村公社土地制度，而是适应 9、10 世纪包括英格兰在内的西北欧经济环境的变化产生的。敞田制主要涉及三种类型土地的利用：一是耕地；二是草地；三是天然牧场、荒地、林地和沼泽地等类型土地。敞田制的主要特征如下：第一，耕地和草地划分为条田，每个土地持有者占有若干分散的条田；第二，收割后的土地和休耕地以及收割草料后的草场，要敞开用于公共放牧；第三，条田占有者享有在公共牧场放牧以及在荒地、森林等公地上拾柴火及果实等的权利；第四，农耕由庄园法庭或村民会议统一规定并管理。在中世纪，敞田制的实行具有特殊的经济与社会意义。首先，这种土地的私人占有权与共用权的混合是与中世纪传统农牧结合制度相适应的。通过敞田制安排，实现了农业和牧业的有机结合，满足了盎格鲁—撒克逊人对肉食和小麦面包的双重需要。其次，共用权的存在和实施体现了一定的慈善与救济功能，不仅成为农民许多日常生活物品的来源，而且在一定程度上维持了穷人的基本生存。中世纪晚期到近代早期，英格兰开始从农本到重商转变，农牧分离成为大势所趋。敞田制逐渐失去大规模存在的理由。随着近代英国农业不断发展，尽管敞田制最终退出了历史舞台，但它曾经有过的合理性仍值得充分肯定。

5. 约曼

约曼（Yeoman）泛指英国富裕农民，也常被称为"自耕农"，14世纪初露端倪，15、16世纪逐渐发展起来，是一个迅速壮大的阶层，也是一个跟乡绅越来越难以区分的阶层。约曼一词最初的含义指具有自由身份的年轻人或履行荣誉服役的侍从，后来演变为一种经济标准，用来指代任何富裕农民，而不论其法律身份是自由持有农、租赁持有农还是公簿持有农。约曼持有土地的法律类型也是多种多样的，包括自有土地及各类佃田。作为农民的上层阶层，约曼的生活水平差不多可以赶上乡绅，他们相当富有，却仍愿意躬身亲耕。约曼的崛起与对土地的追求是密不可分的。约曼不仅扮演了农业经营者、土地承租人和购买者的角色，他们还将自己手中的土地出租给别人，收取租金；或者转卖，赚取差价。他们在自有土地及佃田上实行资本主义农场式经营，以市场为导向、追求土地经营利润，经营规模不断扩大。到近代早期，从约曼的经营规模来看，就耕地而言，约曼一般经营25—200英亩的农场，也有少数经营数百英亩的，25英亩的土地足够约曼自给,还能有余力给邻人提供贷款;就牧地而言,约曼可以经营数百英亩的牧地。总之,约曼和乡绅已然成为英国现代农业的发起人和推动者,他们将土地中获得的价值重新投入土地之中,引发了一轮又一轮的农业技术进步,增加了土地的实际价值,推动再生产不断扩大;他们在生产经营中积蓄了财富,经济实力的增强促进了社会阶层流动,特别是向上层的流动。可以说在英国社会转型中,他们是英国经济、社会发展的中坚力量。

6. 意大利城市国家

城市国家即以独立的城市为中心构成的政治体,城市是国家的政治、经济、文化生活的中心和领导,并具有对邻近区域的统治权。在中世纪,意大利拥有典型的城市国家(Italian city-state)。

意大利地处地中海中部,地理位置关键,是亚欧贸易枢纽,11世纪城市工商业已经很发达,不少地区农村很早流行货币地租,无劳役,无农奴制。贫苦农民丧失土地到城市做雇佣工人。

但此时的意大利政治四分五裂。北部意大利长期处于神圣罗马帝国统治下,直到1254年霍亨斯陶芬王朝结束,北部意大利脱离帝国,一些城市趁机扩大统治区域,形成大型的城市国家,如威尼斯和热那亚等。中部城市属于罗马教宗领地,其西面的佛罗伦萨、比萨、锡耶纳等也是城市国家。

热那亚因支持拜占庭复兴,获得了港口贸易特权,免除一切捐税,控制东部地中海的商业。威尼斯长期与热那亚争夺商业霸权,1380年盛极一时,后因土耳其人兴起,扩张受到阻碍。佛罗伦萨以手工业和银行业为主,形成许多和教宗经济有联系的大家族,在欧洲各地经营汇兑、借贷、投资等业务。

意大利城市国家一般为共和制,由选举产生市议会,但大商人、银行家、资本家把持市议会。他们组成城市贵族集团,垄断市政，压迫城市平民，人民不满，反抗不断。因此，城市纷纷走向独裁政权，形成个人或家族的独裁统治。这些城市国家重视古典文化，其经济、政治、文化的发展为新的思想和人生观提供了基础，14 世纪在这些地方拉开了文艺复兴的序幕。

7. 宗教改革

宗教改革（Protestant Reformation），指的是 16 世纪欧洲基督教国家发生的一系列自上而下的宗教改革运动，它同时还是一场宗教改革旗帜下的大规模社会政治运动和民族独立运动，强调圣经的权威，主张建立廉价教会和本民族教会。随着文艺复兴运动的兴起、民族意识的觉醒、资本主义生产关系的发展以及罗马教廷势力的衰落，受罗马教廷压榨最严重、政治上四分五裂的德国首先发难。1517 年，罗马教廷到德意志兜售赎罪券，遭到抗议。是年 10 月 31 日，德国神学家、奥斯定会修士马丁·路德在维滕贝格教堂门前贴出反对兜售赎罪券的《九十五条论纲》，揭开了宗教改革的序幕。这一事件引发了罗马教廷和路德之间的数年论战，神圣罗马帝国皇帝查理五世（Karl V，1519—1556 年在位）在 1521 年宣布发布《沃尔姆斯敕令》，宣布路德为异端；但遭到德国民众和一些诸侯的抗议，德国随之形成两大对立阵营。"抗议者"（Protestant）便成为宗教改革中出现的新教的称呼。1555 年，双方缔结《奥格斯堡和约》，结束内战，德国北部和东北部属于路德派阵营，南部和西南部属于天主教势力范围，从而在德国形成了天主教和新教并存的局面。法国的加尔文（Jean Calvin，1509—1564 年）在 1536 年发表《基督教原理》，又于 1541 年在日内瓦建立政教合一的共和政权；受市议会委托，他领导起草了教会的规章制度，废除主教制，建立长老制，由此产生了加尔文教（即归正宗）。1566 年，原来接受茨温利主张的苏黎世等地全部接受加尔文主义。与此同时，加尔文主义也在法国广为传播，这些法国新教徒被称为胡格诺派（Huguenots）。1562—1598 年，法国天主教和胡格诺派之间爆发了一系列战争。1598 年，法国颁布《南特敕令》，给予胡格诺派以信仰自由和政治平等权利，结束内战。在尼德兰，1566 年爆发大规模的圣像破坏运动，以宗教改革为旗帜，反抗西班牙的统治。1581 年，尼德兰北方诸省联合建立荷兰共和国，成为欧洲第一个资产阶级共和国。在英国，英王亨利八世（Henry Ⅷ，1491—1547 年）积极进行改革，使英国教会摆脱罗马教廷的控制。1563 年，女王伊丽莎白一世（Elizabeth Ⅰ，1558—1603 年在位）颁布《三十九条信纲》，最终确立英国教会安立甘宗。英国的加尔文派对此感到不满，号召"纯洁教会"，发动进一步的运动，他们被称为"清教徒"（Puritan）。此外，苏格兰、北欧、东欧等地也出现了不同程度上的宗教改革。从宗教学角度来看，宗教改革可以被视为西欧从中世纪向近代的过渡。在政治上，宗教改革动摇了天主教会的神权统治，推动了政教分离的进程，促进了民族国家的进一步形成；在思想文化上，宗教宽容或宗教自由是此次运动的成果之一，宗教改革也进一步冲击了神学的禁锢，宗教改革家们普遍重视教育和文化，进一步使欧洲的文化艺术科学领域发生了深刻变化；在社会经济上，宗教改革突破了天主教严格的清规戒律，所确立的社会生活方式和道德伦理有利于推动资本主义经济的发展。

8. 马丁·路德

马丁·路德（Martin Luther，1483—1546 年），16 世纪最伟大的宗教改革家，掀起了宗教改革运动，创立了新教路德宗。他出身于艾斯莱本（Eisleben）农民家庭，他的父亲因经营矿业而致富，进而晋身城市上流社会。他曾在大学选修法律，后入奥斯定会研习神学，1507 年获得神职，1515 年任维滕贝格大学神学教授。1517年，出于对罗马教廷的腐化堕落的憎恶，他发表《九十五条论纲》，反对教廷兜售赎罪券，由此揭开了宗教改革的序幕。此后，他又发表了三篇著名文章《告德意志基督教贵族书》《论教会的巴比伦之囚》和《论基督徒的自由》，强调"唯信称义"、信仰的最高准则是圣经而非教宗，主张建立民族的、平等的、廉价的教会，并且反对蒙昧主义和禁欲主义。1521年，他被教宗宣布有罪，判处绝罚，皇帝查理五世对其下达逮捕令；由于受到维滕贝格当权者腓特烈选侯的保护，他本人未受到迫害。此后20余年，他笔耕不辍，一方面与不同教派领袖进行教义、教理讨论，另一方面将《圣经》翻译成德语；1564年去世，留下了大量的著述。

9. 宗教战争

宗教战争（Wars of religion），既是战争的一个类型，又是宗教斗争的一种形式。它是由于宗教原因，或出于宗教目的，在不同的宗教派别之间引发的长期的大规模流血冲突；但是，这些冲突中往往掺杂着其他诸多非宗教因素，如经济、政治等因素。作为专有名词，它主要是德意志宗教战争、法国胡格诺战争和三十年战争的合称，即欧洲宗教战争（European wars of religion）。在宗教改革中，德意志的一些诸侯们支持马丁·路德，信仰新教。1531年，新教诸侯结成联盟，史称"士马卡尔登联盟"（Schmalkaldic League），与天主教诸侯们和神圣罗马帝国皇帝查理五世形成对立。1547年，查理五世获胜，新教诸侯联盟解体。但是，查理五世权势的增大，引起了教宗和天主教诸侯的恐慌，他们结成反皇帝同盟，北部的新教诸侯们也积极备战。1552年查理五世战败，1555年被迫签订《奥格斯堡和约》，结束战争。《奥格斯堡和约》确立了"教随国定"的原则，承认各邦诸侯有权自由选定其自身及其臣民的信仰，路德宗获得合法地位。法国的加尔文教徒被称为胡格诺，随着胡格诺人数的增加，他们获得了觊觎教产和王权的法国南部贵族的支持。1562 年，法国天主教贵族掀起了对胡格诺派的暴力袭击，随即引发了长达 30 余年的内战，它被称为"胡格诺战争"。这场战争造成了法国社会政治的动荡不安、经济和财产的巨大损失，也招来了国际新旧教势力的（武力）干涉。1590 年信奉加尔文教的法王亨利四世改信天主教，1598 年颁布《南特敕令》（1685 年被路易十四废除），宣布天主教为国教，但不允许教廷干涉法国教务；给予胡格诺派宗教信仰和举行宗教会议的自由，并且享有担任公职和保留军事城堡等权利。胡格诺战争到此最终结束。《奥格斯堡和约》并未弥合神圣罗马帝国内部的宗教不和，信奉新教的波西米亚（今捷克）在 1618 年发动起义，宣布独立，从而引发了战争。这场战争被称为"三十年战争"，它既是一场宗教战争，又夹杂着政治纠葛和国际争霸等因素；最初只是神圣罗马帝国的内战，随后变成所有欧洲大国等都参与的国际战争。战争的双方基本上是以德意志新教诸侯和丹麦、瑞典、法国为一方，得到荷兰、英国、俄国的支持；神圣罗马帝国皇帝、德意志天主教诸侯和西班牙为另一方，得到罗马教廷等国际势力的支持。1648 年，元气大伤的双方签订《威斯特伐利亚和约》（*the Peace Treaty of Westphalia*），结束战争。《威斯特伐利亚和约》重申了教随国定的原则，神圣罗马帝国从此名存实亡，哈布斯堡王朝衰落，法国崛起为霸主国家。

10. 意大利文艺复兴

意大利文艺复兴（Renaissance）是 14 世纪至 16 世纪欧洲文化和思想发展的一个历史时期，是欧洲历史上继 9 世纪、12 世纪两次文化复兴以后又一次重大的文化运动，恩格斯将其称为"是一个需要巨人而且产生巨人"的时代。这一时期，在思维能力、激情和性格方面，在多才多艺和学识渊博方面产生了一批巨人，也创造了以人文主义为核心的价值观念。积极进取的精神、科学理性的精神等影响了西方文明乃至世界的漫长发展过程。

文艺复兴一词最早由意大利画家、艺术史家、建筑家乔治奥·瓦萨里（Giorgio Vasari，1511—1574 年）在《艺苑名人传》中正式使用。意大利原文为 rinascita，意为再生或复兴。经法语转写为 renaissance，17 世纪后在欧洲各国通用。此后它的起首字母大写，成为一个时代的名称，并为学术界广泛接受。19 世纪，西方史学界进一步把它作为 14—16 世纪西欧文化的总称。它标志着欧洲近代历史文化发展的第一阶段，并为宗教改革、启蒙运动等一系列伟大思想解放运动开启先河。

文艺复兴有两层含义：复古与创新。14 世纪意大利城市发展，贸易繁荣，市民阶级不断壮大，形成社会基础；城市有很好的文化和学术氛围，把持政权的大银行家、工场主、大商人，倡导世俗性的文化活动，对文艺复兴活动给予了不同程度的保护和支持。但意大利尽管已经摆脱神圣罗马帝国的控制，仍受到教会势力的干预，处于四分五裂的局面。古希腊、罗马文化此时重新受到重视，知识分子掀起了学习希腊文、研究和复兴古典文化的热潮。文艺复兴因此而得名。实际上，召唤古典文化，是为了借助于古典文化，以世俗的形式与封建势力和宗教势力进行斗争，以期摆脱封建的桎梏，建立适应新的生产关系的新意识形态。在这里，希腊文明和基督教，与本已在西方孕育的罗马文明和日耳曼文明因素结合，积累而成新的元素，产生了文艺复兴等一系列的新变化。

文艺复兴最初反映在文学、艺术等领域，但丁、彼特拉克和薄伽丘被称为此时期的"文学三杰"，乔托被誉为欧洲"绘画之父"，达·芬奇、米开朗基罗、拉斐尔并称"艺术三杰"，他们在各自的作品中融入人文主义思想，提倡个性发展，关注现实生活。很快，随着意大利和欧洲各国的频繁交往，文艺复兴的影响扩展到其他国家和地区，政治、历史、自然科学、哲学等领域也取得丰硕成果。代表人物有意大利政治思想家马基雅维利、历史学家洛伦佐·瓦拉、空想社会主义先驱康帕内拉，法国文学家拉伯雷、政治家波丹，英国空想社会主义思想家托马斯·莫尔、文学巨匠莎士比亚，尼德兰思想家伊拉斯谟，西班牙文学家塞万提斯，等等。

11. 人文主义

人文主义（humanism）一词源自拉丁文语 humanus（人类的）、humantas（人性）。15 世纪末，意大利的学生用 humanista 一词称呼教古典文化的教师，其所教科目称为 studia humanitatic，在英文中对应的词分别为 humanist 和 the humanisties（人文学科）。19 世纪中期，乔治·伏伊格特和布克哈特分别在自己的著作中将该词用于描述文艺复兴时期的特点。人文主义思想是意大利文艺复兴的中心思想。这时欧洲乡村、城市出现新的面貌，市民阶级成为新的社会力量，民族国家观念逐渐加强，人们对天主教教义和教会开始新的思考，要求重新界定人与神之间的关系。人文主义是欧洲民族国家形成过程中的重要哲学思潮与世界观。

人文主义的核心是对人的肯定。其实质是确立人的中心地位、人的尊严和价值，弘扬人的理性和科学精神，反对中世纪神学以上帝为至尊，神主宰有原罪的、无独立价值的人；它以人性、人权对抗神性、神权，主张人有追求自由、发扬理性和获得现世幸福的权利，反对宗教专制、禁欲主义和蒙昧主义。人文主义在政治上的思想体现于拥护中央集权，反对封建割据，要求建立中央集权的以民族基础为统一的国家。可以说，人文主义在文艺复兴时期，主要针对的是封建主义和天主教的宗教世界观。

值得注意的是，这时期的人文主义者中有相当一部分是基督教的神学家、教士和修道士，甚至还有人文主义的教皇，他们从来没有反对过或否定过基督教本身，没有放弃对上帝的信仰，在他们的艺术作品中，有相当一部分以基督教为题材，基督教依然是他们关心的话题。人文主义者最大贡献是，它改变了人在宗教中的地位，改变了以往以上帝为中心的宗教观念，更加关注人自身，重新审视人与神之间的关系。

12. 但丁

阿利格里·但丁（Alighieri Dante，1265—1321年），意大利诗人、文学家、思想家、道德哲学家、政治思想家，被誉为文艺复兴的先驱。他少年时代生活困苦，但是专注于拉丁文、诗学、天文、地理、历史、音乐、绘画等多领域知识的学习和钻研。曾经在少年时代编纂第一部文学作品《新生》，寄托对心爱之人的纯洁爱情和哀思，诗中蕴含了对自由的渴望，是当时"温柔的新体"诗派的代表作，也为诗人后来的创作奠定了基础。此后研读了包括西塞罗等人的哲学作品。

他积极参与当时佛罗伦萨的党派斗争，加入了由富商、贵族组成的贵尔党，并加入医生行会，成为市议会的成员，此时，贵尔党分裂为黑白两党，他站在代表进步市民阶层的白党一方。1300年他入选6名执政官，其间，秉公处理了黑白两党一次流血冲突，此后反对向国王拨款以及向西西里进军。他反对支援教宗扩张势力，受到黑党迫害，被迫流亡国外达20年之久。在此期间，他曾多次向佛罗伦萨政府写信表达实现意大利统一的愿望。经过多次辗转，他最终定居于拉维纳。他的大部分作品也在这一时期完成。

《飨宴》和《论俗语》是两部倡导民族语言的著作，前者用通俗的意大利语言诠释作者本人的一些诗歌，并将当时各种人文知识作为启蒙的精神食粮传达给读者，被视为意大利语学术散文的奠基之作。后者论述俗语的优越性和普及民族语言的必要性，表达了他对统一民族国家的向往。薄伽丘赞誉他是意大利在诗和语言方面使方言得到升华的第一人。《帝制论》是但丁的一部政治作品，以经院哲学的推理论证方式，阐发对世俗君主建立统一民族国家的渴望，强调政教分离，反对教皇干涉世俗政治。

《神曲》是但丁在流放期间完成的长篇诗作，历时 14 年，也是他最具影响力的作品，原名为"喜剧"。1555 年后，人们在原书名前加上修饰语"神圣的"，以表达对诗人的崇敬，也突出了作品主题的严肃和高深。汉译为"神曲"。《神曲》全诗长 14233 行，由《地狱》《炼狱》和《天堂》三部分构成，每部 33 篇，加序诗 1 篇，共 100 篇。作品采用梦幻文学和隐喻形式，描述但丁在罗马诗人维吉尔和儿时爱恋之人贝亚特丽奇带领下幻游三界的神奇历程，实际反映当时社会的苦难现实，表现人类如何由迷误经过苦难的磨炼，达到真和善。其目的在于批判教权统治，甚至尚在人世的教宗卜尼法斯八世被列在地狱第八层；歌颂人性和世俗生活，激励人们投入现实生活，依靠自己的力量，掌控自己的命运，走向美好和幸福的境地；在除旧布新的时代，为意大利寻求政治道德上的复兴道路。诗中反映了意大利当时社会生活的变化，体现了人文主义的思想。

但丁被以后的市民人文主义者誉为"当代西塞罗"，与"对现实生活毫无用处的孤独文人"完全不同的理想完人。

13. 马基雅维利

马基雅维利（Niccolo Machiavelli，1469—1527 年），意大利政治家、历史学家、政治理论家。资产阶级国家学说、政治学说的奠基人。他出身于佛罗伦萨贵族家庭，但家道已经败落。年轻时阅读了西塞罗、李维的著作，在大学接受古典文学训练，熟悉拉丁文、古典文学、史学。1494 年，美第奇家族在佛罗伦萨的统治被推翻后，成立了佛罗伦萨共和国。1498年他曾任共和国十人委员会秘书，负责外交工作14年，结识当时许多最有权势的政治人物，撰写了关于法国、德意志、意大利等情况的报告，显示了他对社会现实和政治状况的敏锐洞察力。他主张并推进了建立国民军的立法，担任指挥委员会秘书。曾经率军参加征服比萨的战争。1511年，美第奇家族重新掌权后，他被投入监狱，失去了一切职务。释放后，他开始收集素材，写作了著名的《君主论》《论提图斯·李维的前十书》《战争的艺术》《佛罗伦萨史》和《李维史论》等多部著作。1523年主教朱利·美蒂奇当选罗马教宗，马基雅维利重新被起用，并参加教宗的军队。1527年共和国重新恢复，他没有得到起用，抑郁而终。

代表作《君主论》是马基雅维利从人性出发，根据自己的政治实践和感受撰写的关于君主治理国家的条件和手段等问题的著作，表达了自己渴望意大利统一的心愿。全书共26章，列举了历史上和当时社会许多事例。这部作品是作者献给当时佛罗伦萨统治者洛伦佐·美第奇的小册子，是一本典型的君王宝鉴。他认为意大利分裂割据严重，又遭受法国、西班牙等强国的蹂躏，要使国家统一，使意大利从野蛮人手中解放出来，唯一的办法就是建立一个强有力的、具有无限君权的、拥有一支普遍兵役制组成的强大军队的君主政权，军队和法律是权力的基础。他非常推崇罗马尼阿公爵恺撒·波尔查（Ceasare Borgia），认为政治和道德应该分离，政治家不能顾及道德。作为君主应当把国家利益放在首位，顺应时势的变化，为了达到政治目的，可以背信弃义，不择手段。君主可以和贵族为敌，但绝不能和人民为敌。他反对君权神授观念。这些主张体现了马基雅维利的强烈爱国主义情感和人文主义政治思想。

《论提图斯·李维的前十书》表达了一种社会冲突理论，认为任何持久的政体必须在君主、贵族、民主三种要素间维持平衡。《佛罗伦萨史》是应当时统治者之邀写作的一部历史著作，内容包括从城邦建立到 1492 年的历史，以人的活动解释历史发展变化，反映了社会生活的变化，也揭露了教宗等统治者的贪婪狡诈。他多才多艺，还创作了有名的性爱喜剧《曼陀罗花》以及其他诗歌、散文，提倡享乐主义，抨击社会恶习、封建道德观念。

14. 莎士比亚

莎士比亚（William Shakespeare，1564—1616 年），英国文学史上杰出的戏剧家，与荷马、但丁、歌德并称世界四大诗人。他出生在英国埃文河畔斯特拉福德，父亲是杂货商，曾担任镇民政官和镇长。自 16 世纪末开始，他演出、创作了大量的作品。据统计，流传后世的创作有 37 部戏剧，154 首十四行诗，2 首长叙事诗。

综观他的艺术发展道路，可以分为三期。1590—1600 年为历史剧和喜剧创作时期，是他的人文主义世界观和独特的创作风格形成时期。这一时期英国国势强大，作者对生活充满了乐观主义情绪。创作基调表现为欢乐、明朗、和谐、浪漫。作品赞美现实生活，肯定人，宣扬个性解放、男女平等、个人争取幸福的权利。《约翰王》《亨利六世》《查理三世》《亨利四世》《亨利五世》等 9 部历史剧，《无事生非》《仲夏夜之梦》《第十二夜》《皆大欢喜》《温莎的风流娘们》等喜剧均创作于此时。《罗密欧与朱丽叶》也在此期间创作，描写一对分属两个世代为仇的封建家族的青年爱情受到家族阻碍，最终殉情的故事，控诉了封建制度的罪恶，同时也赞美了青春和爱情。

1601—1607 年英国政治经济形势恶化，特别是詹姆士一世即位后，社会动荡，莎士比亚感到抑郁忧伤，作品转而以揭露批判社会的罪恶和黑暗为主题，是其悲剧创作主要时期，包括《哈姆雷特》《奥赛罗》《李尔王》《麦克白》等7部悲剧。《哈姆雷特》描写王子哈姆雷特的父亲被其叔父暗害，王位被篡夺，母亲改嫁叔父，父亲的阴魂要他报仇的故事。作者借此反映人文主义理想和英国黑暗社会现实之间的矛盾，认为英国是一座监狱，处于颠倒混乱的时代。他借哈姆雷特之口表达了人文主义者所特有的民主意识和对人性的关注，以及想要改变现实、重整乾坤的愿望，鼓舞后世不屈不挠坚持斗争。这一时期的戏剧表现了作者对混乱、充满各种隐患的社会现实背后根源的深入思考。

1608—1612年是神话剧创作时期。这一时期社会矛盾更加尖锐，莎士比亚感到人文主义理想的破灭，隐居家乡，撰写了几部浪漫主义风格的剧作，如《辛白林》《冬天的故事》《暴风雨》，以及历史剧《亨利八世》。

[撰稿人（依姓氏笔画为序）：王元天、冯金朋、边瑶、刘芮、刘雪飞、孙小娇、张莹、张晓晗、陈太宝、郑阳]

近代部分

第十七章　大航海时代

1. 大航海时代

15—18世纪，欧亚大陆居民进行了长期而广泛的远洋航海活动，深刻影响了人类文明整体的历史进程，因此后人将这一时期统称为大航海时代，有时也称作地理大发现。远洋航海技术的进步，使原本是自然疆界的海洋成为面向外界的通道，也使航海活动成为时代的主题。中国明代的航海曾处于当时的世界领先水平，15世纪初航海家郑和奉命率领庞大船队七次远航南太平洋、印度洋，增进了与亚非多国的政治交往。同时期的印度和阿拉伯航海家利用季风、洋流开展东西方海上贸易，沟通印度洋沿岸多个地区，是海上丝绸之路中的重要力量。后来居上的欧洲人，在开辟东西方新航路探险的同时，取得了重大地理发现，将大航海时代推向高潮。西班牙、葡萄牙于15世纪末率先开始有组织的远洋航海活动，取得了横渡大西洋首航美洲、绕航好望角开辟东方新航路、完成首次环球航行等成就。此后英、法、荷等西欧国家也纷纷开展航海活动，探索并开发北美洲、大洋洲等地，通过殖民扩张、贸易掠夺等获得极大优势，将全球各地逐步纳入欧洲主导的世界体系。

2. 郑和下西洋

明初航海家郑和率船队七次远航，访问亚非各国，统称为郑和下西洋。郑和（1371—1433年）本姓马，回族人，因战功赐姓郑，朱棣即位后奉命出使西洋。自永乐三年（1405年）至宣德八年（1433年），郑和七次率领船队远航，第七次返航途中因劳累过度去世。郑和下西洋前后历时二十八载，途经亚非30多个国家和地区，最远到达非洲东海岸和红海沿岸，为世界航海史上的创举。郑和的船队规模庞大，随行人员众多，并且具备当时世界上先进的航海技术。船队每次出航都满载中国瓷器、茶叶、丝绸等各类商品，代表明朝皇帝向各国赠送礼品，同时通过贸易换回香料、药材、象牙等珍贵物品。郑和船队的远航，使古代陆海丝绸之路得以全面贯通，增进了亚非地区的物质与文化交流，同时扩大了中国的国际影响。但由于远洋航海非常消耗国力，郑和去世后明代即终止了类似活动。

3. 库克船长

库克船长原名詹姆斯·库克（James Cook，1728—1779年），是英国著名的航海家、探险家，他三次远航大洋洲，引领欧洲人踏上开发大洋洲的征程。库克年少时进入商船队学到许多航海知识，七年战争爆发后参加了海军，18世纪60年代出色地测绘了加拿大东南部航海图，获得英国海军部和皇家学会的青睐。1768年库克受命指挥南太平洋科考活动，任务完成后奉命寻找"未知的南方大陆"。1770年，库克的考察队首次到达澳大利亚东岸并以英国名义占领该地，回国后航海记录的出版引起科学界重视。1772年，他再次受皇家学会所托探寻"南方大陆"，数次进入南极圈，发现众多岛屿并绘制航海图。此后库克成为英国知名的航海家，但他不愿待在国内享受名利，于1776年7月第三次前往太平洋，旨在探索大西洋与太平洋之间可能存在的"西北航道"，并首次绘制北美洲西北部航海图。1779年2月库克在与夏威夷岛民的冲突中身亡，时年51岁。库克在航海领域的许多方面都卓有贡献：由他发现的陆地和岛屿遍布太平洋；他绘制的部分航海图甚至一直沿用到20世纪；他还发现食用柑橘等新鲜食物是预防坏血病的关键。库克的航海成就不仅为当时的英国所重视，也为此后的西方多国所肯定，美国和大洋洲的许多地方均以库克命名。

4. 哥伦布交换

1972 年，美国学者艾尔弗雷德·W. 克罗斯比首先提出了这一概念。新航路开辟之后，动植物物种、人种以及微生物开始在全球范围内传播，此种现象被称为"哥伦布交换"。1493 年哥伦布第二次远航美洲，带去许多欧洲农作物和牲畜，拉开了东西半球物种交流的序幕。随着欧洲人主导的海上贸易、殖民扩张的深入，各大陆交换了更多特有的农作物和牲畜品种。新大陆的玉米、马铃薯等粮食作物被引进到欧洲与亚洲，促进了人口的增长；美洲印第安人的传统经济作物烟草，进入欧亚大陆；而欧亚大陆的小麦、猪、马、牛羊等则被引入美洲、大洋洲多地，为欧洲人开拓"新世界"提供了保障。与此同时，多种传染病也通过殖民与贸易传播到各大陆。来自亚欧大陆的天花、霍乱、鼠疫等在美洲印第安社会中肆虐，导致半数以上的印第安人丧生。欧洲殖民者与非洲奴隶来到美洲后，人类在基因和种族上都有了更多融合，出现诸多混血人种。哥伦布交换的实例不胜枚举，在使人类文明得以广泛传播的同时，也导致许多生物入侵与物种灭绝的事件，其深远影响绵延至今。

第十八章 白银资本

1. 重商主义

重商主义是近代早期影响欧洲的经济理论和经济政策，主张政府应控制国家经济。虽然重商主义的理论与政策早已存在，但这一术语则是由亚当·斯密于 1776 年出版的《国富论》中首次提出。近代早期商业资产阶级需要进行资本原始积累，新兴民族国家的统治者需要大量货币开支，于是二者联合起来狂热追求金银货币，重商主义应运而生。其基本思想为：以持有金银作为国家财富的指标，认为对外贸易是获得和增加货币财富的唯一源泉，赞扬商人并维护商人利益，把外贸提升到国家富强的战略高度。重商主义的发展大致分为两个阶段：早期重商主义（15世纪下半叶至16世纪下半叶）只看重金银货币，主张国家实行贸易保护政策，防止金银外流并增加金银输入，实质上是通过贮藏积累货币，也称"货币差额论"或"重金主义"。晚期重商主义（17世纪上半叶至18世纪下半叶）则更关注对外贸易，主张国家通过扩大本国商品出口来增加贸易顺差，保证更多的货币流入本国。为此，重商主义提倡保护手工工场生产出口商品，并发展殖民地转运贸易，也称"贸易差额论"或"重工主义"。重商主义促进了欧洲民族国家的经济发展和资本原始积累，但后来受到自由放任主义提倡者的严厉批判。

2. 阿兹特克帝国

阿兹特克帝国为15世纪至16世纪初期中美洲阿兹特克人主导的国家联盟，后被西班牙殖民者攻灭。1325年，阿兹特克人建特诺奇蒂特兰城（位于现代墨西哥城）并通过结盟扩张逐渐壮大，15世纪前期与特斯科科、特拉科班结成三国同盟联合扩张。最初三个城邦大致实力相当，后特诺奇蒂特兰渐成同盟的主导力量，另外两邦沦为附庸。联盟通过一系列政治与宗教改革促进了经济发展，并以野蛮掠夺与残忍杀戮的方式大举扩张。帝国鼎盛时期不仅完全覆盖了墨西哥中部，而且势力远至墨西哥湾和太平洋沿岸，成为前哥伦布时期中美洲最强大的国家。虽然阿兹特克三国同盟被看作帝国，但是这一"帝国"实际上由众多相对独立的小城邦组成，因为阿兹特克人实行典型的间接统治，其政府并未全方位管辖大部分被征服地区，只是要求它们定期给帝国中央进贡。1519年西班牙殖民者科尔特斯率军登陆墨西哥湾，与敌视阿兹特克的部落结盟联合发起进攻，至1521年攻占特诺奇蒂特兰，阿兹特克帝国灭亡。殖民者带来的天花等传染病也是导致阿兹特克文明衰落的重要因素。

3. 克里奥尔人

16—18 世纪时指生于美洲的西班牙殖民者后裔，以区别生于西班牙而迁往美洲的移民。克里奥尔人社会地位高于美洲印第安人、非洲奴隶和混血人种，但低于伊比利亚半岛出生、由国王指派的殖民地行政阶层，且一般被排斥于教会和国家高级机构之外。经过几个世纪的发展，西属殖民地的克里奥尔人政治经济实力增长，并逐渐形成了独特的美洲意识与地域认同。18 世纪下半叶，西班牙加强了对殖民地的控制与掠夺，导致克里奥尔人同宗主国关系紧张，加之美国革命和法国大革命的影响，克里奥尔人领导拉美人民发起独立运动，涌现出玻利瓦尔、米兰达等著名人物。随着拉美独立国家的建立，殖民地时期的克里奥尔人进入各国统治阶层。"克里奥尔人"一词后来逐渐衍生出不同的新含义，可泛指欧洲人在殖民地的后裔，甚至是拉美城市中的欧化居民。

4. 米塔制

米塔制原本是南美洲印加帝国的徭役制度，西班牙殖民统治后，演变为对印第安人的强制劳动制度。米塔（Mit'a）一词来自克丘亚语，意为"轮换"，印加帝国以此代称抽调成年男性轮流服劳役或兵役的制度，覆盖印加帝国全境的庞大路网等社会工程正是借此修建起来。由于该制度十分完备而有效，16 世纪西班牙攻灭印加帝国后仍继续沿用，并推广到西属美洲各殖民地，演变为强迫征派的徭役制度。殖民当局规定所有成年印第安男性均须服劳役，每年定期按各地男性劳力的 4%（在墨西哥）至 14%（在秘鲁）的比例征发役夫，集中从事当局指派的强制性劳动，主要从事采矿，有时也筑路架桥、搬运货物或在种植园做工等。服役者按照规定本可领取微薄工资，但实际上往往被殖民官吏克扣而不得分文。西班牙殖民者为榨取巨额财富，规定日劳动时长 18—22 小时，加之工作条件又极其恶劣，大部分服役者因疲劳与饥饿而死亡。为反对这一罪恶制度，一些印第安人逃往山林或偏远地区，另一些人选择发动武装起义进行斗争。西班牙殖民当局担心服役者的高死亡率使其丧失劳动力与税收来源，加之印第安人激烈反抗的冲击，被迫于 17 世纪初两次修改该制度，但收效甚微。直到 19 世纪 20 年代拉丁美洲各国纷纷独立后，米塔制才最终从法律上被完全废除。

5. 价格革命

16—17 世纪前期，欧洲人口增长，农产品价格上扬，加之美洲贵金属流入欧洲，形成了一定程度的通货膨胀。价格的增长带动了生产、贸易和消费的活跃以及信贷的发展，推动了西欧经济转型，史称"价格革命"。大航海时代的欧洲殖民者从海外大量掠取金银，数量超过当时社会商品生产和流通的需要。同时，16 世纪欧洲人口增长推动城市发展，促使经济活动长期繁荣，对各种商品需求大幅增加。而由于农业、手工业生产技术有限，商品供给无法满足扩大的经济活动需求。这些因素共同导致了物价上涨。16 世纪 30 年代，殖民掠夺的先行者西班牙、葡萄牙首先出现通货膨胀，16 世纪中期，其他欧洲国家物价也普遍上涨，其中粮食涨幅最大，手工业产品波动较小。17 世纪上半叶西欧物价开始回落，至 1650 年前后基本恢复稳定。价格革命对西欧社会产生了重要影响：征收定额货币地租的封建领主因实际收入日益减少，经济与社会地位愈趋衰落；新兴资产阶级和新贵族由于使用廉价劳动力，且按照不断上涨的价格出卖产品，经济实力迅速增强并开始谋求政治权力；城乡广大劳动者则因实际收入急剧下降，生活状况不断恶化，成为向美洲移民的主力。而同时期东欧国家因出口粮食利润很高，农奴制度与封建地主贵族统治得以保存，与西欧的整体差距逐渐拉大。这些社会变化，均体现出价格革命广泛的历史影响。

6. 荷兰东印度公司

荷兰东印度公司是 17 世纪初荷兰政府为在东方进行经济掠夺、殖民统治而成立的特许公司。16 世纪中后期，荷兰陆续成立了 14 家从事东南亚、印度贸易的公司。1602 年，为避免这些公司过度竞争，荷兰议会将其尽数合并，成立"联合东印度公司"，并设立了首家证券交易所。荷兰东印度公司总部设在阿姆斯特丹，除垄断东方航运与贸易外，还有权代表荷兰政府对外宣战、媾和与签订条约，甚至自建军队、设立法庭管理殖民地，实质是荷兰在亚洲的殖民统治机构。公司自建立后即开始对外扩张，17 世纪初排挤葡、英势力独占东方香料贸易，1619 年占领爪哇岛建立巴达维亚城（今印度尼西亚雅加达），作为贸易与殖民的大本营。公司先后殖民印度尼西亚诸岛、中国台湾、锡兰（今斯里兰卡）等地并实行强制垄断贸易，大量招雇华人移民帮助建设殖民地，后来却排挤甚至屠杀华人。公司还在波斯（今伊朗）、印度、日本和东南亚多地设立商站，从亚洲各地掠夺了大量财富，于 17 世纪 30 年代至 40 年代达到鼎盛。但从 17 世纪下半叶起，由于英法海上实力的增强与殖民地人民的反抗，内外交困的荷兰东印度公司陷入经济危机。1798 年荷兰政府接管公司全部财产并承担其债务，荷兰东印度公司随后解散，在见证了"海上马车夫"的兴衰后退出历史舞台。

7. 英国东印度公司

英国东印度公司是 17 世纪初英国政府特许设立的股份制公司，主要对亚洲进行垄断贸易与殖民活动，后逐渐成为英国殖民印度的代理统治机构。1600 年，英国政府特许伦敦商业资产阶级成立该公司，是股份有限公司之首创。东印度公司后取得对东方贸易的垄断权，且拥有自建军队、任命官吏、征收赋税、制定法律、宣战和媾和等权力。公司最初在马来群岛从事香料贸易，因被荷兰排挤而转向印度。1615 年，公司从印度莫卧儿帝国处获得贸易特权，逐渐垄断印度对欧洲的出口贸易，并将商业活动扩大到波斯湾、东南亚和东亚。18 世纪中叶，公司战胜法、荷势力，建立起在印度的统治地位，至 19 世纪中期，使之完全沦为英国殖民地。公司长期垄断英国对华贸易，向中国大量走私鸦片，最终导致中英鸦片战争爆发。东印度公司掠夺的大量财富为英国资本原始积累、对外扩张发挥了很大作用。工业革命后，新兴工商业资产阶级要求自由贸易的呼声高涨，公司逐渐丧失了贸易垄断权和政治自主权；又因其结构和组织方式无法有效统治庞大的印度，特别是 1857 年印度爆发民族大起义，英国政府次年撤销东印度公司，直接管理印度。1873 年该公司的法人地位终止。

8. 德川幕府

德川幕府又称江户幕府，是日本武士贵族德川氏建立的封建政权，是日本历史上第三个也是最后一个幕府政权。1603 年，德川家康就任"征夷大将军"，在江户（今东京）建立幕府，故其统治时期也被称为"江户时代"。在政权建设上，德川幕府实行幕藩体制，颁布《武家诸法度》，严格规定藩国对幕府的义务，有效加强了中央集权。经济上，幕府直接掌握占日本 1/4 的富饶土地，控制着江户、京都、大阪等重要城市。德川幕府起初沿用丰臣秀吉时代的"朱印状"制度对外通商，至 17 世纪 30 年代则多次颁布"锁国令"严格限制对外贸易。在社会结构方面，德川幕府实行士、农、工、商的四民等级制与重农抑商政策，并严格限制阶层流动，还通过提倡朱熹学说培养民众忠于幕府的思想，极力排斥抵制西方传入的基督教，以维护社会稳定。德川幕府的统治在初期是有效的，但随着商品经济的发展，幕府因财政恶化而陷入危机，虽进行了多次幕藩改革，仍鲜见成效。19 世纪中叶，西方列强迫使幕府开国通商，引发民族危机，导致日本多地掀起倒幕运动。至 1867 年，德川幕府和幕府制度走向了终结。

第十九章　近代思想变革

1. 科学革命

所谓科学革命（Scientific Revolution），通常是指 16 世纪中叶到 17 世纪后期欧洲科学理论与科学实践领域发生的一系列重大变革。这些变革，不仅包括大量的科学新发现，而且还包含了科学范式的转换。在天文学领域，16 世纪的哥白尼以其"日心说"对"地心说"的冲击，迈出了科学革命的第一步，彻底改变了欧洲人的宇宙观，奠定了科学世界观的基石。物理学领域，伽利略等人的开创性成就、牛顿经典力学体系的建立，改变了整个物理学体系。其变革可以归结为一点：物质及运动能够解释一切物理现象。它取代了亚里士多德的"物体自动趋于静止，运动是一种非自然状态"的观点。启蒙运动延续了科学革命的工作，将科学革命的观点引入人口学、人类学等新兴学科。此外，科学方法的发展也是科学革命的重要成就。培根归纳式的经验主义、笛卡尔演绎式的理性主义，共同确立了 17 世纪的科学方法。总的来说，科学革命是众多科学家共同努力的结果。这场始于哥白尼、迄于牛顿的科学革命，使新兴的科学体系深入人心，为日后科学体系的新发现、新变革创造了条件，标志着人类对世界的认识达到了更高水平。

2. 哥白尼革命

所谓哥白尼革命（Copernican Revolution），是指自 16 世纪

中叶到 18 世纪宇宙观的大转变。这场革命不仅涉及天文学，其影响也波及物理学、神学和哲学，它大大推动了科学革命。直到 16 世纪初，欧洲人的宇宙观仍主要以希腊哲学家亚里士多德和天文学家托勒密的理论为基础。亚里士多德认为，整个宇宙是一个以静止的地球为中心的球体，月亮、太阳及其他天体以完美的正圆形轨道围绕着地球旋转。而托勒密亦认为，地球是静止的，外围有 9 层天空围绕着地球运动。16 世纪中叶，波兰人尼古拉·哥白尼对传统的宇宙观提出了质疑。1543 年，他的论著《天体运行论》公开发表。哥白尼提出，宇宙的中心是太阳而非地球，地球和其他行星一样在正圆形的轨道上围绕着太阳运动；与此同时，地球还围绕着自己的轴旋转。这一理论很好地解释了昼夜交替的原理，也说明了为何在地球上观察星球的运行轨迹会如此复杂。在哥白尼之后，开普勒运用天文学家第谷·布拉赫的天文观测数据，在"日心说"的基础上提出了著名的行星运动三大定律。伽利略运用其自制的望远镜，收集了更多的天文学证据，使"日心说"更好地为人们所接受。由"地心说"向"日心说"的转变，便是"哥白尼革命"的内涵。作为一场科学变革，"哥白尼革命"实际上是众多天文学家、数学家、物理学家、哲学家共同努力的结果，它使欧洲人的宇宙观发生了重大的转变。

3. 托马斯·霍布斯

托马斯·霍布斯（Thomas Hobbes，1588—1679 年）是英国 17 世纪著名的哲学家、政治思想家。他出身于一个牧师家庭，早年在牛津大学学习，毕业后担任贵族家庭教师，曾多次赴欧陆游历，结识了当时许多著名的科学家和哲学家。他的代表作包括《论公民》《论物体》《利维坦》等。霍布斯信奉机械唯物主义，指出宇宙是物体的总和，物体的根本特性是"广延"（即物体的空间属性），世间的一切现象都是物质运动的结果。他批判超自然的灵异学说，断言上帝是不可知的，不过他仍然相信上帝的存在。在《利维坦》一书中，霍布斯阐述了自己的绝对主义政治理论，并提出社会契约观念。他认为，人类最初生活在各自孤立、人人为敌的自然状态中，每个人都享有自然权利。后来为了确保安全与和平，人们才彼此订立社会契约，组成政治社会或国家。霍布斯把这种国家称为"利维坦"，即一台人造的机器。而为了避免战争的爆发，权力应该集中在某一个人或一些人组成的会议手中，形成不可分割的"主权"。这个人或会议就成为主权者。他支持绝对主义君主制，但是明确反对君权神授学说。他的政治理论吸引了后世启蒙思想家的关注，产生了深远的影响。

4. 约翰·洛克

约翰·洛克（John Locke，1632—1704 年）是英国 17 世纪著名的思想家，启蒙运动的先驱，其代表作有《论宽容的信札》《政府论》《人类理解论》等。洛克出身于一个开明的清教徒家庭，青年时期就读于牛津大学基督学院。1667 年，洛克开始为辉格党领袖、日后的沙夫茨伯里伯爵一世安东尼·阿什利·库珀效劳，并曾在辉格党政府担任教会圣俸委员会以及贸易与殖民委员会的秘书。洛克是英国自由主义和立宪君主制的早期政治理论家之一。在《政府论》（1690 年）中，他提出，人们对自己的生命、自由和财产拥有一种自然的权利。而为了保护各自的财产，人们放弃了自然的和睦状态，根据契约建立了政府。所以，一旦政府违背契约、剥夺自然权利，人民就可以揭竿而起，推翻政府。同时，洛克的思想还暗含了分权学说和相互制衡的观点，提出应把国家的权力分为立法权、执行权和对外权，立法权处于最高地位。除了政治学说之外，人类认识论也是洛克思想的重要组成部分。在《人类理解论》中，他系统阐述了其经验主义哲学，提出人的一切知识源于感性知觉。人的头脑就像一张"白纸"，一切观念都源于后天的经验。洛克的思想为日后的启蒙理论奠定了重要的基础。

5. 苏格兰启蒙运动

18 世纪的苏格兰涌现出了一大批杰出的科学家和思想家，他们在科学、经济、哲学和史学等领域取得了突出的成就，呈现了一场思想盛宴，历史学家将此称为苏格兰启蒙运动。苏格兰贫瘠的自然环境和落后的经济，促使这一地区的知识分子致力于探索自然世界，以期改善人民的生活环境，同时谋求社会改良、经济发展的道路。大学在苏格兰启蒙运动中发挥了重要作用，爱丁堡大学、格拉斯哥大学等高等教育机构成为传播启蒙思想的重镇，一些大学教师成为启蒙思想家。苏格兰启蒙运动群星灿烂，大卫·休谟、亚当·斯密、弗朗西斯·哈奇森等人对心理学、政治理论、道德哲学、美学作出了重大贡献；亚当·弗格森、休谟、威廉·罗伯逊等人的著作推动了历史学科的发展；约瑟夫·布莱克、詹姆斯·赫顿等科学家促进了近代化学、医学和地质学的发展；詹姆斯·瓦特发明的蒸汽机在工业革命中扮演了重要角色。苏格兰启蒙运动与法国启蒙运动平行发展，然而，苏格兰的思想家不像法国哲人那样大力倡导理性，而是深刻地认识到理性本身在驱动或实现社会变革方面的局限性。苏格兰启蒙运动的思想遗产广泛传播，成为 18 世纪国际性启蒙运动的重要组成部分。

6. 亚当·斯密

亚当·斯密（Adam Smith，1723—1790 年）是英国 18 世纪著名道德哲学家和政治经济学家，苏格兰启蒙运动的重要人物。斯密生于苏格兰，曾进入格拉斯哥大学和牛津大学学习，1751 年成为格拉斯哥大学教授，其代表作有《国富论》《道德情操论》等。在道德哲学方面，斯密将社会行为和道德规范立足于人类所具有的"同感"。他提出道德源于同情或同感，认为凡是出于人的同情心的行为就是道德的。可以说，在道德领域，他强调同情、仁爱，主张利他主义。在政治经济学领域，他于1776年出版《国富论》（全名《国民财富的性质和原因的研究》），提出了一整套关于经济结构和经济运行的学说。他认为，经济体系背后有一只"看不见的手"，能够保证整个经济体制的运转，使得人们从利己动机出发，达到既利己又利他的客观效果。"看不见的手"是一个比喻，指自由竞争的市场机制。斯密批判重商主义理论，反对政府干预经济事务，强调对经济的自由放任，旨在增加国家的财富。斯密的思想与现代自由主义经济学关系密切，对日后资本主义经济理论和实践的发展起到了至关重要的作用。

7. 《论法的精神》

法国启蒙思想家孟德斯鸠的政治理论著作，首次出版于1748年。该书分31个章节，卷帙浩繁。在此书中，孟德斯鸠大量收集人类生活的客观事实，记录有史以来不同状态下的政治、社会和经济组织，运用科学实验和归纳方法，力图发现支配人类社会的自然法则。孟德斯鸠将政体形式分为共和政体、君主政体和专制政体，并提出了地理环境决定论。他认为，地理环境与气候影响了民族性格，而民族性格又左右了政体的形式。他提出，专制制度适合大帝国，共和制适用于小城邦，君主制适合中等规模的国家。在他看来，受制于法国错综复杂的社会状况，适合法国的最佳政体形式是英格兰的有限君主制，而非共和制。在《论法的精神》中，孟德斯鸠还论述了英国体制中的分权概念。他认为，在英国的体制中，行政、立法、司法三种权力相互分开、彼此制衡，能够有效维护人们的自由。《论法的精神》中阐述的政治理论，对近代以来的资产阶级政治实践和政治思想产生了深远的影响。孟德斯鸠运用观察和实验研究社会的方法，也使该书成为社会学的奠基之作。

8. 伏尔泰

伏尔泰（Voltaire，1694—1778年）是法国18世纪的著名思想家、作家，法国启蒙运动的重要推手。他出身于资产阶级家庭，本名弗朗索瓦－马里·阿鲁埃，青年时代被数次流放。1726年，伏尔泰被驱逐出法国。此后的几年间，他留居英格兰，并亲身体验到英国的灿烂文化。他认为，英国的思想和制度代表着人类历史发展的最高成就。1729年归国后，他便致力于将英国文化介绍到法国。1734年，法文版《哲学通信》在法国出版，并且引起极大的反响。它同1738年出版的《牛顿哲学原理》一道，使欧洲各地更多地了解英国，并且普及了包括培根归纳哲学、牛顿物理学在内的新科学思想。1752年，伏尔泰出版了历史著作《路易十四时代》，歌颂太阳王治下的文治武功。这本书生动描述了路易十四时期法国的政治结构、经济、社会、法律和文化制度，而没有着眼于国王的重大活动，标志着他对历史认识的重大转变。除了上述著作，伏尔泰在剧作、小说等领域都有相当的成就。伏尔泰关注思想自由，宣扬宗教宽容，强调科学与艺术的进步，倡导司法改革，其思想遗产对世界历史产生了深远的影响。

9. 卢梭

卢梭（Jean-Jacques Rousseau，1712—1778年）是法国启蒙运动时期的著名思想家。他与同时代的启蒙哲人们貌合神离，是启蒙运动中一位孤独的天才。他出身于日内瓦钟表匠家庭，青年时代生活坎坷，漂泊不定，没有接受过系统教育，自学成才。他性格复杂，感情脆弱，甚至有时心理失常，但是他在文学、教育学和政治理论领域均取得了突出成就。1750年，他参加第戎科学院的征文比赛，征文的题目是《科学与艺术的进步是否有助于道德淳化？》。卢梭的论文《论科学与艺术》大获成功，赢得了征文比赛的奖金。1755 年，卢梭的第二篇论文《论人类不平等的起源和基础》发表。两篇文章对于现代文明的发展大加驳斥，认为文明是许多罪恶的根源，而在"自然状态"下生活，人类会快乐得多。1761—1762 年，他完成了其一生中最重要的几部著作。小说《新爱洛绮丝》于 1761 年出版并大受欢迎。教育小说《爱弥儿》和政治理论著作《社会契约论》在 1762 年内相继出版。前者认为教育应当尊重而非扼杀儿童的自然天性，后者则提出了公意和人民主权理论，主张通过制定真正的社会契约，建立理想的政治社会。卢梭的思想受到启蒙运动晚期几代人的热烈欢迎，对后世影响极为深远。

10. 《百科全书》

1751—1772 年，狄德罗、达朗贝尔等人组织学者共同编撰了 28 卷本的《百科全书》（*Encyclopédie*），参与编撰的学者群体被后世称为"百科全书派"。这一群体的成员包括卢梭、伏尔泰、孔多塞、魁奈、霍尔巴赫等众多学者。《百科全书》不仅涵盖了认识论、自然哲学和数学等抽象学科，亦包括如音乐、力学、医学等各种艺术和工艺技巧在内的实用科学，可以说几乎包含了那个时代哲学和科学的全部知识。《百科全书》的编撰反映了法国启蒙运动的一个重要信念，即人类具有可完善性，可通过不断扩充知识来实现自身的进步。依靠广大的作者群体，运用集体智慧的力量完成编撰，是《百科全书》的一大特征。可以说，《百科全书》的编撰，既总结了当时自然科学和社会科学的最新成果，又有力地推动了启蒙运动的深入发展。

11. 重农学派

在法国启蒙运动时期，政治经济学取得较大的发展。以经济学家魁奈为首的一批法国经济理论家和改革家被称为重农学派（Physiocrats），包括财政总监杜尔哥、米拉波侯爵、杜邦等人。重农学派的思想是在批判重商主义学说的过程中形成的。他们认为，国家财富的基础是土地而非黄金，只有农业才能创造纯产品。因此，他们反对重商主义，认为国家不应该干预经济力量的自由运行，并率先提出"自由放任"这一术语。基于这种考量，他们主张国家应当改革旧制度时期重商主义的特权和私人贸易壁垒体制等，实行自由贸易；反对行会规章，反对控制物价，以避免妨碍商品生产与流通。重农学派的思想在18世纪的欧洲产生了广泛的影响。《百科全书》收录了他们的文章，《国富论》的作者斯密早年亦在法国与重农学派共同从事过研究工作，成熟的自由放任学说同样源于重农学派的思想。但是，重农学派的经济方案因各种困难很难付诸实践。除了英格兰，自由贸易政策直到19世纪才在大多数欧洲国家推广开来。

12. 贝卡利亚

贝卡利亚（Beccaria，1738—1794年）是意大利著名启蒙思想家、法学家和经济学家。他出身于米兰的贵族家庭，早年就读于帕维亚大学。1764年，他在米兰匿名出版了《论犯罪与刑罚》，该书是有关犯罪刑罚原则的第一部系统性著作。贝卡利亚在此书中提议对刑法进行改革，调整刑罚制度，量罪处刑，并且反对死刑，指出残酷的惩罚并不具备制止犯罪的威慑力。同时，他还强调分权的重要性，指出立法权和司法权不能由同一个人或机构掌握，因而立法者不能决定一项证明是否成立，而司法者不能以解释法律条文或实施惩罚的方式僭越立法职能；庭审时，一个证据不能推导出另一个证据，而必须综合各种独立的证据来确定罪行；判决应由普通人抽签组成的陪审团来完成。米兰政府认为这部著作的观点符合开明统治的需要，决定加以采纳。因而贝卡利亚得以公开其身份，并赢得了卓著的声望和米兰大学的教职。这部著作引领了欧洲各国刑事司法领域的改革，成为启蒙运动留给现代社会最重要的遗产之一。

第二十章　欧洲近代国家转型

1. 绝对君主制

中世纪末期和近代早期，在欧洲多数国家先后建立的一种集权的君主制度。这一历史阶段，欧洲从封建主义逐渐转向资本主义，大多数国家也由等级君主制向绝对君主制过渡，加强了中央集权。绝对君主制首先在 15 世纪后期到 16 世纪初出现于西欧的法国、英国、西班牙，接着出现于北欧的瑞典和东欧的奥地利，最后在 17 世纪出现于俄国、普鲁士。"绝对"一词包含"纯粹的"或"不含有异质成分"的意思，因此绝对君主政体理论上是指不含有任何民主政体或贵族政体成分的纯粹政体。然而，在具体实践中，君主并不能像暴君那样滥用权力，任意行事，他们也要尊重基本法，效忠于上帝的神圣法律，并与贵族和其他社会阶级进行合作，受到各种地方机构的约束。绝对君主制国家的发展破坏了中世纪的封建制度，促进了资本主义的原始积累乃至资本主义工业化，为民族国家的形成奠定了基础。在启蒙时代，绝对君主制产生了开明专制这一变体。随着民主政治革命的发展，绝对君主制退出了历史舞台。

2. 斯图亚特王朝

1371—1714 年统治苏格兰，1603—1649 年、1660—1714 年统治英国的王朝。斯图亚特家族起源于 11 世纪的法国布列塔尼地区。该家族的一名成员曾效力于 12 世纪前期统治苏格兰的国王大卫一世，后担任国王管家之职。1315 年第六代管家与公主结婚，他们的儿子罗伯特于 1371 年继承王位，成为罗伯特二世，即苏格兰第一代斯图亚特国王。1603 年，都铎王朝的伊丽莎白女王无嗣而终,由其远亲苏格兰国王詹姆斯六世继承王位,即詹姆斯一世,英国开始了斯图亚特王朝的统治。詹姆斯一世对英国的情况缺乏了解,他宣扬"君权神授",倒行逆施,试图加强王权,与议会之间矛盾尖锐。其子查理一世的统治更加专制,长期实行无议会统治,还强行在苏格兰推行英国国教,引起了苏格兰起义。1640 年查理迫于压力,重新召开议会,此次议会维持了 20 年,史称"长期议会"。"长期议会"的召开标志着英国革命的开始。1649 年,查理一世被处决,英国正式确立为共和国。军事领袖兼护国公克伦威尔去世后不久,斯图亚特王朝于 1660 年复辟。国王詹姆斯二世恢复天主教的企图引起广泛不满,1688 年英国发生光荣革命,詹姆斯的新教徒女儿玛丽及其丈夫威廉共同执政,从此英国确立了君主立宪制。1714 年,斯图亚特王朝为汉诺威王朝所取代。

3. 清教徒

英国基督教新教徒中的激进派。该派出现于 16 世纪 60 年代,要求依据加尔文宗教义清除英国国教中天主教的残余成分。清教徒(Puritans)信奉加尔文宗,认为《圣经》是唯一权威,每个个体都可以直接与上帝交流,他们反对主教团的腐败、专横和繁文缛节。清教徒认为改革后的英国国教仍保留了天主教残余成分,他们要求去除天主教仪式,由受过教育的牧师根据《圣经》布道,由宗教大会规定教规,反对主教团的控制。清教徒的生活方式遵循严苛的清规戒律,提倡"勤俭清洁"的生活,一切放荡、轻浮或轻薄的行为均受到压制。16 世纪七八十年代,人数日益增多的清教徒成立了独立的宗教组织,由选举出来的长老管理其内部事务。16 世纪末,清教徒中形成了温和的长老派和激进的独立派。1620 年在英国受迫害的一批清教徒乘坐"五月花"号船到达北美,他们签订《五月花号公约》,力图建立民主、平等、自治的社会。

在英国革命中，清教徒乃是重要的政治力量，革命中的领导人物均为清教徒，这场革命又被称为"清教革命"。革命期间清教徒组成议会的主要力量，其中长老派主张确立君主立宪制，独立派主张建立共和政体。内战后由克伦威尔率领的独立派取得政权，建立共和国。斯图亚特王朝复辟后，政府对清教徒进行迫害，此后，清教徒以"不从国教者"著称。

4. 克伦威尔

奥利弗·克伦威尔（Oliver Cromwell，1599—1658年），17世纪英国革命时期的政治家、军事家。他出身于英格兰东部的一个信奉清教的乡绅家庭。1616年，17岁的克伦威尔进入剑桥大学学习，后赴伦敦法学院攻读法律。1628—1629年，他在议会任议员期间曾呼吁废除主教制度，但此时他声望不高，影响力较小。1642年议会与国王之间的战争爆发后，他在家乡组建了一支纪律严明、骁勇善战的队伍，是为"铁军"。1644年，这支铁军在马其顿荒原之战中创建奇功，克伦威尔的威望也不断攀升。至17世纪40年代末，他已成为议会军中权力最大的政治和军事领袖。1649年1月，经过清洗的残缺议会宣判了查理一世的叛国死罪，把他推上了断头台。斯图亚特王朝被推翻后，英国宣布成为共和国，克伦威尔任国家委员会首任主席。共和国成立后，克伦威尔镇压了军队中的平等派，并率军镇压爱尔兰人民起义，残酷屠杀了大量信奉天主教的爱尔兰民众。1653年，解散了残缺议会，随后担任英格兰、苏格兰和爱尔兰的护国主，建立起军事独裁制度，共和国名存实亡。1658年克伦威尔去世，他的儿子无力担当护国主，1660年斯图亚特王朝复辟。

5. 光荣革命

1688年英国议会反对天主教复辟、推翻詹姆斯二世统治的政变，因为没有发生战争或流血冲突，因此被称作光荣革命（Glorious Revolution）。斯图亚特王朝复辟后，国王查理二世倾向天主教，并有借法国势力在英国复兴天主教的迹象。1673年，议会颁布《宣誓法》，该法案要求所有担任国家公职之人必须宣誓接受英国国教教义。1685年登上王位的詹姆斯二世是一名天主教徒，他继位以后，着手加强王权，并任命多名天主教徒担任要职，企图在英国恢复天主教的国教地位。这使得辉格党和托利党结成了反詹姆斯的同盟，他们联合起来邀请詹姆斯的新教徒女儿玛丽及其丈夫荷兰执政、奥兰治亲王威廉入主英国。1688年11月，威廉率兵登陆英国，詹姆斯二世仓皇出逃。1689年，威廉和玛丽共同登基，并接受了议会颁布的限制王权的《权利法案》。法案规定：未经议会同意，国王不能征税，不能征募或维持常备军，国王不能停止法律效力；议员可以自由发表政见；臣民可以自由地请愿等。《权利法案》以文件的形式将人民权利确认下来，是英国宪政最重要的奠基性文件之一。1689年和1701年，议会又陆续通过了《兵变法》《宽容法》《三年法》和《继承法》等法案，对于王权的限制进一步加强。光荣革命确立了主权归议会所有的原则，建立了英国的君主立宪政体，为资本主义的发展道路扫清了障碍。

6. 罗伯特·沃波尔

罗伯特·沃波尔（Robert Walpole，1676—1745年），英国政治家，常被视为英国历史上第一位首相。沃波尔出身于富有的辉格党政治家家庭，1701年，他进入下院，开启了其政治生涯。他以出色的组织能力和雄辩才能出名，1708年、1710年他先后担任陆军大臣、海军司库等职。1714年汉诺威王朝建立，沃波尔很快便大权在握。1720年英国发生被称为"南海泡沫"的经济危机，沃波尔大显才能，收拾残局，使经济恢复正常。1721

年，他担任财政委员会首席委员兼财政大臣，全面主持政府工作，成为有名无实的"首相"。沃波尔先后依靠乔治一世和乔治二世的支持，得以长期掌权，又因两位国王经常返回汉诺威居住，深得信任的沃波尔就成了政府的实际首脑。他为了巩固领导地位，保持内阁行动的一致性，建立了一个由主要阁员组成的"小内阁"，预备会议经常在沃波尔府邸召开，与他政策有冲突的阁员就会被他罢免，内阁中渐渐地形成了一个以首相为首的领导核心。1742年沃波尔被迫辞职，从而结束了他的首相生涯，但是他执政时领导内阁的一系列做法，对于内阁制的形成和发展产生了重要影响。

7. 胡格诺战争

1562—1598年法国天主教集团与胡格诺教派之间进行的一场内战。16世纪三四十年代开始，加尔文教在法国南部和西南部广泛传播，其信徒被称为胡格诺派（Huguenots，又译为雨格诺派）。法国南部的一些大贵族，想利用加尔文教义与王权对抗，并且夺取教会和修道院的财产。他们形成了胡格诺派集团，以孔代亲王、纳瓦尔国王安托万和海军上将克里尼为首。法国北部的贵族则坚持信仰天主教，形成了以王室近亲吉斯公爵和红衣主教查理为首的天主教集团。1562年，吉斯公爵在瓦西镇的一个谷仓突袭正在举行宗教仪式的胡格诺教徒，瓦西镇屠杀拉开了宗教战争的序幕。法国旧派势力与罗马教皇、萨瓦公爵和西班牙国王联合，胡格诺派则求助于英国和德意志路德派诸侯。战争之中惨祸不断，最著名的是1572年8月23—24日的"圣巴托罗缪大屠杀"，这一夜天主教集团在巴黎残杀了2000多名新教徒，随后外省的嗜血狂潮造成了上万名胡格诺教徒丧生。到1589年亨利三世被刺杀时，双方之间已经进行了八次断断续续的战争。亨利三世死后，纳瓦尔国王亨利继承王位，是为亨利四世，随即开始了波旁王朝在法国的统治。1594年3月，亨利四世入主巴黎，改宗天主教的亨利成为全国公认的国王。1598年4月，亨利四世颁布《南特敕令》，宣布天主教为法国国教，同时规定在法国全境有信仰新教的自由，新教徒在民事和担任公职方面与天主教徒享有同等的权利。

8. 投石党运动

1648—1653年发生在法国的反对绝对王权的政治运动，又译为福隆德运动。福隆德是法文 Fronde 的音译，这是一种投石器，曾为当局明令禁止，在此它带有破坏秩序、反对当局之意。投石党运动分为前后两个阶段，前期为1648—1649年的高等法院福隆德运动，后期为1650—1653年的亲王福隆德运动。17世纪上半叶王权的集中早已使贵族们心生不满，法国参与三十年战争使税收增加，也招致了民众特别是资产阶级的反对。1648年4月宫廷发布敕令，停发高等法院法官俸禄4年，这成为运动的导火线。高等法院联合各地法院提出27项要求，要求国王取消派往各地的监督官，新税收和新的财政法令须事先经高等法院同意登记方才有效，未经宣布罪状不得随意捕人等。宰相马扎然和太后不仅断然拒绝，还逮捕数名法官。巴黎市民闻讯起义，事态紧急，马扎然和太后于是携路易十四逃离巴黎。不久，马扎然派孔代亲王围攻巴黎。由于对人民起义存在疑虑，1649年高等法院与宫廷妥协，高等法院福隆德运动随之结束。1650年，居功自傲的孔代亲王未能如愿取代马扎然的职位，遂联合多位亲王叛乱，亲王福隆德运动兴起。亲王们与西班牙人勾结，王室再次出逃，1653年马扎然利用反叛者的内讧平息动乱，福隆德运动结束。福隆德运动期间的出逃经历给年幼的路易十四留下了深刻印象，他在位期间强化王权，绝对君主制达到了顶峰。

9. 三十年战争

1618—1648 年，在欧洲爆发的一场大规模的国际性战争，主战场在德意志境内，战争断断续续进行了 30 年之久。德意志内部的分裂，再加上欧洲各国之间宗教的、王朝的、领土的、贸易的对抗，构成了三十年战争复杂的背景，神圣罗马帝国成为国内外各种矛盾的焦点。三十年战争既是因天主教与新教争端而进行的一场德意志内战，也是法国和哈布斯堡家族之间、西班牙和荷兰之间的国际战争，丹麦和瑞典的国王、特兰西瓦尼亚亲王也都卷入其中。1618 年，波西米亚人担心失去新教自由权，将两名帝国的皇家钦差掷出窗外，这一"布拉格掷出窗外事件"成为战争的导火索。战争开始后，神圣罗马帝国皇帝、德意志天主教诸侯和西班牙为一方，得到教皇和波兰的支持，德意志新教诸侯与法国、丹麦、瑞典为另一方，并得到荷兰、英国和俄国的支持。战争分为四个阶段，分别为波西米亚（或者说捷克）阶段（1618—1624 年）、丹麦阶段（1625—1629 年）、瑞典阶段（1630—1635 年）、瑞典—法国阶段（1635—1648 年）。长期的战争使神圣罗马帝国境内的物质和人口遭受极大损失，许多地区差不多有 1/3 的人口死亡。1644 年在维斯特伐利亚的蒙斯特和奥斯纳布吕克两城开始和平谈判，1648 年达成了《威斯特伐利亚和约》，和约的签订标志三十年战争结束。和约沉重打击了哈布斯堡王朝，进一步加深了德意志政治上的分裂，增强了法国和瑞典的实力，提升了它们的国际地位，并改变了欧洲的版图。同时，和约确认了欧洲主权国家体系的存在，促进了近代国际法体系的诞生。三十年战争的停止也宣告了以宗教冲突为主要端由的战争走向终结。

10. 西班牙王位继承战争

1701—1714 年，英法等国利用西班牙王位继承问题，为争夺殖民地、贸易市场以及政治优势而进行的一场大规模国际战争（War of the Spanish Succession）。1700年，西班牙国王查理二世去世，其遗嘱指定路易十四的孙子菲利普继承西班牙王位，并要求西班牙帝国务必保持完整；如果路易十四拒绝，继承权将转移给哈布斯堡家族的神圣罗马帝国皇帝的儿子。1701年，菲利普继承西班牙王位，称菲利普五世，同时路易十四派兵进驻西属尼德兰。这引起了欧洲各国对于法国势力过大的担忧，英国、荷兰和奥地利形成反法大联盟，并得到勃兰登堡、葡萄牙和意大利萨伏依公国的支持，法国则依靠西班牙和巴伐利亚。主要战场在意大利、尼德兰和德意志，还蔓延到了美洲，规模之大堪称"世界大战"。这是第一场较少带有宗教色彩的战争，主要为了商业利益和海上霸权角逐，参战的是职业军人。战争旷日持久，法国被拖得筋疲力尽，再加上反法联盟内部的分歧，参战国最终选择了和谈。1713年和1714年，签订《乌特勒支和约》和《拉施塔特条约》。根据《乌特勒支和约》，路易十四的孙子保住了西班牙王位，但不得兼任法国国王。西班牙在欧洲的属地被瓜分。英国从西班牙取得直布罗陀和米卡诺岛，并获得在西属殖民地贩卖非洲奴隶的特权，英国还从法国取得纽芬兰、新斯科舍、哈得孙湾等北美属地；萨伏依大公得到西属撒丁岛；西属米兰、那不勒斯、西西里岛和尼德兰均转给奥地利。西班牙最后只剩下美洲属地。英国是这场战争的最大受益者，增强了其在海上和殖民地的势力，而法国则遭到削弱。《乌特勒支和约》重申了《威斯特伐利亚和约》确立的国际秩序，确定了欧洲政治格局的基本走向。

11. 奥地利王位继承战争

1740—1748年由奥地利王位继承问题引起的，以法国、普鲁士和西班牙等国为一方，以英国、奥地利与荷兰等国为另一方，而进行的争夺奥属领地的战争（War of the Austrian Succession）。英法在欧洲大陆和海外殖民地的激烈竞争以及普鲁士日益膨胀的野心，共同推动了战争的爆发。1740年，神圣罗马帝国皇帝查理六世死后无男嗣，根据1713年由欧洲大国签署的《国事诏书》，其长女玛丽亚·特蕾西亚继承了奥地利哈布斯堡家族的一切领地。普鲁士乘机联合法国和西班牙以及巴伐利亚、萨克森、撒丁、瑞典等国家来瓜分哈布斯堡领土。普鲁士国王弗里德里希二世于1740年12月入侵奥属西里西亚，战争由此开始。不久，法国与巴伐利亚、西班牙缔结同盟，其后又与萨克森和普鲁士等国联合，共同反对奥地利。英国、荷兰、俄国则出于自身利益支持奥地利。此战虽以普奥矛盾为起因，但在更大程度上却是英法之间的斗争，而且主要是为了争夺殖民地和海上霸权。在欧陆方面，法国的进展较为顺利，但在海外方面则是英国占上风。1748年，双方进行和谈并缔结了《亚琛和约》（又称《埃克斯-拉-夏佩累和约》）。根据和约，英法恢复战前状态；玛丽亚·特蕾西亚的继承权虽被承认，但奥地利丧失了大片土地；普鲁士获得了几乎整个富庶的西里西亚，其人口和资源都得到增加，遂成为欧洲强国，与奥地利形成对峙状态。这场战争也表明了法国海外力量虚弱，至于法英之间的争端，则仍未得到解决。

12. 彼得大帝

彼得一世（Peter the Great，1672—1725年），俄国罗曼诺夫王朝第四代沙皇。1682年，10岁的彼得与其同父异母兄伊凡五世共同即位，因彼得年幼、伊凡多病痴钝，由其姊索菲亚摄政。1689年索菲亚策动叛乱，预谋刺杀彼得。彼得粉碎了叛乱，索菲亚被关进修道院。1696年伊凡去世，彼得因此成为唯一的君主。彼得对西欧先进的事物感兴趣，1697—1698年曾随使团访欧，努力学习西方的技术、手艺、礼俗和生活方式。回国后，彼得实行了一系列改革，注重从军事、经济和技术等层面来增强俄国的实力。军事层面，他通过招募外国人担任高级军官，实行义务兵役制，创造一支庞大的、纪律严格的新式军队。行政层面，改组行政机构，建立中央集权的行政体制。宗教层面，使教会处于政府控制之下。经济层面，建立了许多手工工场，推动私人企业发展。在文化教育领域，简化俄文字母，建立科学院、博物馆和图书馆，兴办报纸，向欧洲派遣留学生。在社会习俗方面，要求贵族学习西方的礼仪与生活方式。除进行自上而下的西化改革以外，彼得一世还致力于对外扩张。为争夺波罗的海出海口，彼得一世指挥俄国与瑞典进行了长达21年的彼方战争（1700—1721年），最终打败瑞典，夺得了出海口。1721年，参政院奉献给彼得皇帝的称号，莫斯科国改国号为俄罗斯帝国。1725年，彼得因病死于彼得堡。

13. 再版农奴制

这个概念指15世纪中叶至18世纪中叶农奴制在东欧国家重建、加强或建立的现象。1882年，恩格斯率先使用这一概念，指业已消失的农奴制再次形成。十四五世纪，西欧的农奴制逐渐解体，资本主义生产发展，城市人口增加，对粮食及其他农产品的需求激增。这促使东欧国家封建主加紧对农奴的役使以便生产和出口更多的粮食和其他农产品。15世纪中叶以后，在易北河与阿尔卑斯山脉以东的德意志诸邦国、波兰、捷克、匈牙利和俄国等地出现了再版农奴制，尤以波兰和俄国为典型。"第一版"的农奴制为了满足封建主和农奴本身的需求而生产粮食，而再版农奴制是为了出卖而生产粮食，特别是为了供应西欧市场。东欧农奴制的主要形式是领主庄园制经济。在这类庄园中，领主对农民用强制劳动进行剥削，农民不经允许不得迁移、结婚，也不能学习手艺。这种制度对农民的压迫非常野蛮、残酷，极大地妨碍了生产者的积极性，延缓了社会的发展进程。农奴制因把农民固着在土地上而堵塞了劳动力的来源，同时也限制了国内工业品市场的扩大，对于东欧的工业资本主义的发展起了抑制作用。

14. 开明专制

开明专制（Enlightened despotism）指18世纪后期盛行于俄、普、奥等欧洲国家的政治实践和理论。玛丽娅·特蕾西亚、约瑟夫二世母子统治下的奥地利、弗里德里希二世统治下的普鲁士和叶卡捷琳娜二世统治下的俄罗斯，被认为是开明专制的典型。这几位统治者被看作开明君主。开明专制发生在启蒙时代，开明君主们试图以理性原则为指导进行自上而下的改革，其推行的开明政策包括改革教会，兴办教育事业，编纂法典等。开明君主运用理智来着手国家的重建工作。开明专制不再强调"君权神授"，而是注重其统治的合理性，并且倡导宗教宽容。在开明专制下，国家这一概念本身正在发生变化，它由统治者的财产，变成了由公职官员行使的、一种抽象的非个人的权威，而国王只不过是最高级的公职官员而已。然而，开明专制仍然是君主制，国家的最高权力仍在君主手中。开明专制已经发展到君主制的最高峰，再进一步就只能是革命，1789年法国大革命的爆发意味着"开明专制"的时代成为历史。

15. 瓜分波兰

法国、普鲁士、奥地利等欧洲列强于1772年、1793年和1795年三次瓜分波兰的侵略事件。1768年，俄国因黑海出海口与奥斯曼土耳其帝国交战，俄国大胜。面对俄国强大的扩张势力，普奥两国惶惶不安，于是两国君主与叶卡捷琳娜二世达成方案，将大片波兰领土割让给俄国，以使俄国放弃黑海地区的征服地。1772年8月，俄奥普三国签署瓜分波兰的条约，波兰因此失去一半的人口和 1/3 的国土。第一次瓜分将近 20 年后, 波兰实行内部改革, 并于 1791 年颁布新宪法, 从而加强国家的执政能力。这引起俄国的敌视, 并招致俄、普军队进入波兰干涉。1793 年, 俄普两国再次瓜分波兰, 割占了更为广大的波兰领土。1794 年, 在 T. 科斯丘什科领导下, 爆发了反对瓜分波兰的全国大起义, 这次起义遭到了俄国和普鲁士军队的镇压。1795 年 10 月, 俄、奥、普三国将残余的波兰全部瓜分, 作为一个独立国家的波兰彻底消失, 俄、奥、普成为互相接壤的国家。18 世纪的波兰之所以能被瓜分殆尽, 根本原因在于波兰的封建割据严重, 以及特殊的自由选王制和自由否决权制, 使得波兰国力孱弱、政治瘫痪, 成为欧洲均势中巨大的真空地带。三次瓜分使作为主权国家的波兰在欧洲地图上消失了 123 年。直到 1918 年波兰共和国成立, 波兰才收回了被瓜分的失地。

第二十一章　大西洋革命

1. 大西洋革命

18 世纪后期到 19 世纪前期, 发生在大西洋两岸的一系列资产阶级革命, 被史学界称为大西洋革命。18 世纪, 大西洋两岸商贸往来频繁, 是全世界最有活力的地区。18 世纪社会结构的改变, 埋下了变革的种子。1775 年美国独立战争爆发, 与当时西欧的政治躁动相呼应, 成为法国大革命的诱因之一。法国大革命影响更为直接而深远, 大西洋两岸革命此起彼伏, 构成了一个"大西洋革命"时代。这些革命主要包括美国革命、法国革命、拉丁美洲独立战争等。它们都深受启蒙思想的影响, 体现着对新秩序的追求。自由、平等、法治、宪政这些启蒙思想的理念被广泛传播, 成为社会的主流原则。

2. 美国独立战争

1775—1783 年英属北美 13 个殖民地人民反抗英国殖民统

治，争取民族独立的革命战争。七年战争结束后，英国加强对北美殖民地的统治和掠夺，限制其工商业的发展，导致两地之间的矛盾日益尖锐。1775年4月，莱克星敦的枪声标志着美国独立战争的爆发。1775年5月，第二届大陆会议在费城召开，会议决定组建大陆军，任命华盛顿为大陆军总司令。1776年7月，大陆会议通过了《独立宣言》，宣告美洲13个殖民地正式脱离英国，成为独立且自由的国家。宣言用天赋人权和普遍民主的原则阐述了反抗的理由，也阐述了新国家的基本原则。1777年10月的萨拉托加大捷是战争的转折点。随后，法国、西班牙、荷兰相继参加反英战争，英国陷入孤立，力量对比发生根本性变化。1781年10月，英军在约克敦投降，标志着北美战场的军事行动基本结束。1783年，英美正式签署《巴黎和约》，英国正式承认美国独立，美国独立战争结束。这是一场反对殖民统治的解放运动，也是一场资产阶级民主革命，为美国资本主义的迅速发展开辟了道路。同时，美国独立战争的胜利对法国大革命产生了积极影响，推动了18世纪末欧洲的政治革命运动，为其他殖民地区人民的解放运动提供了经验。

3. 1787年宪法

美国于1787年制定、1789年批准生效的联邦宪法，是世界上第一部比较完整的成文宪法，迄今仍是美国政府运行的指导原则。1787年宪法依据分权原则在美国建立起联邦制共和国。行政、立法、司法三个机构各司其职，每个机构被赋予了制衡其他两个机构的权力。联邦政府的权力大大加强，同时各州保留了进一步限制联邦政府的权力。1787年宪法包含了许多民主的因素，比如确立了共和制、实行民选政府制度、规定修宪程序等；它调和了民主派和保守派的矛盾、大州与小州的矛盾、南方与北方的矛盾。1787年宪法吸收了启蒙运动所强调的价值观念：自由、正义、法治、分权、制衡等。但是，它也有明显的不足，如没有否认南方的奴隶制度，选举资格也作了财产和文化程度上的限制，劳动群众、妇女、黑人、印第安人的选举资格被剥夺等。

4. 法国旧制度

旧制度特指法国革命前的体制，具体说就是绝对君主制、等级社会结构以及各种封建制度残余。"旧制度"的概念因法国革命而产生，革命者认为他们在1789年之后所摧毁的便是旧制度。旧制度第一层含义是一种政治体制。革命者认为，旧制度政体即国王实行的无代议机构的专权统治，在这种体制下，人民无任何权利可言。旧制度的第二层含义是一种社会形态，其最明显的特征是三等级制度。在这种社会结构下，教士和贵族为特权等级，居统治地位，被免除了诸多义务却垄断了全部权力。旧制度下法律所承认的并非是个人权利，而是组织明确的团体的权利和特权。团体包括三个等级、法院、行会和大学等组织以及其他的许多团体。18世纪，团体的义务与特权之间的对应关系事实上已经瓦解。旧制度的第三层含义是指宗教和精神秩序。旧制度的基础在于罗马天主教与国家之间的联盟。教会成为国王政令上传下达的一条渠道，教会控制或至少参与了一些重要的行政职能，如教育。宗教迫害事件时有发生。启蒙运动时期，作为旧制度的基本原则遭到了彻底的批判。宗教宽容、政教分离、法律面前人人平等、以才干而非继承和捐纳获得官职、税制改革、建立代议制咨询或立法机构等要求，源于对开明的哲学理论，也产生于对旧制度的批判。

5. 七年战争

1756—1763年，由欧洲主要国家组成的两大交战集团在欧洲、北美洲、印度等广大地域和海域进行的争夺殖民地和领土的战争。参战一方为奥地利及其盟国法国、萨克森、瑞典和俄国，另一方为普鲁士及其盟国汉诺威和英国。战争的起因为奥地利企图收回在奥地利王位继承战中被普鲁士夺走的西里西亚，但也是由于英法两国争夺北美和印度殖民地而引起的。1756年，法国和奥地利签署条约致使同盟关系大逆转，史称"1756年外交革命"。这场外交革命令法国波旁王朝和奥地利哈布斯堡王朝捐弃前嫌、结成盟友。此后不久，战争在欧陆爆发。战争中英国的战略重点是全力摧毁法国的海上势力和夺取法国的殖民地。战争的结果是：在北美，法国只剩下纽芬兰沿岸的两个小岛及西印度几个岛屿；在南美，法国只保留了圭亚那据点。英国则夺取了法国整个圣劳伦斯河流域及密西西比河以东的广大土地以及格林纳达岛。在印度，法国的势力几乎全被英国排挤出去。法国虽被容许保留其沿海几个贸易站，但不能在印度驻军，这样就失去了征服印度的可能。1763年，英法等国签订了《巴黎条约》，普奥等国签订了《胡贝图斯堡条约》。根据《胡贝图斯堡条约》，普鲁士对西里西亚的所有权得到了最终确认。根据《巴黎和约》，英国将法国的殖民势力赶出了北美和印度。英国是七年战争中最大的赢家，并一跃成为世界上最大的殖民强国。

6. 三级会议

法国等级代表会议的名称，由教士、贵族和市民三个等级组成。1302年，腓力四世在巴黎召开了第一次三级会议。这时腓力四世因向教会增税而与教皇卜尼法斯八世发生冲突，在斗争的关键时刻，为取得国内广泛支持而召开三级会议。该会议的主要职能是讨论各等级如何分担税收，从而解决财政困难。会议召开的时间由国王决定。开会期间，各等级分别集会，各有一票表决权。国王常常利用三个等级之间的纠纷坐收渔利。16—17世纪初，绝对主义王权加强，三级会议的权力被削弱。从1614年起，三级会议中断了175年。1789年5月5日，为化解财政危机，路易十六在凡尔赛重新开启三级会议。第三等级代表反对分厅议事、按等级表决的传统做法，提出三个等级一起开会，按人头投票。在要求遭到拒绝后，第三等级代表于6月17日自行召开国民议会，至此，三级会议退出了历史舞台。

7. 人权宣言

《人权宣言》全称为《人权与公民权宣言》，1789年8月26日由法国制宪会议通过，作为序言被列入1791年宪法中，是法国大革命时期颁布的纲领性文件。《人权宣言》从美国的《独立宣言》中汲取灵感，以法国的启蒙学说为指导方针，据此在法国建立崭新的政治与社会制度。《人权宣言》概括了自由、财产、安全和反抗压迫的普遍的自然权利，肯定了言论、信仰、著作和出版自由，阐明了人民主权以及司法、行政、立法三权分立原则，强调了法律面前人人平等、私有财产神圣不可侵犯等观念。该宣言代表了对大革命前君主政体和社会弊端的批判。《人权宣言》是对启蒙思想原则的高度概括，是近代世界最重要的政治文献之一。

8. 恐怖统治

法国大革命中的一个特殊时期，雅各宾派执政期间推行的以严厉手段为特征的集权统治。1793年春夏，欧洲反法联军与国内的旺代叛乱使得法国革命局势恶化，赢得战争与平定叛乱成为当务之急。1793年秋，罗伯斯庇尔、圣茹斯特等12人组成救国委员会，在国民公会的支持下，集中权力，断然推行恐怖统治。恐怖统治包括政治、经济、宗教等方面的措施。在政治方面，颁布《惩治嫌疑犯条例》，宣布逮捕一切明显或被认为反对革命的分子；改组革命法庭，加速审判。其间，数以千计的人被送上断头台，断头机成为恐怖的象征。经济方面，实行统制经济，征集物资，供应军队；颁布全面限价法，对生活必需品实行最高限价；严厉打击囤积居奇。宗教方面，推行"非基督教化"运动，包括关闭教堂、改用共和历法等措施。1794 年春，共和国军队平息了国内叛乱并击退了反法联军。恐怖统治完成了使命也付出了高昂的代价。在这一时期共有约 30 万嫌疑分子被捕，约 17000 人被处决，还有很多人死于狱中。由于杀人过多、破坏人们宗教信仰，雅各宾派的统治面临严重危机。1794 年 7 月 27 日，国民公会发动政变，在"消灭暴君"的口号声中，把罗伯斯庇尔、圣茹斯特等人送上了断头台，恐怖统治结束。

9. 拿破仑战争

1793—1815 年拿破仑·波拿巴指挥法国军队，与以奥、普、俄、英为核心的反法联盟进行的一系列战争。战场主要在欧洲大陆。1798 年底，英、普、奥、俄等国组建了第二次反法同盟，对法国发动军事进攻。次年，拿破仑发动雾月政变，成立执政府，随即进军意大利，与奥地利签订和约，第二次反法同盟解体。此后，欧洲各国组建了第三次反法同盟（1805 年）、第四次反法同盟（1806 年）和第五次反法同盟（1809 年），但都被拿破仑击溃。针对英国，拿破仑实行大陆封锁政策，企图在经济上摧毁英国。由于该政策妨碍俄国农业原料销往英国，导致俄国对法宣战。1812 年，拿破仑率军远征俄国，惨遭失败。欧洲各国趁机组建第六次反法同盟（1813 年），在莱比锡之战中击败法军，拿破仑被流放到厄尔巴岛。1815 年，拿破仑重返巴黎，执政"百日"。同年 6 月，拿破仑在滑铁卢被反法联军击败，流放到大西洋的圣赫勒拿岛，拿破仑战争结束。拿破仑所到之处推行《拿破仑法典》，废除封建贵族特权，受到诸多革命者的欢迎。但是拿破仑掠夺奴役其他民族，引起反抗，也激发了欧洲各地民族主义的兴起。

10. 法国民法典

1789年法国资产阶级大革命的产物，于1804年由拿破仑制定并颁布，是近代西方最早的一部民法典。法典共2281条，分为3篇、35章，总结了制宪会议期间的主要立法和改革成果，表达了资产阶级关于民事立法的基本原则，即自由平等原则、所有权原则和契约自治原则，确立了现代民法体系。它保证了私有财产不受侵犯，巩固了小农的土地所有权，规定了在法律面前人人平等和契约自由等原则。但是，法典限制言论自由，限制妇女和子女的权利，也禁止工会组织，带有着明显的封建家长制和男子主宰的色彩。整体而言，这部法典把法国大革命的成果在法律上确定下来，对欧洲各国和拉丁美洲的一些国家产生了很大影响，成为许多西方国家立法的典范。

11. 大陆封锁体制

拿破仑一世在1806—1814年间为反对英国而采取的一项重要经济政治政策，亦称为"大陆封锁"。1805年，拿破仑直接登陆英国的计划失败，决定用经济封锁摧垮英国。1806年，拿破仑颁布《柏林敕令》，宣布对不列颠诸岛实行封锁，禁止隶属于法国的各国与英国进行贸易；法国统治下欧洲的英国侨民，一律宣布为战俘，没收其财产；所有英国的货物和商船不得进入任何口岸，任何船只违反上述规定，一律没收。此后，拿破仑一世又颁布一系列敕令，加强了对英国的封锁。大陆封锁一方面使英国在经济上遭受了一定的损失，引发了与英国有传统贸易关系国家的不满；另一方面也使法国对外贸易下降，原料无法进口，工商业陷于困境，削弱了拿破仑帝国的统治基础。英国采取反封锁政策，进行大规模的走私活动，致使法国从经济上遏制英国的目的最终未能实现。随着拿破仑帝国的崩溃，大陆封锁政策也随之破产。

12. 维也纳体系

19世纪初，拿破仑帝国崩溃后，以英、俄、奥、普为首的战胜国通过维也纳会议在欧洲大陆建立起来的新均势体系。1814年10月，反法联盟各国在维也纳召开了处理战后问题的国际会议，会议历时8个多月，所有欧洲国家都有代表参加，但实际上由英、俄、普、奥四个战胜国操纵。会议的目的名义上是重建欧洲和平、确立欧洲均势，实际上主要是战胜国重新划定欧洲政治疆域和瓜分殖民地，并恢复旧正统王朝。会议着重讨论了法国、波兰、萨克森以及欧洲战后安排等问题，形成了以欧洲列强维持"均势"和支配国际事务为核心的维也纳体系，也形成了"欧洲协调"的会议体制，即大国举行会议，通过仲裁和调停来解决彼此之间的纠纷。一个国家对于欧洲巨大地域的控制局面不复存在，取而代之的是几个强国合作控制几乎整个欧洲。受此影响，俄罗斯帝国大大向西推进，普鲁士获得了经济发达的莱茵区从而使其重心西移，法国在欧陆的霸权则受到明显削弱。会议之后的30年间，欧洲各君主国极力维护维也纳体系，而各国革命党和自由主义者则力图改变现状。在1848年欧洲革命中，维也纳体系受到严重冲击。

13. 海地革命

1790—1804年海地黑人奴隶和黑白混血种人反对法国、西班牙殖民统治和奴隶制度的革命。海地位于加勒比海，17世纪沦为法国殖民地，被称为"加勒比海上的明珠"。法国殖民者发展种植园经济，残酷压榨黑奴，歧视混血种人和自由黑人。北美独立战争期间海地有色人种被宗主国派遣"助战"的经历，法国大革命的爆发与《人权宣言》的颁布，都直接导致了海地革命的发生。1791年，海地黑人奴隶揭竿而起。起义领袖杜桑-卢维杜尔领导革命军队，于1801年统一了海地，建立新政府，颁布宪法，废除奴隶制，对白人实施报复。杜桑牺牲后，他的战友坚持战斗，迫使法军投降。1804年元旦，海地正式宣布独立，成为拉美第一个获得独立的国家，也是世界上第一个黑人共和国。海地革命揭开了拉美独立战争的序幕。

14. 门罗宣言

1823年12月2日，美国第五任总统门罗在致国会咨文中提出美国对外政策的原则，史称"门罗宣言"或"门罗主义"，是美国对外扩张政策的重要标志。19世纪20年代，中南美洲的殖民地相继宣告独立，西班牙企图卷土重来，德、普、奥等国组成神圣同盟也企图干涉拉美事务。1823年8月，英国外交使臣坎宁邀请美国共同反对神圣同盟对拉美各国的干涉，禁止把拉丁美洲殖民化，得到了门罗的赞同。12月，门罗在致国会的咨文中宣称：美国将不干涉欧洲列强在拉丁美洲的殖民地和保护国；欧洲列强不得再在南、北美洲开拓殖民地；欧洲任何列强控制或压迫南、北美洲国家的任何企图都被视为对美国的敌对行为。他提出"美洲是美洲人的美洲"的口号，实际上宣布了拉丁美洲属于美国的势力范围，但也从客观上起到了防止已独立的拉美国家再次沦为欧洲列强殖民地的作用。1904年，西奥多·罗斯福提出"罗斯福推论"，进一步补充了门罗主义，指出某个拉美国家一旦"闹事"，美国可以干涉其内部事务。1933年，富兰克林·罗斯福放弃干涉政策，推行睦邻政策。"二战"后，美国在拉美地区仍旧奉行门罗主义。

15. 西蒙·玻利瓦尔

西蒙·玻利瓦尔（Simón Bolívar，1783—1830年）是土生白人，出身于委内瑞拉加拉斯加的种植园主和大工商业者家庭，是19世纪初拉美独立运动的杰出领导人、军事家。玻利瓦尔青年时代在欧洲游学，深受启蒙思想和法国大革命的影响，推崇卢梭的自由民权主张，立志推翻西班牙在美洲的殖民统治。1810 年起，玻利瓦尔开始领导委内瑞拉革命，两度建立委内瑞拉共和国，均遭挫折，1815 年流亡国外。流亡期间，他发表了《牙买加来信》号召爱国者再接再厉，战胜殖民势力。1816 年，在海地政府的支持下，玻利瓦尔打回委内瑞拉，宣布解放黑人奴隶，承诺胜利后给战士分配土地；1819 年，解放波哥大，宣布成立"大哥伦比亚共和国"；1822 年，建立了包括委内瑞拉、哥伦比亚、厄瓜多尔在内的统一共和国；1824 年，彻底摧毁西班牙殖民主力，解放了秘鲁。玻利瓦尔是南美共和制度的奠基者，他主持制定了委内瑞拉、哥伦比亚和玻利维亚等国的宪法，主张废除奴隶制和封建等级制度，限制教会特权，实行民主集中制，提议建立南美共和国联盟等。玻利瓦尔被委内瑞拉人民尊称为"解放者""民族英雄"，在拉美各国享有崇高声誉。

第二十二章 工业革命

1. 蒸汽时代

蒸汽动力的发明与大面积运用，为人类提供了更加有效的动力来源。在蒸汽动力诞生之前，水力等自然能源作为主要动力来源，普遍受到地理条件和季节的限制，而工业革命的发展对于稳定动力的需求十分强烈。蒸汽技术的发展正是为了解决煤矿矿井排水问题。1765 年，英国格拉斯哥大学的技师瓦特在前人的基础上改良矿山蒸汽抽水机，成功研制出单向蒸汽机；1782 年，他又试制成了双向蒸汽机，成为工业革命时期最重要的技术突破，并为棉纺织业等工业部门提供了稳定的动力。随后，蒸汽机进一步推广，引发交通工具的变革。1807 年，美国人富尔顿发明汽船；1814 年，英国人史蒂芬孙发明第一台实用蒸汽机车。交通运输的发展缩短了燃料、原料和产品的运输时间，降低了成本，推动了工业和贸易的发展，加强了各地间的联系。伴随着工业革命的扩散，蒸汽技术在世界范围内广泛传播。各个发生工业革命的国家都开始采用这一新动力，整个世界随之进入"蒸汽时代"，直至新的动力来源出现。

2. 电气时代

在第一次工业革命方兴未艾之际，新一轮技术革命的浪潮已然兴起。伴随着科技的发展，电力作为新的动力来源，在第二次工业革命中以其无与伦比的优越性被广泛应用于生产，引发了动力来源的又一次更迭。1831年，法拉第发现了电磁感应现象，奠定了发电机的理论基础；1866年，德国工程师西门子制造出发电机；1870年，比利时人格拉姆发明了电动机。在此之后，科学家们相继发明了各类运用电力的设备，如电灯、电话、电焊、电车等。1882年，法国人德普勒发明了远距离送电技术；同年，美国发明家爱迪生在纽约创造了美国的第一个火力发电站，将输电线连接成网。电力输送系统大规模建设的成功，推动了电力工业和电气设备工业的迅速发展。凭借其高效能与便利性，电力逐渐取代蒸汽动力，成为人们运用的主要能源。世界因此跨入"电气时代"。

3. 卡特尔

第二次工业革命后兴起的垄断组织形式。在欧洲尤其在德国较为典型，指生产同类商品的独立企业以协定方式联合起来，通过提高价格和限制产量建立垄断销售市场的联盟。联盟内各成员在参与制定和执行共同政策的同时，仍保持各自的独立性和财务自主，并按照地区和用户瓜分市场。卡特尔（cartel）最早于1857年在德国出现，此后便迅速发展，用以限制竞争、稳定价格、协调利润，进而垄断并控制市场，逐渐成为德国现代垄断组织的最普遍形式。卡特尔与保护性关税结合，有利于向国外市场低价出口商品。至1905年，德国的各种卡特尔组织已达385个。

1945年后，在盟军的占领下，卡特尔在西德遭到禁止。1957年，德国通过立法宣布禁止各类限制竞争的行为。但时至今日，各国由于对此有着不同的看法，对于卡特尔仍然很难制定出统一的政策。

4. 托拉斯

第二次工业革命后兴起的垄断组织形式，在美国最为突出。托拉斯由若干生产同类商品的大企业或产品有密切关系的大企业合并而成，股东将股份转交给托管人，由他们负责经营，形成规模巨大的企业或企业群，从而实现利益最大化。1879年，洛克菲勒的美国石油公司成立，开启了美国托拉斯时代的大幕。到1904年，美国形成了318个工业托拉斯，涵盖众多工业部门。比较有代表性的托拉斯有美孚石油公司、美国钢铁公司、杜邦火药公司以及福特、通用、克莱斯勒三家汽车公司等。托拉斯的发展在美国引起很大争议。1890年，美国国会通过第一项反垄断法令《谢尔曼反托拉斯法》，宣布组建托拉斯的行为违法，被视为反托拉斯等垄断组织之先声。1914年美国国会又颁布了《克莱顿法》《联邦贸易委员会法》，进一步限制垄断组织。

5.《谢尔曼反托拉斯法》

托拉斯在美国的发展引起很大争议，美国社会对垄断企业力量的不断壮大也出现了截然不同的看法。垄断企业的巨大力量及对此的忧虑，在美国的感受最为明显。以钢铁巨头卡耐基为代表的支持者认为，资本的积聚、规模的扩大是不可抗拒的趋势；而反对者则认为，应当确保公司之间的竞争与权力分配的公平。1890年，参议员约翰·谢尔曼向国会提出《保护贸易及商业免受非法限制及垄断法》，即《谢尔曼反托拉斯法》，并获得通过。该法案规定以托拉斯形式订立契约、联合或限制贸易，以及任何企图垄断的行为均属违法，旨在反对经济活动中的不平等贸易和竞争，限制大企业的不法行为。《谢尔曼反托拉斯法》作为日后反托拉斯立法的先河，是美国的第一个反垄断法令。但这一法案虽被制定，却受制于模糊的概念和广泛的司法解释空间，缺少司法应用的价值。

6. 工业革命

又称产业革命，是以机器生产逐步取代手工劳动，以大规模工厂化生产取代个体工场手工生产的一场生产与科技革命。它是由技术革命引发的资本主义工业化的起点，本质特征是大机器工业的确立。工业革命率先发生于18世纪的英国。19世纪中期，英国成为世界上第一个工业化国家，率先完成工业革命。法、德、美等国则紧随其后。在第一次工业革命中，棉纺织、冶金、煤炭等工业部门相继成熟，蒸汽动力得到广泛运用，新型的大规模工厂制和机器生产得以建立，新式交通工具如汽船和蒸汽机车得到推广，加强了世界各地的联系。工业革命的影响涉及人类社会生活的各个方面，使世界发生了巨大的变革，在人类的现代化进程中发挥了不可替代的作用，把人类推向了崭新的"蒸汽时代"。它提高了工业化社会的物质生活水平，改变了人们的生活习惯，但亦造成了资源的消耗和环境的污染；它带来了社会阶级结构的变化，形成了工业资产阶级和无产阶级两大对立阶级；它拉大了东西方社会的差距，完成了工业革命的西方国家，打开了亚、非、拉落后国家的大门，把整个世界纳入了资本主义的商品经济体系。

第二十三章　欧洲的政治民主化与民族主义

1. 自由主义

在反抗拿破仑入侵的战争中，一些西班牙爱国者自称"自由派"。拿破仑战争结束后，"自由派"这一政治名称以及由此派生的术语"自由主义"迅速流传开来。英国是自由主义的大本营，其源头可以追溯到 17 世纪的洛克，18 世纪后期到 19 世纪中期，功利主义学说为自由主义提供理论基础，这一时期的代表人物是边沁和穆勒（又译密尔）。法国的自由主义最早诞生于拿破仑帝国时期斯塔尔夫人的沙龙，代表人物是贡斯当和托克维尔。大体上看，19 世纪的自由主义是以启蒙思想为原则的意识形态，主张政府和法律应保护公民的个人自由和财产权利。

2. 民族主义

十八九世纪之交逐渐形成的一种思想主张。随着近代民族国家的形成，欧洲人的民族意识逐渐强于教派意识。人民越来越强调自己和彼此的民族身份，如英格兰人、法国人等。十八九世纪之交，民族意识逐渐成为一种思想主张，政治上主张建立各个民族统一的主权国家，文化上承认每个民族都有自己本民族的语言、历史和文化，承认保持、发扬这些文化传统的权利。卢梭和赫尔德被认为是"民族主义之父"，而德国哲学家费希特在1808年发表的《对德意志民族的演说》被公认为民族主义诞生的宣言。

3. 保守主义

保守主义是在关于法国大革命的辩论中产生的。英国政治家埃德蒙·伯克 1790 年发表《法国革命论》。该书被公认为保守主义诞生的标志。伯克反对法国大革命，但仍支持美国革命的目标。这说明保守主义一般是相对激进而言的，而不是相对进步而言的。保守主义并不反对进步，只是反对激进的进步，宁愿采取比较稳妥的方式。主张以稳定的改革来维护传统。1815 年以后，法国复辟王朝的拥护者首先使用"保守主义"一词，坚决反对整个启蒙学说，要求恢复旧制度乃至中世纪的教会权威。

4. 女性主义

19 世纪欧美出现的批判性别不平等、争取妇女权益的女性主义思潮和运动。女性主义是在法国大革命期间兴起的。法国女活动家古日的《女权宣言》和英国女作家玛丽·沃斯通克拉夫特的《女权辩护》可算是女权主义诞生的宣言书。19世纪中期到20世纪初，欧美地区出现了女性主义运动的第一次浪潮。进入20世纪，由于女性在第一次世界大战中接替了男人的许多工作而作出重大贡献，妇女的要求逐渐被社会所接受，从1918年起，欧美许多国家先后实现了妇女选举权。

5. 正统主义（正统原则）

正统主义是指在1814—1815年召开的维也纳会议上，由法国外交部部长塔列兰提出的一项原则，即旨在肯定法国大革命前的封建君主为正统王朝，并恢复其统治权力、政治体制及所属领土等。因为维也纳会议召开的目的是恢复和巩固欧洲大陆的封建秩序，消除法国大革命的影响，满足各国重新分配欧洲和殖民地的要求，因而"正统主义"原则成为维也纳会议的旗帜。会后，按照"正统主义"原则，许多国家被推翻的旧王朝得以卷土重来。这一原则符合所谓"正统"君主的利益，却违背了民族主义和自由主义的精神。

6. 维也纳会议（1814）

1814—1815年，在维也纳召开了全欧国际会议，旨在重建欧洲的秩序和政治格局。奥地利、俄国、英国、普鲁士和法国主导了会议。列强赞同法国提出的"正统"原则，即尽可能地恢复到革命前的政治状态，包括恢复君主制和原有的政治疆界。会议争论的焦点是波兰和萨克森问题。列强就政治版图做了交易和妥协。结果，德意志和意大利依然处于分裂状态，一些弱小国家和民族分别划归列强支配。维也纳会议之后，欧洲进入一个反动时期，复辟势力甚嚣尘上。

7. 神圣同盟

1815年9月26日，在沙皇亚历山大一世的倡议下，俄、普、奥三国君主宣布成立"神圣同盟"。参加同盟的国家要以基督教教义作为他们行动的唯一准则。随后，英国加入，成立了"四国同盟"，神圣同盟和四国同盟的主要目的是从原则和具体行动上来巩固维也纳会议所确定的反动秩序，旨在镇压一切革命行动。到了19世纪二三十年代，革命风暴席卷了西班牙、意大利、希腊、俄国、法国及比利时，沉重地打击了各国反动势力，促使"神圣同盟"和"四国同盟"走向瓦解。

8. "十二月党人"起义

1825年12月，俄国青年贵族军官因反对保守的尼古拉一世继位、要求实现宪政而发动起义，史称"十二月党人"起义。19世纪初，俄国封建农奴制度趋于衰落，资本主义因素日益明显地表露出来。但沙皇政府竭力维护腐朽的农奴制度，俄国统治阶级的一部分贵族在国内外先进思想的影响下，看到了农奴制和封建专制统治必然灭亡的历史趋势，走上了革命的道路。但由于十二月党人不敢发动群众，最后起义失败了。起义失败后，5名起义领袖被处死，大批军官被流放。

9. 1848年革命

1848年革命指在1848年欧洲大陆发生的一系列革命浪潮。首先是法国二月革命，巴黎民众上街示威，要求实现普选权，很快变成街垒战，路易-菲利普仓皇逃往英国。革命取得胜利后，临时政府宣布成立共和国，史称法兰西第二共和国。在二月革命的影响下，普鲁士、奥地利等德意志邦国、捷克、匈牙利以及意大利各地相继发生革命。有产者担心大革命的"恐怖"重演，恐惧反感下层民众的反动。各国政府从最初的打击中恢复过来，很快就聚集军事力量进行反攻。到1849年8月，历时18个月的欧洲革命偃旗息鼓。

10. "维多利亚时代"

一般被定义为 1837—1901 年，维多利亚女王统治的时期。这段时期一般被认为是英国工业革命和大英帝国的巅峰。在这个时期，大英帝国领土达到 3600 万平方千米，是名副其实的"日不落"帝国。经济发达，占全球经济总和的 70%。另外，这一时期，英国科学发明不断涌现，艺术流派大量出现，出现了一批伟大的诗人和作家。

11. 英国议会改革

19 世纪中后期，英国前后经历了三次以议会改革为中心的民主化进程。议会改革前，英国的议会选举制度混乱而腐败，工业革命后的"衰败选区"仍然占有大量议席，选民受到财产、年龄、性别等过多限制，贵族寡头把持议会。1832 年，由于受到激进派改革的压力，国王和贵族被迫让步，议会通过改革法案，降低了选民的财产资格，调整了选区名额。工业资产阶层上层获得了参加政权的机会。在 60 年代和 80 年代，在多次声势浩大的群众运动的推动下，英国又进行了两次议会改革，进一步降低选民的财产资格，先后将普选权扩大到普通工人和农民，基本实现了成年男子的普选权。

12. 德雷福斯案

1894 年，犹太裔法国陆军上尉德雷福斯被指控出卖法国陆军情报给德国，军事法庭裁定其叛国罪名成立，判以终身苦役并流放外岛。事后虽经证实纯属诬告，军事法庭却因德雷福斯的犹太人身份而拒绝改判，引起左拉等知识分子和群众的抗议，并演变为一场具有深远历史意义的运动。

13. 法兰西第二帝国

法兰西第二帝国是波拿巴家族的路易-拿破仑·波拿巴在法

国建立的君主制政权，存在的时间为 1852—1870 年。第二帝国实际上是具有某种民主外衣的军事独裁统治。一方面，帝国设有议会机制，实行普选权并用公民投票方式来表决重大事宜；另一方面，帝国拥有庞大的行政和军事机器，严格控制立法机构和选举过程，严格限制新闻和出版、集会和结社的自由。1870 年，法国贸然挑起普法战争，在色当战役失败，御驾亲征的拿破仑三世成为俘虏。第二帝国轰然倒塌。

14. 法兰西第三共和国

1870 年色当战役后，法国战败，国内发生政变，建立新的政权，史称"法兰西第三共和国"。1975 年，法国国民议会通过新宪法，称为"法兰西第三共和国宪法"，实行总统制和议会制的混合体制，由于总统没有解散议会的权力，法国实际成为议会制国家。从 1879 年起，温和共和派掌权，推行一系列巩固共和制的改革，议会修改了宪法，规定共和制度不可触犯。

15. 加富尔

意大利王国的第一任首相，意大利统一时期自由贵族和君主立宪派领袖，被尊为意大利开国三杰之一。1810 年加富尔出身于都灵贵族家庭，早年参军，后辞军游历，创办《复兴报》，宣扬君主立宪思想，赞成变革君主专制，但反对采用革命的激进做法。后来加富尔涉足政坛，采取了一系列自由改革政策。1860 年，加富尔利用高涨的人民革命形势，并得到了加里波第的支持，促成了意大利的统一。次年出任第一任首相，同年 6 月 6 日在都灵去世。

16. 俾斯麦

德意志帝国首任宰相（1871—1890 年），人称"铁血宰相"。俾斯麦担任普鲁士王国首相期间，1864 年发动对丹麦的战争，1866 年发动了普奥战争并取得胜利。1870 年又进行普法战争，打败了法军。年底南德四邦加入了德意志联邦，成立了德意志帝国，俾斯麦任德意志帝国宰相兼普鲁士首相。俾斯麦靠"铁血政策"自上而下地统一了德国，还帮助法国凡尔赛政府镇压巴黎公社。他对内颁布《反社会党人非常法》，残酷镇压工人运动；对外力图运用联盟政策，确立德国在欧洲的霸权。1890年被德皇威廉二世解职。俾斯麦下台时被封为劳恩堡公爵。此后他长住汉堡附近的弗里德里希斯鲁庄园，1898年病逝。

第二十四章 马克思主义的诞生与国际工人运动

1. 卢德运动

英国早期工人运动。拿破仑战争期间，结社受到了压制。当时一些手工业工人把机器的出现视为造成失业和贫困的根源。英国许多地方发生了捣毁机器的卢德运动。相传第一个捣毁机器的人叫卢德，因此参与者被称作卢德分子。卢德运动甚至发展为破坏工厂，攻击企业主。1812年的《保障治安法案》与1813年的《捣毁机器惩治法》将卢德运动定为严重罪行，并予以严酷的惩治。

2. 宪章运动

19世纪三四十年代，由于对1832年议会改革的结果大失所望，英国工人进行了一场声势浩大的争取普选权的政治运动——宪章运动。1838年，由熟练工匠威廉·洛维特创立的伦敦工人协会发布了一份请愿书——《人民宪章》，要求年满21岁的男子均有选举权；秘密投票；按居民人数分配选区和议员名额；改选一次国会；废除议会候选人的财产资格；等等。为实现《人民宪章》，"全国宪章派协会"在各地组织盛大集会和游行示威，有时还举行大规模的罢工。1848年后，随着英国经济的繁荣，宪章运动逐渐销声匿迹。

3.《共产党宣言》

1848年，马克思和恩格斯为"共产主义者同盟"起草的纲领《共产党宣言》发表。《共产党宣言》号召全世界的无产者联合起来发动革命，推翻现存社会制度，最终建立一个无阶级的社会。《共产党宣言》第一次比较完整地阐述了马克思主义的基本原理，它篇幅较小，语言通俗、热烈，因此成为传播最广、影响最大的马克思主义文献。

4. 第一国际

1864年，在伦敦声援1863年波兰起义的国际工人大会上，英国和法国的工会领袖发起建立了国际工人协会，史称"第一国际"，总部设在伦敦。马克思被公认为是第一国际的实际领袖，国际的几乎所有纲领性文件和决议草案均出自他的手笔或体现了他的思想。国际会议每年都举行代表大会。在巴黎公社失败后，第一国际成为流亡者的争吵场所，1876年第一国际宣告解散。

5. 巴黎公社

1871年法国无产阶级建立的革命政权，为世界历史上第一个无产阶级专政的政权。1870年普法战争爆发后，法国连遭失败，巴黎被围。法国人民反对政府的投降政策，阶级矛盾尖锐。1871年3月18日，巴黎工人举行起义，控制了巴黎。经选举后，28日巴黎公社宣告成立，公社委员中多为无产阶级和小资产阶级代表。公社实行了一系列革命措施，打碎了资产阶级军事官僚机器，建立了以无产阶级民主集中制原则为基础的新型国家政权。但公社因历史局限，出现严重失误。5月21日逃到凡尔赛的资产阶级政府调集大军，在德国军队帮助下攻入巴黎，经一周血战，28日公社失败。

6. 第二国际

1899年,在巴黎举行了国际社会主义者纪念攻克巴士底狱100周年的大会。在这次大会上建立了新的国际组织,即第二国际。第二国际是第一国际的继续和发展。马克思主义的主导地位在第二国际得到承认。第二国际也以召开代表大会为主要活动方式。其发展的前期（到1900年）是黄金阶段,历届代表大会讨论了诸如劳动立法、政治与经济斗争等重大问题。在长期的合法斗争中,第二国际内部也出现了坚持社会革命原则与主张改良主义之间的分歧。"一战"结束后,由于许多社会党支持本国政府的战争政策,第二国际最终分裂。

第二十五章 废奴时代

1. 俄国农奴制改革

1855年继任的新沙皇亚历山大二世感到改革的紧迫性,决定依靠自由派官员,推行以废除农奴制为中心的一系列改革。1861年,沙皇发布了《宣言》和《关于脱离农奴制依附关系的农民法令》。按照该法令,农民获得人身自由,有权订立契约、从事工商业活动,拥有动产和不动产,还可以改变身份,成为市民或商人；农民可以按照规定赎买一般土地,另一半土地归地主所有；农民由村社管理,村社负责征集赎金、赋税和治安。俄国农民由此获得了解放,但也付出了沉重的代价。改革剥夺了贵族支配农民的权力,却没有遇到贵族的强烈抵抗。改革成为俄国历史的一个分水岭。农奴制废除了,许多领域出现了新气象。然而,改革很不彻底,农奴制的残余依然大量存在,政治自由依然受到限制。

2. 民粹派

19世纪60年代末,一些青年知识分子对沙皇改革感到失望,发起了一个激进的民粹派运动。参加者主要是出身于中小地主家庭的大学生，也有一些平民或农牧民子弟。他们的精神领袖是老一代思想家赫尔岑和车尔尼雪夫斯基。二人都坚决反对沙皇专制和农奴制，但他们也受到西欧社会主义思潮影响，主张俄国走一条非资本主义发展道路。1873年，民粹派发起"到民间去"运动，遭到政府镇压。一些民粹派转而采用恐怖手段。1881年，他们炸死正在准备颁布宪法的沙皇亚历山大二世，反而促使新沙皇退回到保守反动的立场。

3. 密苏里妥协案

1819年以前，自由州与蓄奴州数目相等，所以南北双方在参议院中的势力是平衡的。1819年，密苏里申请以州的资格加入联邦。由于该州奴隶制存废问题对于南方在参议院中的地位至关重要，所以南方奴隶主疯狂地要求把密苏里确定为蓄奴州。一连数月双方争执不下。1820年3月，国会的南北方代表终于达成妥协：确定密苏里为蓄奴州，同时从马萨诸塞州分出一个新州——缅因州作为自由州。但对北方有利的是，它为尚未建州的西部广大地域，划定了奴隶制与自由制的分界线——北纬36度30分以南为奴隶制区域，以北为自由制区域。此为"密苏里妥协案"。

4. 美国南北战争

19世纪中期，奴隶制的存废问题成为美国两大政党民主党和共和党竞选时的争执焦点。民主党在南方有很深的基础，而共和党以反对奴隶制扩张为宗旨，代表了北方工商业集团和西部农民的利益。1860年大选时，共和党得势，林肯当选总统。南方各州对共和党得势感到恐惧，采取了分裂行动，先后有11个州宣布退出联邦，另成立南部同盟。1861年，南方军队进攻联邦军驻守的要塞，美国南北战争爆发。历时4年的内战以北方胜利告终，维护了美国统一，消灭了奴隶制。

5. 西进运动

在美国领土扩张的过程中，东部居民和新移民源源不断地向西移民，形成了大规模的"西进运动"。移民们不避艰险，辛勤开拓，发展农业和畜牧业。城市也在中西部出现和兴起。在西进运动中，印第安人遭到驱逐，反抗的部落遭到灭顶之灾。

6. 林肯

美国政治家、思想家，黑人奴隶制的废除者。第 16 任美国总统，其任总统期间，美国爆发内战，史称南北战争，林肯坚决反对国家分裂。他废除了叛乱各州的奴隶制度，颁布了《宅地法》《解放黑人奴隶宣言》。林肯击败了南方分离势力，维护了美利坚联邦及其领土上不分人种、人人生而平等的权利。内战结束后不久，林肯遇刺身亡，是第一个遭遇刺杀的美国总统，也是首位共和党籍总统，曾位列最伟大总统排名第一位。

7. "堪萨斯内战"

1854 年，国会决定在密苏里河以西的"处女地"建立堪萨斯和内布拉斯加两个州。规定新州的奴隶制问题由当地居民自决。结果，堪萨斯出现了两个对立的政权，并发生武装冲突，史称"堪萨斯内战"。这是美国内战的前奏。

8. 《宅地法》

在南北战争中，林肯审时度势，颁布了《宅地法》，规定一切忠于联邦的成年人交付 10 美元登记费，即可在西部领取 160 英亩土地，耕种 5 年后即成为这块土地的主人。这一措施从根本上消除了南方奴隶主夺取西部土地的可能性，同时也满足了农民的迫切要求，大大激发了农民奋勇参战的积极性。

9. 《解放黑人奴隶宣言》

1862 年南北战争期间，林肯发布震动世界的《解放黑人奴隶宣言》，宣布叛乱地区的奴隶从此永远获得自由；凡条件适合者，可以在陆海军服役。宣言实际上提出了战争的第二个目标：消灭奴隶制。宣言鼓励了黑人积极参加联邦军作战，使北方的整体优势逐渐显露。

10. 南方重建

林肯去世后，副总统安德鲁·约翰逊依法继任总统，美国进入重建时期。约翰逊实施林肯生前提出的和解方案，对南方实行大赦。结果，南方各州重新建立了州议会和州政府，其中很多人是前南方邦联的高级军政官员。共和党激进派对这种局面非常不满。1867年，国会通过重建南方的方案，宣布对南方10个州实行军事管制；重新选举各州政府；剥夺前南方邦联高级官员的选举权；赋予黑人以选举权。激进的政策遭到了南方白人的强烈抵抗。他们重新聚集在民主党旗下，逐渐掌握了各州政权。直到1876年，两党基本达成妥协：共和党候选人出任总统，然后撤销南方军事管制。南部重建就此结束。10年的重建使南方经济制度得到改造，军管的撤销恢复了南方各州的宪法权利，为整个国家的重新统一奠定了更稳定的政治基础。

第二十六章　东方帝国：危机与改革

1. "东方问题"

进入19世纪，奥斯曼帝国周期性地面临瓦解的危机。法国大革命后，巴尔干地区人民的民族意识逐渐觉醒，纷纷争取独立或自治；西欧和俄国也趁机扩张势力，分割奥斯曼帝国的疆土。如何处理这个"欧洲病夫"的危机和"遗产"，成为19世纪欧洲外交的一个重大问题，史称"东方问题"。

2. "坦志麦特"

一方面受到西方的威胁，另一方面受到法国大革命的影响，土耳其国内产生了实行宪政和制度革新的思想。不过，所有的改革设计都不触及伊斯兰教的原则，甚至从伊斯兰教中找寻依据。

马赫穆德二世、迈吉德和阿齐兹三代苏丹依靠改革派大臣，致力于进行全面改革，史称"坦志麦特"，为土耳其语"改革"之意。"坦志麦特"的改革措施逐渐产生了深远的影响。各种新法律的颁布奠定了奥斯曼帝国世俗生活的法律基础；新式军队、新式银行、新式学校开始出现；非穆斯林的地位有所改善；根据土地法，土地私有权得到承认，一个稳定的地主阶级开始出现。

3. 埃及阿里改革

1805年，阿里被推举为埃及总督，并先后击退入侵的英军和原有的马穆鲁克军团，建立了自己的专制统治，同时推行改革。阿里没收了伊斯兰教会掌握的全部土地，建立了更彻底的土地国有制。推行以军事改革为中心的一系列西化改革。这些改革包括：废除雇佣兵制度，实行征兵制，建立了由法国教官训练、纪律严明、装备先进的"新军"，创建了地中海和红海舰队；创办了一批官营兵工厂、造船厂和纺织厂，聘请外国技师；开设非宗教的世俗学校和专科学校，聘请外国专家并派遣留学生出国学习。阿里改革取得了显著的成效，埃及显现出繁荣的景象。但在英国霸权的打击下，到阿里去世，改革成果不复存在。

4. 1857年反英大起义（印度士兵起义）

印度第一次突破种族、地域界限的反英大起义。1857年由"涂油子弹事件"引发，因新发的子弹用涂有牛脂和猪油的纸包装，使用时必须用牙咬开。印度教教徒敬牛，穆斯林禁忌猪肉，这就触犯了印度士兵的宗教情感，激起了普遍的愤慨。士兵起义爆发，起义者把莫卧儿王朝末代皇帝推上印度皇帝的宝座，号召印度教教徒和穆斯林团结起来，对英国人展开圣战。两个多月里，起义的浪潮席卷北印度和中印度。但由于起义得不到土邦王公的支持，到1858年底，起义基本被平息。1857年反英大起义成为印度民族意识觉醒的宝贵资源。

5. 《安政五国条约》

安政五年（1858年）日本德川幕府与美、英、法、俄、荷兰签订的不平等通商条约的总称。安政五年，美国首先强迫日本签订了《日美友好通商条约》，主要内容为：日本增开神奈川、长崎、新潟、兵库四港和江户、大阪两市，并给予美国领事裁判权、议定关税权、建居留地权和自由贸易权等特权。接着，荷、俄、英、法等国又援例强迫日本签订了类似的条约。这些条约将日本推向了半殖民地的边缘，激发了日本的尊王攘夷运动。

6. 戊辰战争

日本德川幕府末期新政府军与幕府军之间的战争。因发生于1868年（戊辰年），故称。是年1月3日，天皇睦仁宣布王政复古。26日，德川庆喜派幕府军分别在鸟羽和伏见与新政府军激战，幕府军溃败。4月，政府军兵临江户城下，德川庆喜被迫开城投降。此后，政府军继续征讨东北叛乱诸藩，于10月平定了这一地区。次年3月出兵北海道，5月攻陷幕府残部固守的五棱郭。历时一年半的戊辰战争结束，摧毁了幕府势力，巩固了维新后建立的民族统一国家。

7. 明治维新

明治维新是指19世纪60年代日本在受到西方资本主义工业文明冲击下所进行的，由上而下、具有资本主义性质的全盘西化与现代化改革运动。时值明治天皇在位，故名。日本明治年间发生的维新变革，是一场资产阶级革命。19世纪上半期，随着资本主义因素的增长、阶级矛盾的激化和外国资本主义的入侵，日本封建统治危机四伏。1854年日本被迫打开国门后，西南强藩下级武士中的改革派掀起尊王攘夷运动，后转为倒幕运动，经戊辰战争，最终推翻了德川幕府的统治。明治政府成立后，进行了一系列资产阶级性质的改革："奉还版籍"和"废藩置县"，消灭了封建割据势力，建立了中央集权的统一国家；地税改革，确立了土地私有制；推行"富国强兵""殖产兴业"和"文明开化"三大政策，大力发展资本主义。明治维新实现了社会形态的更替，不仅使日本由落后的封建历史发展阶段过渡到资本主义的阶段，而且使日本摆脱了殖民地化的危机，建立了近代民族国家，走上了发展资本主义的道路，但日本仍保留了大量封建残余。

8. 自由民权运动

日本明治初期发生的以反对专制政治、争取资产阶级民主自由权利为主旨的政治运动。其内容包括要求开设国会、制定宪法、减轻地税、确立地方自治和修改西方列强强加的不平等条约。1874年1月，前政府参议板垣退助和江藤新平、后藤象二郎等人，结成日本最早的政党爱国公党，揭开了自由民权运动的序幕。同年4月，板垣、片冈健吉等人在高知创立立志社。此后，九州、四国等地纷纷建立民权组织。1875年2月上述自由民权派组织以立志社为中心在大阪成立了全国性的结社——爱国社。但早期民权运动显示出士族民权的局限性。1877年6月立志社代表向天皇进呈建议书，系统地提出开设国会、减轻地税、修改不平等条约等三大要求。以此为转机，自由民权运动逐步发展为全国规模的政治运动。面对声势浩大的自由民权运动，明治政府十分恐慌，兼施镇压和收买手段，分化、瓦解自由民权运动。不久，运动发生分裂。

9.《大日本帝国宪法》

1884年4月，宪法编撰完成。明确了《大日本帝国宪法》为钦定宪法，以这部宪法为基础确立的国家政体，就是以天皇为中心的日本型立宪君主制。1889年，明治政府举行了隆重的典礼，以天皇亲授的方式发布了《大日本帝国宪法》，即明治宪法。这部宪法是以德国宪法为蓝本制定的，明治宪法体制的最大特点是它的多元性结构，即它内部存在着多个并行的、彼此不互负责的权力主体。明治宪法体制的这一特点，决定了日本历史可以在同一体制框架内出现多种发展的可能性。

第二十七章 拉美的曲折发展

1. 考迪罗主义

考迪罗一词，西班牙语的原意是"首领"或"领袖"，后来成为凭借武力夺取和维护中央或地方政权的拉美国家军事独裁者的专名。拉美各国独立后，大多国家政变频繁，连年内战，地方割据严重，共和制度发生变异，普遍实行军事独裁的政治统治形式，形成拉美独有的考迪罗主义。考迪罗以大地产制为其兴起的重要因素。第一批考迪罗利用独立战争期间获得的兵权与声誉，转变为独裁者；后来的考迪罗大多出身于军官或者是某一地区地主集团的首领。19世纪70年代后，拉美各国的考迪罗主义由盛而衰，考迪罗已经不能为所欲为，军事独裁的统治形式不得不逐步让位于民主体制。

2. 胡亚雷斯改革

1857年，墨西哥保守派和自由派之间发生了"改革战争"，自由派在外省建立了以胡亚雷斯为首的政府。胡亚雷斯政府果断颁布了一系列的改革措施，宣布没收教会的全部土地财产，将这些土地分成小块出售给农民；实行政教分离和信仰自由，废除什一税和教会其他捐税；实行婚姻和户籍登记的民事管理；实行世俗教育；解散修道院。1861年，胡亚雷斯胜利返回墨西哥城，经全国大选成为美洲历史上第一位印第安人总统，继续推行改革，并领导墨西哥赢得了卫国战争。但胡亚雷斯去世后，改革逐渐宣告破产。

第二十八章　帝国主义扩张

1. 英布战争

1899—1902 年，为了争夺南非领土和资源，英国同荷兰移民后裔布尔人建立的德兰士瓦共和国和奥兰治自由邦之间的一场战争，史称"英布战争"或"布尔战争"。英国从大英帝国各地调集了 40 多万兵力，最终吞并了德兰士瓦共和国和奥兰治自由邦。英布战争是帝国主义时代到来的一个重要历史标志。在帝国主义时代里，各列强首先对已分割的殖民地要求重新分割，随后用战争手段，进行疯狂的争夺。

2. 门罗主义

1823 年 12 月 2 日美国总统门罗在致国会年度咨文中提出的美国对外政策原则，史称门罗主义。主要内容为：美国不干涉欧洲列强在美洲的现存殖民地和保护国，不参加欧洲各国之间的战争；欧洲列强不得干涉美洲国家的事务，不得把"美洲大陆业已获得独立自由的国家当作将来殖民的对象"，并不得将欧洲政治制度移植到美洲，否则就是对美国不友好的表现。提出"美洲是美洲人的美洲"的口号。门罗主义在客观上有抵制欧洲列强侵略拉丁美洲的作用，但也暴露了美国独立控制拉丁美洲的野心。

3. "金元外交"

20 世纪初期，由美国总统塔夫脱提出并推行的外交政策，即以金元代替枪弹，故名。当时美国主要在拉丁美洲地区推行这一政策，鼓励和保护美国在拉美的投资和贸易，旨在取代英国在拉丁美洲的经济霸权。"金元外交"以资本输出为基本原则，以贷款为条件干涉他国内政。

4. "杜美体制"

1897—1902 年出任法属印度支那总督的杜美为了克服当地

的政治混乱和财政困难，创立了高度集权模式的殖民地行政体制，史称"杜美体制"。该体制包括殖民地总督集权制度、分而治之政策以及文化同化政策。在这一体制中，总督代表宗主国政府全权管辖殖民地，集立法、行政和司法大权于一身；驻各地的欧洲殖民官员和土著官员都直接对总督负责。自杜美之后，法属殖民地总督拥有了凌驾于各地方长官之上的权力，由上至下形成了等级森严的殖民地管理体制。

5. 维也纳体系

1815年，维也纳会议重新划定了欧洲的政治版图，并对战后的欧洲秩序作出安排，建立起以大国协调、共同维护欧洲均势和平为核心的国际关系体系，史称维也纳体系。维也纳体系奠定了19世纪欧洲长期和平的基石。维也纳体系是一个典型的近代均势体系，推翻了拿破仑帝国的欧洲新秩序，在威斯特伐利亚体系和基础上，确认并维护了大国的均势平衡原则，这一原则贯穿了之后的数个国际关系体系并一直延续至今。维也纳体系的主要贡献是所谓"欧洲协调"。欧洲大国协同用"会议加军事"的方式来维持大国均势平衡，积极开展会议外交，构筑欧洲协调机制。

6. "光荣孤立"

19世纪末英国执行的不固定参加国际政治军事同盟，保持行动自由的外交政策。即处在和平时期，英国不愿对于可能发生的事件，预先同任何大国缔结长期同盟。维也纳体系建立后，对于英国来说，只有法国、普鲁士、俄国以及奥地利实力相当、互相牵制，英国才能在欧洲大陆扮演仲裁者和制衡者的角色，从而保障英国在欧洲乃至世界的战略利益。英国奉行"光荣孤立"，精心调节国际力量的微妙平衡。这个政策的目的在于维持英国自身行动的自由，努力保持欧洲大国之间的均势，自己则扮演一个制衡者的角色。但20世纪初，英国先后与日本、法国和俄国签订条约，形成英法俄三国集团，这一政策实际已被放弃。

7. 克里米亚战争

克里米亚战争是在1853年10月20日因争夺巴尔干半岛的控制权而在欧洲大陆爆发的一场战争，是拿破仑帝国崩溃以后规模最大的一次国际战争，奥斯曼帝国、英国、法国、撒丁王国等先后向俄罗斯帝国宣战，战争一直持续到1856年才结束，以俄国的失败而告终，从而引发了国内的革命斗争。克里米亚战争是对维也纳体系的一次重大冲击，也是英国在欧洲大陆推行均势政策的一个例证。

8. "三皇同盟"

德意志统一后，俾斯麦为了孤立和打击法国，策划德皇与俄、奥两皇结成的同盟。1872年9月，奥皇弗兰茨一世、俄皇亚历山大二世访问柏林，与德皇威廉一世会晤。三国议定：维持欧洲现状；协同解决东南欧的纠纷。1873年5月6日，德皇威廉一世访问圣彼得堡，德、俄签订一项军事协约。约定：缔约一方被欧洲任何一国进攻时，另一方应出兵相助。同年6月6日，俄皇亚历山大二世访问维也纳，俄、奥两皇又签订《兴勃隆协定》，约定：遇有第三国侵略危及欧洲和平时，两国应立即商讨共同的行动方针。同年10月22日德皇也加入这一协定，史称"三皇同盟"。三皇同盟是一个旧式王朝外交的产物，它所维护的是君主之间的协作关系，它所反对的是欧洲革命的共和运动及所有社会主义组织。

9. 《圣斯特法诺和约》

1875—1876年，巴尔干半岛爆发反抗土耳其统治的起义，遭到土耳其的残酷镇压。俄国再度借机插手，于1877年向土耳其宣战，迫使土耳其签订《圣斯特法诺和约》。这一和约使俄国大大扩张了在巴尔干的势力,遭到英、奥两国的强烈反对。1878年各国召开柏林会议,商讨修改《和约》,迫使俄国吐出一部分战利品。

10. "三国同盟"

1881年法国从阿尔及利亚侵入突尼斯,并把它变成自己的保护国。意大利早已觊觎突尼斯,但苦于实力不足,不能单独对抗法国,便投靠德、奥。经过谈判,1882年5月20日,德、奥、意三国在维也纳签订同盟条约。三国结成的同盟,史称"三国同盟"。

11. "三国协约"

三国协约是英、法和俄三国在1907年签订的互相谅解和互相支持的协议。1904年的《挚诚协定》及1907年的《英俄条约》签订后,英法、英俄的各种纠纷已经平息。这两个协约,加上法俄同盟便促使三国走在一起。此外,它们皆因为德国在欧洲的影响力不断上升而警醒。因此,他们便结盟,名为"三国协约"。

第二十九章　近代西方的文化

1. 《十日谈》

意大利作家薄伽丘的《十日谈》是西方第一部短篇小说集,小说讲述意大利佛罗伦萨瘟疫流行,10名男女在乡村一所别墅里避难。他们每人每天讲一个故事,共住了10天讲了100个故事,这些故事批判天主教会,嘲笑教会传授黑暗和罪恶,人爱情的高贵与欲望的正当,谴责禁欲主义,无情暴露和鞭挞封建贵族的堕落和腐败,体现了人文主义思想。另外,薄伽丘的《十日谈》大大提升了散文的文学表现力,打破了韵文独尊的局面。

2. 《巨人传》

法国作家拉伯雷的《巨人传》是西方第一部长篇小说,它大量运用民间故事和俗语,讴歌现世幸福,讽喻社会弊端,是一部体现文艺复兴精神的杰作。

3. 《堂吉诃德》

西班牙作家塞万提斯的长篇现实主义小说《堂吉诃德》是西班牙文学"黄金世纪"的巅峰之作,被认为是西方文学史上第一部现代小说。它描绘了16世纪末17世纪初西班牙的社会生活图景,成功塑造了一个可笑、可悲亦可敬的不朽人物形象——堂吉诃德,高扬了人道主义精神。

4. 《鲁滨孙漂流记》

享有"小说之父"赞誉的英国作家笛福创作了航海历险小说《鲁滨孙漂流记》,主要讲述了主人公鲁滨孙因出海遇难,先被海盗攻击,再到种植园,最后漂流到无人小岛,并坚持在岛上生活,最后回到原来所生活的社会的故事。完成了从传奇故事向近代写实小说的历史性过渡,第一次将普通人的日常生活作为关注的中心。

5. 《格列佛游记》

《格列佛游记》是乔纳森·斯威夫特（又译为江奈生·斯威夫特）的一部杰出的游记体讽刺小说,以里梅尔·格列佛（又译为莱缪尔·格列佛）船长的口气叙述周游四国的经历。通过格列佛在利立浦特、布罗卜丁奈格、飞岛国、慧骃国的奇遇,反映了18世纪前半期英国统治阶级的腐败和罪恶。

6. 巴尔扎克

法国小说家,被称为"现代法国小说之父"。他提出了当时最系统的现实主义文学观点,最先将小说视作一种有自身目的、规律和方法的文学形式,创作了巨型全景式社会小说集《人间喜剧》,包括《高老头》《欧也妮·葛朗台》等96部小说。

7. 莎士比亚

威廉·莎士比亚是英国文学史上最杰出的戏剧家,也是西方文艺史上最杰出的作家之一，全世界最卓越的文学家之一。他流传下来的作品包括 37 部戏剧、155 首十四行诗、2 首长叙事诗。他的戏剧有各种主要语言的译本，且表演次数远远超过其他任何戏剧家的作品。

8. 浪漫主义文学

浪漫主义文学产生于 18 世纪末，在 19 世纪上半叶达到繁荣时期，是西方近代文学最重要的思潮之一。在纵向上，浪漫主义文学是对文艺复兴时期人本主义理念的继承和发扬，也是对僵化的法国古典主义的有力反驳；在横向上，浪漫主义文学和随后出现的现实主义共同构成西方近代文学的两大体系，造就 19 世纪西方文学盛极一时的繁荣局面，对后来的现代主义和后现代主义文学产生了深远的影响。

（撰稿人：第 17—22 章为庞冠群、江天岳，
第 23—29 章为王皖强）

现代部分

第三十章 第一次世界大战与革命

1."三国同盟"

19世纪末期,帝国主义国家掀起瓜分世界的狂潮,为了争夺殖民地,各个帝国主义国家间的冲突和摩擦不断。出于进行武装对抗和战略博弈的目的,不同国家间结成相互负有军事义务的同盟。同盟间的对抗和冲突最终引发了第一次世界大战。三国同盟就是第一次世界大战前,由德国、奥地利和意大利首先结成的国家间军事同盟。德国、俄国和奥地利原来存在互相负有军事义务的秘密同盟,但是,在俄土战争结束后的柏林会议上,为了瓜分土耳其,德俄交恶。1879年,德国和奥地利秘密签订协议,以防范俄国为目的结成秘密同盟。约定如缔约国一方遭到俄国进攻,另一方应以其全部军事力量实行互助;如缔约一方遭到另一国家进攻,缔约国另一方应对其盟国采取善意的中立,但是如果进攻的国家得到俄国的支持,缔约国双方应共同作战直到共同议和为止。1881年,意大利在同法国争夺突尼斯的斗争中遭到失败,这使其感到有必要依靠德国,德国在1871年实现统一后一直推行与法国敌对的外交政策。意大利要求与德奥结盟。1882年,德奥意签订秘密的三国同盟条约。条约规定:如意大利未有直接挑衅行为而遭到法国进攻,德、奥必须以它们的全部军队援助意大利;如德国未有直接挑衅行为而遭到法国侵略,意大利也担负同样的义务;缔约国之一在同其他任何一个大国(法国除外)发生战争时,缔约国另外两方必须对它们的盟国采取善意中立,这意味着如果俄奥间发生战争,意大利将恪守中立。至此,德奥意结成了三国同盟,这个同盟成为第一次世界大战中的一个军事集团,同三国协约集团展开不断的竞争和冲突。同时,两大军事集团国家间展开不断升级的军备竞赛。在俄国、奥匈帝国在巴尔干半岛的争夺中,德国承诺,如果奥匈入侵塞尔维亚和俄国出面干涉,德国将给予奥匈以军事支持。这个承诺在1914年6月28日的萨拉热窝事件后得到兑现。这一事件引发了两大军事集团国家间的最终宣战。

2."三国协约"

第一次世界大战爆发前,法国、俄国和英国结成的互相负有军事义务的秘密同盟。德国、奥匈帝国和意大利结成的三国同盟促进了法俄结盟。1890年,俾斯麦下野,德国不再与俄国续签《再保险条约》,德俄同盟遂告终结。德国外交政策转向"世界政策",开始偏重于联英反俄。但是英国对于德国的外交政策深怀戒心,认为其威胁英国的利益。一直在寻找盟友的法国主动向俄国示好。帮助俄国解决财政困难,向俄国提供大量贷款。1891年,法国舰队访问喀琅斯塔得要塞,1892年,法俄签订了秘密军事协定。协定规定,如果德国或意大利在德国支持下进攻法国,或德国或奥地利在德国支持下进攻俄国,两国应迅速投入所有军队同德国作战,迫使德国在东西两线同时作战,还确定了对付德国的具体兵力。法俄正式结成同盟,这使得法国摆脱了在欧洲外交舞台上的孤立地位,它标志着俾斯麦的大陆结盟体系完全解体。德国虽然向英国示好,但其海外扩张政策势必触及英国的利益,英德在世界各地的殖民扩张发生严重的利益冲突。德国大力建设海军,严重威胁英国的海上霸权。随着英德矛盾加剧,英国放弃其自19世纪一直奉行的"光辉孤立"政策,在欧洲寻找盟友。英国同法国及俄国在殖民地争夺中也存在冲突。由于法国的主动示好和接近,英法进行了一系列外交活动和谈判,最终于1904年缔结协约,就两国在殖民争夺中的冲突达成妥协。英法协约虽然并不直接针对德国，但为英俄和解铺平了道路。同时，德国因为英法妥协，在摩洛哥问题上向法国施压，却加剧了英德间的矛盾。英国和俄国进行一系列谈判，相互在殖民地问题上达成妥协。1907年，英俄缔结协约，协调两国在中亚和中国西藏的冲突。至此，三国协约最终形成。欧洲形成了两大军事集团。两大军事集团间的对抗和冲突最终走向了第一次世界大战。

3. 《海牙公约》

1899年和1907年所召开的两次海牙会议所通过的条约及声明的总称。19世纪末，帝国主义国家掀起瓜分世界的狂潮，各国为争夺殖民地，不断爆发军事冲突和外交争端。以德国、奥匈帝国和意大利为一端，以英国、法国和俄国为另一端，分别形成了三国同盟和三国协约两大军事集团。相互对峙的双方展开了不断升级的军备竞赛。德国的军事预算几乎增加两倍，其他国家也不断加大军事投入。经济最落后的俄国难以承受高额的军备投入，俄皇尼古拉二世提出召开会议缓和争端，达成殖民地争夺中的妥协。1899年5月，26个国家的代表在荷兰海牙召开第一次和平会议。会议签订了《关于和平解决国际争端公约》《陆战法规和惯例公约》《关于1864年8月22日日内瓦公约的原则适用于海战的公约》和一些宣言，但没有在裁军问题上作出任何实质性决议，这次会议没有给国际局势带来任何缓和。战争有一触即发之势。俄国、奥匈帝国、德国、法国在巴尔干、非洲、亚洲都展开激烈的殖民争夺。军备竞赛和军事冲突不断升级。为解决这些问题，1907年6月，第二次海牙和平会议召开。这次会议长达4个月，会议通过了《和平解决国际争端公约》《限制使用武力索偿契约债务公约》《关于战争开始的公约》《陆战法规和惯例公约》《中立国和人民在陆战中的权利和义务公约》等条约。会议确立了以和平方式解决争端的义务，同时对战争的手段和方法进行了限制，这方面是具有意义的。但是，迫切需要解决的裁减或限制军备问题根本未被列入议程，列强也没有实质性裁军行动。会议缔结了《海牙公约》，包括禁止使用毒气和达姆弹、保障战时中立国和中立人员的权利、限制敷设水雷等。但是，这些在后来的战争中，从没有很好地执行。两次海牙和平会议在裁军或限制军备方面一无所获，而战争狂热却不断增长。

4. 摩洛哥危机

19 世纪末，为了争夺殖民地，帝国主义国家间进行不断升级的军备竞赛，这直接导致帝国主义国家间军事冲突的加剧。摩洛哥地处非洲西北端，是扼守直布罗陀海峡的重要基地，其出产铁矿，由于重要的战略地位，法国和德国为争夺摩洛哥爆发两次危机。19 世纪末期，各大国在摩洛哥享有平等权利。1904 年，法国通过让步，获得英国承认其在摩洛哥的特权。1905 年，法国又获得意大利和西班牙的承认，向摩洛哥提出将其沦为法国保护国的方案。德国认为，法国的行为使其切身利益受到威胁，积极支持摩洛哥拒绝法国的方案。德皇威廉二世于 1905 年 3 月底访问摩洛哥，支持摩洛哥维护主权，强调各国在摩洛哥的地位应"绝对平等"。德国进而威胁以战争来解决摩洛哥问题。法国和英国都开始进行针对德国的战争准备，法国在 1905 年 6 月派军舰到摩洛哥炫耀武力，英法开始谈判军事合作问题。德国在此压力下被迫妥协。这是第一次摩洛哥危机。在其后召开的阿尔儿西拉斯会议上，法国获得了在摩洛哥的许多特权，包括控制摩洛哥的警察与海关。德国在会议上陷入困境。1911 年春，摩洛哥首都非斯爆发了反帝人民起义，法国已经将其势力渗入摩洛哥，以恢复秩序和保护侨民为名出兵占领非斯，并进而控制了整个摩洛哥。这使欧洲感到震惊。7 月，德国"豹"号炮舰驶入摩洛哥阿加迪尔港，进行战争挑衅。第二次摩洛哥危机爆发。德国向法国提出要求，包括获得摩洛哥一部分领土或获得法属刚果。英国在这次危机中从幕后走到前台，公开对德国施压，英国海军趁势进入战备状态，英德间矛盾表面化了。英法联合迫使德国再次妥协，降低其要求。德国承认摩洛哥是法国的保护国，法国让给德国一部分刚果领土。德国在两次摩洛哥危机中的失势，促使它大力发展军事力量；英法的军事联系也更加密切，随时准备应对德国挑起的战争。

5. 萨拉热窝事件

奥匈帝国皇储在萨拉热窝被刺事件，是第一次世界大战的导火索。德国、奥匈帝国和意大利结成了三国同盟，英国、法国、俄国结成三国协约，在欧洲出现了两个相互对立的军事同盟。俄国和奥匈帝国都将巴尔干半岛视为自己的势力范围。两国不断向巴尔干半岛渗透，导致两国间的冲突日益尖锐。塞尔维亚支持奥匈帝国内部的南斯拉夫人，引起奥匈帝国的仇视。俄国支持塞尔维亚。1908年，奥匈帝国兼并波斯尼亚和黑塞哥维那，为了进一步除掉塞尔维亚，奥匈帝国决定对其进行军事恫吓。奥匈帝国获得德国的承诺，如果奥匈入侵塞尔维亚和俄国出面干涉，德国将给予奥匈以军事支持。这个承诺在萨拉热窝事件后得到兑现。奥匈帝国计划于1914年6月28日，在波斯尼亚首府萨拉热窝进行军事演习。由于这一天是历史上塞尔维亚被土耳其征服的日子，塞尔维亚的民族主义者决定报复。塞尔维亚青年加弗利尔·普林西普枪杀了参加军事演习的奥匈帝国皇储弗兰茨·斐迪南夫妇。奥匈帝国为这一事件感到震惊，决心充分利用这一事件发动战争。它借口塞尔维亚政府策划了这一事件，向塞尔维亚发出最后通牒，要求塞尔维亚停止一切反奥活动。德皇威廉二世和遇刺的皇储斐迪南是好友，德国保证无条件支持奥匈帝国。塞尔维亚得到俄国的支持，法国表示将保证履行法俄同盟的义务。各国都开始进行战争准备。奥匈帝国、俄国、法国先后宣战。德国制订了攻击法国的施里芬计划，这一计划使其侵犯比利时，英国以保证比利时中立为借口向德国宣战。第一次世界大战在欧洲全面爆发。

6. 凡尔登战役

第一次世界大战中时间最长的消耗战，因其伤亡惨重，又被称作"凡尔登绞肉机""屠场"，是第一次世界大战的转折点。战役持续的时间是 1916 年 2 月至 12 月。第一次世界大战的主战场在欧洲，共有三条战线，分别是北线、东线和巴尔干战线。在意大利投降后开辟了对同盟国集团作战的第四条战线。凡尔登战役在西线进行，这条战线是沿着北海和法国比利时边境地区，一直延伸到德国、法国和瑞士的交界处。在西线相互对峙的军队以德国为一方，以英国、法国和比利时为另一方。德国在 1905 年制订了施里芬计划，该计划在西线被施行，它是以德国在东西两线进行作战为前提。德国将优势兵力运用于西线，在短时间内制服法国。然后再将军队调到东线，同俄国进行决战。施里芬计划并未顺利实施，在西线的战斗时间远比其预期时间长，德国的"速决战"破产。西线的战局呈现胶着状态。1915 年，德军将部队主力调至东线，使俄国军队退回国内。1916 年 2 月，德军主力回到西线，在西线展开凡尔登战役。凡尔登是德国通向巴黎的战略要地，德军希望以此消耗法军。法军和德军双方投入了庞大兵力，分别为 66 个师和 46 个师。参战兵力约 200 万人，伤亡 70 多万人。战役分为两个阶段：2—9 月是第一个阶段，德军展开进攻，集中重炮进行轰击，使用了燃烧弹和毒气，还第一次使用了轰炸机，数次向凡尔登要塞发起攻击，但终没能使法国投降。9—12 月是法国的反攻阶段，英法联军为了减轻凡尔登的压力，于 6 月发动了索姆河战役。德国被迫抽调军队进行索姆河战役。法军使用新式大炮，最终在 12 月 18 日收复了德军占领的全部失地。凡尔登战役使同盟国集团在西线失去了作战主动权。

7. 苏维埃俄国

第一次世界大战的参战国中，俄国是经济落后的一个帝国主义国家。直至20世纪初，俄国仍然保持着沙皇专制制度。沉重的军备竞赛负担和残酷的战争，将俄国社会旧有矛盾无限激化，人们生活的困苦到了难以忍受的程度。1905年，日俄战争的战败使俄国爆发革命，沙皇进行一定的改革缓和社会矛盾。这些改革措施并不成功。俄国社会发展的矛盾没有得到解决。1917年2月，俄国再次爆发二月革命，推翻罗曼诺夫王朝的统治。革命后，俄国出现两个政权并存的局面。一个是代表资产阶级的临时政府，另一个是苏维埃政权。关于俄国的前途，列宁在《四月提纲》中认为可以将革命推向第二个阶段。1917年秋，俄国经济处于全面崩溃边缘，社会阶级矛盾空前尖锐，革命形势愈益成熟。9月，列宁写信给党中央，明确提出不失时机地通过武装起义夺取政权。俄历10月，俄国爆发了列宁领导的十月社会主义革命。十月革命胜利后，全俄工兵代表苏维埃大会通过《告工人、士兵和农民书》，宣布全国政权转归苏维埃。苏维埃政府通过了列宁起草的《和平法令》和《土地法令》，向所有交战国提出休战建议，宣布俄国退出战争。《土地法令》决定，无偿没收地主的土地，交给劳动者使用。至此，世界上第一个社会主义国家诞生了。俄国各地纷纷建立起苏维埃政权。1918年3月3日，苏俄与德奥集团签订《布列斯特－立托夫斯克条约》，俄国以割让给德国大片土地为代价正式退出战争，东线不复存在。在国内，面对反革命势力的挑战，苏维埃政权进行了坚决的反击，控制军队的最高指挥权，组织红军挫败了国内外武装的叛乱。由建立政权之初的战时共产主义政策过渡到新经济政策。俄国苏维埃政府对建设社会主义国家进行了积极的理论探索和实践。苏维埃俄国的建立是世界历史进程中一件具有重要影响的事件。俄国对于社会主义制度的选择丰富了人类社会形态，开创了非资本主义的发展模式，对落后的非资本主义国家和地区产生了深远的影响。

8. 德国十一月革命

德国是第一次世界大战的策源地，战争给德国人民带来了深重的灾难。在俄国十月革命影响下，德国反战运动高涨。1918年11月3日，基尔港水兵起义，揭开了十一月革命的序幕。4日，基尔工人举行了起义，基尔成立了士兵苏维埃和工人苏维埃，起义迅速席卷全国。德国十一月革命是资产阶级民主革命，革命的主力是工人、农民和士兵，革命的直接领导者是社会民主党和独立社会民主党。另一支重要的革命力量是斯巴达克派，其代表是卡尔·李卜克内西和罗莎·卢森堡。他们代表德国共产党，后决定建立无产阶级政党。11月9日，首都柏林几十万工人和士兵发动武装起义。德皇威廉二世被迫退位逃亡荷兰，霍亨索伦王朝覆灭。首相巴登亲王将政权交给社会民主党右派首领艾伯特。11月10日，艾伯特组成资产阶级临时政府——人民全权代表委员会。这个委员会签署了停战投降协定，实行资产阶级民主性质的改革，改革选举制度，共产党采取抵制选举的政策。参选的政党组成了魏玛联盟，通过魏玛宪法。1918年底，德国共产党成立，宣布党的任务是用革命的暴力建立无产阶级专政的苏维埃政权。李卜克内西和卢森堡成为德国共产党的书记。社会民主党攻击德国共产党破坏革命成果和煽动内战。1919年1月初，柏林工人发动武装起义，遭政府军血腥镇压，德共领导人李卜克内西和卢森堡被绑架后杀害。1月19日，国民会议进行选举，反革命阵营获得胜利。2月，在魏玛召开的国民会议上，艾伯特当选德意志共和国第一任总统。柏林一月战斗失败后，在全国各地相继爆发了保卫革命的战斗，但是都以失败告终。4月13日，共产党领导慕尼黑工人夺取政权，建立巴伐利亚苏维埃共和国，遭资产政府的残酷镇压。5月1日，6万余政府军攻入慕尼黑，苏维埃政权被颠覆。十一月革命虽然失败了，但推翻了君主制，建立了共和国，完成了资产阶级民主革命的部分任务。

9. 匈牙利苏维埃共和国

匈牙利第一个无产阶级共和国，建立于1919年3月21日。第一次世界大战前，匈牙利是奥匈帝国的一部分，大战爆发后，奥匈帝国与德国结盟，1918年10月战败。10月底，匈牙利爆发资产阶级民主革命，成立了以独立党人卡罗利·米哈伊为总统的共和国，结束了哈布斯堡家族对匈牙利的400年统治。匈牙利共产党同资产阶级政党合作。1919年3月20日，协约国向匈牙利发出最后通牒，要求它割出2万平方千米领土，并允许协约国军队过境。卡罗利·米哈伊政府拒绝最后通牒，宣布辞职。3月21日，匈牙利共产党发动工人起义，占领了首都布达佩斯，匈牙利社会民主党和共产党合并，成立"社会主义党"。匈牙利苏维埃共和国成立。22日，发表《告全国人民书》，宣布"匈牙利无产阶级从今天起把全部政权掌握在自己手里"，这是俄国十月革命之后欧洲建立的第一个苏维埃政权。共和国进行政权建设，举行全民选举，将工矿企业等收归国有，进行一系列改革。协约国积极策划颠覆匈牙利苏维埃共和国，分别于6月8日和13日照会匈牙利，以罗马尼亚军队撤到蒂萨河以东，邀请匈牙利参加巴黎和会为交换条件，要求匈牙利军队停火后撤。匈牙利政府意见不一，为避免分裂，在6月14日召开的苏维埃代表大会上通过了接受协约国照会的决议。协约国并未如约撤兵，匈牙利国内反革命分子乘机发动叛乱。匈牙利政府反击时，红军总司令维尔莫什、总参谋长费伦茨却临阵背叛，使红军接连受挫。8月4日，罗马尼亚军队进入布达佩斯，革命者遭到血腥镇压。1920年3月，原奥匈帝国海军上将霍尔蒂就任摄政王，实行军事独裁统治。匈牙利苏维埃共和国虽然最终失败，但是其探索了无产阶级专政政权建设，为共产主义的发展提供了宝贵的经验。

10. 第二国际破产

第二国际是工人运动的世界组织，其存在的时间是1889年至1916年。第二国际成立的标志是1889年7月14日在巴黎召开的国际社会主义者代表大会。这次会议讨论的是国际劳工立法和工人阶级斗争的任务。在成立初期，恩格斯领导第二国际为无产阶级革命做了大量准备工作。1900年，第二国际设立社会党国际局作为常务委员会。随着形势的发展和恩格斯的逝世，第二国际内部改良主义和机会主义开始盛行，逐渐走向分裂，出现了左、中、右三派，这三派对于战争的态度以及无产阶级革命都有不同看法。第一次世界大战爆发后，第二国际各国党的多数领导人，背叛了无产阶级国际主义，支持本国参加帝国主义战争，第二国际破产。十月革命的胜利，推动了各国革命运动的发展，建立新的国际组织的条件日趋成熟。1919年1月，8个马克思主义政党的代表在莫斯科集会，发表《告世界共产主义组织和左派社会党人书》，邀请他们派代表来莫斯科研究建立共产国际问题。3月2日，国际共产主义代表会议在莫斯科召开，列宁致开幕词。大会宣告共产国际即第三国际成立，其主要任务是总结无产阶级革命斗争的经验，制定新的革命战略和策略，以适应新形势的需要。1919年2月，原第二国际的右翼政党领袖在伯尔尼召开会议，宣布恢复第二国际，被称为伯尔尼国际。这个组织于1923年同中派社会民主党组成的"社会党国际工人联合会"合并，称为社会主义工人国际。其总部设在布鲁塞尔，成员包括欧美各国的社会党，主张改良主义。20世纪30年代，法西斯运动在欧洲兴起，社会主义工人国际受到冲击。德国法西斯在1940年占领布鲁塞尔，社会主义工人国际总部被迫迁往伦敦，其基本上失去作用。

11. 阿姆利则惨案

英国为镇压印度制造的屠杀。阿姆利则位于印度旁遮普。19世纪中期，英国完全控制了印度，建立起殖民统治。第一次世界大战期间，英国将印度拖入战争。印度为英国提供了重要的军事支持。印度国民大会党提出寻求民族自治的目标，在第一次世界大战中支持英国政府，期待战后印度能获得独立。这个设想并未获得实现，战后英国在印度继续实行殖民统治，并变本加厉。1919年3月英国殖民当局通过了《罗拉特法》，该法授予总督特别权力，规定警察可以任意逮捕受怀疑者，这增加了殖民当局的镇压功能。此举激起印度人民的强烈反抗。甘地建议国大党举行罢工。旁遮普是反英较为激烈的地区。英国殖民当局准备进行严厉的镇压。1919年4月10日，英国殖民当局在阿姆利则逮捕两名民族主义活动家。4月13日，约2万群众在阿姆利则举行抗议集会时，英军开枪镇压，当场有379人被打死，1200人受伤。"阿姆利则惨案"发生后，在孟买、阿麦达巴德等地发生焚毁政府机关、邮局、警察局，破坏铁路等事件，愤怒的群众同军队展开搏斗。1920年12月，国大党通过了甘地提出的"非暴力不合作计划"，力图使用和平的和合法的手段获得自主。同时国大党进行改组，吸收工人、农民和手工业者入党，党员很快发展到1000万人。在甘地主持起草的国大党新党章中，第一次提到了实现印度独立的斗争目标。印度独立采取渐进的方式，所有印度人放弃英国的爵位、封号，所有印度的学生退出英国开办的学校，所有的印度人从英国人的各种机构里离职，所有的印度人抵制英国商品等。阿姆利则惨案是非暴力不合作运动的导火索，它激起了印度人广泛的反抗英国殖民统治的激情。通过不断的斗争，印度最终走向独立。

12. 土耳其资产阶级革命

17世纪末，奥斯曼土耳其帝国开始衰落。欧洲各帝国主义国家将其作为蚕食对象。随着帝国走向分裂，其主体部分仅剩下土耳其。第一次世界大战期间，土耳其同德国签订同盟条约。随着同盟国战败，土耳其成为战败国，奥斯曼帝国彻底解体。土耳其与协约国集团先后签订《摩得洛司停战协定》和《色佛尔条约》。土耳其战败使其领土受损，局势陷于混乱。1919年，在穆斯塔法·凯末尔的领导下，土耳其开始民族革命战争，以拯救日益严重的民族危机。1919年7月成立了以凯末尔为首的代表委员会，通过了争取民族独立、自由和领土完整的政治纲领。9月，成立全国统一的革命组织"护权协会"。随后举行了国民议会选举，凯末尔派获得多数。1920年1月，议会通过《国民公约》，发出维护民族独立和领土完整而斗争的号召。4月，凯末尔召开大国民议会，成立由凯末尔领导的国民政府。1921年初，建立了土耳其国民军。在伊涅纽战役、萨卡里亚、多鲁佩纳尔等战役中，土军大败希腊军，俘获希腊军总司令。1922年10月11日，协约国与土耳其签订《木达尼亚停战协定》。1923年7月24日，英、法、意、日、希、罗、南七国与土耳其签订《洛桑和约》代替《色佛尔条约》，承认了土耳其民族独立、领土完整和国家主权。上述七国、保加利亚还与土耳其签订了《海峡公约》，土耳其人民反帝斗争取得重大胜利。1923年10月，凯末尔出任总统的土耳其共和国成立，政府宣布废除苏丹制，以资产阶级共和政体取代了旧的封建君权和神权政体，标志着土耳其资产阶级革命的胜利。革命成功后，凯末尔在土耳其进行一系列改革，包括改造国家政治体制、发展商品化经济、生活世俗化等。

这一系列改革使土耳其逐渐走上现代化之路。土耳其作为第一次世界大战的战败国，通过革命和改革的方式实现了民族独立、保证了国家主权，这极大地鼓舞了其他殖民地半殖民地国家和地区的民族解放运动。

13. 朝鲜"三一起义"

"三一起义"是朝鲜人民反对日本殖民统治争取民族独立的起义。20世纪初，日本在通过改革富国强兵的同时，积极对外扩张和侵略。1910年，朝鲜沦为日本的殖民地。日本在朝实行"武断政治"，对朝鲜进行残暴掠夺和血腥统治。在十月革命影响下，朝鲜人民的反日运动日益高涨，救国社团纷纷成立，独立思想广泛传播。1919年1月21日夜，长期被幽禁的原高宗皇帝李熙中毒身亡，一说是日本总督指使朝奸所为。李熙死亡事件成为反日起义的导火线。朝鲜人民开展大规模反日示威运动。2月8日，数千留日朝鲜学生在东京集会，发表独立宣言，决心为祖国的独立而斗争，引起国内强烈反响。资产阶级民族主义者孙秉熙等人组织"独立运动本部"，起草《独立宣言》，联合学生计划在李熙国葬日发动要求独立的和平示威运动。3月1日下午，汉城学生、工人、市民和农民上万群众在汉城塔洞公园集会，宣读了《独立宣言》，30万群众游行示威，高呼"朝鲜独立万岁！""日本军队滚出去！"等口号，全市还进行罢工和罢课。除汉城外，3月1日在平壤、南埔、安州、宣州、义州、元山、仁川和大同等地同时发生了示威运动。日本总督长谷川好道迅即暴力镇压，和平示威运动迅速转变为起义。1919年3—5月218个府、郡中有211个爆发示威和起义，参加人数达200万人以上。这次起义青年学生是先锋，工农群众是主力。1919年7—8月，起义被日本殖民当局残酷镇压下去。在3月至5月，屠杀了7500多人。"三一起义"虽被镇压，但显示出朝鲜的民族觉醒和顽强不屈的战斗精神，宣告朝鲜进入无产阶级领导的民族解放运动阶段。

14. 埃及独立

20世纪上半叶，半殖民地和殖民地通过民族解放运动获得民族独立成为一种趋势，埃及独立是这股浪潮中的一部分。埃及是在非洲最早摆脱殖民体系的国家。埃及原来是奥斯曼土耳其的属地。在奥斯曼土耳其帝国衰落后，列强纷纷对其属地进行控制。1914年，埃及被英国纳入其殖民体系，成为其保护国。第一次世界大战爆发后，随着埃及民族经济的发展，民族资产阶级和工人阶级不断壮大。俄国十月革命的胜利，推动了埃及现代民族独立运动兴起。埃及民族主义组织华夫脱党向英国提出实现埃及独立的要求。英国殖民当局拒绝其要求。1919年3月8日，英殖民当局逮捕了争取埃及独立的柴鲁尔等4位华夫脱党领导人，成为三月起义的导火线。3月9日，数以万计的开罗学生走上街头，高呼"自由万岁""埃及万岁"，掀开了埃及现代民族解放运动的序幕。开罗各界民众罢工、罢市，反英斗争很快蔓延到全国各地。英国殖民当局出动大批军警进行镇压，约有3000名埃及人丧生。1919年6月28日，巴黎和会通过的《凡尔赛和约》正式承认埃及为英国的"保护国"，华夫脱党试图借助西方大国帮助埃及独立的幻想彻底破灭，继续开展多种形式的反英斗争。反抗斗争此起彼伏，迫使英国不断对埃及施压。1921年12月，英国当局再次逮捕了柴鲁尔等5位华夫脱党领导人，埃及爆发新的反英高潮。为避免"三月起义"重演，英国在1922年2月28日发表《英国埃及关系宣言》，宣布结束英国保护，承认埃及是独立的主权国家，但英国仍然保留在埃及的驻军权和对"帝国交通线"的控制等特权。3月15日，埃及宣告独立，福阿德苏丹改称国王。1923年4月，埃及颁布宪法并举行了国会选举。埃及成为君主立宪国家，华夫脱党在选举中胜出。埃及通过起义赢得了民族独立。但是，这种独立还不充分，埃及还受制于英国。其独立还需要通过进一步的斗争来争取。

15. 巴黎和会

第一次世界大战结束后，为进行战后安排，战胜国召开巴黎和会。会议召开的时间是1919年1月18日至6月28日。共32个国家出席和会。会议签署了《协约及参战各国对德和约》，即《凡尔赛和约》。和约共15部分，包括440个条款和一项议定书。和约包括国际联盟盟约，和约明确规定，德国及其各盟国应当承担战争罪责。要求德国裁军、赔款、割让领土。和会依然采取强权政治原则，实际起决定性作用的是美国总统威尔逊、英国首相劳合-乔治和法国总理克里孟梭。苏维埃俄国未被邀请，战败国不得列席会议。与会各国间不享有同等权力。各主要战胜国有不同的争霸目标，为了实现各国自身目标而压制他国，发生了激烈的争斗。法国经济在战争中受到严重破坏，欠下巨款，并对德国的重新崛起深怀恐惧。故而要求收回战争中失去的阿尔萨斯和洛林，占领萨尔矿区，还提出彻底摧毁德国政治、经济，建立自己在欧洲霸权的目标，遭到美英的反对。英国的目标是维护既得的利益，反对过分削弱德国，以使法国称霸，相反却要从德国、法国的对抗中获利。美国大发战争财，获益最大，由战前的债务国变成债权国。1919年，美国的海外投资达70亿美元，拥有世界黄金储备的40%。因此美国的目标是遏制英国、法国和日本的实力，凭借强大的经济实力夺取世界霸权，遭到英、法、日的坚决反对。中国是战胜国，有权收回德国在山东侵占的一切非法权益。但是英、法、意却无视中国的主权，支持日本所谓"接管"德国在山东的特权，美国也向日本让步，结果使日本的野心得逞。1919年5月4日，中国爆发反对帝国主义、封建主义的爱国民主运动，在反帝爱国的五四运动的推动下，中国代表拒绝在条约上签字。除此之外，面对新生的苏维埃俄国，帝国主义列强决定对苏俄实行围堵政策。包括经济封锁，通过划分所谓"防疫地带"，对抗俄国革命的影响，并研究了支持苏俄国内的反动势力、武装干涉的计划。巴黎和会虽然重新安排了战后世界秩序，但由于其存在着严重的不公平和妥协，其所确立的战后国际体系脆弱不堪，很快被新的战争打破。

16. 凡尔赛—华盛顿体系

第一次世界大战后，先后召开两次会议安排战后秩序，即巴黎和会和华盛顿会议，通过这两次和会确立的原则及其签署的一系列协议，确立了战后新的国际体系，称为凡尔赛—华盛顿体系。巴黎和会签订了《凡尔赛和约》，协约国还同德国的盟国分别签订了和约，包括同奥地利签订《圣日耳曼条约》，与保加利亚签订《纳依条约》，同匈牙利签订了《特里亚农条约》，同奥斯曼帝国签订了《色佛尔条约》。这一系列和约，构成了帝国主义的凡尔赛体系。凡尔赛体系成立了国际联盟作为协调各国间关系的国际组织。国际联盟以维护世界和平、制止侵略为宗旨。凡尔赛体系改变了欧洲的政治地图，重塑了中东的政治格局；各列强重新瓜分德国的海外殖民地，调整了帝国主义国家在欧洲、西亚、北非的利益冲突。但是，列强在太平洋地区的角逐越演越烈。1921年，美国邀请8国参加华盛顿会议，以协调大国在太平洋地区的利益。会议签署的《四国条约》《五国条约》《九国公约》等，构成战后帝国主义在中东和太平洋地区的统治秩序，称为华盛顿体系。华盛顿会议是巴黎和会的继续与发展，是对凡尔赛体系的修改和补充，是第一次世界大战后列强在远东和亚太地区建立的新的国际秩序。由凡尔赛体系和华盛顿体系构成的国际关系新秩序，由于其无视苏维埃俄国的存在，并未将其纳入其中。这个国际体系以维护帝国主义的殖民利益为主旨，无视小国和弱国的权力，对战败国进行压制和掠夺。虽然国际联盟标榜维护世界和平，但是在日本侵略中国和意大利侵略埃塞俄比亚后，其并未采取有力行动。这一系列弱点使得该体系十分脆弱，难以维持国家间的平衡，难以建立较公正的国际秩序。最终，该体系以第二次世界大战爆发收场。

第三十一章 短暂的和平与危机

1. 布列斯特和约

第一次世界大战中苏俄同德国签订的和约。苏维埃国家诞生时，同德奥集团仍处于交战状态。苏维埃政府依照《和平法令》，向协约国发出照会，向所有交战国提出休战建议，宣布俄国退出战争。这一建议被协约国拒绝。德奥集团为了摆脱东西两线作战，缓解美国参战的压力，同意和苏俄进行谈判。苏俄与同盟国集团在布列斯特-立托夫斯克进行谈判，协约国没有参加。德国提出十分苛刻的和谈条件，要求苏俄割让包括乌克兰、白俄罗斯和波罗的海沿岸约15万平方千米的土地。苏俄提出双方签订不割地、不赔款的和平条约。苏俄内部就和约问题进行了激烈的争论，以列宁为代表的一派主张签订和约，以为新生的苏维埃政权争取喘息的时间；以布哈林为代表的一派拒绝签订和约，提出继续进行革命，以战争回应帝国主义国家；以托洛茨基为代表的一派主张不战不和，既不签订和约，又退出战争。德国在谈判过程中不断提升价码，同时在战场上向苏俄军队施加压力。向苏俄军队发动全面进攻，苏俄军队全面溃退，列宁主张签订和约，为苏维埃政权争取时间。1918年3月3日，苏俄与德国签订了《布列斯特和约》。和约宣布俄国退出战争，俄国放弃波兰、立陶宛等地，俄军撤出卡尔斯、阿达汉和巴统，俄国承认乌克兰和芬兰独立，苏俄军队全部复原，待其军队复员后，德国军队才撤出其所占领的苏俄地区。苏俄虽丧失了约100万平方千米土地，但该条约使其最终退出了第一次世界大战,获得了宝贵的和平喘息时间。《布列斯特和约》签订后,协约国宣布不承认该和约。并以防止德国入侵和保护在俄侨民为借口,派军队进入苏俄领土,对苏俄进行武装干涉,同时积极武装苏俄国内的各种反动势力,妄图将新生的苏维埃政权扼杀在摇篮中。苏俄进行了3年国内战争。同盟国在第一次世界大战中彻底失败之后,苏维埃政府宣布废除《布列斯特和约》。

2. 新经济政策

苏维埃俄国成立后,同德国签订《布列斯特和约》退出第一次世界大战。协约国宣布不承认该和约。并以防止德国入侵和保护在俄侨民为借口,派军队进入苏俄领土,对苏俄进行武装干涉,同时积极武装苏俄国内的各种反动势力,妄图将新生的苏维埃政权扼杀在摇篮中。面对严峻的形势,苏维埃政府实行了"战时共产主义政策",包括余粮征集制、劳动义务制、总局管理制等,列宁曾一度认为,旧的俄罗斯经济,可以直接过渡到按共产主义原则进行的国家生产和分配。但实践使列宁认识到这是行不通的。战时共产主义政策使苏俄经济形势严重恶化,甚至引起兵变。1921年3月,俄共(布)召开了第十次代表大会。大会的中心议题是制定党在新的历史时期的经济政策,通过了《关于以实物税代替余粮收集制的决议》。这标志着从战时共产主义政策向新经济政策的过渡。新经济政策的主要内容,是以征收粮食税代替余粮收集制。农民按国家规定缴纳粮食税,税后的余粮归个人所有,并可自由到市场交换物品。国家顺应市场经济的发展,调节商业和货币流通。工业方面,恢复私人小企业,将部分国有企业以租赁制和租让制的形式,转变为典型的国家资本主义企业。1921年7月7日,政府通过《关于手工业和小企业》的决定后,私人企业也有了发展。私企的雇工最初在20人以内,后发展到 100 人之内。通过《土地法典》放宽土地的出租期限和使用雇佣劳动的范围。在商业方面，废除国家配给制和国家贸易垄断制，实行自由贸易制和商品交换。私营商业有了长足发展。新经济政策的实施，确立了以建立工农经济联盟为目标，利用市场经济的政策，它不仅解决了 1921 年春天的危机，同时探索了在经济落后的小农国家里，建设社会主义的途径和方法，创造性地发展了科学社会主义理论。

3．"马其诺防线"

第一次世界大战结束后，法国在德法边界修建的坚固防线。法国是战胜国，法国经济在战争中受到严重破坏，欠下巨款，并对德国的重新崛起深怀恐惧。故而在战争结束后，要求收回战争中失去的阿尔萨斯和洛林，占领萨尔矿区，还提出彻底摧毁德国政治、经济，建立自己在欧洲的霸权。《凡尔赛和约》要求德国及其各盟国应当承担战争罪责，德国必须裁军、赔款、割让领土。德国在战后受到严重削弱，国内局势动荡，发生起义推翻了霍亨索伦王朝，成立魏玛共和国。但是，德国推行比较稳健的外交政策，其所担负的债务得到减免。德国人口多于法国，领土和工业生产能力都强于法国。在国际上，德国受到英国的支持与法国抗衡。1926 年普恩加莱再次出任法国总理后，在整顿财政、稳定法郎等方面取得成绩，20 世纪 20 年代末，法国基本完成了战后经济恢复，航空、汽车等新兴产业迅速发展，农业也恢复到了战前水平，法国成为欧洲经济繁荣的国家。经济的恢复和发展，改善了人民的生活水平，1928 年开始实行养老金制度，给残疾工人及孕妇发放津贴。但是，法国为防范德国，做了多方面准备。1925 年 10 月 5 日，法国与德、比、英、意、波、捷代表在瑞士签订了《洛迦诺公约》，强调德法、德比边界不受侵犯以及遵守《凡尔赛和约》关于莱茵区非军事化的规定。法国还耗费巨资，在东北边境修筑了长达 200 多公里的马其诺防线，作为安全保障。英国和法国在德国纳粹政权兴起后推行绥靖政策。在第二次世界大战爆发后，德国在进攻法国时，将主攻方向选在阿登山区，绕过了马其诺防线。以装甲部队突破法军在色当的防线。马其诺防线在战争中没有起到实际的防御作用。

4. 意大利国家法西斯党

法西斯是在资本主义社会中产生的，当危机出现，为克服危机、实行扩张等目的而出现的社会运动和思潮。第一次世界大战后，意大利经济陷入困境，同时，意大利在巴黎和会是战胜国，但是其要求并没有被满足，极端民族主义情绪不断高涨，社会进一步动荡。1920 年，垄断资产阶级和大地主阶级分别成立了意大利企业家联合会和农业总联合会，要求建立"能够确保社会秩序的强有力的政府"，推动了法西斯运动的发展。意大利法西斯运动的创始人是墨索里尼。1919 年 3 月，墨索里尼成立"战斗的意大利法西斯"，到 1921 年已有成员近 19 万人，其目标是夺取全国政权。同年，"战斗的意大利法西斯"改名为"国家法西斯党"，在其《纲领》中强调国家至高无上，强调国内要建立极权制，提出极端民族主义、领袖主宰论等，对外扩张恢复罗马帝国的霸业。1922 年 10 月 27 日，墨索里尼发动了"向罗马进军"运动，3 万名法西斯分子向罗马进军，迫使国王任命墨索里尼组阁。10 月 31 日，墨索里尼组成第一届法西斯政府。组建"国家安全志愿民兵"作为法西斯的武装力量。解散其他所有政党和武装力量。1924 年 4 月，国家法西斯党通过舞弊在大选中获得 65% 的选票。公开揭露这一丑闻的统一社会党总书记马泰奥蒂被法西斯分子暗杀。全国出现了反法西斯浪潮，但在国王和罗马教廷的庇护下，墨索里尼政府通过了信任案。此后，墨索里尼多次改组内阁，把非法西斯大臣除名，建立法西斯一党专政。

在经济领域对全国的工业生产进行控制。为强化法西斯统治,墨索里尼政权相继颁布法令。如 1925 年取消集会和结社自由、言论自由的《反秘密团体法》《新闻法》,授予墨索里尼以独裁权的《政府首脑及阁员职责与特权法》。1926 年取消一切从事反政府活动的《国家防御措施法》等。1929 年 4 月,墨索里尼除作为党和政府的首脑外,还兼任内阁 13 个部门中的 8 个大臣,集党政军财经大权于一身。随着法西斯政权的确立,意大利成为第二次世界大战的战争策源地。直至 1943 年 10 月,在处于劣势的情况下,意大利罢免墨索里尼,宣布退出法西斯集团。

5. 印度国大党

全称为印度国民大会党,成立于 1885 年 12 月,是印度民族解放运动的主要领导者。1919 年以前主要执行改良主义路线,20 世纪 30 年代,国大党内左派力量崛起。以尼赫鲁和鲍斯为主要代表人物。1927 年底,他俩一起被任命为国大党总书记。30 年代末,尼赫鲁和鲍斯先后担任国大党主席。他们不满足印度争取有限自治目标的做法,要求实现完全独立。1928 年 11 月,他们领导成立了全印独立同盟。1929 年年底召开国大党年会时,甘地力荐尼赫鲁为大会主席。会议通过"争取印度完全独立"的决议,并授权甘地全权领导不合作运动。1942 年 8 月国大党全国委员会通过强烈要求英国"退出印度"的决议。1947 年 6 月接受英国政府提出的印巴分治方案。同年 8 月 15 日印度自治领成立。国大党领导的印度民族解放运动以英国移交政权而告结束。独立后,政治上奉行资产阶级议会民主制,经济上以建立所谓"社会主义社会"为目标。这种"社会主义"允许资本主义存在,通过执行各个五年计划,发展公私营并举的混合经济予以实现。主张政教分离、对各教派一视同仁、公民有宗教信仰自由。在对外关系上宣称奉行不结盟政策。执政后党内权力之争不断加剧。1977 年国大党竞选失败，人民党上台执政。1980 年 1 月英迪拉派国大党竞选成功，英迪拉·甘地再次执政。1981 年 7 月中央选举委员会裁决英迪拉派国大党是印度国大党。党员分为初级党员和积极党员。独立以来，国大党党员人数波动很大，最多时达 1700 万人，最少时降至 264 万人。1981 年英迪拉派有 1400 万党员。党组织分四级：初级委员会、县委会、邦委会和全国委员会。最高权力机关是国大党年会和全国委员会。最高决策与执行机关是全国工作委员会。群众组织有青年国大党、全国工会大会、全国学联、全国妇女阵线和国大党服务社。

6. 埃及《1923 年宪法》

埃及独立后的第一部宪法。埃及原来属于奥斯曼土耳其帝国，随着帝国的衰落，欧洲各帝国主义国家开始对其鲸吞蚕食。1914 年 12 月，英国政府宣布将埃及变为其殖民地。1918 年，柴鲁尔在埃及成立华夫脱党，成为带领埃及人民取得独立的领导者。在埃及人民的抗议和斗争下，英国被迫改变其殖民统治。1922 年 3 月 16 日，英国宣布埃及为独立的君主立宪国家。埃及宣布独立后，成立了以前首相侯赛因·鲁什迪为主席的宪法委员会，着手起草宪法。10 月，委员会向政府提交了宪法草案。各派政治力量对宪法草案态度不一，后经各方妥协，1923 年 4 月 19 日，国王颁布了埃及独立后的第一部宪法，史称《1923 年宪法》。新宪法规定埃及是一个君主立宪制的自由独立国家，国王拥有重权，包括掌管军队、宣战、媾和、税收、解散议会等权力，但需通过大臣施政；立法权由国王和议会共享，议会实行两院制。确立了主权在民原则。伊斯兰教是国教。新宪法保留了英国的特权，允许英国在埃及驻军，聘请英国人为埃及的司法和财政顾问，规定埃及的外国居民的既得利益和权利不可侵犯，为以后英国干涉埃及内政留下了隐患。1928 年英国当局指使埃及国王停止议会活动。《宪法》也随之被废止。至 1935 年 12 月方恢复施行。1924 年初，埃及举行了首次大选。以柴鲁尔为首的华夫脱党获大胜，在 1 月 28 日组成新宪法实施后的第一届政府，柴鲁尔出任内阁首相兼内政大臣。他自称受人民之托组阁，该内阁被称为"人民内阁"。埃及《1923 年宪法》既具有民主因素，保证了埃及的民族独立，又具有保守的因素，保证了埃及的君主制和英国在埃及的特权。但是，它是埃及历史上第一部资产阶级宪法，在一定程度上满足了埃及资产阶级的要求，使他们在政治上和经济上有了发展机会。从这个意义上说，它具有进步意义，它宣示非洲现代史上第一个民族独立国家诞生了。1952 年 12 月纳赛尔政变后被废止。

7. 墨西哥《1917 年宪法》

1910—1917 年墨西哥资产阶级革命后颁布了一部资产阶级宪法，称为《1917 年墨西哥宪法》。该宪法含有土地国有、劳工权利、反教权主义、限制外国资本等内容，是墨西哥资产阶级革命的重要成果，也是一部民主和进步的资产阶级宪法，但遭到大地主、大资产阶级、教会以及外国资本势力的激烈反对。该宪法对共和国政府体制作了规定，设置总统一人，由直接民选产生，任期 4 年，不得连任。国会由两院组成，每州选举两名参议员组成参议院，参议员任期 4 年。众议员按人口比例直接选出，任期 2 年。凡年满 21 岁、有合法职业的男子，均有选举权。从 1917 年 2 月 5 日新宪法诞生之日起，到 1940 年卡德纳斯总统任期结束，墨西哥又经历了长达 20 年的护宪运动和 6 年改革。宪法规定国家有权征收和限制私有财产，对外国人的财产进行严格限制。在土地改革方面，宪法体现支持国有制而限制私有制思想，将土地划成小块分配给农民。宪法充分保障劳工权力，明确劳动时间和工资，承认工人组织工会的权利等。护宪运动围绕着实行土地改革、反对帝国主义势力和反对教权主义方面展开，通过没收外国资本在墨西哥占有的土地和资源、限制教权，甚至国内战争，墨西哥宪法精神得以保证。但是，墨西哥政府也同时镇压了工人运动。在改革方面，卡德纳斯在总统任内（1934—1940年），按照1917年宪法原则，进行了内容广泛的改革，包括土地改革、国有化运动和教育改革。墨西哥政府实现新《土地法》，使100万农民无偿得到了4500万英亩土地；《铁路国有化法令》，将外资控制的铁路收归国有。《没收石油公司财产法令》，收回17家美国、英国和荷兰石油公司，成立墨西哥石油公司。另外，卡德纳斯改革在恢复民主制度、开展扫盲运动、普及世俗教育等方面，也取得了重大成绩。卡德纳斯改革被认为是墨西哥护宪运动的高潮，宪法精神得到贯彻和实施。墨西哥宪法精神及其护宪运动，为亚洲、非洲和拉丁美洲民族独立运动提供了借鉴。

8. 1929—1932年资本主义世界经济危机

爆发于20世纪初期，是资本主义世界最深刻、破坏性最大的经济危机。危机期间，资本主义世界工业生产下降近40%，世界贸易额缩减近2/3。第一次世界大战后，主要资本主义国家经过恢复，在20年代出现不同程度的经济繁荣。但是，资本主义的基本矛盾依然存在，世界经济发展不平衡日趋加剧，致使经济危机爆发。危机最早爆发于1929年10月，首先出现在美国，首先是金融系统的崩溃，随后蔓延到工农业。到1932年，美国的工业总产量和国民总收入减少1/2，商品价格下降近1/3，出口额下降70%，5000多家银行倒闭。危机从美国迅速波及依靠美国资本的德国，又影响英国，随后蔓延至欧洲主要资本主义国家和世界各地。与以往出现的历次经济危机相比，在这次危机中，农业危机与金融危机、工业危机相伴随。这次经济危机具有涉及面广、历时时间长、破坏严重的特点，是资本主义世界有史以来最严重的经济危机，许多国家都出现了严重的社会危机和政治动荡。数以百万计的大规模的失业，广大劳动者处于赤贫和绝望中。社会不公平的现象更加突出，垄断资产阶级不择手段向人民转嫁危机，大大激化了社会矛盾。资本主义制度的各种矛盾被危机激化，各资本主义国家内部社会动荡不堪。为缓解危机，不同的国家采取了不同的政策，美国采取罗斯福新政解决危机，而德国、日本等国家内部法西斯势力兴起。严重的经济危机，还使帝国主义国家与殖民地、半殖民地国家之间的矛盾激化，各资本主义国家将危机转嫁到殖民地半殖民地国家人民身上，致使其生活状况恶化，推动民族解放运动不断高涨。作为社会主义国家，苏联并未受到经济危机的严重影响。这使得资本主义国家纷纷制定新的政策干预经济运行。1933年，危机的最低点过去，但是资本主义世界并未走向复苏和繁荣的发展阶段，而是陷入特种萧条。到1937年，有许多国家又爆发了新的危机。

9. 罗斯福"新政"

美国为应对1929—1933年经济危机而采取的一系列政策。美国是经济危机的肇源地，深受危机的打击。时任美国总统胡佛推行了一些应对危机的政策，如成立金融复兴公司等，但是其坚持自由放任的政策，反对政府干预国家经济生活。1932年选举中，民主党人罗斯福以绝对优势当选第32届美国总统。罗斯福施政纲领的核心是避免美国经济形势进一步恶化，实行"新政"应对危机。新政共分为两个阶段：第一个阶段从1933年到1935年初，其主要内容是提出一些旨在复兴经济的法令和计划。在金融方面，1933年3月9日，美国参、众两院通过《银行紧急法案》，授权财政部审查银行的负债状况和支付能力。3月10日，罗斯福政府宣布停止黄金出口，4月19日放弃金本位。在农业方面，5月通过《农业调整法》，提高农产品价格，解决农业危机。在社会救济方面，5 月通过《联邦紧急救济法》，成立联邦紧急救济署，通过"以工代赈"，扩大消费需求。还通过了公共工程和保护自然资源法案。1933 年 3 月即组成民间资源保护队。5 月，国会通过田纳西河流域工程发展法令，综合治理田纳西河，在治理洪水泛滥、利用水力发电、改良土壤和扩大航运等方面都获成功。在工业方面，6 月通过《全国工业复兴法》，成立"全国复兴署"，明确劳工的权利，整顿危机中的美国工业。第二个阶段，是从 1935 年开始到 1939 年。其主旨是进行一系列具有长远意义的经济、政治、社会改革。1935 年 6 月通过了《全国劳工关系法》，保证了工人的基本权益。8 月通过了《社会保障法》，通过对富人征税，对穷人救济，缩小贫富差距。1938 年 6 月，美国国会通过了关于最低工资和最高工时的立法，更具体地保护了劳动者的权益。罗斯福"新政"的实施，使美国在恢复金融秩序、发展工农业生产、增加就业机会、扩大国内外市场等方面，都取得了显著的成绩，这一切有利于危机年代美国社会的稳定，避免了社会进一步的激烈动荡。同时，新政也使得凯恩斯主义系统化和完整化，推动资本主义国家转向国家干预型经济体制。

10. 丹麦《堪斯勒盖德协议》

《堪斯勒盖德协议》是奠定丹麦福利国家基础的一部协议。1929—1933 年经济危机对北欧国家也产生严重影响。美国迅速收回在欧洲的投资，以及欧洲大国采取"保护主义"的回应，使国际贸易几乎瘫痪，而主要依靠出口的丹麦，受到沉重打击。1931 年，英国、德国等欧洲大国的农产品价格急跌，使丹麦的经济雪上加霜，1932 年，约有 4300 个农场主破产。农业生产的恶化，直接影响到整个国家经济生活，城市的失业率直线上升，1930—1932 年，由 12% 上升至 41% 以上。1933 年 1 月 26 日，丹麦首相斯道宁在议会上发表讲演，认为丹麦社会正面临着前所未有的最严峻的形势。为了挽救丹麦近乎绝望的经济和社会形势，丹麦政府和最大的反对党自由党，在1933年1月30日签订了丹麦历史上著名的《堪斯勒盖德协议》。该协议包括一部集体协议法，强调政府的经济干预、对农业进行紧急援助，以及丹麦克朗大幅度贬值等。此外还提出一系列社会改良政策。其重要内容之一是原先以公共支持和私人慈善捐赠为原则的立法大为简化，取而代之的是支持社会事业的司法原则和国定费用。这样，就为"福利社会"奠定了理论基础，开辟了现实的道路，该协议的实施帮助丹麦度过了30年代严重的经济危机。在这期间，丹麦开始从农业社会向工业社会过渡。从1930年到第二次世界大战爆发前，丹麦的工业从业人数翻了一番，丹麦人的生活状况有了明显的改变，失业大军消失了，同1920年相比，1940年人均可支配收入增加了50%。丹麦福利国家模式的本质，是建立较为系统的福利和社会保障系统，它渗透在丹麦社会各个领域，社会各阶层的公民都可以享有。1929年经济危机期间丹麦福利国家的试验，奠定了现代丹麦福利国家的基础。

11. 魏玛宪法

第一次世界大战结束后，德国爆发了十一月革命，霍亨索伦王朝的统治被推翻。1919年2月6日，在魏玛召开国民议会。艾伯特出任德意志共和国总统，7月通过新宪法，史称"魏玛宪法"，依据魏玛宪法成立的德意志共和国被称为魏玛共和国。魏玛宪法是当时最具有民主特色的宪法。它确定德意志为民主共和国。中央政府拥有与外国建交、建立军队、管理财政、发行货币、管理邮政、关税等权力。宪法确立三权分立原则，国会、总统与政府、法院相互分权和制约。国会议员由选举产生。总统由直接选举产生，任期7年，可连选连任。政府由总统任免，但是必须得到国会信任。法官独立，只服从法律。魏玛宪法赋予人民较为广泛的权利，包括男女平等、公民人身自由、居住、通信自由不得受到侵犯，公民有和平集会、组织社团、发团的权利，人民有权担任公职、受教育等。宪法赋予个人工作自由、契约自由、结合自由、经营工商业自由、财产自由等权利。魏玛宪法是一部资产阶级民主宪法。但是，宪法的制定者为了平衡国会的权力，将总统定位为超乎于党派利益之上的国家权力代表。总统有权任免总理和部长，也有权解散国会。总统在任期内可由国会2/3多数提请公民投票予以免职。总统有权在国家处于危难时使用武力或终止某些人权条款。总统拥有的过分权力容易被某些野心家用于攫取权力，其实是对德国民主制度的威胁。德国民众的君主意识和集权意识比较浓厚，国会缺乏有力的政党支持。1929—1933年资本主义经济危机爆发后，德国因为依赖美国资本，受到严重打击，人民生活困苦不堪，政府更迭频繁。种种因素叠加在一起，为法西斯在德国的掌权创造了条件。

12. 德意志民族社会主义工人党

是德国的法西斯政党。作为第一次世界大战的战败国，德国需要偿付大量赔款，同时还需要裁军、割地。魏玛共和国成立后，德国依然背负沉重的财政负担，德国社会动荡不安。1919年9月，希特勒加入德意志工人党，当时这只是一个仅有50多名成员的小党。希特勒于1920年将其更名为"民族社会主义德意志工人党"，简称纳粹党。纳粹党宣扬种族主义、反犹主义、民族复仇主义、社会达尔文主义、专制独裁主义、反马克思主义等。1922年，纳粹党发展到6000多人。1923年，纳粹党发动"啤酒店暴动"，旨在夺取政权，以失败告终，希特勒入狱。1929—1933年资本主义经济危机期间，德国因为大量赔款和对国外资本的依赖，经济深受打击，德国法西斯纳粹党迅速发展。

在纳粹党的蛊惑下，越来越多濒临绝望的德国人寄希望于纳粹党党首希特勒。1930年9月大选，纳粹党的议席从12席增加到107席，成为国会中的第二大党。大选后，希特勒与垄断资产阶级逐渐结盟。希特勒得到了德国权势集团、陆军、大地主、垄断资产阶级的支持。1933年1月30日，总统兴登堡任命希特勒组阁，2月27日，纳粹党制造国会纵火案，诬陷此系共产党所为，借此颁发《保护国家和人民法令》，镇压共产党，取消公民的基本权利，制造白色恐怖。1934年8月兴登堡去世后，希特勒集国家全部权力于一身，法西斯极权体制最终确立。魏玛共和国灭亡。为了夺取新的"生存空间"，希特勒纳粹党迅速走上扩军备战的道路。

13. 欧洲战争策源地

第一次世界大战结束后，战胜国通过凡尔赛会议和华盛顿会议确立了凡尔赛—华盛顿体系。为了和平解决国家间争端，协调国家间关系，成立了国际性组织国际联盟。但是，在这个体系中，各国的地位是不平等的。德国在战争结束后失去殖民地，并且需要支付大笔赔款。这使得德国严重依赖外国资本并背负巨额外债。1929—1933年经济危机对德国打击非常严重。德国人民生活困苦，工人失业、农民破产，社会动荡不安。作为统治阶级的垄断集团和容克地主，面对危机的解决办法却是镇压罢工并迫害共产党。德国的军国主义势力公然宣扬民族沙文主义和反动种族主义。而德国民众对于凡尔赛和会加在德国身上的惩罚普遍不满。这一系列因素促成了德国魏玛共和国最终崩溃，并建立起军事独裁政权。1919年9月，希特勒加入德意志工人党，当时这只是一个仅有50多名成员的小党。希特勒于1920年将其更名为"民族社会主义德意志工人党"，简称纳粹党。该党宣扬种族主义，叫嚣夺取生存空间。实际上是彻底的法西斯主义。1930年，纳粹党成为国会中第二大党。1934年8月兴登堡去世后，希特勒集国家全部权力于一身，法西斯极权体制最终确立。魏玛共和国灭亡。为了夺取新的"生存空间"，希特勒纳粹党迅速走上扩军备战的道路。1930年10月，希特勒以未能满足德国"军备平等"要求为由，退出日内瓦国联裁军会议，随后又退出国联。德国开始重整军备，1936年3月7日，德军占领莱茵非武装区，废除《洛迦诺公约》。面对德国的扩张和冒险，英法等资本主义国家采取了绥靖政策。1936年10月25日，德国和意大利成立柏林—罗马轴心，11月25日德日签订反共产国际协定。1937年11月6日，意大利加入，初步形成了柏林—罗马—东京轴心侵略军事集团，标志着第二次世界大战欧洲战争策源地形成。

14. 亚洲战争策源地

20世纪初，日本是亚洲唯一一个通过改革走上资本主义道路的国家。但是它在成功进行改革后，却走上了对外扩张和掠夺的军国主义道路。作为第一次世界大战的战胜国，日本获得了德国在中国的势力范围。1929—1933年经济危机对日本经济造成严重打击。经济危机造成日本国内社会阶级矛盾激化。在日本的殖民地台湾和朝鲜也出现大规模的起义。日本统治集团地主和垄断资本家力图通过对内加强统治和对外战争摆脱困境。日本政府放弃金本位制，大幅度贬值日元，扩大政府开支，增加军队开支。日本法西斯主义势力兴起，首先是军部法西斯化，通过刺杀和政变等活动影响日本政府加紧对外侵略。1931年6月，日本军方制定《解决满洲问题方策大纲》，明确以中国东北为侵略目标。1931年9月18日，日本在中国东北南满铁路制造了"九一八事变"。由于中国南京国民政府采取不抵抗主义，至1932年1月初，日军侵占了中国东北三省。1月28日，日军进一步挑起淞沪事变，日军向上海闸北地区驻军发起进攻。中国南京国民政府同日本签订《淞沪停战协定》。1932年5月，日本首相犬养毅被刺身亡，日本政党政治时代结束。军部逐步确立了对内阁的支配地位。至1933年5月，日军对中国的侵略进一步加剧，并迫使国民政府不断让步。1935年，中日签订《何梅协定》和《秦土协定》，日本通过这些协定控制了中国的察、冀两省。日本在中国的暴行引起国际社会的普遍制裁，却因其实力而获得欧美各资本主义国家的让步。1933年，日本公开宣称退出国际联盟。1931—1934年，日本的海军预算不断增加，并于1934年9月18日宣布，日本废除《华盛顿协定》，不再接受英美对其海军吨位的限额。1940年，日本的法西斯体制得到全面确立。日本的这一系列行为都表明，它已经成为亚洲的战争策源地。

第三十二章 第二次世界大战

1. 日本发动全面侵华战争

20世纪30年代初，德意日法西斯在世界各地挑起战争，各国人民进行了英勇抵抗，中国人民抗日战争，是世界反法西斯战争的开端。1927年，日本田中内阁召开东方会议，确立分离满蒙、侵略中国、称霸远东的计划。1931年6月，日本陆军省与参谋本部会议制定了《解决满洲问题方策大纲》等侵略中国的计划。9月18日，日本关东军按预定计划在沈阳北郊柳条沟附近炸毁了南满铁路的一段，污蔑是中国军队所为，并以此为借口炮击中国军队驻地，向中国东北发起大举进攻。1932年2月，随着哈尔滨沦陷，日本占领了东北三省。3月，日本在东北制造傀儡政权"满洲国"。日本为占领上海，1932年1月28日在闸北、吴淞发起进攻，蔡廷锴、蒋光鼐率领的十九路军奋起抵抗，开始淞沪抗战，十九路军多次击退日军的攻势并重创日军。1933年日军进攻热河，中国第29军在喜峰口、罗文峪，第17军在古北口顽强阻击，数次击退日军进攻。1933年5月26日，国民党爱国将领冯玉祥、方振武和共产党员吉鸿昌等，在张家口成立察哈尔抗日同盟军，收复被日伪盘踞的察东，鼓舞了全国人民的斗志。1935年，中国共产党发表《八一宣言》（即《为抗日救国告全体同胞书》），呼吁全国各党各派各界各军停止内战，一致抗日。12月，北京爆发了席卷全国的"一二·九"学生抗日救亡运动。同月，中共中央政治局在瓦窑堡会议上制定了建立抗日民族统一战线的方针。在中共抗日民族统一战线政策的号召和全国人民抗日救亡运动的推动下，1935年至1936年上半年，张学良的东北军和杨虎城的西北军与中国工农红军订立停止内战、一致抗日的协定。1936年12月12日，张学良与杨虎城在劝谏蒋介石联共抗日无果的情况下，发动了震惊中外的"西安事变"。中共中央从抗日大局出发，促成了西安事变的和平解决，推动了全国抗日民族统一战线的正式形成。1937年7月7日，日军寻衅炮轰卢沟桥，发动全面侵华战争，中国开始了全民族抗战，开辟了世界上第一个反法西斯战场。

2. 德国入侵波兰

德国在历史上曾参与三次瓜分波兰，第一次世界大战结束后，《凡尔赛条约》剥夺了德国侵占的波兰领土。1934年8月，希特勒集国家全部权力于一身，最终在德国确立法西斯极权体制。魏玛共和国灭亡。为了夺取新的"生存空间"，希特勒纳粹党迅速走上扩军备战的道路。波兰地处欧洲重要的战略要地，是连接苏联和中欧的战略通道。德国先是向波兰提出一系列要求，又吞并捷克斯洛伐克，对波兰形成三面包围之势。德国同苏联签订《苏德互不侵犯条约》。认为发动突袭的时机成熟之后，1939年4月3日，希特勒下达进攻波兰的"白色方案"密令。9月1日凌晨，德国以两个集团军群分五路突袭波兰。英国和波兰间已签订同盟条约，规定缔约国一方受到侵略或者独立受到威胁时，另一方应立即自动进行干涉。9月1日，英法政府向德国发出照会，要求德军在两天内从波兰全部撤出。在遭到拒绝后。9月3日，英、法被迫向德国宣战，第二次世界大战全面爆发。然而，英、法却是宣而不战，导致波兰孤军作战。德军前锋部队以每天30—50千米的速度包围波兰军队，使波军完全丧失反击能力。9月28日，华沙陷落。英国此时在海上同德军交战，而法军静坐于马其顿防线后，美国宣布中立，意大利此时认为未做好战争准备而中立。苏联为应对德国的战争威胁，9月以保护波兰境内的乌克兰和白俄罗斯人为名，出动军队占领了波兰东部的西乌克兰和西白俄罗斯地区。为建立沿波罗的海到黑海阻止德军的"东方战线"，苏联在11月30日发动了苏芬战争，苏联获得了靠近边境的芬兰土地，还迫使芬兰将汉科半岛及附近岛屿租给苏联作为军事基地。1940年6月至8月，苏联先后占领了爱沙尼亚、立陶宛、拉脱维亚三国和罗马尼亚的比萨拉比亚和北科布维纳地区，将其并入苏联版图，苏联的边疆向西推进了150—400千米，这些做法严重败坏了社会主义国家的形象。

3. 苏联卫国战争

第二次世界大战全面爆发后，法西斯德国在西欧进行疯狂的扩张。进攻苏联是德国法西斯的既定政策，为此德国在政治、经济和军事、外交等方面，进行了长期的准备。1940年7月21日，希特勒下令制订了入侵苏联的"巴巴罗萨"计划。1941年6月22日，德国撕毁了《苏德互不侵犯条约》，在苏联西部1800多千米的战线发动闪击战，企图率先占领苏联首都莫斯科，以及列宁格勒、基辅等中心城市和战略要地，把苏军主力消灭在西部地区，进而灭亡苏联。苏军初战失利，数十万苏军被德军分割包围。6月30日，苏联成立以斯大林为首的国防委员会。西部的主要工业设备被迁往乌拉尔以东地区。立即实行征兵动员，在被占领区建立游击队。从 6 月 22 日到 7 月 9 日，德军用 18 天的时间完成了战略突破，进入了苏联纵深地区。北路德军向列宁格勒推进，到 9 月中旬包围了列宁格勒，但遭到苏联军民的顽强抵抗，久攻不克。中路德军攻入苏联纵深达 600 千米，占领了白俄罗斯，入侵俄罗斯西部，通向莫斯科的要地斯摩棱斯克陷落。南路德军推进了 350 千米，占领了乌克兰大部分地区，在基辅展开激战，苏军展开了基辅保卫战和敖德萨保卫战。到 11 月底，德军深入苏联领土达 850—1200 千米，占领了 150 万平方千米土地。但是由于苏联人民浴血奋战，在付出重大代价的同时，也消耗了德军的有生力量，使德军并没有实现既定的战略目标，莫斯科、列宁格勒等仍在苏联人民手中。苏联军民的英勇抵抗，粉碎了德国的速决战计划。1941 年 9 月，希特勒决定用集中兵力局部突破战略，代替全面推进战略，制订了以莫斯科为主攻目标的"台风"计划。9 月 30 日，德军发动强大攻势，到 10 月中旬，德军推进到距莫斯科不到 100 千米。11 月底，德军推进到距莫斯科只有 20 千米的地方，但在苏联军民的拼死抗击下，无法再前进一步。12 月 6 日，苏军开始反击，到 1942 年年初，苏军推进 150—300 千米，毙敌 30 余万人，粉碎了德国闪击战。此外，苏联和英国、美国建立战时同盟，全世界范围内结成了反法西斯同盟。1942 年 7 月至 1943 年 2 月，苏联军队赢得了斯大林格勒保卫战的胜利，扭转了苏德战场的态势，也是第二次世界大战的转折点。1944 年年初开始，苏军开始全面反击，至 4 月，苏军开始包围柏林。1945 年 5 月 8 日，德国无条件投降。苏联卫国战争取得最终的胜利。

4. 太平洋战争

1937 年 7 月日本侵华战争全面展开后，中国军民英勇抗战，日本陆军主力深陷中国战场。日本转而勾结、拉拢中国国民党政府，并开始准备南进。1940年6月德国攻占了西欧、北欧后开始进攻英国，东南亚与西南太平洋地区成为英法无力防御的地带。7月下旬，日本决定"解决南方问题"准备发动太平洋战争。日本与德、意在1940年9月27日签订了《三国同盟条约》，利用德意牵制美英。日本还与苏联签订中立条约，消除南进的后顾之忧。日本海军联合舰队司令官山本五十六制订的海军偷袭美国珍珠港，陆军同时向马来亚、菲律宾进攻的南进作战计划被采纳。日本同美国举行马拉松式的谈判以掩饰其战争准备。1941年7月2日，日本御前会议最后确定了南进方针。8月1日，美国宣布禁止向日本出口航空燃油。11月5日，御前会议决定在12月初对美、英、荷开战。12月8日凌晨，日本海军偷袭了美国在夏威夷的军事基地珍珠港，美国太平洋舰队遭受重创。同时，日本40万陆军在海空军配合下，向香港、马来亚、菲律宾、关岛等东南亚地区和西南太平洋岛屿发动袭击，美英等20余国相继对日宣战，太平洋战争爆发。日军迅速占领了缅甸、马来亚、太平洋的吉尔伯特岛、新几内亚、所罗门群岛，北达阿留申群岛等广大区域。美国在太平洋战争初期失利后，不断加强太平洋战场的军力。1942年4月18日，从美国航空母舰上起飞的16架B-25轰炸机，先后空袭了日本东京、横滨、名古屋、神户，日本本土首次遭到空袭。为避免再次发生美军空袭日本本土，日本在6月初发动了以消灭美国太平洋舰队为目标的中途岛海战。日舰队中途岛海战大败，失去了在太平洋的制海权，盟军扭转了所处的不利态势，太平洋战争出现了转折。之后，美军主动出击，将战线转到西南太平洋，开始夺取东所罗门群岛。8月7日，美军向东所罗门群岛的瓜达尔卡纳尔岛发动攻击，并占领了该岛。12日，日军为夺回该岛开始反击。直至1943年2月7日，美日两国的海军、陆军和空军在瓜岛进行了激烈的争夺战。

美军大胜，完全掌握了太平洋战争的主动权。到 1943 年年底，美军在北太平洋攻占了阿留申群岛、在中太平洋占领了吉尔伯特和马绍尔群岛，在西南太平洋攻占了新乔治亚群岛和布尔维干等岛屿，在太平洋战场取得了决定性的胜利。中国共产党领导的八路军、新四军及人民武装，在中国战场上对日军进行了英勇斗争。1945 年 8 月 6 日和 9 日，美军在日本的广岛和长崎先后投掷两枚原子弹，苏联对日宣战并出兵中国东北，中国解放区军民展开反攻。朝鲜、越南和亚洲其他国家人民也对日本展开反攻。1945 年 9 月 2 日，日本最终宣布无条件投降，太平洋战争结束。

5. 开罗宣言

第二次世界大战期间，斯大林格勒会战后，世界反法西斯战争转入战略反攻，以美国、英国、苏联为首的盟国亟须协调军事战略，研究对战后世界的安排。为此召开了一系列国际会议。1943 年 11 月 22—26 日，美英中三国首脑罗斯福、丘吉尔、蒋介石在开罗举行会议。在这次会议上，罗斯福希望在德黑兰会议前同蒋介石就一些问题进行协商，而丘吉尔希望同罗斯福统一立场。开罗会议在军事上收效甚微，但是在政治上具有重要意义。会议的主题是发动缅甸战役，联合对日作战，以及战后处置日本等问题，内容涉及中国的国际地位、对日本的军事占领、收回中国失地等。三国首脑表示，对日作战的目的，是制止和惩罚日本的侵略。会议于 12 月 1 日发表《开罗宣言》庄严宣布，"我三大同盟国此次进行战争之目的，在于制止及惩罚日本之侵略。三国绝不为自身图利，亦无拓展领土之意。三国之宗旨在剥夺日本自 1914 年第一次世界大战开始以后在太平洋所夺得的或占领之一切岛屿，在使日本所窃取于中国之领土，例如满洲、台湾、澎湖群岛等，归还中华民国。日本亦将被逐出于其以暴力或贪欲所攫取之所有土地"。由钓鱼岛、黄尾岛、赤尾岛、南小岛、北小岛、大南小岛、大北小岛和飞濑岛等岛屿组成的中国台湾附属岛屿钓鱼岛群岛，也包括在其中。并"决定在相当期间，使朝鲜自由独立"。在宣言中，中国收复失地的权利获得肯定。但是，罗斯福借此要求蒋介石同意将大连开辟为自由港，是对中国主权的侵害。

6. 诺曼底登陆

第二次世界大战期间，纳粹德国发动一系列闪电战，波兰、丹麦、挪威、荷兰、比利时、卢森堡、法国等国家相继沦陷。纳粹德国以闪电战占领英国的计划失败后，开始发动苏德战争。苏联军队成为在欧洲战场对抗德军的主力。英国军队在北非战役中取得胜利，英美联军成功在北非、西西里岛登陆。根据德黑兰会议的决定，美英盟军着手在欧洲开辟第二战场，即实施"霸王"作战计划。按照这一计划，盟军将横渡英吉利海峡，在法国北部的诺曼底登陆作战。罗斯福任命艾森豪威尔为盟国远征军最高统帅，负责战役的准备。到1944年6月，盟军已集中86个师近288万兵力、6500多艘舰船、15700余架飞机。希特勒为防备盟军在法国北部登陆，加强西线防御，但由于德军主力与苏军作战，西线只配置了60个师的兵力，分编为两个集团军群，由伦斯德元帅指挥。而且，德军错误地认为盟军在法国加来地区登陆，将主力布防在加来海峡地区，而在诺曼底只有10个师的兵力。1944年6月6日凌晨，盟军3个伞兵师在登陆地点距海岸10—15千米处实行空降，6时30分，盟军先头部队迅速突破德军防线，有5个师登陆成功，并与空降兵会合，迅速建立了滩头阵地。到12日，盟军已有32万余人在诺曼底登陆，占领了纵深12—18千米的地带。7月2日达100万人，多次挫败了德军的反扑。"霸王"战役于7月18日正式结束，盟军有145万人登陆，建立起宽约100千米、纵深30—50千米的前沿阵地。胜利完成了诺曼底登陆。7月25日起，盟军向德军发起大规模进攻，法国约50万游击队积极配合盟军作战。8月15日，另一支盟军50余万人在法国南部戛纳登陆后迅速向北推进。盟军在法国北部发动大规模攻势，于8月25日收复巴黎，并进入荷兰和比利时，逼近德国西部边境。诺曼底战役沉重打击了德军，为盟军解放被法西斯占领的西欧国家创造了条件，同时也与苏军配合，为第二次世界大战的胜利奠定了基础。

7. 雅尔塔会议

为安排第二次世界大战秩序，美国、英国和苏联先后召开多次会议，雅尔塔会议是其中具有重要历史意义的一次。1945年年初，德国败局已定，而盟国间的矛盾日益增多。罗斯福向斯大林提议召开三国首脑会议。2月4—11日，美英苏三国首脑罗斯福、丘吉尔、斯大林，在苏联克里米亚半岛的雅尔塔举行会议。会议讨论了反法西斯战争和战后世界秩序的安排问题。关于战争，三国表示将尽快结束欧洲战争，并通过《被解放的欧洲的宣言》。斯大林答应在德国投降及欧洲战争结束后苏联对日作战，但是他提出了政治条件：日本占领的"库页岛南部及邻近一切岛屿须交还苏联"，"千岛群岛须交予苏联"；"外蒙古（蒙古人民共和国）的现状须予维持"，"大连商港须国际化，苏联在该港的优越权益须予保证，苏联之租用旅顺港为海军基地须予恢复"；"对担任通往大连之出路的中东铁路和南满铁路应设立一苏中合办的公司以共同经营之；经谅解，苏联的优越权益须予保证而中国须保持在满洲的全部主权"。三国就此签订了秘密协议，这是对中国主权的践踏。在战后世界秩序安排中，美国有意使中国成为一个大国，但是其不惜牺牲中国主权来与斯大林进行交易。会议确定了波兰东部疆界，西部疆界问题留待日后解决。对正在执行职权的波兰临时政府进行改组，成立波兰全国统一临时政府。会议确定了战后分割德国并进行分区占领的原则,同时确定了德国在战后进行赔偿的数额和分配方式。会议决定召开联合国制宪会议,并通过了联合国安理会表决的"雅尔塔公式"。2月11日,苏联、美国和英国通过《克里米亚(雅尔塔)会议公报》。雅尔塔会议协调了盟国间关系,对反法西斯战争的全面胜利奠定了基础,并且为战后的国际体系雅尔塔体系奠定了基础。

8. 攻克柏林

第二次世界大战期间,通过诺曼底登陆,美英联军在欧洲开辟了第二战场。盟国军队从东西两面夹击德国。在东线,苏军取得斯大林格勒战役的胜利后,1944年夏全面反攻,年底几乎收复了所有的国土。10月,苏军解放了罗马尼亚和保加利亚。在西线,盟军很快解放了法国、比利时和荷兰,抵达德国西部边界。1944年冬德军在阿登地区展开反击,最终失败。1945年1月12日,苏军应丘吉尔要求,为配合盟军在阿登地区作战,从波罗的海至喀尔巴阡山提前发动大反攻。1月下旬,苏军攻入德国东部地区;2月挺进到德国腹地,4月占领了东普鲁士,攻占了维也纳,准备向柏林发动总攻;3—5月,相继解放了波兰、匈牙利、捷克斯洛伐克,进入南斯拉夫。与此同时,盟军在3月渡过莱茵河进攻鲁尔地区,32万德军投降。4月,意共发动起义,处死墨索里尼;美英军队占领意大利,德军投降,意大利解放。5月,盟军解放了挪威和丹麦。德国在军事上遭受重创,在经济上也陷入困境。失去战略原料产地,石油奇缺。在政治上也陷入混乱。希特勒仍然希望在德国实行固守以进行拖延。1945年4月16日,苏军集中了250万兵力,发起柏林战役。4月25日,苏军包围了柏林,并与集结在易北河畔的美军会师。26日,苏军重炮摧毁了德军在柏林的防御工事,27日攻入柏林市区,同德军展开了激烈的巷战。29日，苏军逼近德国国会大厦和总理府，4月30日，苏军攻占国会大厦，希特勒同日自杀身亡。5月2日，柏林守军停止抵抗，城防司令魏德林率部投降，柏林战役结束。在整个战役中，苏军歼灭和俘虏40余万德军，但也付出了伤亡30万人的代价。

9. 欧洲反法西斯战争胜利日

1945年5月7日，德国在艾森豪威尔主持的仪式上签署了无条件投降书。苏联认为，苏军是战胜德国法西斯的主力，苏军攻克柏林，因此正式签降仪式必须由苏联主持。5月8日夜（莫斯科时间5月9日），德国政府代表又在柏林苏军指挥部签署了投降书，5月9日成为欧洲反法西斯战争胜利日。德国投降标志着德国法西斯彻底灭亡，世界反法西斯战争取得了决定性的胜利。

10. 中国抗日战争胜利纪念日

第二次世界大战中，日本在发动全面侵华战争后，又发动了太平洋战争。随着反法西斯战争在欧洲、非洲、亚洲的展开，1945年，日本完全陷于困境之中，中国正面战场开始收复广西、湖南、江西等省。在美英盟军配合下，中国远征军在3月收复了缅甸北部地区和中国云南省的边境地区。在敌后战场，中共发出"扩大解放区，缩小沦陷区"的号召，发动春季和夏季两大攻势，在河北、山东、山西、河南、江苏、广东等省歼灭日伪军12万余人。在太平洋战场，美军在4月发动冲绳战役，全歼参战的日本海军，日陆军也伤亡惨重。1945年5月德国投降后，7月17日至8月2日，美英苏三国首脑在柏林近郊波茨坦举行会议。7月26日，美英中三国发表了《波茨坦公告》，盟国重申将战争进行到日本无条件投降为止，开罗宣言之条件必将实施，决定战后对日本实行占领并实施非军事化和民主化方针。7月28

日，日本宣布拒绝接受《波茨坦公告》，盟国开始对日作战。在中国，正面战场和敌后战场均展开了大反攻，日军负隅顽抗。8月6日和9日，美国先后在日本广岛和长崎投下原子弹，日本人员伤亡近20万人。9日，170余万苏军越过中苏边境，迅速突破日军防线，击溃了占领中国东北的日军。在朝鲜，苏军迅速解放了朝鲜北部。在东南亚，盟军在缅甸国民军的配合下解放了缅甸。印支共产党领导越南人民取得了"八月革命"的胜利，建立了越南民主共和国。在马来亚，人民抗日军解放了半数以上的乡村地区。8月15日，日本宣布了天皇的投降诏书。9月2日，在东京湾美舰"密苏里"号上，举行了日本向盟国投降的签字仪式，世界反法西斯战争和中国抗日战争结束。9月9日，在南京举行了日本向中国投降的签字仪式。9月3日被称为中国抗日战争胜利纪念日。

11. 联合国

第二次世界大战结束后成立的国际组织。1942年1月1日，美国、苏联、英国、中国等26国代表在华盛顿发表了《联合国家宣言》。宣言规定：各签字国保证运用全部军事与经济资源对德意日及其仆从国作战，不与法西斯国家合作，不单独同法西斯国家缔结停战协定或和约。宣言还明确宣布战后要建立一种"广泛而永久的普遍安全制度"，以维护世界和平与安全。1944年8—10月，美、英、中、苏四国在华盛顿召开了敦巴顿橡树园会议，讨论建立联合国家组织问题。会议分为美苏英阶段（8月21日至9月2日）和中美英阶段（9月29日至10月7日）。会议就以下问题作出决议：战后国际组织的宗旨是维护世界和平与安全，其原则是国家主权平等、不干涉内政等；战后国际组织机构由国际组织大会、安全理事会、秘书处和国际法院四个部分组成；战后国际组织大会的重要决议，须与会会员国2/3以上票数赞成后通过，其余决议以简单多数通过；战后国际组织的一切权力在 11 国组成安理会，美、英、苏、中以及法国在安理会拥有常任席位，有否决权；联合国家组织专门成立经济与社会理事会，军事问题则交安理会成立的专门军事机构军事参谋团处理。1945 年 4 月 25 日，来自 50 个国家的 282 名代表在美国旧金山召开联合国国际组织会议。6 月 25 日，会议通过了《联合国宪章》和国际法院规约。根据《联合国宪章》的规定，联合国的主要机构是联合国大会、安全理事会、经济及社会理事会、托管理事会、国际法院和秘书处。6 月 26 日，举行了宪章签字仪式，10 月 24 日《联合国宪章》开始生效，联合国正式成立。1946 年 1 月 10 日，联合国正式开始工作。第二次世界大战后成立的联合国，主要任务是维护国际和平和安全，促进国际合作，解决国际社会的矛盾，到 2011 年已经有 193 个国家加入联合国。联合国的重要工作之一，是国际裁军和军备控制。联合国曾于 1978 年、1982 年和 1988 年召开三届裁军特别联大会议，号召各国通过裁军来实现世界和平与安全。"冷战"结束后，原来被两极格局掩盖着的各种矛盾凸显出来，造成地区冲突不断，世界愈加动荡，使联合国面临着严峻挑战。

12. 毛泽东

毛泽东（1893—1976 年），字润之，中国各族人民的领袖，伟大的无产阶级革命家，中国共产党、中国人民解放军和中华人民共和国的主要缔造者和领导人。1919 年后创办《湘江评论》和组织新民学会，积极宣传马克思主义。同年在湖南创建共产主义组织。1921 年 7 月，出席中国共产党第一次全国代表大会。1923 年 6 月，毛泽东出席中共三大，当选为中央执行委员，参加中央领导工作。1924 年参与中共帮助孙中山改组国民党的活动。在国民党一大、二大上当选为中央候补执行委员，任宣传部代理部长。1927年蒋介石背叛革命后，毛泽东提出"枪杆子里面出政权"，发动和领导秋收起义，建立工农革命军，后率部上井冈山，建立第一个农村革命根据地。1928年6月，在中共六大上被选为中央委员。1933年被补选为中共中央政治局委员。1935年1月，长征途中在贵州遵义召开中共中央政治局扩大会议，确立了毛泽东的领导地位。1937年7月，抗日战争全面爆发后，毛泽东领导人民开展敌后游击战争，建立抗日根据地。1943年3月，当选为中共中央政治局主席、中央书记处主席。抗日胜利后，蒋介石在1946年夏发动全面内战。1948年9月—1949年1月，毛泽东指挥辽沈战役、淮海战役、平津战役三大战役，取得了战略决战的胜利，接着发动渡江战役，命令中国人民解放军进军大西南、大西北，推翻了国民党政府。1949年10月1日，毛泽东在天安门向全世界庄严宣告中华人民共和国成立。1954年，第一届全国人民代表大会第一次会议通过了《中华人民共和国宪法》，毛泽东当选中华人民共和国第一任主席。新中国成立后，以毛泽东为首的党中央领导全国人民完成了繁重的民主改革任务，迅速恢复了国民经济，同时胜利地进行了抗美援朝战争。毛泽东对适合中国国情的建设社会主义的道路进行了初步的探索。1956年9月，生产资料私有制的社会主义改造基本完成，中共召开第八次全国代表大会，指出全国人民的主要任务已经转变为集中力量发展社会生产力。但是这个方针并没有得到认真的执行，因而导致了以后的一系列指导工作上的失误。1966年由于对国内国外形势作出了极端的估计，毛泽东错误发动了"文化大革命"，被林彪、江青两个反革命集团操纵和利用，造成10年之久的全国大动乱。毛泽东始终坚持反对帝国主义、霸权主义，维护民族的独立和国家的主权，维护世界和平。他对中国革命作出了不可磨灭的巨大功绩。1981年6月，中共中央十一届六中全会通过的《关于建国以来党的若干历史问题的决议》，对毛泽东的历史地位作出实事求是的科学结论。毛泽东思想仍然是中国共产党的指导思想，是中国人民宝贵的精神财富。

13. 丘吉尔

温斯顿·丘吉尔（1874—1965年），1940年至1945年和1951年至1955年两度出任英国首相。2002年，BBC举行"最伟大的100名英国人"的调查，丘吉尔获选为有史以来最伟大的英国人。丘吉尔1874年生于英国贵族家庭，毕业于英国桑赫斯特军事学院。1895年在第4轻骑兵团服役。1899年辞去军职，应伦敦《晨邮报》之约去非洲采访南非战争新闻。1900年参加保守党竞选获胜，进入国会，开始其政治生涯。丘吉尔主张自由贸易，反对保护主义的关税政策，1904年他脱离保守党，成为自由党议员。1906年参加自由党竞选获大胜，先后担任自由党政府殖民副大臣、内政大臣、海军大臣。1911年建立了海军参谋部，主张海军要随时准备好应战，1914年第一次世界大战爆发后，他命令海军动员，保证准备好对德国作战。1915年主张派兵攻打达达尼尔海峡，因损失惨重，被迫辞职。第一次世界大战结束后，1919年1月出任国防大臣，积极参与协约国干涉苏联。1938年9月张伯伦内阁参与签订《慕尼黑协定》出卖捷克斯洛伐克，他明确指出"这无疑是西方民主国家向纳粹武力威胁的彻底投降……"这是"全部彻底的失败"。第二次世界大战爆发后，丘吉尔出任英国战时内阁首相兼第一财政大臣、国防大臣，领导英国及英联邦国家人民进行反法西斯战争。1940年，英空军在不列颠之战中重创德国空军，这是人类历史上第一次大规模的空战，粉碎了希特勒进攻英国本土的企图。1941年6月22日希特勒进攻苏联的当天，丘吉尔明确表示"俄国的危险就是我们的危险"，保证援助苏联人民。1942年1月1日，丘吉尔代表英国和美国、中国以及苏联的代表在《联合国宣言》上签字，为战后的世界作出规划。之后丘吉尔又出席了雅尔塔会议、波茨坦会议等，与罗斯福、斯大林等会晤，商讨战后世界局势。战后，战时内阁解散，丘吉尔辞职，开始计划撰写第二次世界大战的回忆录，1946年3月丘吉尔在美国富尔顿发表"铁幕演说"，认为共产主义已在欧洲安置一道铁幕，英美有必要联合起来，作为反对苏维埃共产主义威胁的和平保卫者；欧洲必须联合起来，揭开了"冷战"的序幕。在1951年的大选中，保守党重夺政权，丘吉尔再度出任首相。伊丽莎白二世授予丘吉尔最高荣誉嘉德勋章，并封为伦敦公爵以表彰其对英国的杰出贡献。1955年4月，丘吉尔因健康原因辞职。

14. 罗斯福

富兰克林·罗斯福（1882—1945年），美国第32届总统，美国历史上唯一连任超过两届的总统。1882年，罗斯福生于纽约一显赫家庭，1900年进入哈佛大学，攻读政治学、历史学和新闻学；1904—1907年，就读哥伦比亚大学法学院。1901年，罗斯福以民主党人的身份开始涉足政界。1913年，威尔逊总统任命他为海军助理部长，1929年出任纽约州州长。1929年，资本主义世界经济危机爆发，1932年总统竞选是在严重经济危机的背景下进行的，罗斯福作为民主党总统候选人，主张实行"新政"，1933年以绝对优势击败胡佛，出任美国第32届总统。1933—1934年，新政着重"复兴"；1935—1939年，新政则着重"救济"和"改革"，在30年代经济大萧条期间，罗斯福推行新政以提供失业救济与复苏经济，从经济危机的深渊中挽救了美国。30年代中期，德意日法西斯在欧洲和亚洲形成两个战争策源地，此时的美国盛行孤立主义和中立政策，这无异于对侵略扩张的默许和纵容，罗斯福则主张加强美国防务力量，做好反法西斯战争的准备。第二次世界大战期间，罗斯福是同盟国的重要领导人之一。1941年6月，苏德战争爆发之后，罗斯福谴责德国的侵略，宣布美国将援助苏联。1941年12月，日本偷袭珍珠港，太平洋战争爆发。美国向日本、德国和意大利宣战，正式参加第二次世界大战。1942年元旦，在罗斯福的倡导下，美英苏中等26个国家的代表在华盛顿签署《联合国家宣言》，国际反法西斯同盟正式形成。"二战"后期，为了协调盟国的作战行动和探讨战后世界秩序的建立，罗斯福先后与盟国首脑举行一系列重要会议。1943年11月，罗斯福与丘吉尔、蒋介石在埃及开罗举行会议，签署了三国《开罗宣言》，规定三国旨在剥夺日本自"一战"以来在太平洋地区所占据的一切岛屿，使日本所窃取于中国之领土归还中国，使朝鲜获得自由与独立。罗斯福原拟参加预定于1945年4月27日在旧金山开幕的联合国成立大会。但自1944年以来健康情况每况愈下。他第四次连任总统后不久即开始休养，1945年4月12日因脑溢血逝世。

15. 斯大林

约瑟夫·维萨里奥诺维奇·斯大林（1879—1953年），出身于格鲁吉亚的哥里一鞋匠家庭，格鲁吉亚人。1894年，斯大林进入第比利斯东正教中学读书，开始研读马克思的作品并参加革命活动。1898年加入俄国社会民主工党的第比利斯组织，因参加革命活动而被捕7次，多次被流放和监禁。1912年2月被选入布尔什维克党中央委员会，主编党的机关报《真理报》。自1917年5月，连续当选党中央政治局委员。他协助列宁组织和领导了1917年的十月社会主义革命。十月革命胜利后参加了以列宁为首的第一届人民委员会。1922年至1952年10月连续当选为党中央总书记。在1922年12月第一次全苏苏维埃代表大会上，作关于成立苏维埃社会主义共和国联盟的报告，通过《苏维埃社会主义共和国联盟成立宣言》，苏联正式成立。斯大林主张"在一国首先建立社会主义"，全面实施社会主义工业化和农业集体化，苏联成为世界强国之一，但20世纪30年代苏联"大清洗"严重破坏了社会主义法治，造成了许多冤假错案，留下了沉痛的教训。1936年12月，在第八次苏维埃非常代表大会上，批准了在斯大林领导下起草的第一部苏联宪法，宣告世界上第一个社会主义国家的建成。1941年苏德战争爆发后，斯大林作为国防委员会主席、苏联武装力量最高总司令发表广播讲话，号召苏军和全体公民都应当捍卫每一寸苏联国土，为保卫祖国战斗流完最后一滴血。1941年冬德军兵临莫斯科城下，斯大林始终留在莫斯科组织反击。在他的指挥下，苏军先后赢得了斯大林格勒保卫战和库尔斯克战役的胜利，最终战胜了纳粹德国。斯大林是同盟国的统帅之一，参加了盟国的重要首脑会议，包括和英国首相丘吉尔、美国总统罗斯福举行的德黑兰会议和雅尔塔会议。"二战"后，斯大林出任苏联部长会议主席、苏共中央主席团委员和中央书记处书记，1953年3月5日因脑溢血病逝。1956年，赫鲁晓夫在苏共二十大作批判斯大林个人崇拜的"秘密报告"，全盘否定斯大林。苏共二十大后，西方掀起反苏反共浪潮，国际共运内部出现思想混乱。

第三十三章 "冷战"格局的形成

1. "冷战"

1947年至1991年，美国和苏联之间出现的既非战争又非和平的冲突状态，被称为"冷战"。第二次世界大战后，国际关系结构发生了重大变化，出现了东西方对峙和对抗的两极格局，形成了帝国主义和社会主义两大阵营。以美苏为首的两大阵营，从各自的战略利益出发，分别建立了区域性的经济集团和军事联盟。美国视苏联为通往世界霸权道路上的主要障碍，为谋求世界霸权，明确提出要遏制所谓苏联的"共产主义扩张"，要把苏联的影响遏制在东欧，避免其在西欧和中东等地产生影响。美国公开主张对苏联采取强硬政策，在苏联引起强烈反应。1946年2月9日，斯大林在一次演讲中结合"二战"的起源时指出：资本主义的世界经济体系包藏着总危机和军事冲突的因素，战争不可避免。为此，他要求苏联在两到三个五年计划中，大大提高工业水平，以作为防止不测事件的保障。美国杜鲁门总统要求美国驻苏使馆对斯大林演讲进行"调查"。2月22日，美驻苏使馆临时代办乔治·凯南向国务院发回一封8000字的长电报。在电报中，他提出美国应把苏联作为敌人对待，要使用强大力量牵制苏联。这封电报成为美国制定"冷战"政策的重要文件之一。1947年3月12日，杜鲁门在美国国会宣读了关于遏制苏联和"共产主义扩张"的国情咨文，拉开了"冷战"的帷幕。如马歇尔计划的提出、经互会的建立、北约和华约的建立等。杜鲁门主义的提出，是美苏"冷战"形成的标志。以后，美国推出马歇尔计划，成立北约。苏联和东欧国家成立经互会与华约组织。整个世界形成了资本主义和社会主义两大阵营的对抗。柏林危机和德国的分裂，出现了第一次"冷战"高潮。朝鲜战争和越南战争的爆发，表明"冷战"已经从欧洲扩展到亚洲。在"冷战"过程中，美苏间出现过两次缓和，第一次是在1954年赫鲁晓夫在苏联执政时期，第二次是在20世纪70年代，美国采取战略收缩之时。"冷战"的同时，民族解放运动继续发展，并最终使帝国主义殖民体系崩溃。获得独立和解放的发展中国家，形成了不同的发展道路，第三世界开始兴起。1989年，柏林墙被推倒，德国实现统一。1991年，随着苏联解体和东欧剧变，"冷战"结束。

2. 马歇尔计划

又称为欧洲复兴计划，是美国制订的对欧洲进行经济援助和重建的计划。欧洲在第二次世界大战中受到严重打击，美国为了使其资本和商品深入欧洲市场，并重振人们对于资本主义的信心，制订并实施了"马歇尔计划"。该计划的内容由美国国务院政策设计委员会提出，包括：如果美国不能改善西欧的经济状况，便只能听任苏联控制这一地区，美国对这一地区实行援助，会达到遏制苏联的目的。对于援助的方法：欧洲首先实行自助和互助，美国提供援助时将欧洲作为一个整体对待，美国援助的重点是德国和英国，苏联和东欧国家如果想得到援助需要接受美国的条件，否则其援助要求将被拒绝。1947年6月5日，美国国务卿乔治·马歇尔在哈佛大学发布了这个计划，他指出欧洲在战争中受到重创，并提出唯一的补救办法是美国给予援助。马歇尔要求欧洲国家联合起来制订一份复兴计划，然后由美国据此提供援助。6月27日，英法苏三国外长讨论经济援助问题，苏联提出德国不应包括在援助内及对美国的援助可能进行调查等要求，受到拒绝后，苏联退出会议。东欧国家也拒绝援助。1948年4月2日，美国国会通过《1948年对外援助法》，马歇尔计划开始实施。至1952年6月，马歇尔计划完成。英、法、意、奥、荷、卢、比、葡、爱尔兰、瑞典、瑞士、丹麦、冰岛和德国西占区，以及土耳其等国，共接受了美国总额为131.5亿美元的援助，使西欧度过了战后最困难时期。到1950年，西欧各国生产已经恢复到战前水平。马歇尔计划是杜鲁门主义的重要支柱，它的目的是援助欧洲，遏制苏联，它的实施符合美国的战略利益。西欧的经济状况得到改善，国家间的合作增强，同时向美国开放了市场。但是，西欧国家间的合作最终也促成了欧洲国家走向统一与合作，最终形成了能够与美国抗衡的欧盟。

3. 经互会

全称为经济互助委员会，是"冷战"期间形成的，以苏联为首的社会主义国家间建立的经济互助组织。第二次世界大战结束后，美苏间展开"冷战"。世界形成了以美国为首的西方阵营和以苏联为首的社会主义阵营。双方在政治、经济、军事各个方面展开全面的对抗。苏联将东欧视为保证其安全的缓冲地带，不允许美欧等西方国家干涉。美国制订了援助欧洲重建的马歇尔计划，东欧国家拒绝加入，美国与西欧国家联合对东欧国家进行经济制裁。苏联在1947年7月至8月，先后同保加利亚、捷克斯洛伐克、匈牙利、波兰、罗马尼亚等国签订了贸易协定，并向捷克斯洛伐克提供3300万美元的赠款。西方国家将此称为"莫洛托夫计划"。以苏联为首的社会主义阵营市场初步形成。1949年1月，苏联、保加利亚、匈牙利、波兰、罗马尼亚、捷克斯洛伐克六国代表在莫斯科召开会议，决定建立经济互助委员会。在成立之初，该组织的宗旨是：交流经济工作方面的经验；制定有关科技合作方面的措施；相互给予技术援助；在原料、食品、机器、设备等方面相互协助。经互会的总部设在莫斯科。经互会的成立增强了苏联和东欧国家间的相互合作。各成员国间的合作从流通领域发展到生产领域。经互会的成立也标志着出现了两个对立的市场，一方是资本主义阵营，另一方是社会主义阵营。双方在经济上相互隔绝。随着"冷战"的深入，苏联对东欧国家的控制也逐渐加深。苏联对东欧国家的内政横加干涉，先是在1949年6月将南斯拉夫共产党逐出情报局，又直接任命波兰的政府官员。经互会逐渐成为苏联控制东欧其他国家的工具。这些做法都伤害了东欧各国的国家利益，同时也在社会主义阵营内部形成了矛盾和分裂。随着苏联的解体，1991年6月28日，经互会在布达佩斯宣布解散。

4. 北约

全称为北大西洋公约组织，是美国、欧洲和北美国家为实现集体防务成立的军事组织，是西方的重要军事力量。第二次世界大战结束后，美国通过马歇尔计划对欧洲进行了经济援助。在军事方面，美国发起了北约组织。1947年3月4日，英国同法国签订敦刻尔克同盟条约，开启了欧洲国家实行军事合作的开端。英国建议以英法条约为核心，同邻国签订盟约，进而实现欧洲的联合。1948年3月，英、法、比、荷、卢五国结成"布鲁塞尔条约组织"。这个组织确立了集体防务原则。在此基础上，1949年4月4日，美、加、英、法、比、荷、卢、丹、挪、冰、葡、意十二国外长，在华盛顿签署《北大西洋公约》，8月24日条约生效，北大西洋公约组织正式成立。公约内容包括14条条款，明确规定集体武装防卫、协商共同行动和协助受攻击的缔约国，缔约国中任何一国的领土完整、政治独立或安全遭受威胁时，各缔约国应当共同协商。北约的最高权力机构是理事会，由成员国的外交部长组成。还设有防务委员会、军事委员会、小组委员会。北约拥有统一的军事指挥系统，设立"欧洲盟军最高司令部"，下设中欧、北欧、南欧、地中海4个盟军司令部。北约组织的建立标志着以美国为首的西方集团的形成，加剧了美苏间的"冷战"。它使得美国能够在欧洲大陆组成对抗苏联的阵地。同时，北约组织确立了美欧之间的合作关系，双方在北约内部也进行斗争与制衡。在1991年苏联解体后，北约开始不断扩张，将东欧国家逐步纳入北约。先后接纳了波兰、匈牙利、捷克、爱沙尼亚、拉脱维亚、立陶宛、罗马尼亚、保加利亚、斯洛伐克、斯洛文尼亚等国。北约在"冷战"后的地区安全、反恐、局部战争中都发挥了重要作用，北约由"冷战"工具演变为美国等西方国家在全世界推行其战略计划的工具。

5. 华约

"冷战"期间，苏联为对抗北约组织而成立的军事组织。第二次世界大战后期，苏联和东欧一些国家如捷克斯洛伐克、南斯拉夫和波兰等签订了一系列友好互助和战后合作条约。在欧洲国家签订布鲁塞尔条约后，苏联和罗马尼亚、匈牙利、保加利亚也签订了双边军事条约。东欧各国间也先后缔结双边合作条约。这些条约的存在使得苏联和东欧国家间形成一个军事同盟体系。北约组织成立后，成员国不断增多。德国是否加入北约的问题受到关注，第二次世界大战结束后德国分裂为联邦德国和民主德国，分别由西方国家和苏联控制。1950年北约理事会会议上，美国提出重新武装联邦德国的要求。这一提议在欧洲国家间受到争论。1954年10月，美国、加拿大、法国、英国等九国外长在巴黎开会，通过巴黎协定，正式结束对联邦德国的占领制度，联邦德国成为北约一员。苏联和东欧国家认为受到巨大威胁。1955年5月11日至14日，苏联、波兰、捷克斯洛伐克、匈牙利、保加利亚、罗马尼亚、阿尔及利亚、民主德国八国在华沙召开欧洲和平与安全会议，签订《友好合作互助条约》，即《华沙条约》。该条约的内容：在产生对一个或几个缔约国的武装进攻时，每个缔约国应当个别地或通过同其他缔约国的协议，以一切必要的方式，立即对遭受这种进攻的国家给予援助。缔约国保证不参加其目的和《华沙条约》的目的相违反的任何联盟或同盟以及任何条约。华沙条约组织的总部设在莫斯科。最高领导机构是政治协商委员会，由缔约国政府成员或特派代表组成。成立联合武装力量司令部，总司令为苏联军事领导，掌管各缔约国拨付其指挥的武装部队。华沙条约的签订加强了苏联和东欧国家的军事同盟关系。同时，华沙条约也成为苏联控制东欧各国的工具。北约和华约的先后出现，使欧洲出现了两个相互对立的军事集团。随着苏联解体，1991年7月，华沙条约正式解散。

6. 共产党和工人党情报局

"冷战"期间苏联和东欧国家为对抗美国和西欧国家共同成立的共产党国家间组织。1945年，南斯拉夫最早提出成立情报局的建议，得到苏联的认可。根据斯大林和铁托的提议，1947年9月22日至27日，苏联、南斯拉夫、波兰、罗马尼亚、保加利亚、匈牙利、捷克斯洛伐克、法国、意大利9个国家的共产党和工人党代表在波兰举行会议。会议宣言提出战后国际上已经形成两个敌对的阵营，为加强共产党阵营的团结和协作，决定设立情报局，由南、保、罗、匈、波、苏、法、捷、意等九国共产党和工人党代表组成。情报局总部设在南斯拉夫贝尔格莱德，是一个协商性国际机构。情报局的任务是交流经验，必要时在协商的基础上协调各党的活动。1948年1月中旬，情报局在贝尔格莱德举行第二次会议，决定成立常设委员会，由各个成员国各派一名代表组成，苏共代表尤金任主席。苏联最初是将情报局视为团结各国共产党的机构，但是，情报局很快成为苏联控制各国共产党的工具，变成苏联在政治斗争中打击异己的工具。在苏南冲突中，情报局的这种作用显现出来。苏南冲突是社会主义阵营内部第一次引起强烈反响的冲突和摩擦。苏联企图全面控制南斯拉夫，遭到南斯拉夫的拒绝。南斯拉夫共产党强调其自主性，与保加利亚建立巴尔干联邦，并向阿尔巴尼亚派出军队，苏联对此大为不满。1948年6月，情报局在罗马尼亚布加勒斯特召开会议，南斯拉夫被开除出共产党和工人党情报局。苏联和东欧国家对南斯拉夫进行经济封锁。从此，南斯拉夫与苏联和东欧国家断绝了外交关系，走上了不结盟的发展道路。1956年随着苏共二十大对斯大林的批判以及苏共新领导人赫鲁晓夫积极修补与南斯拉夫的关系，共产党和工人党情报局也于当年宣告解散。

7. 《欧洲复兴方案》

第二次世界大战结束后，美国为援助欧洲提出的方案，其目标是推动欧洲联合与经济复兴。为了与苏联对抗，美国先后提出杜鲁门主义与遏制战略。美国对于苏联在东欧建立势力范围心怀忌惮，认为战败后陷于萧条的欧洲易于被苏联控制。而美国在经济上也需要一个开放的欧洲市场。早在1945年，美国陆军部长史汀生在给杜鲁门的备忘录中，就提出复兴欧洲的方案。要求欧洲作为一个整体接受美国的援助，以援助推动欧洲经济的复兴。1946年，美国另一位政府官员，时任国务院德奥经济处的副处长罗斯托又提出统一欧洲的方案，希望美国在经济上统一欧洲。这一年恰逢欧洲遇到严寒，经济陷于崩溃，美国的援助对欧洲经济的复兴至关重要。1947年，美国共和党外交政策顾问杜勒斯提出，美国应当促进德国和欧洲的经济统一。美国国务院成立援外委员会，制订援助欧洲的具体计划，计划的要点是将欧洲作为一个整体来考虑，重视德国在欧洲复兴中的作用。5月8日，美国副国务卿艾奇逊发表讲话，公开强调美国对外政策的基本目标是取得欧洲经济的协调，并强调欧洲应当作为一个整体进行重建。艾奇逊的演讲向欧洲国家释放了援助信号。凯南进一步对援助的方式、范围、条件等问题进行研究和说明。6月5日，美国国务卿马歇尔在哈佛大学发表演讲，正式提出了复兴欧洲计划。在欧洲内部，也在战后就出现了联合的声音。6月27日，苏联、英国、法国三国外长在巴黎召开三国外长会议，讨论接受美国援助的问题。苏联要求首先查明美国援助的数额、性质和条件，并对德国也在受援范围内持保留意见。苏联的意见遭到其他两国的抵制，最终，苏联和东欧国家退出援助计划。以英法为首的西欧16个国家签署欧洲经济合作委员会报告，接受美国提供援助的条件。12月19日，杜鲁门向美国国会提交《美国支持欧洲复兴计划》。经过辩论，美国国会最终通过《1948年对外援助法》，美国援助欧洲计划正式实施。美国对欧洲的经济复兴和走向联合起到重要的推动作用，也将欧洲分裂为两个阵营。

8. 柏林危机

在"冷战"期间，美苏间为进行对抗而发起一系列危机，柏林危机是其中具有代表性的事件。柏林危机一共爆发两次，分别是1948年和1961年。第二次世界大战结束后，美国、苏联、英国、法国对德国实行分区占领。"冷战"开始后，美国在政治、经济和军事上，不断加大对苏联和社会主义国家的遏制。1948年年初，美国起草的"五角大楼文件"，与英、加等国开始筹建北大西洋防务体系，建立军事同盟北约。在此期间，美、英、法、荷、比、卢六国协调对德政策，筹划将西占区合并，建立联邦德国。1948年6月18日，美英法宣布将在西占区实行货币改革。6月19日，苏联关闭了西占区通往西柏林的铁路、公路和水路交通，要求西方国家在德国货币问题上让步。24日，苏联对西方国家进入柏林的通道正式进行管制。美英等国只能通过空中走廊空运各类物资。第一次柏林危机发生后，苏美都避免直接的军事对抗。西方国家依靠空中走廊维持对西柏林的供应。1949年5月初双方达成协议，在5月12日取消一切封锁，封锁共进行了324天。柏林危机是美苏两国尖锐对峙的表现。1949年后，西柏林成为西方对苏联进行间谍活动的基地，也是炫耀资本主义的窗口。1958年10月27日，民德领导人乌布利希指责西方大国违约单方面武装联邦德国，无权继续留在西柏林。苏联坚决支持乌布利希，扬言要除掉西柏林这个"毒瘤"。1958年11月27日，苏联正式照会美、英、法三国，要求三国在6个月内撤出它们在西柏林的驻军，使柏林成为一个自由市，要求遭到拒绝。美英法声称如果苏联封锁进入西柏林的通道，它们将不惜诉诸武力，第二次柏林危机爆发。1961年6月3日至4日，赫鲁晓夫与肯尼迪在维也纳举行美苏首脑会晤。赫鲁晓夫重申要使柏林成为非军事化的自由市，遭肯尼迪拒绝。第二次柏林危机再度恶化。民主德国的居民大量涌入西柏林。8月12日至13日夜，民主德国在华约国家的支持下，沿东、西柏林分界线拉起了铁丝网，只留9个严加控制的过境点。"柏林墙"建立起来。苏美在柏林地区长期对峙，直至1961年10月苏共二十二大后，第二次柏林危机逐渐平息了下来。

9. 两大阵营

第二次世界大战结束后，民族解放运动摧毁了资本主义殖民体系。中华人民共和国的成立，及其他社会主义国家的建立，社会主义国家由一国发展到多国，从根本上改变了旧世界的面貌。在战后初期形成了以苏联为首的社会主义阵营和以美国为首的帝国主义阵营。苏联在1947年7—8月先后与保、匈、波、南、罗等国签订了一系列双边经济协定，在此基础上，苏、保、匈、波、罗、捷六国于1949年1月在莫斯科举行会议，成立"经济互助委员会"。后来，阿尔巴尼亚、民主德国、蒙古、古巴和越南等社会主义国家也先后加入，1964年，南斯拉夫开始与该组织合作，其他社会主义国家则以观察员身份参加经互会的活动，经互会逐渐发展成社会主义国家之间的经济组织。1947年9月，苏联与南、波、罗、捷、匈、保、法、意共9个国家成立共产党和工人党情报局，成为苏联控制各国的组织。1955年5月，苏联和阿、保、波、民主德国、捷、罗、匈8个国家签署具有军事同盟性质的"华沙条约"，这个条约的签订标志着社会主义阵营的形成。而在帝国主义阵营中，美国先后于1947年提出杜鲁门主义和对苏联的遏制战略，并提出推动欧洲联合的《欧洲复兴方案》，实施向欧洲提供大规模援助的马歇尔计划。1949年8月，谋求欧洲和世界霸权的军事组织北大西洋公约组织正式成立，其成员包括美、英、法、比、荷、卢、加、意和冰岛。挪威、丹麦、葡萄牙、希腊与土耳其等国不久也加入。以北约为中心，形成了大西洋联盟。两大阵营的对立是"冷战"的一个具体表现。但是，在社会主义阵营内，苏联推行霸权主义遭到了许多社会主义国家的反对。在帝国主义阵营内，美国和欧洲各国间也存在着矛盾。两大阵营的划分不利于团结世界上大多数资本主义国家和民族独立国家。从20世纪50年代末期起两大阵营实际上已不存在。

10. 印巴分治

第二次世界大战结束后，资本主义列强国家的殖民体系走向崩溃，在全球范围内兴起了民族独立浪潮。英国在战争中受到沉重打击，在战后严重衰落，难以维系其在全球的殖民地。印度是英国的殖民地，早在20世纪30年代就提出民族独立的要求。1946年2月，印度爆发孟买海军起义，起义在印度获得广泛的同情和支持。英国政府面对印度人民的反抗和斗争，被迫接受印度独立的要求。但是，印度内部国大党和穆斯林联盟无法就独立问题达成一致。1947年6月3日，英国首相艾德礼和印度总督蒙巴顿发表《印度独立方案》，宣布印度将获得自治领地位，依据居民的宗教信仰，如果穆斯林人口占多数地区希望独立建国，可以建立一个单独的自治领。分为印度和巴基斯坦，前者由印度教徒主导，后者由穆斯林主导。印度各土邦可自行决定归属。这个方案得到国大党和穆斯林联盟的同意。7月18日，英国议会通过《印度独立法》。8月，印度和巴基斯坦正式实现分治。印度自治领称为印度共和国，巴基斯坦自治领称为巴基斯坦伊斯兰共和国。印度和巴基斯坦的独立是印度人民进行不断斗争的结果。印巴分治留下了难题，即划界问题，引发了宗教骚乱。另外，还有克什米尔土邦的归属问题，该邦位于印巴交界，居民中有 80% 信奉伊斯兰教，20% 信奉印度教。关于克什米尔的归属问题，印度和巴基斯坦先后进行两次战争来解决，最终于 1966 年 1 月发表《塔什干宣言》，确定了双方的军事分界线，并确定用和平手段解决争端。而在巴基斯坦内部，东巴和西巴被印度分割成两个区域。1971 年 3 月，东巴局势动荡，宣布成立孟加拉国临时政府，获得印度的支持。印度和巴基斯坦间战争再起。12 月 16 日，战争以印度获胜结束，孟加拉国独立。

11. 埃及七月革命

爆发于 1952 年 7 月 23 日，是现代史上埃及的民族民主革命，实现了埃及由君主制向共和国的转变。1922 年 3 月 15 日，埃及宣告独立。但是，这种独立并不完全，埃及仍然受制于英国。由于埃及在地理位置上的重要，英国于 1936 年同埃及签订《英埃 20 年同盟条约》，英国通过这个条约获得在苏伊士运河区驻兵等特权。英法两国通过"苏伊士运河公司"控制运河通行，以此获得巨额利润。当权的法鲁克王朝对外不断出让埃及主权，对内却采取镇压政策。1952 年 1 月，开罗爆发反英示威，埃及政府对其采取严厉镇压。埃及统治集团的腐败激化了国内社会矛盾。埃及军官纳赛尔发起了"自由军官组织"，这是一个代表民族主义力量的组织，其成员来自各级军官，要求完全驱逐英国的殖民主义势力。该组织得到众多军官的支持，形成了完备的组织网络。1952 年 2 月，"自由军官组织"成立革命指导委员会，6 月，埃及国王下令对"自由军官组织"进行逮捕和镇压。7 月 22 日，该组织决定起义，起义的最高领导人是埃及将军穆罕默德·纳吉布。起义军占领埃及军营并逮捕高级军官，全面控制埃及首都和军队。23 日，起义者对埃及人民发表了两个声明，阐明起义的原因并宣告起义的胜利。26 日，起义军包围王宫，国王法鲁克被迫退位。埃及七月革命胜利后，废除了埃及君主制，起义者公布一系列原则，包括消灭殖民主义、封建主义、垄断，建立社会公正，建立强大爱国军队和民主生活。1956年，埃及颁布新宪法，规定埃及为共和国，纳赛尔成为埃及总统。

12. 玻利维亚埃斯登索罗民主改革

指1952年玻利维亚革命后进行的一系列改革。第二次世界大战结束后，美国控制了玻利维亚的经济。国内政治长期动荡不安、大庄园制的扩展与帝国主义国家的干涉，使得玻利维亚成为拉美地区最贫穷落后的国家之一。1952年4月，埃斯登索罗和西莱斯领导了玻利维亚的资产阶级民主革命，这次革命的任务是反抗帝国主义和本国封建寡头的统治。革命取得胜利后，埃斯登索罗就任玻利维亚总统并开始推行改革。改革包括五个方面内容：第一，国有化改革。1952年10月31日，埃斯登索罗签署矿山国有化法令，将几个主要锡矿公司收归国有，成立玻利维亚矿业公司，由国家控制矿业生产。第二，土地改革，废除大庄园制，承认中小地产、印第安村社、合作社和资本主义农业企业。用强制性办法征收超出限额的土地，将多余的土地以分期付款的方式分配给农民。第三，选举制度改革，取消对选举权的限制，给予年满21岁的公民以选举权。第四，进行经济体制改革，发展石油、冶金和交通等部门，促进经济多元化发展。第五，对军队进行改革，改组旧有军队，保留革命中建立起来的民兵。这一系列改革措施并没有使玻利维亚走出困境，相反，美国对玻利维亚施加政治和经济压力，土地改革使得粮食产量减少，政府必须进口粮食。锡产量也严重下降。随之而来的，是玻利维亚经济危机严重，通货膨胀加剧。经济危机使得政治局势再度动荡不安，工人罢工不断。玻利维亚政府逐渐放弃民族主义立场，政策逐渐右转，美国向玻利维亚政府提供援助以应对危机。尽管具有不彻底性和动摇性，埃斯登索罗民主改革确立了国有化，废除了大庄园制，发展了民族工业，在玻利维亚历史上具有重要和积极的意义。

13. 1973 年智利军人政变

1973 年，在美国的策划下，智利军事集团推翻阿连德政府的政变。在 1970 年议会选举中，阿连德获得社会党、共产党和基督教民主党等力量的支持，当选为总统。他提出要使智利成为按照民主、多元化和自由模式建立起来的社会主义国家。他组建了一个左翼联合政府，对智利进行改革。改革内容包括彻底的企业资源国有化、农村土地改革、实行一系列福利措施改善人民的生活、实行对外关系的独立等。这些改革使阿连德在智利人民中享有很高声望。但是，由于国有化和土地改革速度过快、规模过大，招致中小企业和中小农场主对改革的不满。并使得工业生产停滞、粮食产量下降。另外，阿连德政府强制实行平均分配，靠举债和通货膨胀维持福利措施，致使劳动者实际生活水平下降。美国为了颠覆阿连德政府，也积极进行策划和干预。美国停止了对智利的大部分经济援助，冻结了包括世界银行、进出口银行、美洲开发银行、国际货币基金组织在内向智利提供贷款的渠道。1972 年，阿连德宣布实行卡车国有化，遭到抗议并引起全国罢工。阿连德被迫宣布取消卡车国有化并寻求军队的支持。但是局势日益严重，罢工和叛乱不断。军队对支持阿连德的普拉茨将军不满并迫使其辞去陆军司令和内政部长的职位，取代其位置的是皮诺切特。1973 年 9 月 11 日，智利军事集团发起政变，以皮诺切特为首的三军司令等组成军政府。阿连德被要求乘坐飞机流亡国外，遭到拒绝后，军政府发表报告，要求阿连德辞职并将权力交给军政府。阿连德发表讲话拒绝辞职。最终，军队发起进攻占领总统府，阿连德以身殉职。在美国的支持下，皮诺切特在智利建立起军事独裁统治。

14. 第三世界兴起

第三世界是对发展中国家的泛称，大部分国家位于亚洲、非洲、拉丁美洲，在第二次世界大战后才获得民族独立。20世纪60年代，"冷战"在美苏间激烈展开，民族解放运动继续发展。获得独立和解放的发展中国家，形成了不同的发展道路，第三世界开始兴起。第三世界国家反对殖民主义，反对帝国主义，反对大国政治立场，展开了不结盟运动，并成立七十七国集团。1955年4月18日，由印度尼西亚、缅甸、锡兰、印度和巴基斯坦五国发起的亚非会议开幕。会议设在印度尼西亚的万隆，包括中国在内的25个亚非国家受邀出席。会议通过《万隆宣言》，提出国与国之间和平共处、友好合作的原则。1961年6月，南斯拉夫、埃及、印度、印度尼西亚、阿富汗五国发起不结盟国家和政府首脑会议，提出参加会议的五条标准：必须执行以和平共处和不结盟为基础的独立政策；必须支持民族独立运动；不得是参加与两大阵营有关的集体军事条约的成员；不得是有大国参加的、与两大阵营有关系区域性或双边条约的成员；不得赞成在其领土上为两大阵营的利益建立军事基地。9月，第一届不结盟国家政府和首脑会议召开，通过了《不结盟国家的国家和政府首脑宣言》。这次会议宣示在美苏两大集团之外，世界上还存在着第三种政治力量。它标志着第三世界的兴起。1964年3月，在日内瓦召开了联合国经社理事会第一届贸易和发展会议。77个发展中国家在这次会议上组成了七十七国集团，发表《77国联合宣言》。宣言的内容：谴责发达国家在国际贸易中掠夺和剥削发展中国家的行为；表达改变旧有国际经济秩序和建立新的国际贸易体系的愿望；强调各成员国为此要尽力增加彼此之间的接触和磋商，以协调立场，确定共同的目标和制订联合行动的计划。七十七国集团的成立是第三世界兴起的另一个标志。第三世界兴起是民族独立浪潮的产物，广大的发展中国家提出自身的政治、经济诉求，推动了国际格局朝向多极化发展。

15. 七十七国集团

"冷战"期间，发展中国家为改变不合理的国际经济体系而成立的国际组织。1955年，亚非国家会议召开时，与会各国产生了建立国际新秩序的思想。1961年，第一届不结盟国家首脑会议召开，这一思想得到进一步发展，提出发展中国家采取联合行动，以抵制不平等的国际贸易体系。1963年，在联合国大会上讨论了召开贸易和发展会议的问题，有75个发展中国家共同发表宣言。1964年3月23日至6月16日，在日内瓦召开了联合国经社理事会第一届贸易和发展会议。会议决定成立联合国贸发大会，会议的宗旨是促进国际贸易，帮助发展中国家的经济加速发展。77个发展中国家和地区在这次会议上组成了七十七国集团，发表《77国联合宣言》。宣言的内容：谴责发达国家在国际贸易中掠夺和剥削发展中国家的行为，表达改变旧有国际经济秩序和建立新的国际贸易体系的愿望，强调各成员国为此要尽力增加彼此之间的接触和磋商，在每次联合国贸易会议开会前举行部长级会议，以协调立场，确定共同的目标和制订联合行动的计划。七十七国集团的理论依据是阿根廷经济学家普雷维什提出的，他指出，世界经济体系的中心是发达国家，发展中国家处于边缘和外围地带。发达国家推行的不平衡贸易体系，对外围国家的影响是使其经济发展单一并贫穷落后。要改变发展中国家面临的经济困境，根本的因素是改变不平衡的国际贸易体系。七十七国集团的成立是第三世界国家兴起的标志之一。第三世界国家的兴起改变了"冷战"期间的国际格局，使其朝向多极化发展。20世纪90年代，该集团的成员扩大到128个，但是一直沿用七十七国集团这一名称。

16. 万隆精神

是指 1955 年第一次亚非会议所确立的亚非国家间和平、友好、互助精神。20 世纪 50—60 年代,"冷战"在美苏间激烈展开,民族解放运动继续发展。获得独立和解放的发展中国家,形成了不同的发展道路,第三世界开始兴起。第三世界国家反对殖民主义,反对帝国主义,反对大国政治立场。1955 年 4 月 18 日,由印度尼西亚、缅甸、锡兰、印度和巴基斯坦五国发起的亚非会议开幕。会议设在印度尼西亚的万隆,包括中国在内的 29 个亚非国家受邀出席。周恩来代表中国在会议上发言,阐明了中国的立场和政策,受到与会各国的赞同。会议通过《万隆宣言》,提出国与国之间和平共处、友好合作的原则。宣言提出了十条原则:第一,尊重基本人权,尊重联合国宪章的基本宗旨和原则;第二,尊重一切国家的主权和领土完整;第三,承认一切种族的平等,承认一切大小国家的平等;第四,不干预或干涉他国内政;第五,尊重每一个国家按联合国宪章单独地或集体地进行自卫的权力;第六,不使用集体防御的安排来为任何一个大国的特殊利益服务,任何国家不对其他国家施加压力;第七,不以侵略行为或侵略威胁或使用武力来侵犯任何国家的领土完整或政治独立;第八,按照联合国宪章,通过如谈判调停、仲裁和司法解决等和平方法以及有关方面自己选择的任何其他和平方法来解决一切国际争端;第九,促进相互的利益和合作;第十,尊重正义和国际义务。这十项原则反映了发展中国家的政治诉求,即反对殖民主义、争取民族独立、维护世界和平,这些原则被称为万隆精神。万隆精神的提出是第三世界兴起的标志之一。发展中国家的联合和兴起,推动国际格局向多极化发展。

17. 不结盟运动

"冷战"期间,美苏间通过北约和华约等组织发起两大阵营间的对抗，"冷战"的范围扩展到全球。但是，有一些国家不希望加入任何一个阵营，只希望采取中立政策，以维护自身的主权和独立。这些奉行不结盟政策的国家被称为第三世界国家。1956年7月，南斯拉夫、埃及、印度的领导人铁托、纳赛尔和尼赫鲁举行会晤，提出积极和平共处、反对参加军事集团等原则。这些原则得到柬埔寨、印度尼西亚等国家的赞同和加入。1960年，南斯拉夫、埃及、印度、印度尼西亚、加纳五国领导人在参加联合国大会时，确认发起不结盟运动，并成为这一运动的领导核心。1961年6月，南斯拉夫、埃及、印度、印度尼西亚、阿富汗五国发起不结盟国家和政府首脑会议，提出参加会议的五条标准：必须执行以和平共处和不结盟为基础的独立政策；必须支持民族独立运动；不得是参加与两大阵营有关的集体军事条约的成员；不得是有大国参加的、与两大阵营有关系区域性或双边条约的成员；不得赞成在其领土上为两大阵营的利益建立军事基地。9月，第一届不结盟国家政府和首脑会议在贝尔格莱德召开，25个国家的代表出席了会议，通过了《不结盟国家的国家和政府首脑宣言》。宣言提出：不结盟国家鼓励和支持为自己的独立和平等而斗争的各国人民，主张无条件地废除殖民主义，强调和平共处是消除可能到来的全面的核战争的唯一办法。这次会议宣示在美苏两大集团之外，世界上还存在着第三种政治力量。它标志着第三世界的兴起。不结盟运动设立了四个机构，包括首脑会议、部长会议、协调局和协调委员会。不结盟运动此后多次召开会议，1964年10月在开罗，1970年9月在卢萨卡，1973年9月在阿尔及尔等，参加会议的国家逐渐增加，不结盟运动的影响不断扩大。到20世纪80年代末，不结盟运动的成员国扩大到100个以上，成为除联合国外最大的国家间组织。不结盟运动的目标也从政治领域扩大到经济领域。不结盟运动既是第三世界形成的标志，也是国际关系格局走向多极化的表现。

18. 朝鲜战争

"冷战"期间，美苏间的抗衡从欧洲蔓延到亚洲。美国从遏制苏联和反对社会主义国家的立场出发介入朝鲜战争。1948年，朝鲜分裂为南北两国。1950年1月，美国政府同韩国李承晚政府签订《美韩联防互助协定》。1950年6月25日凌晨，朝鲜内战爆发。朝鲜人民军取得初期的胜利。6月28日攻占汉城，至8月中旬占据半岛南部90%的土地。26日，美国总统杜鲁门命令驻日美军协助韩国作战，27日命令美海空军入朝作战。美国第七舰队侵入中国台湾海峡地区。7月1日，美国第一批地面部队抵达韩国。7月7日，美国操纵安理会通过组织"联合国军"的决议，麦克阿瑟任总司令。9月15日，美军在仁川登陆后战局发生逆转。韩国军队和美军在10月越过三八线，把战火烧至中朝边境，严重威胁中国的安全。麦克阿瑟在其声明中公然提出将战火烧到中国。应朝鲜的请求，中国人民志愿军在10月25日入朝参战。志愿军和朝鲜人民军协同作战，连续发动了五次战役，扭转了战局。以美军为主的"联合国军"被迫转入战略防御，并接受停战谈判。1951年7月10日，交战双方开始举行停战谈判。经过两年多的军事、外交和政治斗争，1953年7月27日签订了停战协定。协定确定：双方以北纬38度附近的实际接触线为军事分界线，各自后退2千米，建立非军事区。协定还对如何停战、撤军、遣返战俘的方式及时间作出明确规定。这个协定标志着美国侵朝政策的失败。朝鲜战争是第二次世界大战后发生的第一场大规模的局部战争。战争打破了美国"不可战胜"的神话，确立了中国作为世界大国的地位。

19. 越南战争

又称作第二次印度支那战争，是"冷战"期间在亚洲进行的局部战争。越南原为法国的殖民地，第二次世界大战结束后，越南分裂为南越和北越。北越称越南民主共和国，是胡志明领导的越南独立联盟建立的。南越由越南保大皇帝建立，得到法国的支持。1954年，越南民主共和国得到中国支持，取得奠边府战役的胜利，将法军赶出越南民主共和国。1955年10月，美国扶植吴庭艳成立南越傀儡政权，南越完全置于美国控制之下，这激起南越人民的强烈反抗。1960年12月，越南南方民族解放阵线成立，建立武装力量。越南劳动党也成立南方局，加强对南越人民革命斗争的领导。1961年5月，美国肯尼迪政府在南越发动"特种战争"，即由美国出资装备南越军队，在美国军事顾问的训练和指挥下，镇压南越革命斗争，美国开始直接介入越南战争。1964年8月，约翰逊政府派军舰侵入越南民主共和国领海挑衅，反诬越海军袭击美军军舰，并以此为借口扩大在越南的战争行动，对越南北方进行大规模的空袭。1965年3月，美国海军陆战队登陆越南南方，全面介入越南战争。与此同时。美国国内反战运动蓬勃发展，1967年有30多万人参加了"反战进军"。越南人民抗美救国战争得到中国、苏联等世界各国人民的支援，美国深陷越战泥潭。1969年年初尼克松出任美国总统后，通过推行战争"越南化"方针，开始从南越撤军。1973年1月27日，美国被迫在巴黎签署了《关于在越南结束战争、恢复和平的协定》，停止一切敌对行动，撤出全部美军，越南抗美救国战争取得胜利。

20. 古巴革命

古巴与美国隔海相望，长期被美国控制。1952年3月，通过武装政变，美国扶植起其在古巴的代理人巴蒂斯塔建立独裁统治。1953年7月，菲德尔·卡斯特罗发起武装起义失败。1955年，菲德尔·卡斯特罗建立"7月26日运动"革命组织并流亡墨西哥。1956年，菲德尔·卡斯特罗、切·格瓦拉和劳尔·卡斯特罗等革命者在古巴马埃斯特腊山区开始进行游击战争。他们建立根据地，并进行土地改革，将大土地所有者的土地分给农民，得到农民的积极支持。至1958年，起义军占领圣地亚哥附近的大部分土地并多次击退巴蒂斯塔的军队。1958年3月17日，古巴社会党、公民抵抗运动等组织发表要求巴蒂斯塔下台的联合宣言。随之发动罢工和起义。7月，古巴各个革命组织在委内瑞拉首都加拉加斯召开会议，签订《加拉加斯协定》，协定确定发动武装起义的路线，卡斯特罗被推选为总司令。10月，起义军进军哈瓦那，在消灭政府军主力后，占领哈瓦那，最终夺取政权。哈瓦那的工人和学生发动罢工和起义，对起义军进行配合。巴蒂斯塔逃亡国外，他的独裁统治最终被推翻。1959年1月古巴革命胜利后，走上社会主义发展道路，彻底结束了美国在古巴半个多世纪的殖民统治。1961年年初，美国与古巴断交，但从没停止对古巴的颠覆和破坏。古巴多次摧毁美国企图颠覆其政权而策动的政变。古巴为自身的安全，重视发展同苏联的关系。

第三十四章 "冷战"下的动荡世界

1. 中东战争

第二次世界大战后，阿拉伯国家和以色列及其他西方国家在中东巴勒斯坦及其周围地区进行了五次战争。第一次中东战争也称"巴勒斯坦战争"，1948年5月14日，以色列国建立，次日，阿盟宣布对以开战。阿拉伯军队迅速控制了巴勒斯坦大部，在美国推动下，联合国于5月29日和7月9日两度通过停火决议，以色列乘机从国外输入大量武器和志愿兵，反败为胜。自1949年2月起，埃及、黎巴嫩、约旦、叙利亚被迫与以色列签订停战协定，70多万巴勒斯坦阿拉伯人沦为难民。第二次中东战争即"苏伊士运河战争"。1956年7月，埃及将苏伊士运河公司收归国有。10月29日，以军伞兵在法国空军的支援下，对埃军发动闪电式进攻。30日，英、法要求埃以停火，允许英法军队进驻运河区，限12小时答复，遭到拒绝。英法军队侵入埃及，沿苏伊士运河南下，企图一举占领运河区。埃及军民奋起抗击，并得到国际社会的广泛同情和支持。1956年11月6日，英、法、以三国被迫宣布停火，三国军队完全撤出埃及。第三次中东战争也称"六五战争"，1967年6月5日，以色列出动战机袭击埃及、约旦和叙利亚的空军基地，战争爆发。10日，交战双方全面停火。以色列在战争中夺取了6.5万平方千米土地。战争造成数十万巴勒斯坦难民流离失所。第四次中东战争也称"十月战争"。1973年10月6日，埃及和叙利亚为收复失地，在伊拉克等国的支持下发起猛攻，收复了大片土地。但以军反攻后，取得了战场上的主动。24日，交战双方遵照联合国的决议停火，经过谈判，以军在戈兰高地撤至1967年停火线以西，并在1982年4月撤出西奈半岛。第五次中东战争，又称"黎以战争"，即1982年6月以色列入侵黎巴嫩战争。6月6日，以色列入侵黎巴嫩，占领了黎巴嫩1/4的领土。6月27日，联大通过决议，要求以色列立即停火，并无条件从黎巴嫩撤军。9月中旬，以军与黎巴嫩基督教民兵对巴勒斯坦难民1000多人进行血腥屠杀，激起了世界公愤，以军被迫撤出贝鲁特西区。1984年11月，以色列被迫同意在联合国主持下与黎巴嫩重开撤军谈判，并放弃了要求叙利亚同时撤军的先决条件。

2. 戈尔巴乔夫的"新思维"

1986年1月15日，苏共中央总书记戈尔巴乔夫在《关于彻底销毁核武器的建议》中首次提出的概念。1985年3月，戈尔巴乔夫成为苏共中央总书记，他决心在苏联进行一场改革运动，提出了"新思维"。"新思维"包括对苏联国内和国际问题的认识，涉及一系列重大理论和现实问题。"新思维"的提出推动苏联进入一个新的历史时期。其内容包括：第一，在世界观和价值观方面，提出"全人类的价值高于一切"，将思维的出发点确立在全人类的价值上，而放弃阶级斗争观点。因为马克思所倡导的阶级斗争，也是将全人类的利益和工人阶级的斗争联系起来。而当代核武器的发展已经达到了可以将人类毁灭数十次的危险境地，从而也就为国家间的斗争限制了范围。社会进步同防止核战争密切相关。第二，关于苏联的政策调整方面，戈尔巴乔夫提出了公开性、民主化和多元论。他认为提倡这三个方面，将有益于将苏联建设成为人道的、民主的社会主义。他主张放弃共产党的法定执法地位和无产阶级专政，提倡多党制和总统制，在经济上向市场经济转轨。进而改造苏联的国家体制，使其向联邦制发展。第三，关于外交问题，戈尔巴乔夫认为核战争只能带来参战国的两败俱伤，这个前景从根本上改变了国家间关系的实质。以美国和苏联为首的两大集团的对峙是没有意义的，最终，双方应当走向一体化。因为世界已经成为一个相互联系的整体。与这个整体相对应的，应当是一个以平等为原则的国际秩序和机制。只有这样，才能解决世界所面临的共同问题。而对于苏联与东欧各国间的关系，戈尔巴乔夫明确承认苏联曾经犯过错误，承认苏联应当对其他社会主义国家采取尊重的态度。苏联承认国际格局已经由美苏两极走向多极化，进而采取全方位的外交。"新思维"对苏联的对内、对外政策产生了重要的影响。苏联主动与美国缓和，参加限制核武器、常规武器谈判。从阿富汗、蒙古撤军，放松对东欧国家的控制，缓和同欧洲国家的关系，同意德国统一。"新思维"对苏联的影响是深远的。

3. 尼克松新经济政策

20世纪70年代，美国经济深受经济危机的困扰，为应付经济危机，延缓美国的衰落，尼克松政府采取了一系列经济政策，被称为新经济政策。1968年，尼克松当选为美国总统。美国经济面临严重困境，其表现是高财政赤字加上高通货膨胀，消费物价指数高涨，对外贸易逆差高涨。美国自第二次世界大战以来所采取的凯恩斯主义不再发挥积极作用，国家垄断资本主义面临危机。随着经济危机的困扰加剧，美国在"冷战"中与苏联进行的对抗政策也遇到困境。美国需要在国内外经济政策方面采取全面变革。尼克松政府认为，美国的经济困境的源头是财政赤字和通货膨胀，为此，他们采取削减政府开支、紧缩信贷和货币等政策。但是，此举带来严重的经济衰退和通货膨胀并存的困境，失业人数剧增，"滞胀"难以摆脱。1971年8月，尼克松政府开始实行新经济政策。包括：在国内，削减联邦开支，扩大州和地方政府的职权，减少联邦政府对经济的干预，而增加地方政府对经济的干预。通过使联邦政府与州和地方政府分享税收的方式，实现政府的职能转变，提高政府的效率。在国际上，停止外国中央银行使用美元向美国兑换黄金，对进口商品征收附加税，这其实是放弃了美国在布雷顿森林体系中承担的义务，取消美元与黄金间的挂钩，以美元为中心的资本主义国际货币体系已经解体。尼克松新经济政策的收效并不明显，未能使美国彻底摆脱滞胀的困扰，只是对其起到一定抑制作用。在外交方面，新经济政策的提出是20世纪70年代美国在全球进行战略收缩的一个组成部分。也是美国经济实力衰退的一个客观反映。它改变了世界经济体系，并导致在世界范围内出现了美国、西欧、日本三个经济中心。

4. 撒切尔主义

英国撒切尔政府的新自由主义经济政策，被称为"撒切尔主义"。英国在第二次世界大战后推行福利主义，经济增速缓慢，在20世纪70年代受到经济危机的沉重打击，改变旧有经济政策势在必行。1979年撒切尔夫人上台组阁，她主张放弃凯恩斯主义，紧缩公共开支，控制货币供应量，以此使英国经济重新振兴。撒切尔政府秉持这一理念，放弃了凯恩斯主义政策，实行新自由主义的经济政策。其一，全面减少货币供应，提高银行利率，紧缩信贷，削减税收，精简政府机构，严格控制并削减政府开支，减少财政赤字，以抑制通货膨胀。1983年3月，英国政府公布中期金融战略，降低货币供应量增长率。其二，撒切尔政府为摆脱企业国有化比重过高的种族弊端，积极推行国有企业私有化，将当初收为国有的英国电话公司、铁路公司和煤气公司出售给私人，并将私营化扩大到众多经济、社会领域，包括国营企业、住房、教育、医疗等。放开市场，大幅度解除政府管制，在交通、电信、公用事业、金融、物价等领域取消或修改监控条例。让市场作用重新成为英国经济的动力。其三，针对英国社会福利的巨大开支，控制社会保障规模，在继续维护福利国家制度的前提下，逐步降低社会福利在公共开支中的比重。此外，撒切尔政府对英国公务员制度进行了改革，裁减公务员数量，强化竞争机制，防止官僚化，政府职能从管理向服务转变。"撒切尔主义"使得英国的经济发展逐渐好转，在80年代，英国经济持续增长，1986—1988年，分别为3%、4%、5%，被称为"撒切尔奇迹"。撒切尔夫人经济政策的成功，使其再度蝉联英首相。

5."亚洲四小龙"

20世纪70年代起，东亚和东南亚经济出现了快速发展，以韩国、新加坡和中国香港、中国台湾"亚洲四小龙"最为典型。经济起飞前的"亚洲四小龙"，韩国和中国台湾以农业为主，新加坡和中国香港以转口贸易为主。后利用发达国家向发展中国家转移劳动密集型产业的机会，积极吸引外资和技术，利用本地廉价而良好的劳动力，在钢铁、造船、汽车、石化、芯片和电脑、家用电器等行业，国民经济保持10%的高速增长，成为继日本之后的亚洲新兴工业经济体。它们利用世界经济体系调整的机遇，在实现经济高速增长的同时，基本完成了社会结构转型，使这些国家和地区在经济、社会发展上接近发达国家的水平。1963—1978年，韩国先后实施了三个五年计划，国民生产总值翻了四番多。80年代，韩国的汽车、化工、造船、半导体等产业，取得了令世人瞩目的成绩。1965年，新加坡脱离马来西亚独立后，通过实施"反经济衰退计划"渡过难关；70年代，新加坡的制造业和对外贸易，已成为国民经济的两大支柱产业。在80年代，新加坡已经形成了以制造、金融、运输和通信为主的多元经济结构。50年代，中国香港以中国内地为依托，实现了从以转口贸易为主，向以制造业和加工工业为主的经济转型。1960—1970年，中国香港产品出口值增加3.3倍。中国香港同时以"购物天堂"吸引世界游客，成为亚太地区新兴金融中心和旅游中心。80年代，中国香港大力发展以资本、技术密集型为主的电子、家电和计算机工业。70年代后，中国台湾经济从劳动密集型产业，向资本和技术密集型产业转变，优先发展重工业和化学工业，80年代，中国台湾经济继续平稳发展。1991年，人均收入从1980年的2344美元增加到8970美元。"亚洲四小龙"被西方经济学家视为"70年代的奇迹"。但是，这种发展模式也留下许多弊端，过于依赖国际资本难以避免经济发展中的隐患。

6. 苏共二十大

苏共二十大是对苏联和国际共产主义运动产生深远影响的一次会议。1953年3月5日，斯大林逝世。3月1日，苏共中央召开全会，选举赫鲁晓夫、苏斯洛夫等5人组成苏共中央书记处。6月28日，苏共中央主席团委员、苏联部长会议第一副主席兼内务部部长贝利亚被捕并被判处死刑。1953年9月7日，赫鲁晓夫当选为苏共中央第一书记，开始强调扩大社会主义民主，批判"个人崇拜"，为"列宁格勒案件"等冤假错案平反。1956年2月14—24日，苏共二十大召开，包括中国在内的55个国家的共产党和工人党代表团出席会议。赫鲁晓夫在大会报告中提出"和平共处""和平竞赛""和平过渡"的政治路线，后被称为"三和路线"。赫鲁晓夫明确表示坚决反对个人崇拜。这次代表大会发布了"六五计划"的指示，通过了进行经济改革的决议。大会最后一天的深夜，赫鲁晓夫召集会议并发表了"秘密报告"，题为《关于个人崇拜及其后果》，长达5小时。报告全盘否定斯大林，揭露了斯大林个人崇拜及滥用权力的严重后果，公开谴责斯大林。苏共二十大的召开和赫鲁晓夫的"秘密报告"，在国际上引起强烈反响。6月4日，美国《纽约时报》发表了报告的全文，西方掀起了反苏、反共、反社会主义的高潮，西方国家大批共产党员退党。苏共二十大给国际共产主义运动带来巨大的冲击，许多国家的共产党提出不同的意见，国际共运出现分歧和分裂，一些社会主义国家发生了动乱。苏共二十大后，苏共领导层的矛盾日趋尖锐。1957年6月，苏共中央通过了《关于揭发马林科夫、卡冈诺维奇、莫洛托夫反党集团的决议》，将他们从中央委员会和主席团委员会开除。1958年2月，布尔加宁被解除部长会议主席职务，由赫鲁晓夫兼任。苏共二十大两年后，赫鲁晓夫掌握了苏联党政大权。大会选出了新的中央委员会，赫鲁晓夫继续当选苏共中央第一书记。苏共二十大对苏联和国际共产主义运动产生了深远影响。

7. 波兹南事件

1956年，赫鲁晓夫在苏共二十大上对斯大林进行全盘否定，对东欧各国造成了严重的影响，东欧各国都出现局势动荡。波兹南事件是这次社会动荡的一个反映。波兹南是波兰西部的一个工业城市。波兰总统贝鲁特在苏共二十大期间突然在莫斯科逝世，接任其为总书记的奥哈布采取了一系列措施，包括为哥穆尔卡平反和大赦政治犯等，波兰社会的矛盾逐渐暴露出来。人民群众要求改革，但是政府没有及时制定出改革纲领。1956年6月，波兹南斯大林车辆厂工人进行请愿活动，要求增加工资、降低赋税。工人们的要求没有得到政府的及时回应。请愿活动逐渐演变为示威和骚乱。28日，共有约20万工人和群众在波兹南的斯大林广场示威。政府当局出动军队对示威者进行镇压，最终有50人丧生，数百人受伤。以此为契机，波兰宣布进行改革，推举哥穆尔卡为第一书记，改革领导层。这遭到苏联的反对，但波兰动员军队和人民反对苏联的干涉。哥穆尔卡难以在波兰进行彻底的改革，波兰粮食和日用品短缺，政府财政赤字上升。1970年年底，因为政府决定对食品和日用品提价，格但斯克列宁造船厂的工人再次示威。随着事态的严重，盖莱克顶替哥穆尔卡成为第一书记，试图推行"高速度、高积累、高消费"战略，在传统计划经济框架内，这次改革又以失败告终。物价上涨再次引发危机，各地工人在自发抗议罢工的同时，逐渐形成了自治性的组织。最终，波兰团结工会成立，并和政府间出现严重冲突。1980年9月，苏联政府成立"波兰危机对策小组"，命令波兰实行战时状态。波兰政府被迫实行军管，取缔团结工会。军管持续到1982年年底。

8. 匈牙利事件

"冷战"期间，苏联与东欧国家间，围绕社会主义建设问题多次出现争论。1953年6月，匈牙利劳动人民党同意拉科西辞去政府总理职务，7月，纳吉·伊姆雷接任总理。纳吉上任后，提出一系列改革措施，包括降低重工业发展速度，发展轻工业和农业，增加工资，以及为错误案件平反等。这些措施招致反对，1955年3月，纳吉被解除职务，开除党籍。苏共二十大上，赫鲁晓夫发表了否定斯大林的秘密报告，对东欧各国产生强烈影响。匈牙利政局动荡，匈牙利知识分子组成的"裴多菲俱乐部"公开批判政府，要求重新进行改革并恢复纳吉的职务。俱乐部的活动受到社会的强烈关注。时任匈牙利劳动人民党第一书记的拉科西未接受改革建议，却对俱乐部进行镇压。致使事态严重。7月，苏共中央作出决定免去拉科西第一书记职务，继任者是格罗。但是匈牙利的局势未稳定。10月6日，匈牙利党中央为被当作铁托分子处决的拉伊克等人举行国葬。布达佩斯30万群众参加国葬。10月14日，纳吉被恢复党籍。以裴多菲俱乐部为首的"首都大专院校学生团体联合会"向政府提出十点要求，包括由纳吉主持政府工作和撤走苏联驻军等，未获得政府同意。10月23日，布达佩斯学生开始示威游行，政府依然采取镇压态度，示威者占领了一些党政机关。24日，匈牙利政府决定由纳吉出任总理。但是示威游行已经演变成暴动，暴动者与警察相互对峙。30日，纳吉政府宣布组成多党联合政府，并准备与苏联谈判，退出华沙条约。11月1日，苏联军队进入匈牙利并占领布达佩斯。纳吉政府宣布退出华沙条约。匈牙利劳动人民党书记卡达尔出逃到苏联，宣布成立匈牙利工农革命政府。纳吉出逃，苏联军队完全控制了匈牙利。卡达尔政府迁回布达佩斯。匈牙利事件在政治、经济各方面给匈牙利造成了巨大的损失，也是世界共产主义运动的一个深刻教训。

9. 赫鲁晓夫政治经济体制改革

赫鲁晓夫在苏联执政期间，针对斯大林模式进行了一系列改革。在政治方面，主要的改革内容是为冤假错案平反和加强法制。赫鲁晓夫公开批判个人崇拜。颁布一系列法律和法规，加强司法制度。对自从20世纪30年代以来的政治案件进行重新审查,通过审查释放90%以上的政治犯。成立国家安全委员会负责国家安全事务,缩小保安机关的职责。赫鲁晓夫在政治体制上的改革为健全法制体系奠定了基础。在外交方面,赫鲁晓夫加入日内瓦四国首脑会议,缓和同美国的关系,同联邦德国建交,访问南斯拉夫。"冷战"出现了第一次缓和。在经济方面,改革的重点在于农业。从1955年起,国家放宽对农牧业的生产管理,只下达国家收购各类农畜产品的指标,农庄有权自行安排生产。改革农产品收购制度,政府取消农产品义务交售制,改为农产品采购制,提高了农产品收购价格。1954年后,先后废除了自留地的义务交售制、副业的义务交售制,允许庄员有自留地和饲养一定数量的牲畜。上述措施开始克服苏联农业长期停滞不前的状态。苏联工业绝大部分由国家集中管理。赫鲁晓夫上台后力图改变这种状况。1957年2月,赫鲁晓夫要求把工业和建筑业的日常领导工作从中央转到地方。但到1963年时,管理工业的机构不仅没有精简,反而扩大了两三倍。赫鲁晓夫的工业改革成效明显,国家只下达给企业生产计划的数量和交货期限两个指标,其余完全由企业自行制定。从整体上说,赫鲁晓夫的改革并没有触动原有体制的基本框架,缺乏创新的科学理论的指导。许多改革主观武断,严重脱离实际,消耗大量国家资财,接连失败;一些改革独断专行,损害了从中央到地方各级领导人的利益,引起越来越多的人的不满。1964年10月,赫鲁晓夫被迫辞职。1964年10月,勃列日涅夫出任苏共中央第一书记后,开始纠正赫鲁晓夫的改革,恢复了党和国家中央机构的统一领导,恢复了州和边区党委的统一领导,恢复了中央和各加盟共和国的专业部。

10. 苏联1977年新宪法

1977年10月7日苏联第九届最高苏维埃第七次非常会议通

过的《苏维埃社会主义共和国联盟宪法（根本法）》。除序言外，包括9部分21章174条，对苏联的社会制度基础和政治基础，国家和个人，苏联的民族国家结构，人民代表苏维埃及其选举程序，苏联最高国家权力机关和管理机关，加盟共和国国家权力机关和管理机关组织基础，审判、仲裁和检察监督，国徽、国旗、国歌和首都，宪法生效和修改程序等，分别作了规定。这部宪法与以往的苏联宪法相比，突出了"人民"的概念，认为苏联已完成无产阶级专政任务，发达的社会主义已经建成，第一次明确宣布苏联"是社会主义全民国家，代表工人、农民、知识分子和国内各族劳动人民的意志和利益"，"一切权力属于人民，人民通过作为苏联政治基础的人民代表苏维埃行使国家权力"，"苏联共产党是苏联社会的领导力量和指导力量"。此外，1977年宪法规定苏联经济制度的基础是生产资料社会主义所有制，包括国家（全民）所有制和集体农庄合作社所有制两种形式。国家促进集体农庄合作社所有制向国家所有制接近。在苏联公民的基本权利方面，增加了公民享有住宅权、对国家机关及其工作人员的批评、控告权，以及从事科学著作、技术创造和艺术创作等权利和自由。1977年宪法关于苏联国家机关的体系结构和组织与活动原则的规定，与1936年宪法相比较基本相同，但在国家机关的任期和职权方面作了某些改变。如苏联最高苏维埃的任期由4年改为5年，地方苏维埃的任期由2年改为2年6个月等。

11. 苏联"8·19"事件

1991年8月19日至8月21日，苏联一些高级官员企图废除苏共中央总书记兼苏联总统戈尔巴乔夫职权的一场未遂政变。政变领导人包括苏联的副总统、总理、国防部长、内政部长、克格勃局长、苏联国防理事会副主席等，此事件目的原为挽救苏联，实际上却加速了苏联解体。1991年8月19日，苏联副总统亚纳耶夫发布命令宣布，戈尔巴乔夫由于健康原因已不能履行总统职务，自即日起由他本人代行总统职务。同时宣布成立国家紧急状态委员会，行使国家全部权力，在苏联部分地区实施为期6个月的紧急状态，国家紧急状态委员会除亚纳耶夫外，还有总理帕夫洛夫、国防会议第一副主席巴克拉诺夫、国防部长亚佐夫、内务部长普戈、国家安全委员会主席克留奇科夫等8人组成。苏联"8·19"事件的导火线，是1991年戈尔巴乔夫和9个加盟共和国领导人发表声明，主张签署新的主权国家联盟条约（新奥加廖沃条约），草案拟8月20日签署。草案把国名"苏维埃社会主义共和国联盟"改为"苏维埃主权共和国联盟"。"国家紧急状态委员会"计划赶在新联盟条约签订之前推翻戈尔巴乔夫。该委员会发布《告苏联人民书》，认为戈尔巴乔夫的改革已走入死胡同，国家处于极其危险的严重时刻。俄罗斯联邦总统叶利钦拒不服从紧急状态委员会的命令，号召举行政治罢工，抗议亚纳耶夫等人的行动。在叶利钦的鼓动下，情况发生逆转。20日晚，议会大厦前已聚集了数万示威群众。有些人构筑了堡垒，要誓死保卫议会。21日下午，苏联国防部命令军队撤回驻地，国家紧急状态委员会领导人放弃了行动。21日晚8点，戈尔巴乔夫发表声明，强调他已完全控制了局势，并恢复了曾一度中断的与全国的联系，并称将于近日内重新完全行使他的总统职权。苏联国防部决定撤回部署在实施紧急状态地区的部队。22日，戈尔巴乔夫从克里米亚返回莫斯科，立即撤销了由国家紧急状态委员会或个别成员颁布的一切决定；解除该委员会所有成员的现任职务；任命了新的国防、内务部长和国家安全委员会主席等。"8·19"事件后，苏联局势更加复杂。俄罗斯联邦等借机从联盟中央手中接管了原属中央的一系列政治、经济甚至军事部门的权力。苏联一些地方出现反共浪潮。8月24日，戈尔巴乔夫宣布辞去苏共总书记职务，建议苏共中央"自行解散"。

12. 苏联解体

1991年"8·19"事件后，苏联解体已无法逆转。在8月22日的记者招待会上，戈尔巴乔夫声称：苏联已经进入了变革的决定性阶段。权力在变化，所有制关系在变化，联邦在变化。8月29日，苏联最高苏维埃通过决议，停止苏联共产党在苏联全境的活动。根据这一决议，苏共在苏联全境的机构均被关闭，所属建筑物全部被查封，银行账户全部被冻结。苏联各加盟共和国纷纷宣布独立，截至9月底，宣布独立的加盟共和国已达12个。1991年12月1日，第二大加盟共和国乌克兰也宣布独立。1991年12月8日俄罗斯、白俄罗斯、乌克兰宣布成立独立国家联合体。同时宣称，苏维埃社会主义共和国联盟"已不存在"。三国领导人叶利钦、舒什克维奇和克拉夫丘克在一项声明中说，由于签署新联盟条约的谈判已"走进死胡同"，各共和国退出苏联并建立独立的国家已成为现实。三国领导人宣布，独立国家联合体的协调机构设在白俄罗斯首都明斯克，苏联前加盟共和国和其他赞同其宗旨的国家均可参加。1991年12月21日，阿塞拜疆、亚美尼亚、白俄罗斯、吉尔吉斯斯坦、摩尔多瓦、哈萨克斯坦、俄罗斯、乌兹别克斯坦、乌克兰、塔吉克斯坦、土库曼斯坦11个独立国家领导人在哈萨克斯坦首都阿拉木图举行独立国家首脑会议，会议通过了《阿拉木图宣言》和《关于武装力量的议定书》等文件，正式宣告建立独立国家联合体，1922年12月30日成立的苏维埃社会主义共和国联盟不复存在。1991年12月25日19时25分，戈尔巴乔夫在电视讲话中宣布辞职，将国家权力移交给俄罗斯总统。第二天，苏联最高苏维埃通过最后一项决议，宣布苏联不复存在，苏联正式解体。1991年12月25日19时32分，苏联国旗从克里姆林宫上降落，一面三色的俄罗斯联邦国旗取而代之。戈尔巴乔夫的"新思维"和改革，以苏共亡党、苏联解体而终结。苏联解体是20世纪的重大历史事件，对世界历史进程产生了巨大影响。

13. 东欧剧变

20世纪80年代末到90年代初，波兰、捷克斯洛伐克、匈牙利、保加利亚、罗马尼亚，以及阿尔巴尼亚等东欧社会主义国家局势发生激烈的动荡，社会制度发生急剧改变。1990年3月18日，民主德国人民议院举行大选。反对派人士组成新政府。1990年10月3日，新政府加入联邦德国。统一后的德国使用联邦德国的国名、国徽、国旗和货币，实行联邦德国的政治经济制度。南斯拉夫一分为五，分为波斯尼亚和黑塞哥维那、南斯拉夫联盟（2003年2月4日，南斯拉夫联盟后更名为塞尔维亚和黑山。2006年6月3日，黑山宣布独立）、斯洛文尼亚、克罗地亚、马其顿5个国家。第二次世界大战后，东欧各个社会主义国家的社会发展中，为解决一些亟待解决的矛盾，20世纪50年代起先后开始了政治、经济体制改革，各个国家虽然不同程度地解决了一些具体问题，但没有从根本上彻底摆脱苏联高度集中的经济体制的束缚，所以改革的同时又产生了一些新问题，新旧问题交织在一起，日积月累，社会政治、经济矛盾更加尖锐。此外，以美国为首的西方国家长期推行和平演变政策，以及戈尔巴乔夫改革实行政治多元化、多党制，以及建设"人道的、民主的社会主义"的纲领等，都对东欧剧变产生了直接的影响。

14. 中国特色社会主义理论

1978年召开的中国共产党十一届三中全会，揭开了中国改革开放的序幕，中国的发展进入了一个新的历史时期。在解放思想、实事求是的路线指导下，中国共产党提出了"一个中心、两个基本点"的路线（即以经济建设为中心，坚持改革开放、坚持四项基本原则），并逐步形成中国特色社会主义理论体系。中国特色社会主义理论体系，在新的时代条件下系统回答了什么是社会主义、怎样建设社会主义，建设什么样的党、怎样建设党，实现什么样的发展、怎样发展等重大理论实际问题。科学阐明了中国特色社会主义的思想路线、发展道路，创造性地丰富和发展了马克思主义。中国特色社会主义的主要内容是：明确社会主义的本质是解放生产力，发展生产力，消灭剥削，消除两极分化，最终达到共同富裕。指出我国处在社会主义初级阶段，这是我国在生产力落后、商品经济不发达条件下建设社会主义必经阶段。提出社会主义改革开放思想，指出改革是一场新的革命，是中国现代化的必由之路。提出我国经济体制改革的目标是建立社会主义市场经济体制。提出社会主义基本经济制度，既要毫不动摇地巩固和发展公有制经济，又鼓励、支持和引导非公有制经济发展。强调发展是我们党执政兴国的第一要务，要实现以人为本、全面协调可持续的发展。提出社会主义和谐社会思想，强调要按照民主法治、公平正义、诚信友爱构建社会主义和谐社会。强调要坚持中国特色社会主义政治发展道路，建设社会主义法治国家。提出建设社会主义核心价值体系，坚持社会主义先进文化前进方向，提高国家文化软实力。提出"一国两制"科学构想，强调按照"一个国家、两种制度"方针实现祖国和平统一。实现中华民族伟大复兴，就是中华民族近代以来最伟大的梦想。还提出社会主义和平发展思想，强调奉行独立自主的和平外交政策，促进世界和平。

15. 亚太经合组织（APEC）

亚太地区最具影响的经济合作官方论坛。20世纪80年代末随着"冷战"的结束国际形势日趋缓和经济全球化、贸易投资自由化和区域集团化的趋势渐成潮流。同时亚洲地区在世界经济中的比重也明显上升。在此背景下 1989 年 1 月澳大利亚总理波比·霍克访问韩国时在首尔倡议召开"亚洲及太平洋国家部长级会议"讨论加强亚太经济合作问题。1989 年 11 月 6 日至 7 日 12 个创始会员国在澳大利亚堪培拉举行首届"亚洲太平洋经济合作部长级会议",标志着亚太经济合作会议的成立。1993 年 6 月改名为亚太经济合作组织,简称 APEC。截至 2013 年 9 月,亚太经合组织共有 21 个正式成员和 3 个观察员。1991 年 11 月 12 日至 14 日第三届部长级会议在韩国首尔举行并通过《汉城宣言》正式确定亚太经合的宗旨目标、工作范围、运作方式、参与形式、组织架构、亚太经合前景。在这次会议上,中国以主权国家身份,中华台北和香港(1997 年 7 月 1 日起改为"中国香港")以地区经济体名义加入。亚太经合组织总人口达 26 亿,约占世界人口的 40%,国内生产总值之和超过 19 万亿美元,约占世界的 56%,贸易额约占世界总量的 48%,在全球经济中具有举足轻重的地位。亚太经济合作组织的宗旨,是保持经济的增长,和发展促进成员间经济的相互依存,加强开放的多边贸易体制,减少区域贸易和投资壁垒,维护本地区人民的共同利益。亚太经合组织在推动区域和全球范围的贸易投资自由化和便利化、开展经济技术合作、促进亚太地区经济共同繁荣作出了贡献。

16. 北美自由贸易区

20 世纪 80—90 年代,在世界经济全球化和经济区域化浪潮的冲击下,美国、加拿大和墨西哥三国,于 1992 年 8 月 12 日就《北美自由贸易协定》达成一致意见,并于同年 12 月 17 日由三国领导人分别在各自国家正式签署。1994 年 1 月 1 日,协定正式生效,北美自由贸易区成立。这是美、加两个发达国家和墨西哥这个发展中国家之间的一种区域经济合作,三个成员国在政治、经济、文化方面存在很大差距。北美自由贸易区是一个以美国为核心的南北区域性经济组织,美国在北美自由贸易区内有着绝对的主导作用。美国不仅是北美自由贸易区的倡导者,而且是该自由贸易区的主导国,它在贸易区的运行中占据绝对的主导和支配地位。从贸易区内部的实力来看,美国占有 2/3 的人口和 90% 的经济实力,加拿大则仅有 7% 的人口和 8% 的经济实力,墨西哥虽拥有近 26% 的人口,但经济实力则不到 2%。美、加、墨三国按工业化程度和发展水平分属三个不同的层次:美国属于第一个层次,加拿大属于第二个层次,二者均是发达的工业化国家;墨西哥则是第三个层次,为新兴的工业化国家。因此,无论从经济实力、工业化程度和发展水平等方面相比,美国都对加拿大和墨西哥具有很强的制约力。北美自由贸易区的建立,促进了地区经济,给三国带来了巨大利益。成员国之间的货物贸易额增长迅速,从 1993 年的 3060 亿美元增长到 2002 年的 6210 亿美元。协议国之间的经济互补性提高了各国产业的竞争力。如墨西哥和加拿大的能源资源与美国的资金技术互补,加强了墨西哥和加拿大的能源生产能力,而在制造业,墨西哥的劳动力与美国的资金技术互补,大大提高了美国制造业的竞争能力。

17. 非统组织(非统)

1963 年 5 月 22—26 日,31 个非洲独立国家在埃塞俄比亚首都亚的斯亚贝巴举行首脑会议,会议通过了以泛非主义思想为基础的《非洲统一组织宪章》,在 5 月 25 日成立了第一个全非性政治组织——非洲统一组织,并确定 5 月 25 日为"非洲解放日"。非统组织的宗旨是促进非洲国家的统一与团结,协调并加强非洲国家之间政治、外交、经济、文教、卫生、科技、防务和安全等方面的合作,努力改善非洲各国人民的生活,保卫各国的主权、领土完整与独立,从非洲根除一切形式的殖民主义,在对联合国宪章与世界人权宣言给予应有的尊重情况下促进国际合作。合作的领域包括政治、经济、外交、防务与安全、交通运输、教育、文化、卫生、科学、技术等。到21世纪初，成员国有53个。非统组织的基本原则是：各成员国的主权一律平等，不干涉各国内政，各个主权国的主权与领土完整和独立生存的不可剥夺的权利，通过谈判、调解、和解或仲裁，和平解决争端；无保留地谴责一切形式的政治暗杀及对邻国或其他国家所进行的颠覆活动，重申和平解决争端；奉行不结盟的对外政策。非统组织的总部设在亚的斯亚贝巴。该组织的最高权力机构是国家和政府首脑会议，每年举行一次，负责协调该组织的总政策，对有关问题作出决议。秘书处为常设机构。此外还有解放委员会，调解、和解与仲裁委员会，经济和社会委员会，教育、文化、科学和卫生委员会以及防务委员会等专门机构。在存在的近40年中，非统组织在促进非洲大陆的团结与合作、铲除殖民主义、结束种族歧视和种族隔离政策、处理地区冲突等方面发挥了重要作用。1990年纳米比亚独立，以及1994年新南非的诞生，标志着非洲进入一个没有殖民统治的崭新历史时代。1994年8月，来自15个非洲国家的领导人在坦桑尼亚阿鲁沙，正式宣布解散非统组织解放委员会。1998年6月，非统组织已有53个成员国，它带领着非洲人民完成了民族独立的历史使命。

18. 非洲联盟（非盟）

非洲联盟的前身，是成立于1963年5月25日的非洲统一组织。1999年9月9日，非统第四届特别首脑会议通过《锡尔特宣言》，决定成立非洲联盟（简称"非盟"）。2002年7月，非盟正式取代非统，由此揭开了非洲联合发展的新篇章。与非统组织相比，非洲联盟不再是一个单一的政治性机构，而是一个统管政治、经济、军事、文化、社会等各方面的全非性政治实体。为纪念非统和非盟成立，每年的5月25日、9月9日分别被定为"非洲日"和"非洲联盟日"。非洲联盟的目标是：实现非洲国家和人民间更广泛的团结和统一；维护成员国主权、领土完整和独立；促进和平、安全和稳定；加快政治、社会和经济一体化进程；促进民主原则、大众参与和良政；促进和保护人权；推动非洲经济、社会、文化的可持续发展；推动在各领域的泛非合作，提高人民生活水平；协调和统一当前和未来的区域经济组织的政策，以逐步实现非盟目标；维护非洲共同立场和利益；加强国际合作，创造条件使非洲在全球事务中发挥应有作用。其宗旨是：成员国主权平等，相互依存；尊重独立时存在的边界；和平共处；不干涉内政；制定共同的防务政策；和平解决争端，禁止使用或威胁使用武力；尊重民主原则、人权、法治和良政；尊重人的生命的神圣性，谴责和反对暗杀、恐怖主义行为和颠覆活动；让非洲人民广泛参与非盟建设；反对以非宪法方式更迭政权；成员国发生战争、种族屠杀或大规模人道主义危机时，非盟有权依照大会决定进行干预；为恢复和平与安全，成员国有权要求非盟干预；促进性别平等；促进社会公正，推动经济平衡发展。非洲联盟现有成员国 54 个，总部在埃塞俄比亚首都亚的斯亚贝巴。中国同非盟保持着友好往来和良好合作，并向其提供了力所能及的援助。

19. 东南亚国家联盟（东盟）

东南亚国家联盟的前身，是 1961 年马来西亚、菲律宾和泰国在曼谷组建的东南亚联盟。1967 年 8 月 6 日至 8 日，印度尼西亚、泰国、菲律宾、新加坡和马来西亚五国外长在曼谷举行会议，正式成立东南亚国家联盟，简称东盟。东盟的宗旨是，本着平等和合作的精神，共同促进本地区的经济增长、社会进步和文化发展，建立一个和平、繁荣的东南亚国家共同体。20 世纪 80—90 年代以后，文莱、越南、老挝、缅甸和柬埔寨相继加入东盟。东盟由最初的 5 个成员国扩大到 10 个。十国总面积 444

万平方千米，人口 5.76 亿，是一个具有相当影响力的区域性国际合作组织。为了扩大经济合作，1992 年 1 月东盟第四次首脑会议决定，15 年内建立东盟自由贸易区，关税将降至 0%—5%，后来改为 10 年，即 2002 年完成。2007 年 1 月，东盟第 12 次首脑会议决定，在 2015 年建成以安全、经济和社会文化共同体为支柱的东盟共同体。2007 年东盟第 13 次首脑会议上，签署了《东盟宪章》和《东盟经济共同体蓝图宣言》，重申在 2015 年前建成东盟经济共同体。《东盟宪章》确定的目标包括：维护和促进地区和平、安全和稳定，并进一步强化以和平为导向的价值观；通过加强政治、安全、经济和社会文化合作，提升地区活力；维护东南亚的无核武器区地位，杜绝大规模杀伤性武器；确保东盟人民和成员国与世界和平相处，生活于公正、民主与和谐的环境中；建立一个稳定、繁荣、极具竞争力和一体化的共同市场和制造基地，实现货物、服务、投资、人员、资金自由流动；通过相互帮助与合作减轻贫困，缩小东盟内部发展鸿沟；在充分考虑东盟成员国权利与义务的同时，加强民主，促进良政与法律，促进和保护人权与基本自由等。20 世纪 80 年代，东盟成员国的国内生产总值年增长率平均为 7%—8%，90 年代上半叶保持在 8%—9% 左右。马来西亚、泰国、菲律宾、印度尼西亚和文莱等国出现经济腾飞，被称为亚洲"新小虎"。20 世纪 90 年代，东盟率先发动东亚区域合作进程，形成以东盟为中心的区域合作机制。东盟与中日韩（10+3）、东盟分别与中日韩（10+1）的合作机制已成为东亚合作的主要渠道。此外，东盟还与美、日、俄、澳大利亚、新西兰、加拿大、印度和欧盟国家建立对话伙伴关系。

20. 欧洲联盟（欧盟）

一个集政治实体和经济实体于一身、在世界上具有重要影响的区域一体化组织，由欧洲共同体发展而来。1991年12月，欧洲共同体马斯特里赫特首脑会议通过《欧洲联盟条约》，通称《马斯特里赫特条约》（简称《马约》）。《马斯特里赫特条约》包括两个条约，一个是《政治联盟条约》，另一个是《欧洲经济与货币联盟条约》。条约在政治上的目标是建立欧洲联盟，在经济上的目标是1999年实现欧洲的单一货币和建立欧洲中央银行。1993年11月1日，《马约》正式生效，欧盟正式诞生，这标志着欧共体从经济实体向经济政治实体过渡。欧盟现有28个成员国，总面积432.2万平方千米，人口5亿，GDP 16.106万亿美元。塞尔维亚于2009年12月提出加入欧盟申请，2014年1月首次开始加入欧盟谈判，该国希望于2020年前加入欧盟。2014年6月27日，欧盟与格鲁吉亚和摩尔多瓦正式签署联系国协定，并与乌克兰签署了联系国协定的剩余部分。9月16日，欧洲议会全体会议批准了欧盟与乌克兰联系国协定。乌克兰拟2020年"入欧"。欧盟的宗旨是"通过建立无内部边界的空间，加强经济、社会的协调发展和建立最终实行统一货币的经济货币联盟，促进成员国经济和社会的均衡发展"，"通过实行共同外交和安全政策，在国际舞台上弘扬联盟的个性"。1995—2000年欧盟经济增速3%，人均国内生产总值由1997年的1.9万美元上升到1999年的2.06万美元。欧盟的经济总量从1993年的约6.7万亿美元增长到2002年的近10万亿美元。欧盟主要的组织机构有欧洲理事会、欧盟理事会和欧盟委员会等。欧洲理事会即欧盟首脑会议，是欧盟的最高决策机构。它由欧盟成员国国家元首或政府首脑及欧盟委员会主席组成。欧盟理事会即欧盟各国部长理事会，是欧盟的决策机构，由欧盟首脑会议和部长理事会组成。欧盟委员会是欧盟的执行机构，负责起草欧盟法规，实施欧盟条约、法规和理事会决定，并代表欧盟负责对外联系，派驻对外使团等。

21. 雅尔塔体系瓦解

雅尔塔体系，是对1945—1991年国际政治格局的称呼，得名于1945年年初美、英、苏三国政府首脑在雅尔塔举行的会议。其特点是以美国和苏联两极为中心，对战后世界格局曾经起到了很大的作用，但20世纪80—90年代，国际形势发生的深刻变化，导致了存在40多年的雅尔塔体系的瓦解。到20世纪80年代以来，军事手段逐步地失去了其威力，在激烈的国际竞争中，让位于经济手段，形成了国际经济竞争新态势。西欧、日本实力增强，经济上与美国争夺市场竞争激烈，政治上开展反控制斗争，中国的国际地位不断提高，第三世界力量不断发展。世界格局朝着多极化发展。进入"冷战"阶段以来，苏联重视同美国和北约在军事方面的竞争，不断扩大军事力量，发展核武器，增加军费，到90年代，苏联经济已进入全面危机状态：戈尔巴乔夫上台后，推行他的"新思维"战略，使苏联的改革逐渐背离了社会主义方向，苏共逐渐丧失了其地位。东欧国家的建设基本上是按照苏联的模式，而且他们的经济、政治外交都受到苏联的政策影响和制约。20世纪80年代后期，苏联和东欧国家经济的严重问题导致社会矛盾激化，各国都发生了空前激烈的动荡，最终出现了苏联解体、东欧剧变。之后，戈尔巴乔夫在1990年11月倡议召开欧洲安全与合作会议特别首脑会议。会议签署了《新欧洲巴黎宪章》，宣布"欧洲对抗与分裂的时代已经过去"，这标志着以意识形态划分东西欧的雅尔塔体系开始崩溃。苏联解体、东欧剧变后，经互会失去了存在的基础。1991年6月23日，在布达佩斯召开了经互会第46次会议。各成员国代表签署了解散经互会组织的议定书。1955年成立的华沙条约组织是为了对抗北约军事集团。1990年9月，两德合并，民主德国退出华约。1991年7月1日，苏、保、波、匈、罗马尼亚、捷克和斯洛伐克领导人在布拉格召开会议，鉴于欧洲正在发生的变化意味着欧洲的对抗即将结束，因此终止华沙条约。华约解散后，美国力主吸引中、东欧国家加入北约，把中、东欧地区纳入西方的地缘政治范围，并牵制欧洲联盟，遏制俄罗斯重新崛起。2009年4月1日，阿尔巴尼亚和克罗地亚也正式加入北约，其成员国扩大为28个。

22. "9·11"事件

美国东部时间2001年9月11日上午，恐怖分子劫持的4架民航客机撞击美国纽约曼哈顿的世界贸易中心，和华盛顿美国国防部所在地五角大楼。纽约地标性建筑世界贸易中心双塔在内的6座建筑被完全摧毁，其他23座高层建筑遭到破坏，五角大楼也遭到袭击。4架美国国内民航航班几乎被同时劫持，其中2架撞击世界贸易中心，1架袭击了五角大楼。而第四架被劫持飞机在宾夕法尼亚州坠毁，据事后调查，失事前机上乘客试图从劫机者手中重夺飞机控制权。这架被劫持飞机目标不明，事后对参与策划袭击的恐怖分子进行审问的结果表明，恐怖袭击的第四个目标是国会大厦。在"9·11"事件中共有2998人遇难，其中2974人被官方证实死亡，另外还有24人下落不明。遇难人员名单中包括：4架飞机上的全部乘客共246人，世贸中心2603人，五角大楼125人。共有411名救援人员在此事件中殉职。"9·11"恐怖袭击事件发生后，美国总统布什在白宫向全国发表电视讲话。他在演说中称：恐怖主义攻击可以动摇我们最大建筑物的地基，但无法触及美国的基础。这些恐怖行动摧毁了钢铁，但不能丝毫削弱美国钢铁般的坚强决心。美国总统布什与同僚们认定本·拉登是事件的幕后主使。这次事件是继第二次世界大战期间珍珠港事件后，历史上第二次对美国造成重大伤亡的袭击，也是人类历史上截至2001年年底最严重的恐怖袭击事件。美国政府对此次事件的谴责和立场也受到大多数国家同情与支持。该事件也导致了此后国际范围内的多国合作进行反恐怖行动,包括了阿富汗战争和伊拉克战争。"9·11"事件引起了人们对恐怖主义根源的更多思考。一般认为国际事务中的诸多不公正现象,包括不合理的国际经济秩序,日益严重的贫富差距等,是恐怖主义滋生的土壤。

23. 两伊战争

伊朗和伊拉克之间的战争,自 1980 年 9 月爆发,至 1988 年 8 月 20 日结束,持续 8 年之久。这场战争是第二次世界大战后损失消耗最大的一场局部战争,两伊战争的起因错综复杂,但主要原因是长期的领土争端和宗教派系对立,1980 年 9 月 22 日拂晓,伊拉克总统萨达姆下达了对伊朗的军事目标发动"威慑性打击"的命令。接着,伊拉克出动大批作战飞机,袭击了伊朗首都德黑兰、大不里士、阿瓦士、克尔曼沙赫、提斯孚尔等共 15 个城市和 7 个空军基地。10 月初,伊拉克军队占领了伊朗约 2 万平方千米的土地,深入伊朗境内 10—30 千米。1981 年 9 月,伊朗开始大举反攻。1982 年 3 月下旬,伊朗又发动了"胜利行动"攻势,全歼伊拉克 2 个旅,重创 2 个师,共毙伤伊拉克士兵 2.5 万人,俘虏 1.5 万人,5 月中旬收复了南部重要港口城市霍拉姆沙赫尔。6 月 10 日,伊拉克提出全线停火建议,并单方面实施停火,宣布承认两国于 1975 年签订的《阿尔及尔协议》继续有效。伊朗拒绝了伊拉克的停火建议。1986 年,两伊战争再度激烈,影响到非交战国的利益。科威特于 1986 年 11 月和 12 月,先后向联合国的 5 个常任理事国美国、苏联、中国、法国和英国提出租船和护航要求。为避免战争进一步升级,联合国安理会于 1987 年 7 月 20 日一致通过了第 598 号决议,要求两伊双方立即停火,但迟迟不能落实。1988 年 4 月 18 日,伊拉克军队全部收复被伊朗占领两年之久的法奥地区,被认为是"两伊战争的转折点"。1988年7月18日，伊朗被迫宣布接受联合国安理会598号决议。8月20日，两伊双方实现停火，长达8年的两伊战争终于落下了帷幕。战争结束时，两国的分界线恢复到了战前的情况。两伊战争是一场没有胜利者的战争。双方经济损失惨重，发展停滞，石油出口骤降，战争中的军费支出和战争导致的经济破坏共计6000多亿美元。

24. 阿富汗战争

1989年，苏联被迫撤出了阿富汗后，阿富汗抵抗组织开始相互争夺地盘，1996年，以极端的伊斯兰主义为特征的塔利班占领喀布尔，并逐渐控制了全国90%的领土，阿富汗成为世界激进的伊斯兰主义的中心，其代表就是以本·拉登为首领的"基地"组织，它在非洲和中东展开了针对西方的恐怖活动。2001年9月，"9·11"事件发生后，以美国为首的联军10月初发动针对"基地"组织和塔利班的阿富汗战争。与阿富汗作战的国家主要有美国以及英国、德国、波兰、捷克、斯洛伐克等北约国家，吉尔吉斯斯坦、日本、韩国、菲律宾等国为美军提供了后勤支援。美国总统布什向世界宣布美军要在阿富汗打一场样式很特殊的反恐怖战争，以彻底消灭制造"9·11"事件的幕后黑手及其同盟者塔利班武装。这既是对"9·11"事件的报复，同时也标志着反恐战争开始。在战争爆发之前大约一周，美国总统乔治·布什向塔利班政府发出最后通牒，要求他们把高层成员交给美国，释放所有被监禁的外国人，保护在阿富汗的外国记者、外交人员、支援人员，让美国人员检查所有训练营，证实它们全部被关闭，但遭拒绝，塔利班政府拒绝与美国对话。2001年11月13日，喀布尔陷落，在24小时内，阿富汗沿伊朗边境所有各省，包括重镇赫拉特，都被攻下。塔利班在阿富汗全国的统治瓦解。喀布尔陷落虽然有美军的猛烈空袭等复杂因素，但北方联盟

"收买"前线指挥官倒戈也是其原因之一。指挥喀布尔北部要塞防御部队的两位指挥官每人大约收受了 200 万美元。2012 年，在美军特种部队击毙"基地"组织前领导人本·拉登一周年到来之际，奥巴马突击访问阿富汗，并与阿富汗签署了战略伙伴关系协议。5 月 2 日，奥巴马在喀布尔郊外的巴格拉姆空军基地表示，阿富汗战争即将结束。5 月 27 日，美国总统奥巴马宣布，有意在 2014 年年底北约作战部队撤离后在阿富汗部署大约 9800 名美军。2014 年 12 月 28 日，阿富汗首都喀布尔举行了仪式，维和部队指挥官在仪式上收起军旗以示战争结束。美军撤离阿富汗在即。12 月 29 日，奥巴马宣布耗时 13 年之久、逾 2000 名美国士兵为之丧生的阿富汗战争正式结束。

25. 海湾战争

1991 年 1 月 17 日—2 月 28 日，以美国为首的多国部队在联合国安理会授权下，为恢复科威特领土完整对伊拉克进行的局部战争。两伊战争后，萨达姆加速追求在海湾地区和阿拉伯世界的霸主地位。1990 年 8 月初，伊拉克 10 万军队入侵科威特，推翻科威特政府并将其划为伊拉克的第 19 个省，宣布吞并科威特。伊拉克入侵科威特事件引起了全世界极大震惊。联合国安理会通过了 12 项决议，要求伊拉克立即无条件从科威特撤军，要求各国对伊拉克实施经济制裁和禁运，并授权其"采取一切必要手段"执行安理会决议。阿拉伯联盟也发表决议谴责伊拉克的侵略行为并要求伊拉克撤兵。美国在海湾地区集结了 42.8 万兵力，另有 39 国军队组成多国部队，美军约占多国部队总人数的 74%。1991 年 1 月 17 日，海湾战争爆发，主要战斗包括历时 42 天的空袭、在伊拉克、科威特和沙特阿拉伯边境地带展开的历时 100 小时的陆战。重创伊拉克军队。1991 年 2 月 24 日，当地时间凌晨 4 时整，多国部队向伊军发起了大规模诸军兵种联合进攻，取得了压倒性的优势，消灭了伊拉克在科威特的驻军，解放了科威特。28日达成停战协议，海湾战争结束。伊拉克最终接受联合国660号决议，并从科威特撤军。战争使伊拉克蒙受新的沉重打击。另外，安理会通过了一系列有关销毁和限制伊拉克军备的决议，联合国对伊拉克武器核查团监督销毁了大量生产生化武器和研制核武器的设施及大批中远程导弹。美国则在海湾保留了常驻军队，并在伊拉克南北方设立"禁飞区"，支持库尔德和什叶派反叛者。海湾战争是第二次世界大战后世界上发生的最大的一场局部战争。在战争中，美军首次将大量高科技武器投入实战，展示了压倒性的制空、制电磁优势，标志着战争的高技术时代已经到来。通过海湾战争，美国进一步加强了与波斯湾地区国家的军事、政治合作，强化了美军在该地区的影响。海湾战争期间油井大火昼夜燃烧，是迄今历史上最大最严重的石油火灾及海洋石油污染事故，其污染环境程度超过切尔诺贝利核电站发生的核泄漏事故。

26. 伊拉克战争

2003年3月20日，美国以伊拉克发展大规模杀伤性武器、与"基地"组织联系密切等为由，在争取联合国授权失败的情况下，组建了包括45国在内的"志愿者联盟"，发动了对伊拉克的战争。美国政府声称，美国对这场战争最终要达成的目的是：铲除一向跟美国唱反调的萨达姆政权，在伊拉克建立一个亲美的自治政府；搜寻并销毁藏匿在伊拉克境内的大规模杀伤性武器以及恐怖分子；结束制裁，并提供人道主义援助等。战争是在美国总统乔治·W.布什对伊拉克总统萨达姆所发出的要求他和他的儿子，在48小时内离开伊拉克的最后通牒到期后开始的。联合部队是由12万人的美军部队、4.5万人的英军部队、2000多人的澳大利亚军队和200人的波兰军队所组成，此外，还有约

5万人的伊拉克反叛军参战。这次战争实际上是1990年海湾战争的继续，所以也被称为"第二次海湾战争"。美国第三步兵师从科威特西北方向的沙漠向巴格达挺进，在伊拉克东南部方向，美军和英军则发动了钳形攻势以打开伊拉克的海运通道。战争进行了两周后，美军又在伊拉克北部山区投入了173空降旅以及特种部队，并和该地的库尔德反叛军结成同盟。战争爆发两周后，英军首先控制了伊拉克南部的石油重镇、伊拉克第二大城市巴士拉；大约三周后，美军顺利进入巴格达市区，萨达姆政权被推翻。巴格达和巴士拉等伊拉克城市纷纷陷入无政府状态，发生大量的骚乱。2003年5月1日，布什在"林肯"号航空母舰向全国发表了"任务完成"演讲，宣布美军胜利，但萨达姆仍然在持续抵抗。在2003年夏天，联军专注于捕获剩余的前政府领导人。7月22日萨达姆的儿子乌代和库赛，还有他的一个孙子在袭击中丧生；300多名前伊拉克政府高官被打死或被俘。2003年12月13日，萨达姆本人被抓获，后被处死。2004年3月，伊拉克各派签署临时宪法，实行联邦制。2005年1月30日，伊拉克举行了过渡国民议会选举。9月18日，过渡议会批准了宪法草案。10月15日，伊拉克就新宪法草案举行全民公决，草案以78%的支持率勉强通过。但从2006年2月开始，伊拉克进入了以教派屠杀为特点的混乱时期。2007年1月布什政府开始增兵后，安全形势有所改观。2008年11月，美、伊政府就撤军问题达成协议，规定在2009—2011年从伊拉克撤出全部军队。

第三十五章　20世纪以来的科技进步和思想文化

1. 相对论

相对论是关于时空和引力的理论，是现代物理学的两大支柱之一（另一个是量子力学），美籍德国物理学家爱因斯坦建立。1905年爱因斯坦在《论运动物体的电动力学》这篇论文中提出了"狭义相对论"。在狭义相对论中，爱因斯坦提出物体在做高速运动时，不仅其大小发生变化，而且时间过程本身也发生变化，钟慢尺缩现象就是时间和空间随物质运动而变化的结果。爱因斯坦所作的光线经过太阳引力场要弯曲的预言，于 1919 年由英国天文学家亚瑟·斯坦利·爱丁顿的日全食观测结果证实。1916 年，他预言的引力波在 1978 年也得到了证实。1917 年爱因斯坦在《论辐射的量子性》一文中提出了受激辐射理论，成为激光的理论基础。爱因斯坦因在光电效应方面研究的杰出贡献，获 1921 年诺贝尔物理学奖。爱因斯坦的狭义相对论揭示了空间和时间在本质上的统一性及空间、时间与物质运动间的关系。根据相对论原理，爱因斯坦还推导出一个重要的质能公式：$E = mc^2$。其中 E 为某一物体的能，m 是该物体的质量，c 是光速。计算表明，微小的质量蕴含着巨大的能量。这个公式为人类获取巨大的能量，制造原子弹和氢弹以及利用原子能发电等奠定了理论基础。狭义相对论统一了低速运动的经典力学和高速运动的电动力学，它拓展、修正了牛顿的力学原理，并彻底改变了人们对宇宙面貌的认识，成为现代物理的基本理论之一。狭义相对论发表后，1915 年爱因斯坦又提出了"广义相对论"（1916 年年初正式发表相关论文）。广义相对论认为时间和空间与引力场有关，而引力场又是由物质产生的。由此，在揭示四维空间同物质的统一关系的同时，狭义相对论和引力理论（广义相对论）亦得到了统一。20 世纪 60 年代，天文学上的一系列新发现：3K 微波背景辐射、脉冲星、类星体、X 射电源等新的天体物理观测都有力地支持了广义相对论，应用广义相对论来研究天体物理和宇宙学，已成为物理学中的一个热门前沿。相对论对于现代物理学的发展和现代人类思想的发展都有巨大的影响，被认为是人类思想史上最伟大的成就之一。相对论从逻辑思想上统一了经典物理学，使经典物理学成为一个完美的科学体系。相对论的提出者爱因斯坦成为"天才"的代名词。同时也招致德国和其他国家的沙文主义者、军国主义者的攻击。

2. 系统论、控制论、信息论

系统论是一门研究系统的模式、原则和规律，并对系统功能进行数学描述的科学，1945年由美籍奥地利生物学家路德维格·贝塔朗菲创立。他在1932年发表"抗体系统论"，提出了系统论的思想。1937年提出了一般系统论原理，奠定了这门学科的理论基础。1945年公开发表论文《关于一般系统论》，但他的理论到1948年讲授"一般系统论"时，才得到学术界的重视。1968年，贝塔朗菲发表的专著《一般系统理论基础、发展和应用》，被公认为是系统论的代表作。系统论的核心思想是系统的整体观念。任何系统都是一个有机的整体，它不是各个部分的机械组合或简单相加，系统的整体功能是各要素在孤立状态下所没有的性质。系统论认为，开放性、自组织性、复杂性，整体性、关联性、等级结构性、动态平衡性、时序性等，是所有系统的共同的基本特征。

控制论是研究系统控制和调节一般规律的科学。在控制论中，所谓"控制"指为了"改善"某个或某些受控对象的功能或发展，需要获得并使用信息，以这种信息为基础而选出的、于该对象上的作用。控制论中的信息反馈就是指由控制系统把信息输送出去，又把其作用结果返送回来，并对信息的再输出发生影响，起到制约的作用，以达到预定的目的。它是自动控制、通信技术、计算机科学、数理逻辑、神经生理学、统计力学、行为科学等多种科学技术相互渗透形成的横断学科。1948年，美国数学家维纳出版了他的名著《控制论》，标志这一学科的创立。社会控制论，即用控制论方法研究社会系统的学科，是控制论的一个重要分支。20世纪60年代以来已经取得不少成果。1978年在阿姆斯特丹召开的第四届国际控制论与系统大会上，社会控制论作为一个学科正式诞生。

信息论是研究信息获取、传输、存储、处理和变换一般规律的学科。它以计算机等技术为主要研究工具，以扩展人类的信息功能为主要目标的横断学科。1948年，时在美国贝尔电话研究所工作的数学家申农为解决通信技术中的信息编码问题，提出通信系统的一般模型；同时建立了信息量的统计公式，奠定了信息论的理论基础。是年，申农在贝尔系统技术杂志上发表《通讯的数学理论》，标志着信息论正式诞生。申农最初的信息论只对信息作了定量的描述，以编码理论为中心，主要研究信息系统模型。在此基础上发展起来的广义信息论，又称信息科学，主要研究以计算机处理为中心的信息处理的基本理论，包括电子计算机和现代通信技术在信息工作中的应用。电子计算机和现代通信技术的有效结合，使人类处理信息、利用信息的能力达到了前所未有的高度，人类进入了信息社会。

3. 量子力学

量子力学在旧量子论的基础上发展起来，是研究微观粒子的运动规律的物理学分支学科，现代物理学的两大基本支柱之一。原子物理学、固体物理学、核物理学和粒子物理学等物理学学科都是以量子力学为基础。量子力学作为近代物理学的基础理论之一，在化学等有关学科和许多近代技术中也得到了广泛的应用。19世纪末，经典力学和经典电动力学在描述微观系统时的不足越来越明显，引发了物理界的变革。1900年，普朗克提出辐射量子假说，假定电磁场和物质交换能量是以间断的形式（能量子）实现的，能量子的大小同辐射频率成正比，比例常数称为普朗克常数，从而得出黑体辐射能量分布公式，即普朗克公式，成功地解释了黑体辐射现象。在普朗克研究的基础上，1925 年左右，经过丹麦物理学家 N. 玻尔、法国物理学家 L. 德布罗意、德国物理学家 W. 海森堡、奥地利物理学家 E. 薛定谔和英国物理学家 P. A. M. 狄拉克的共同努力，量子力学得以建立，它是许多物理学家共同努力的结晶。量子力学的基本原理包括量子态的概念，运动方程、理论概念和观测物理量之间的对应规则和物理原理。通过量子力学的发展，极大地深化了人们对物质的结构及其相互作用的认识。关于量子力学的解释涉及许多哲学问题，其核心是因果性和物理实在问题。量子力学不仅带来了日新月异的技术变革，而且颠覆了近代科学研究的哲学基础，成为阐述当代各种哲学立论的本源。如范·弗拉森的"经验建构论"、法因的"自然本体论态度"、哈金的"实体实在论"，以及当前广泛流行的"结构实在论"等，都是以量子论为基础展开的。

4. 新科技革命

新科技革命，发轫于第二次世界大战中。德国建立了火箭研究中心，1942 年 V-2 远程液体燃料火箭研制成功。1945 年，美国集美、英、加三国科学家研制出了原子弹。为了解决战争中出现的弹道表计算问题，美国在 1946 年研制成功世界上第一台计算机。此外，高分子合成技术、化工技术、新材料、新能源技术等在战争中也更加成熟。第二次世界大战结束后，美、苏"冷战"加紧进行军事科技竞赛，客观上促进了核能的开发和空间技术的发展。新科技革命的主要内容是：原子能的开发与应用，这是新科学技术革命中最伟大的科学成就之一。人类在资源日渐贫乏的世界中又获得了一个重要的新能源。电子计算机问世，是新科技革命的标志。1951 年 6 月 14 日，世界上第一台通用自动计算机交付使用，人类进入计算机时代。20 世纪 70 年代以来，计算机微型化使计算机技术迅速普及，它渗透到了人类社会的每一领域。探索、开发和利用太空以及地球以外天体的空间技术，在新科技革命中取得了具有历史意义的突破。人造卫星及其他空间飞行器、航天技术和永久空间站、载人宇宙飞船和宇航员太空行走，以及宇航员等上月球等，标志着人类已经进入航天的新纪元。以基因工程、细胞工程为主要内容的现代生物技术进入实际运用阶段，对工业、农业、食品加工业和医药卫生业等产生了深远的影响。新材料技术，即信息材料技术、新能源材料技术和在特殊条件下使用的结构材料和功能材料技术，孕育着生产工具和生产方式的重大变革，使生产力获得巨大发展。最后还应该提及的，是国际互联网（因特网）的出现，给世界各国人民带来了巨大的便利和效益。新科技革命加快社会生产力的发展；社会生产力发展了，同样也会促进科学技术的进步，两者相互作用，共同推动世界的发展。

5. 科学主义哲学

20 世纪上半期，人类社会经历了发展与危机、进步与扭曲彼此交织激荡的历史进程，这种急剧的变动，清晰地反映在西方形形色色的哲学思潮中，先后出现了大大小小几十个哲学流派，人们把这些哲学流派归纳为人本主义和科学主义的两大思想体系。相对论等新的科学理论发现，推动了科学主义哲学的发展。在科学主义看来，自然科学知识是最精确可靠的知识，自然科学的方法是人类认识世界唯一正确有效的方法，应该用于人文社会科学等一切研究领域。一些学者力图将科学的方法引入哲学领域，他们希望通过经验分析的路径，使哲学科学化、精确化。这一哲学流派被统称为分析哲学，他们反对超出经验去追寻终极原因，因此在研究过程中注重形式主义和逻辑主义，讲求实证。分析哲学内部同样流派众多，其中逻辑实证主义是具有代表性的一支。逻辑实证主义产生于 20 世纪 20 年代。1928 年，他们建立了以奥地利著名物理学家和哲学家马赫命名的"马赫学会",目的是"传播并发扬科学的世界观","创造现代经验主义的精神工具"。次年,由他们发起在布拉格举办了第一次国际会议,会上发表了哲学宣言《科学的世界观:维也纳学派》。这份宣言标志着逻辑实证主义正式诞生。

逻辑实证主义倡导科学,反对形而上学,促成了一场影响巨大的哲学科学化运动,将科学主义思潮推到了新的高度。但它过分强调数理逻辑、经验检验和语言分析,显示了狭隘的经验论和极端相对主义的倾向。20世纪50年代后,逻辑实证主义在内外两方面的批评中衰落下去,代之而起的是新科学主义、科学实在论、反实在论和后现代科学主义哲学等。20世纪70年代,P. K. 费耶阿本德认为,科学哲学已经失去了为我们的知识作出贡献的一切机会,科学本质上是一项非理性的事业,应回到史料中去。这样,传统的科学哲学便消解了。1984年,A. 法恩提出,科学无须借助认识论,"认识论"已死,以往的科学哲学在当代是多余的。后现代科学哲学,是科学实在论和反实在论争论的结果。通过对传统科学哲学的批判和反思,表现出注重非理性、怀疑性、相对性和无基础性,力图消解、解构传统科学哲学的特点,20世纪80年代,引起广泛关注和讨论的自然主义科学哲学更是后现代科学哲学的内容。

6. 凯恩斯主义

凯恩斯主义,即凯恩斯主义经济学,是根据英国经济学家凯恩斯思想发展而来的经济理论。1936年,凯恩斯在《就业、利息和货币通论》一书中提出,"自由放任"的经济体系会导致效率低下的宏观经济结果,因此主张国家进行积极的政策干预,以消除资本主义体系的经济危机和维持充分就业。该书标志着西方现代宏观经济学诞生。凯恩斯主义是资本主义历史境遇的产物。

20世纪20年代，英国经济长期增长乏力，失业率居高不下。这种情形促使凯恩斯较早地开始观察失业问题，思考通货紧缩和财政政策与失业之间的关系。1929年，资本主义世界经济危机爆发，各主要资本主义国家生产急剧下降，贸易额锐减，失业人数激增，紧随危机之后是经济长期萧条。当时在西方占统治地位的新古典经济学既不能在理论上给予解释，更无法在政策上提出行之有效的对策，迫切需要有新的理论，以挽救资本主义体系所面临的危机，凯恩斯主义应运而生。凯恩斯主义是针对传统经济学的一场革命。在理论上，凯恩斯主义提出"有效需求不足"原理，否定了西方古典经济学的理论基础——"萨伊定律"。按照该定律，"供给会自行创造自己的需求"，自由竞争的资本主义经济可以通过市场价格机制的自发调节，从而达到充分就业的均衡状态，资本主义经济因此不会出现普遍性的生产过剩危机。在30年代资本主义世界普遍危机和慢性萧条的局面下，凯恩斯一反萨伊定律而提出了与之相反的定律。凯恩斯主义反对传统的自由放任，力主国家干预经济生活。他的政策主张主要包括三方面：实行赤字财政，增加公共投资；通过适度的通货膨胀政策，刺激私人投资和消费；通过税收政策，促进国民收入再分配向低收入群体倾斜。《就业、利息和货币通论》出版初期曾受到少数资产阶级正统派经济学家的批判和质疑，也曾引起广泛的争论，但《就业、利息和货币通论》的基本观点不久便被资产阶级经济学界普遍接受。在第二次世界大战后，特别是在20世纪50—60年代，凯恩斯主义在西方经济学界和大学讲坛上占有统治地位。直到70年代，西方陷入严重的"滞胀"困境，凯恩斯主义的影响趋于没落。

7. 新自由主义

新自由主义是在亚当·斯密古典自由主义思想基础上形成

的，产生于20世纪30年代，但整个资本主义世界的大萧条，在主张国家干预的凯恩斯主义的强有力的影响下，新自由主义受到冷落。20世纪70年代末，资本主义由国家垄断向国际垄断转变，生产停滞、通货膨胀和失业增加三位一体式"滞胀"危机，使凯恩斯主义陷入困境，英国撒切尔政府、美国里根政府率先将新自由主义理论以现实政策的形式固定下来，逐渐成为西方经济学的主流，进一步推动了它在全球范围内的广泛传播。新自由主义鼓吹复兴传统的自由主义理想、主张非调控化，反对国家对经济的干预，其核心是宣扬资本主义和市场自由的普遍性，在新的历史条件下，维护资产阶级个人自由，维护美国主导下的自由经济，反对建立国际经济新秩序，强调要推行以超级大国为主导的全球经济、政治、文化一体化，即全球资本主义化。新自由主义者认为私有化是世界上最好的制度；私有制经济具有自身内在的稳定性；在市场的调节下，私有经济能够自动地实现经济的均衡。他们还主张福利个人化，反对福利国家，以养老、就业和医疗等为主要内容的全民福利，认为这些会摧毁个人自我照顾的能力，增加了个人依赖国家的惰性。这些主张符合垄断资产阶级的根本利益，因此得到垄断资本家和国际货币基金组织、世界银行等的大力支持，新自由主义是当代西方最重要的经济、政治思潮之一，成为占主导地位的意识形态。西方政治、经济、社会和文化领域到处可见新自由主义的影响，不仅在政治学，而且在哲学、法学、经济学、社会学、文学等领域都如此，新自由主义的主张已经成为西方诸多国家制定政策的理论依据。新自由主义的实践，在世界一些国家已经产生了严重的负面影响，主要是贫富差距不断扩大，特别是南北差距的不断扩大；失业人数迅速增加，失业群体不断扩大，拉美地区90年代失业人数增加了一倍。

8. 后现代主义

后现代主义意即超越现代主义，全盘否定理性主义和启蒙运动，是一种世界性的文化思潮，产生于20世纪60年代的欧美。60年代末，一些结构主义者一方面肯定结构主义否定人的主体性的观点，另一方面又对结构主义把结构绝对化感到不满。他们反对结构主义将研究重点放在客观性和真理问题上，主张恢复非理性主义，消解这种客观的绝对的结构，从而使结构主义转向后结构主义，又称解构主义。"解构主义"是一种文本阅读模式，它既是一种理论也是一种实践，最初多用于哲学和文学理论的研究中，后成为多种学科，包括建筑学、神学和历史学在内的理论研究。1966年，法国哲学家德里达在讨论结构主义的学术会议上，提交了一篇驳斥结构主义语言学的论文，这被视为后结构主义出现的标志。70年代末80年代初，德里达、米歇尔·福柯、吉尔·德勒兹、利奥塔和让·波德里亚等，将西方后现代文化形式的讨论，上升到具有广泛意义的哲学高度，扩大了后现代主义的传播。后现代主义不仅在哲学，而且在戏剧、音乐、绘画、影视、文学、语言学、历史学、社会学、心理学、法学、人类学、地理学以及建筑设计和社会意识形态等领域，都产生广泛影响。早在19世纪70年代，英国的美术界在批判印象主义画派时，一些画家最早使用了"后现代"这一概念，一般认为，以19世纪德国哲学家尼采代表的非理性主义哲学，是"后现代主义"的重要源头。尼采宣称"上帝死了"，要"重估一切价值"。他的叛逆思想以及他所宣扬的非理性主义和虚无主义，成为后现代主义的理论来源之一。后现代主义内容极其庞杂，表现自然也五花八门，主要是否认本体、本源、基础和原则；否认整体性和同一性，反对理性，消解现代性和主体性；主张多元、多变、多维、多样和怀疑；强调通过所谓"永恒的变化"反对僵化，张扬活力，力主一切都没有确定性，而只有模糊性、间断性、散漫性、不确定性、无序和凌乱、反叛与变形，以及断裂和倒错等。20世纪80年代，后现代主义在西方风靡一时，形成了后现代主义文化运动，影响波及各个领域，涌现出形形色色的后现代主义理论，如后现代主义文学批评理论、后现代主义建筑理论、后现代主义历史哲学、后现代女权主义和后现代主义艺术理论等。

9. 网络文化

网络文化是一种新兴的文化形态，具有鲜明的时代特征。20世纪80年代末以来，互联网已经覆盖到世界上近200个国家，深入到社会生活中的各领域，网络迅速发展揭开了人类历史的崭新一页。网络文化是时代的产物，在某种意义上，网络文化也是新科技革命的产物。新科技革命以计算机和网络技术的出现为标志，人类社会出现了现实社会和网络社会两大空间，人们开始了网络化生存，催生出网络文化。网络文化的特点，主要表现在外在特点和传播特点。外在特点，主要指虚拟性、符号化；传播特点，主要指匿名性、广泛性、时效性和多样性。此外，网络文化的特点，还表现在交互性、开放性等。交互性，是指人们在信息交流系统中发送、传播和接收各种信息时表现为实时交互的操作方式。在网络中每一个网民都不仅是信息资源的消费者，而且是信息资源的生产者。开放性，是指任何人都可以根据自己的意愿，去获取自己想得到的任何信息，任意地与世界各地网民进行联络、交流，自由地访问各种信息资源。任何人都可以根据个人意愿去与任何网络的人沟通；各种文化都能得到充分的展现和有效的交流。网络文化作为一种全新的文化形态，已成为当今社会各种思想文化表达的重要传播平台。网络文化促使不同国家、不同民族之间的思想文化交流与沟通大大加快，文化元素的传播速度激增，信息流量的口径成倍增长，文化精品的数字化、网络化传播，有力地推动了世界各国网上图书馆、网上博物馆、网上展览馆、网上剧场建设。世界各国的网络文化产业迅猛发展，网络游戏、网络动漫、网络音乐、网络影视、网络教育、网络媒体、网络广播、网络出版和网络文学等迅速崛起，呈快速发展态势，大大增强了网络文化的发展。网络文化是现代科学技术和文化融合的结果。在中国，网络文化是社会主义文化的重要组成部分。

（撰稿人：于沛、何宛昱）

世界历史年表

古代

第一章　史前时代

约7000万—5000万年前　第一批灵长目动物出现

约3500万—3000万年前　属于灵长目的古猿与猴类分离

约2200万—1000万年以降　人类远祖正在形成

约800万—600万年前　大猩猩和黑猩猩的祖先相继与人类的直接动物祖先分离

约700万年前　萨赫勒乍得猿

约600万年前　图根原猿

约450万年前　始祖地猿

约420万—100万年前　南方古猿

约300万—100万年前　傍人

约300万—270万年前　肯尼亚人

约550万年前　具备直立行走特征的人类动物祖先初现于非洲

约250万年前　兼具直立行走与制作工具特征的人类祖先初现

约 200 万—20 万年前 人类继续自身的进化过程

约 180 万—20 万年前 直立人出现，中国的元谋人、北京人、蓝田人，印尼的爪哇人，意大利的西布兰诺人，德国的海德堡人等

约 20 万—5 万年前 早期智人出现

约 5 万年前 晚期智人（现代人）出现，人类在生物学方面的进化过程已基本完成

约 1 万年前 新石器革命

约公元前 9000 年以降，西亚（现今叙利亚、伊拉克、土耳其）成功栽培出大麦、小麦、扁豆、豌豆等作物

约公元前 8000 年 西非地区（今尼日利亚）栽培出甘薯、黑豆和秋葵

约公元前 6500—前 5500 年 中国长江流域与黄河流域栽培出稻谷、芥菜、粟（谷子）、黍子、大豆等作物，驯化了猪和鸡

约公元前 4000 年 美洲中部及中南部的印第安人栽培出玉米、马铃薯、花生、番茄、辣椒等谷物与蔬菜

公元前 4000 年代末 出现西亚两河（底格里斯河与幼发拉底河）流域、北非尼罗河流域文明，国家出现在北非尼罗河流域的上下埃及地区、西亚两河流域南部的苏美尔人地区

公元前 3000 年代末 出现东亚两河（黄河与长江）流域、南亚两河（印度河与恒河）流域文明，东亚黄河流域、南亚印度河流域、爱琴海岛屿、西亚两河流域北部亚述地区、伊朗高原西南部、叙利亚埃博拉地区也形成了众多早期国家

公元前 2000 年 希腊半岛、小亚细亚半岛、腓尼基、阿拉伯半岛南部产生了国家

公元前 1000 年至公元 1000 年 亚洲、非洲、欧洲绝大部分适于早期人类居住的地方和美洲中部地区都形成了国家

约公元前 1 世纪 出现中美与南美文明

第二章 古代埃及

约 8000 年以前 古埃及居民已经使用经过精细打击成形的石具，以天然谷物种子为食

约 8000—5500 年以前 如在上埃及的塔萨-巴达里、下埃及的梅里姆达等遗址中，居民定居于村落，种植大麦与小麦，饲养绵羊、山羊，从事渔猎，手工业已有陶器和铜制装饰品

公元前 4500—前 4000 年 塔萨-巴达里文化

公元前 4000—前 3500 年 涅伽达文化 I 期（阿姆拉特时期）

公元前 3500—前 3100 年 涅伽达文化 II 期（格尔塞时期），埃及逐渐进入文明社会

公元前 3200—前 3100 年 埃及形成国家

公元前 3100 年 古埃及象形文字（亦称圣书文字）形成

约公元前 3150 年 纳尔迈统一上下埃及

约公元前 3150—前 2686 年 早王朝

公元前 2686—前 2181 年 古王国时期

约公元前 2181—前 2035 年 埃及陷入社会大动乱，史称第一中间期

公元前 2035—前 1786 年 中王国时期

约公元前 1786—前 1567 年 第二次大动乱时期

约公元前 1700 年 喜克索斯人入主埃及

约公元前 1567—前 1085 年 新王国时期

公元前 1085—前 525 年 后期埃及

公元前 664—前 525 年，下埃及舍易斯城统治者、利比亚人普萨姆提克短期统一埃及

公元前 525 年 波斯人攻入尼罗河流域，把埃及变为波斯帝国的一个行省

公元前 332 年 埃及成为亚历山大帝国的一部分

公元前 305—前 30 年 托勒密王朝

公元前 30 年 埃及陷入罗马帝国的统治，成为埃及行省

公元 395 年 罗马帝国分裂为东西两部分，埃及隶属东罗马帝国或拜占庭帝国

公元 642 年 阿拉伯人西侵，埃及成为阿拉伯帝国的一部分

第三章　古代两河流域

公元前 10000—前 6800 年 两河流域无陶新石器时期

约公元前 7100 年 加莫文化

约公元前 6000 年 亚述地区出现哈苏纳文化

公元前 5000—前 3500 年 巴比伦尼亚的苏美尔地区出现乌贝德文化

约公元前 3500 年 苏美尔人进入两河流域南

公元前 3500—前 3100 年 乌鲁克文化期

约公元前 3300 年 苏美尔人有了图画文字

公元前 3000 年代早期 图画文字被楔形文字所取代

公元前 3000 年代晚期 阿摩利人进入巴比伦尼亚

公元前 3000 年代末 亚述依附于阿卡德王国

约公元前 2900—前 2350 年 苏美尔城邦时期

约公元前 2350—前 2193 年，阿卡德王国

约公元前 2371—前 2316 年 阿卡德王萨尔贡在位，统一两河流域南部

公元前 2113—前 2006 年 乌尔第三王朝，乌尔纳姆颁布《乌尔纳姆法典》

公元前 2000 年代末 亚述国家形成

公元前 19 世纪 亚述崛起

公元前 1900—前 1750 年 古亚述

约公元前 1894 年 阿摩利人建巴比伦城

公元前 18 世纪 亚述承认古巴比伦的霸权

公元前 1792—前 1750 年 汉谟拉比在位，颁布《汉谟拉比法典》

公元前 1595 年 赫梯灭古巴比伦

公元前 1300—前 1100 年 中亚述

公元前 11 世纪 阿拉美亚人侵入叙利亚与两河流域，亚述受到沉重打击衰落

公元前 9 世纪 亚述征服整个两河流域北部、叙利亚、腓尼基与小亚细亚部分地区

公元前 8 世纪 亚述征服两河流域南部

公元前 7—前 6 世纪 伊朗高原的米底人和波斯人先后入侵，后希腊人和罗马人又成为两河流域的主人

公元前 744—前 612 年 亚述帝国

公元前 722 年 亚述国王萨尔贡二世毁灭以色列首都撒玛利亚

约公元前 7 世纪末 帕卢卡特排灌渠修建

公元前 671 年 亚述占领埃及

约公元前 626 年 新巴比伦建立

公元前 605 年 新巴比伦和米底王国灭亡亚述

公元前 605—前 562 年 尼布甲尼撒二世在位

公元前 597 年 尼布甲尼撒攻占耶路撒冷

公元前 588 年 巴比伦之囚

公元前 539 年 波斯灭亡新巴比伦

第四章　古代伊朗、小亚细亚、巴勒斯坦

古代伊朗

波斯帝国

公元前 3000 年代中期 埃兰人形成国家

约公元前 2000 年代末 米底与波斯出现于伊朗高原

公元前 7 世纪初 米底形成国家

约公元前 550 年 居鲁士二世推翻米底王朝，建波斯王国

公元前 546 年 波斯王国攻占吕底亚

公元前 525 年 波斯吞并埃及

公元前 522—前 485 年 大流士改革

公元前 480 年 薛西斯远征希腊失败

公元前 331 年 马其顿灭亡波斯

古代小亚细亚、腓尼基和巴勒斯坦

约公元前 7000 年代 小亚细亚出现村落与城镇

公元前 21 世纪至前 18 世纪中叶 亚述人进入小亚东南部

公元前 19—前 18 世纪 若干赫梯国家形成

公元前 17 世纪中叶，赫梯王国统一

约公元前 14 世纪 赫梯人进入铁器时代

赫梯王国史分为三个阶段：

古王国（约公元前 1650—前 1500 年）

中王国（约公元前 1500—前 1400 年）

新王国（约公元前 1400—前 1200 年）

约公元前 1274 年 赫梯与埃及卡叠石会战

大约公元前 1258 年 赫梯与埃及签订和约

约公元前 1180 年 赫梯灭亡

腓尼基

公元前 3000 年代末 迦南人移入腓尼基地区

公元前 2000 年代初 腓尼基出现城市国家

公元前 2000 年代 腓尼基人开始向西地中海殖民

约公元前 1200 年 腓尼基人发明字母文字

古代巴勒斯坦

大约公元前 13 世纪 希伯来人占领巴勒斯坦大部分地区

约公元前 1200 年 以色列和犹太社会进入铁器时代

公元前 1025 年 希伯来人建立统一的以色列王国

约公元前 1079—前 1007 年 梭罗在位

约公元前 1000—前 970 年 大卫在位

约公元前 970—前 931 年 所罗门在位

约公元前 931 年 以色列王国和犹太王国分立

公元前 9—前 8 世纪 两王国出现了严重的社会危机

公元前 722 年 亚述攻占以色列首都撒玛利亚

公元前 586 年 巴比伦之囚犹太人离散

公元 132—136 年 犹太人起义反抗罗马

第五章　古代印度

约公元前 3300—前 1300 年 哈拉巴文明

公元前 15 世纪 雅利安人进入印度次大陆建立统治权

公元前 1000 年代 雅利安人发展出文字体系婆罗米文、怯卢文和梵文

公元前 1000 年代中期以后 波斯人、希腊人、安息人等先后侵入印度

约公元前 800—前 200 年 印度发明了 1—9 的计数符号,设计出十进位计数方法

早期吠陀时代（约公元前 1500—前 900 年）

晚期吠陀时代（约公元前 900—前 600 年）

列国时代（约公元前 600—前 4 世纪末）

公元前 518 年 波斯入侵印度河流域

公元前 327—前 325 年 马其顿王亚历山大南下印度

公元前 317 年 旃陀罗崛多的部队将马其顿人赶出印度,其

后他建立孔雀帝国

公元前 324—前 187 年 孔雀帝国

公元前 305 年 西亚塞琉古王国军队入侵印度失败

1 世纪 贵霜帝国把北印度纳入其版图

5 世纪 白匈奴侵入印度河流域灭贵霜帝国

第七章 古代希腊

约 40 万—30 万年前 尼安德特人出现在欧洲大陆

约 9000 年前 希腊进入新石器时代

约公元前 2100 年 希腊人迁入半岛

约公元前 3300—前 2000 年 昔克拉底文明

公元前 3000 年代初 克里特文明进入青铜时代

公元前 20—前 12 世纪 克里特、迈锡尼文明

约公元前 2000—前 1700 年 克里特文明早王宫时期

约公元前 1700—前 1400 年 克里特文明晚王宫时期

约公元前 1500 年 希腊兴起一些小王国

约公元前 1400 年 克里特岛米诺斯宫和其他城市的宫殿彻底崩塌，克里特文明衰落

约公元前 1200—前 1000 年 多利安治人入侵希腊半岛毁灭迈锡尼文明

公元前 11—前 9 世纪 荷马时代

公元前 8—前 6 世纪 古风时代

约公元前 8 世纪初 雅典提修斯改革

公元前 7 世纪 雅典转变为贵族共和国

约公元前 640—前 620 年 美塞尼亚人发动起义反抗斯巴达

公元前 594—前 591 年 雅典梭伦改革

公元前 560—前 510 年 雅典毕士特拉妥家族僭主政治

公元前 508 年 克里斯提尼改革在雅典最终确立民主体制

公元前 8 世纪中叶—前 6 世纪中叶 希腊大殖民运动

公元前 5 世纪—前 4 世纪中叶 古典时代

公元前 490 年 马拉松战役

公元前 480 年 温泉关战役

公元前 479 年 普拉提亚战役

公元前 478 年 提洛同盟

公元前 449 年 卡利阿斯和平，希波战争结束

公元前 443 年 伯里克利成为雅典首席将军

公元前 431 年 伯罗奔尼撒战争

公元前 404 年 雅典在伯罗奔尼撒战争中失败，提洛同盟解散

公元前 334—前 324 年 亚历山大东征

公元前 323 年 亚历山大大帝去世

公元前 323—前 301 年 亚历山大帝国分裂为马其顿、塞琉古和托勒密等小国

公元前 312—前 64 年 塞琉古王国

公元前 305—前 30 年 托勒密王国

约公元前 460—前 370 年 德谟克利特

公元前 469—前 399 年 苏格拉底

公元前 427—前 347 年 柏拉图

公元前 384—前 322 年 亚里士多德

公元前 341—前 270 年 伊壁鸠鲁

约公元前 9—前 8 世纪 荷马史诗《伊利亚特》《奥德赛》

公元前 524—前 456 年 埃斯库罗斯

约公元前 484—前 425 年 希罗多德

约公元前 460—前 396 年 修昔底德

公元前 430—前 354 年 色诺芬

约公元 46—126 年 普鲁塔克

第七章　古代罗马

约公元前 2000 年 拉丁人移居亚平宁半岛

公元前 753 年 罗马建城

公元前 753—前 509 年 罗马国家形成阶段

公元前 509 年 罗马人推翻君主制，建立贵族共和国

公元前 494 年 罗马平民第一次撤离运动

公元前 449 年 罗马制定第一部成文法《十二铜表法》

公元前 477—前 396 年 维爱战争

公元前 445 年 保民官卡努利乌斯提出废除平民与贵族不得通婚的禁令和平民可担任军团司令官的法案

公元前 367 年 李锡尼绥克斯都法

公元前 343—前 341 年 第一次萨莫奈战争

公元前 326 年 罗马废除债务奴隶制

公元前 327—前 296 年 第二次萨莫奈战争

公元前 287 年 罗马平民最后一次撤离运动

公元前 275 年 罗马攻占他林敦在意大利全境确立统治

公元前 264—前 146 年 三次布匿战争，罗马灭亡迦太基

公元前 214—前 148 年 四次马其顿战争，罗马灭亡马其顿

公元前 146 年 罗马灭亡科林斯，确立在希腊的统治

公元前 137 年 西西里奴隶起义

公元前 111—前 107 年 朱古达战争

公元前 107 年 马略军事改革

公元前 90—前 88 年 同盟者战争

公元前 73—前 71 年 斯巴达克斯奴隶起义

公元前 70 年 罗马恺撒、庞培、克拉苏结成"前三头"

公元前 63 年 罗马灭亡塞琉古王国

公元前 43 年 罗马安东尼、雷必达、屋大维结成"后三头"

公元前 30 年 罗马灭亡托勒密王国

公元前 27 年 屋大维在罗马建立元首制，称奥古斯都

313 年 君士坦丁颁布《米兰敕令》承认基督教合法

323 年 尼西亚会议通过《尼西亚信经》成为基督教正统教义

392 年 基督教成为罗马国教

395 年 东西罗马分立

476 年 西罗马帝国灭亡

中世纪

第八章 早期中世纪的欧洲

419—711 年 西哥特王国

439—534 年 汪达尔王国

457—534 年 勃艮第王国

493—553 年 东哥特王国

568—774 年 伦巴德王国

481—511 年 法兰克国王克洛维在位

496 年 法兰克国王克洛维在兰斯受洗

732 年 图尔战役，查理马特击败阿拉伯人

800 年 法兰克国王查理加冕为查理大帝

843 年《凡尔登条约》，查理曼帝国一分为三

9—11 世纪 西欧封建制度产生和发展

962 年 东法兰克国王奥托一世加冕为神圣罗马帝国皇帝

1066 年 诺曼征服

1073—1085 年 教皇、皇帝圣职受封争端

1096—1291 年 十字军东征

1122 年《沃尔姆斯教约》，教权皇权达成妥协

1158 年 意大利博洛尼亚被授以大学特权

1200 年 法王腓力二世授予巴黎大学师生特权

1215 年 英国《大宪章》

1231 年 意大利的萨莱诺大学获得认定

1265 年 英国召开第一次议会

1302 年 法王腓力四世召开三级会议

1303 年 英王爱德华一世承认大学作为独立的经济实体享有的特权

1307—1377 年 阿维农之囚

1356 年 神圣罗马帝国查理四世颁布《金玺诏书》规定德皇由七大选侯选出

1414 年 康斯坦茨公会议，结束了天主教会三位教皇公开分裂的局面

1487 年 西欧天主教会编纂《女巫之锤》，欧洲猎巫运动的纲领性文件

1618—1648 年 三十年战争

第十一章　阿拉伯帝国

570—632 年 穆罕默德

610 年 穆罕默德宣称获得启示创立伊斯兰教

622 年 徙志，穆罕默德出奔雅特里布

630 年 穆罕默德进入麦加

632—634 年 阿布·伯克尔在位

634—644 年 欧默尔在位

644—656 年 奥斯曼在位

656—661 年 阿里在位

651 年 阿拉伯军队灭亡萨珊波斯

661—750 年 倭马亚王朝

750—1258 年 阿拔斯王朝

756—1031 年 后倭马亚王朝

788—974 年 伊德里斯王朝

11 世纪 塞尔柱突厥人进入阿拔斯王朝

1055 年 塞尔柱突厥人攻入伊拉克，其首领被授予苏丹称号

1258 年 蒙古军队灭掉阿拔斯王朝

第十二章 东欧与北欧

527—565 年 拜占庭查士丁尼在位

565 年《罗马民法大全》

610—711 年 希拉克略王朝

726—843 年 圣像破坏运动

867—1056 年 马其顿王朝

1054 年 东西方教会分裂

11 世纪 塞尔柱突厥人崛起，夺取小亚细亚大片领土

1204 年 欧洲十字军攻占君士坦丁堡，建立拉丁帝国

1453 年 君士坦丁堡被突厥人攻占，拜占庭帝国灭亡

8 世纪末 瓦兰吉亚人进入第聂伯河流域

9 世纪 东斯拉夫人向阶级社会过渡，形成了若干部落联盟，建立诸多设防城市

862 年 瓦兰吉亚人的军事首领留里克在诺夫哥罗德建立政权

862—1598 年 留里克王朝

882 年 留里克王朝建立基辅罗斯公国

988 年 罗斯大公弗拉基米尔迎娶拜占庭公主，宣布东正教为国教

1242 年 成吉思汗之孙拔都建立钦察汗国

1480 年 伊凡三世击败金帐汗，结束了蒙古人对罗斯的统治

1485 年 伊凡三世自称"全俄罗斯大公"

1606—1608 年 波洛特尼科夫起义

1667—1671 年 斯杰潘·拉辛起义

1613—1917 年 俄罗斯罗曼诺夫王朝

623 年 萨莫大公领导西斯拉夫各部落建立萨莫公国

9 世纪初 摩拉维亚公国形成

906 年 摩拉维亚公国被匈牙利人攻灭

1086 年 神圣罗马帝国皇帝授予捷克公爵国王称号

1369—1415 年 约翰·胡司

1419—1434 年 捷克农民战争

9 世纪中叶 波兰出现一些酋邦类型的早期国家

10 世纪中叶 波兰公国统一其他酋邦，形成波兰国家

966 年 波兰人接受天主教

1025 年 波兰公国被承认为王国

12 世纪 波兰国家分裂

1385 年 波兰与立陶宛建立联合王国

1410 年 坦能堡战役，波兰与立陶宛联合王国胜条顿骑士团

1569 年 波兰、立陶宛两国正式宣布合并

874 年 挪威人在冰岛定居下来

885 年 挪威实现统一

911 年 丹麦人首领被法王封为诺曼底公爵

965 年 丹麦实现统一

985 年 挪威人在格陵兰岛殖民

993 年 瑞典实现统一

1001 年 挪威人到达北美大陆

1282 年 丹麦国王颁布《纽保格斯宪法》

1380 年 挪威与丹麦合并

1523 年 瑞典独立

第十三章　东亚、南亚和东南亚

239 年 日本邪马台国派使来华

413—478 年 日本先后 10 次派使来华

603 年 圣德太子改革

645 年 大化革新开始

663 年 中日白村江交火

8—9 世纪 日本遣唐使达到高峰

1274 年 元朝派兵渡海攻打日本

1281 年 元朝再次派兵渡海攻打日本

1401—1549 年 日本官方派遣贸易船 19 次

1592 年 日本发动第一次以中国为对象的侵略战争，丰臣秀吉企图从朝鲜半岛攻入中国

1185 年 源赖朝建立镰仓幕府

1392 年 室町幕府成立

1467—1477 年 应仁之乱

1603 年 德川家康设立江户幕府

公元前 11 世纪 商朝灭亡，商贵族箕子率遗民迁居朝鲜北部建立政权

公元前 194 年 燕人卫满建立卫氏朝鲜

公元前 107 年 汉武帝攻灭卫氏朝鲜，设乐浪、临屯、真番、玄菟四郡

公元前 18 年 百济在马韩的基础上立国

371 年 百济迁都汉山（今首尔）

532 年 新罗、百济、高句丽三国鼎立

660 年 新罗与唐朝联合灭百济

666—668 年 新罗与唐朝联合灭高句丽

687 年 新罗实行禄邑制

9 世纪 后高句丽、后百济与新罗王朝并立

918 年 后高句丽灭后百济和新罗，重新统一朝鲜半岛，国号高丽

1392 年 高丽大将李成桂拥兵自立，建立李氏王朝，翌年改国号朝鲜

1394 年 朝鲜迁都汉城

1592—1598 年 日本侵略朝鲜，壬辰卫国战争

1627 年 李朝臣服于后金政权，后成为清朝的藩属

320 年 旃陀罗笈多一世以华氏城为都，建笈多王朝

6 世纪初 嚈哒人以旁遮普的奢羯罗城为都，建嚈哒帝国

567 年 嚈哒帝国被突厥和伊朗联合攻灭

570 年 笈多王朝统治终结

606 年 曷利沙·伐弹那（即戒日王）建戒日王帝国

8 世纪末 商羯罗发动宗教改革运动

7 世纪末 阿拉伯人大举侵入印度

11 世纪初 阿富汗—突厥人伽色尼王朝侵扰印度

1186 年 阿富汗境内伊斯兰政权廓尔王朝灭掉伽色尼王朝

1206 年 廓尔王朝分裂，突厥人库尔布·乌丁·伊巴克自立为苏丹，统治以德里为中心的广大地区

1206—1526 年 印度德里苏丹国家时期

1526—1857 年 印度莫卧儿帝国时期

1 世纪 高棉人在柬埔寨建立扶南王国

7 世纪 扶南王国衰亡

7 世纪 室利佛逝王国兴起，在印度尼西亚建立第一个强大政权

8世纪中期 爪哇岛夏连特拉王国崛起，取代室利佛逝王国

9世纪 缅族国家崛起

802—1432年 柬埔寨吴哥王朝

1009—1225年 越南李朝

1044—1287年 缅族蒲甘王朝

1225—1400年 越南陈朝

11—12世纪 泰族人在泰国兴起

1238年 泰族人建立素可泰王朝

1350—1767年 泰国阿瑜陀耶王朝

1431年 泰族人攻占吴哥城

1434年 柬埔寨高棉人迁都金边，从此一蹶不振

16世纪初 马来亚大部分、印度尼西亚和菲律宾南部的棉兰老岛等地区普遍伊斯兰化，出现许多伊斯兰王国

16世纪 东吁王朝崛起，重新统一缅甸，并入侵暹罗

19世纪 马来亚在英国殖民统治之下完成统一

1939年 暹罗改称为泰国

第十四章 蒙古帝国和奥斯曼帝国

6世纪末 突厥分裂，东突厥居大漠南北，西突厥游牧于中亚

8世纪 蒙古开始西迁

11世纪 蒙古建立统一联盟

11世纪中叶 塞尔柱突厥人崛起

1138年 花剌子模成为独立王国

1162—1227年 铁木真

1206年 蒙古各部酋长在斡难（鄂嫩）河畔举行大会，公推铁木真为成吉思汗

1215年 成吉思汗占领金中都（北京）

1222 年 蒙古灭花剌子模

1223 年 蒙古在卡尔卡河畔全歼突厥部

1227 年 蒙古攻灭西夏

1231 年 蒙古征服高丽

1234 年 蒙古灭金

1235 年 蒙古大汗窝阔台决定西征

1242 年 拔都建立钦察汗国

1264 年 旭烈兀被忽必烈册封为伊尔汗，建伊尔汗国

1309 年 窝阔台汗国被灭

1354 年 奥斯曼土耳其人占领加里波里

1370—1500 年 帖木儿帝国

1388 年 帖木儿征服伊儿汗国

1453 年 奥斯曼土耳其攻占君士坦丁堡

1502 年 钦察汗国被克里米亚汗国攻灭

第十五章　早期美洲和撒哈拉以南的非洲

约公元前 2000 年 墨西哥中南部的印第安人逐渐定居

约公元前 1000 年 墨西哥中南部出现奥尔梅克文化

公元前 8—前 5 世纪 奥尔梅克文化进入全盛时期

约公元前 300 年 奥尔梅克文化突然消失

公元初年—9 世纪 尤卡坦半岛南部兴起一批城邦

10 世纪后 玛雅乌斯马尔、玛雅潘等城邦兴起

11 世纪 阿兹特克人处于原始社会状态

11 世纪 印加人在安第斯山区中部的库斯科谷地定居

12 世纪末 玛雅潘击败奇钦·伊查和乌斯马尔，成为尤卡坦半岛北部的霸主

13 世纪 印加人建立国家，建库斯科城

1325 年 阿兹特克人在墨西哥中部特斯科科湖北岸定居，建

特诺奇蒂特兰城（墨西哥城）

1438 年 印加人开始大肆扩张，建立一个庞大的奴隶制帝国

15 世纪 玛雅文明衰落

15 世纪初 阿兹特克人与特斯科科人、特拉科班人结成部落联盟

15 世纪末 阿兹特克人建立起一个奴隶制帝国

15 世纪后半期 阿兹特克社会进入奴隶社会

1511 年 西班牙殖民者到达美洲

1533 年 西班牙殖民者攻陷库斯科城，灭印加帝国

公元前 8 世纪 库施国兴起，攻入埃及并成功抵御崛起的亚述人的入侵

公元前后 阿克苏姆王国形成

公元前后 东非的索马里半岛及其以南沿岸地区兴起了一批商业城市，后来发展成为城市国家

公元初年—19 世纪 班图人分西、中、东三路向南迁徙

约 3 世纪 加纳形成国家

4 世纪中叶 埃塞俄比亚阿克苏姆王国灭库施国

约 5 世纪 南班图人中的马卡兰加人建立莫诺莫塔帕国

8 世纪末 加纳出现黑人政权

8—9 世纪 东非的索马里半岛及其以南沿岸地区的城市国家皈依伊斯兰教

11 世纪中叶 加纳遭柏柏尔人入侵，渐趋衰落

13 世纪 埃塞俄比亚所罗门王国兴起

13 世纪初 马里崛起

13 世纪 加纳被马里吞并

14 世纪初 西班图人以班扎为首都建立刚果国家

14 世纪末 马里被桑海取代

15世纪末 葡萄牙殖民者的入侵索马里半岛及其以南沿岸地区

15世纪末 葡萄牙殖民者开始入侵刚果

16世纪 所罗门王国衰落

16世纪 莫诺莫塔帕在欧洲殖民势力的侵略下渐趋败亡

1680年 桑海亡国

第十六章 文艺复兴与宗教改革

10世纪 欧洲农业出现新发展

14世纪末 农奴制在欧洲部分地区基本废除

11—12世纪 欧洲涌现大量乡村市场

13—14世纪 英、法等国市民阶层作为第三等级，出席国王召集的会议

1307年《神曲》发表

1328年 法王王位继承问题

1337年 英法百年战争开始

14世纪初 意大利的知识分子掀起了一场新文化运动

1479年 卡斯提和阿拉贡通过联姻统一，伊比利亚半岛形成西班牙和葡萄牙两国家

14—15世纪 威尼斯城市繁荣

15世纪中叶 美因茨的古腾堡发明活字印刷术和双面印刷技术

彼特拉克（1304—1374年）

薄伽丘（1313—1375年）

乔托（1267—1337年）

列奥那多·达·芬奇（1452—1519年）

米开朗基罗（1475—1564年）

拉斐尔（1483—1520年）

康帕内拉（1568—1639 年）

马基雅维利（1469—1527 年）

拉伯雷（1494—1553 年）

波丹（1530—1596 年）

托马斯·莫尔（1478—1535 年）

威廉·莎士比亚（1564—1616 年）

塞万提斯（1547—1616 年）

伊拉斯谟（1466—1536 年）

1517 年 马丁·路德发起宗教改革运动

1524 年 闵采尔领导德意志农民战争

1545—1565 年 天主教特兰托宗教会议

1555 年 路德派诸侯与保守的力量签订了《奥古斯堡和约》

1562—1594 年 法国胡格诺战争

1598 年 法王亨利四世颁布南特敕令

近代

第十七章　大航海时代

1405—1433 年 中国明朝郑和进行七次远洋航行

1492 年 意大利人克里斯托弗·哥伦布起航

1498 年 达·迦马到达印度

1500 年 葡萄牙探险家佩德罗·卡布拉尔发现巴西

1519 年 费南多·麦哲伦起航

1521 年 埃尔南·科尔特斯征服阿兹特克帝国

1522 年 麦哲伦船队完成环球航行

1524 年 圣方济各会传教士团来到阿兹特克地区传教

1530 年 弗朗西斯科·皮萨罗率领探险队进入印加帝国

1530 年 首批到达巴西的葡萄牙移民在当地种植甘蔗成功

1540 年 西班牙人在中美洲建立了比较稳固的统治

1545 年 西班牙勘探者在波托西（今玻利维亚南部）一带发现巨大银矿矿脉

16 世纪 80 年代 欧洲殖民者开始在美洲大规模开发银矿

1768 年 詹姆斯·库克船长从英国普利茅斯湾起航

1769 年 库克船长到达南太平洋的塔西提岛

1770 年 库克船长宣告英国对澳大利亚的主权

1797 年 麦卡瑟由好望角引进美丽诺羊，澳大利亚畜牧业开始快速发展

奴隶贸易

16—17 世纪 欧洲价格革命

1509 年 葡萄牙人占领马六甲

16 世纪 60 年代 西班牙人占领马尼

1600 年 英国成立东印度公司

1602 年 荷兰成立东印度公司

1619 年 荷兰的东印度公司占领雅加达

17 世纪中期 西方人开始排挤甚至打击东南亚华人，西班牙人在马尼拉多次屠杀华人

1652 年 台湾荷兰殖民者屠杀上万华人

1694 年 英格兰银行成立

1740 年 荷兰殖民者屠杀上万巴城华人

17 世纪末 法国推行重商主义经济政策

16 世纪末 17 世纪初 美洲的白银大量流入中国

17—19 世纪 日本的江户时代

第十九章　近代思想变革

尼古拉·哥白尼（1473—1543 年）

1543 年 哥白尼发表论文《天体运行论》

翰尼斯·开普勒（1571—1630 年）

弗兰西斯·培根（1561—1626 年）

伽利略（1564—1642 年）

勒内·笛卡尔（1596—1650 年）

牛顿（1642—1727 年）

伏尔泰（1694—1778 年）

让·雅克·卢梭（1712—1778 年）

1690—1789 年 启蒙运动

1690 年 约翰·洛克发表《人类理解论》

1725 年 格拉斯哥的道德哲学家弗兰西斯·哈奇森出版了《论美与美德观念的起源》

1776 年 亚当·斯密发表《国富论》

1748 年 孟德斯鸠写出了《论法的精神》

1751—1772 年 狄德罗主持编撰的《百科全书》相继出版

第二十章 欧洲近代国家转型

1485—1603 年 都铎王朝

16 世纪 60 年代 清教运动在英国兴起

1628 年 英国议会向国王提交《权利请愿书》

1642 年 英国内战爆发

1642—1646 年 第一次内战

1649 年 英国宣布成为共和国

1649 年 俄罗斯完全确立了农奴制

1653—1658 年 英国护国主政治

1688 年 英国光荣革命

18 世纪 英国形成内阁制

1648—1652 年 法国投石党运动

1661—1775 年 法国路易十四时代

1700 年 俄国彼得一世改革

1700—1721 年 北方战争

1740—1748 年 奥地利王位继承战争

1756—1763 年 七年战争

1772 年 普鲁士、俄国、奥地利第一次瓜分波兰

1773—1775 年 俄罗斯普加乔夫农民起义

1785 年 俄国沙皇叶卡捷琳娜二世颁布《贵族宪章》

1793 年 普鲁士、俄国、奥地利第二次瓜分波兰

1795 年 普鲁士、俄国、奥地利第三次瓜分波兰

第二十一章　大西洋革命

1607 年 英国人在北美洲建立弗吉尼亚的詹姆斯敦

1774 年 英国北美 12 个殖民地的代表在费城召开"第一届大陆会议"

1775—1783 年 美国独立战争

1787 年 美国《美国宪法》

1789 年 法国大革命开始

1789 年 法国《人权宣言》

1800—1815 年 拿破仑战争

1801 年 杜桑·卢维杜尔统一海地岛，宣布废除奴隶制

1804 年 海地正式宣布独立

1813 年 莫雷洛斯发布《墨西哥独立宣言》

1816 年 阿根廷宣告独立

1818 年 何塞·圣马丁解放智利

1821 年 何塞·圣马丁解放秘鲁

1822 年 西蒙·玻利瓦尔建立包括委内瑞拉、哥伦比亚和厄瓜多尔的统一共和国

1822 年 佩德罗宣布巴西独立，加冕为巴西帝国的皇帝

1823 年 美国发表《门罗宣言》

1824 年 墨西哥宣布为共和国

1825 年 秘鲁宣告独立，国名玻利维亚

第二十二章 工业革命

1623 年 英国颁布《专利法》

1707 年 英格兰和苏格兰正式合并为大不列颠王国

18 世纪 60 年代 英国工业革命开始

1733 年 英国人凯伊发明飞梭

1764 年 英国人哈格里沃斯发明了手摇纺纱机

1768 年 英国人阿克莱特制成水力纺纱机

1779 年 英国人克伦普顿发明了骡机

1782 年 英国人瓦特试制成双向蒸汽机

1784 年 工程师科特发明了生产熟铁的搅拌法和生产钢的辗压精炼法

1807 年 美国人富尔顿发明了汽船

1812 年 英国制造的汽船试航成功

1814 年 史蒂芬森发明了较实用的蒸汽机车

1819 年 第一艘汽轮横渡大西洋成功

19 世纪 60—70 年代—20 世纪初 第二次工业革命

第二十三章 欧洲的政治民主化与民族主义

1790 年 英国政治家爱德蒙·伯克发表《法国革命论》

1814—1815 年 维也纳会议

1820 年 西班牙、意大利的自由派军官先后发动起义，要求恢复宪政

1821 年 希腊起义

1825 年 俄国"十二月党人"起义

1829 年 希腊获得独立

1830 年 法国七月革命

1830 年 比利时宣布独立

1830 年 波兰起义

1831 年 马志尼创立"青年意大利党"

1832 年 英国议会改革

1848 年 欧洲 1848 年革命

1855 年 英国政府进行文官制度改革

1859 年 多瑙河两公国合并，建立事实上的罗马尼亚

1867 年 匈牙利在奥匈帝国中的自治

1870 年 普法战争

1870 年 巴黎民众宣布共和，是为法兰西第三共和国

1870 年 德国统一

1871 年 意大利统一

1893 年 新西兰议会通过妇女选举权的法案

1899 年 澳大利亚给予妇女选举权

1900 年 英国社会民主同盟、费边社、独立工党同工人联合会合并，组成工党

1918 年 欧美许多国家先后实现了妇女选举权

第二十四章　马克思主义的诞生与国际工人运动

1834 年 英国工会团体成立"全国各行业总工会"

19 世纪 30—40 年代 英国宪章运动

1831 年 第一次里昂工人起义

1834 年 第二次里昂工人起义

1848 年 马克思、恩格斯发表《共产党宣言》

1867 年 马克思发表《资本论》

1864—1876 年 第一国际

1867 年 英国议会改革

1871 年 巴黎公社

1889 年 第二国际成立

第二十五章　废奴时代

1772 年 英国法院判定拥有奴隶为非法

1788 年 法国成立黑人之友协会

1792 年 丹麦通过立法废除奴隶贸易

1794 年 法国宣布所有的法属殖民地废除奴隶制

1783 年 大英帝国的废奴运动

1807 年 英国国会通过了"禁止奴隶贸易法案"

1833 年 英国国会在通过"废奴法案"

1853—1856 年 克里米亚战争

1861 年 俄国沙皇亚历山大二世农奴制改革

19 世纪 60—80 年代 俄国民粹派运动

1861—1865 年 美国南北战争

1850 年 巴西皇帝佩德罗二世宣布禁止奴隶贸易

1889 年 巴西成立联邦共和国

第二十六章　东方帝国：危机与改革

19 世纪初—70 年代 土耳其改革时期

1869 年 苏伊士运河通航

19 世纪中期 英国完成了对印度的全部占领

1914 年 英国对奥斯曼帝国宣战，变埃及为其正式保护国

1857—1859 年 印度反英大起义

1853 年 美国海军准将佩里对日本叩关成功

1868—1869 年 日本戊辰战争

1868 年 日本明治维新改革开始

第二十七章　拉美的曲折发展

19 世纪初—20 世纪初　拉美考迪罗主义

19 世纪中叶　墨西哥阿尔瓦雷斯和胡亚雷斯发起针对天主教会的改革运动

1861—1866 年　墨西哥卫国战争

第二十八章　帝国主义扩张

1873 年　德国、奥匈和俄国结成了"三皇同盟"

19 世纪 70 年代—1914 年　殖民列强将非洲和亚太许多地区瓜分殆尽

1876 年　比利时国王利奥波德二世在布鲁塞尔召开了国际会议，成立"国际非洲协会"

1877—1878 年　俄土战争签署《圣斯特法诺条约》

1882 年　德奥意签订秘密的三国同盟

1884 年　德国的俾斯麦主持召开柏林会议

1895 年　德国科学家威·康·伦琴发现"X"射线

1895 年　德国物理学家马克斯·普朗克提出能量子概念，简称量子

1895 年　法国将大多数殖民地合并为法属西非

1896 年　法国科学家柏克勒耳发现铀射线

1897 年　柬埔寨正式成为法国的殖民地

1898 年　法国科学家比埃尔·居里和居里夫人发现了钋和镭的放射性

1898 年　美国正式兼并夏威夷

1898 年　美西战争

1899—1902 年　英布战争

1900 年前后　撒哈拉以南非洲地区基本上被西方列强分割完毕

1901—1909 年 美国总统西奥多·罗斯福提出"罗斯福推论"

1904—1905 年 日俄战争

1907 年 英法俄三国协约形成

1910 年 法国将大多数殖民地合并为法属赤道非洲

1914 年 英国基本完成对东南亚的征服

现代

第三十章 第一次世界大战与革命

1899 年 荷兰海牙召开第一次和平会议

1907 年 第二次海牙和平会议召开

1905 年 爱因斯坦在《论运动物体的电动力学》论文中提出了"狭义相对论"

1905 年 第一次摩洛哥危机

1911 年 第二次摩洛哥危机

1908 年 波斯尼亚危机

1912 年 第一次巴尔干战争

1913 年 土耳其与巴尔干同盟签订《伦敦和约》

1913 年 第二次巴尔干战争

1914 年 萨拉热窝事件,第一次世界大战爆发

1915 年 爱因斯坦提出"广义相对论"

1917 年 俄国爆发十月革命

1917 年 墨西哥颁布《1917 年墨西哥宪法》

1918 年 苏俄与德奥集团签订《布列斯特－立托夫斯克条约》

1918 年 第一次世界大战结束

1918 德国十一月革命

1918 年 匈牙利资产阶级民主革命

1918 年 苏俄开始实行战时共产主义政策

1919 年 德国魏玛共和国

1919 年 匈牙利苏维埃共和国成立

1919 年 卢瑟福和助手合作，用琢粒子轰击某种轻元素，使它成为氢元素，第一次实现了元素的"嬗变"

1920 年 原奥匈帝国海军上将霍尔蒂就任摄政王，实行军事独裁统治

1919 年 共产国际成立

1919 年 印度阿姆利则惨案

1920 年 甘地提出"非暴力不合作计划"

1919 年 凯末尔领导土耳其民族革命战争

1923 年 英、法、意、日、希、罗、南七国与土耳其签订《洛桑和约》

1923 年 土耳其共和国成立

1910 年 朝鲜沦为日本的殖民地

1919 年 朝鲜三一起义

1919 年 埃及三月起义

1919 年 巴黎和会签订《凡尔赛和约》

1921 年 苏俄开始实行新经济政策

1921—1922 年 华盛顿会议签订《四国条约》《五国海军条约》《九国公约》

1922 年 中日签订《解决山东问题悬案条约》及《附约》

1922 年 意大利法西斯政权建立

1922 年 苏联正式成立

1922 年 加拿大生理学家、外科医师班廷和贝斯特从胰脏中

分离出胰岛素

1925年左右 丹麦物理学家玻尔、法国物理学家德布罗意、德国物理学家海森堡、奥地利物理学家薛定谔和英国物理学家狄拉克等，在普朗克研究的基础上，建立了量子力学

1934年 苏联开始"大清洗"

1934年 意大利物理学家昂利克·费米发现用中子轰击铀，可造成铀的核裂变

1936年 苏联宣告世界上第一个社会主义国家建成

1929—1933年 资本主义经济大危机

1922—1924年 土耳其政府宣布废除苏丹制、取消哈里发制，宣布建立共和国

1924—1932年 日本出现政党政治

1923年 埃及颁布《1923年宪法》

1925年 朝鲜共产党成立

1931年 日本军部激进势力以夺取中国东北为目标，发动了"九一八"事变

1932年 日本占领了中国东北三省

1932年 中国发起抵抗日本侵略的淞沪抗战

1933年 中国成立立察哈尔抗日同盟军

1933年 美国实行罗斯福新政

1933年 丹麦签订《堪斯勒盖德协议》为"福利社会"奠定了理论基础

1934年 希特勒在德国确立法西斯集权体制

1935年 中国共产党发表《八一宣言》呼吁全国各党各派各界各军停止内战，一致抗日

1935年 中国北京爆发"一二·九"学生抗日救亡运动

1936年 日本陆军激进派发动"二二六"政变

1936 年 德军占领莱茵非武装区

1936 年 德意成立柏林—罗马轴心

1936 年 张学良与杨虎城发动"西安事变"

1937 年 柏林—罗马—东京轴心侵略军事集团初步形成

1937 年 日军在中国发动"卢沟桥事变"

1937 年 日军在中国制造南京大屠杀

1939 年 德国入侵波兰，英、法宣战，第二次世界大战全面爆发

1940 年 英国生物化学家钱恩和病理学家弗洛里将青霉素研制成抗生素

1940 年 日本通过了《根据世界形势发展的时局处理要纲》，决定一边继续进行对华战争，一边做好把战争进一步扩大到太平洋的准备

1941—1945 年 苏联卫国战争

1941 年 日本偷袭珍珠港，太平洋战争爆发

1942 年 美国、苏联、英国、中国等 26 国发表《联合国家宣言》

1943 年 意大利投降，德意日三国同盟瓦解

1944 年 美英盟军在欧洲开辟第二战场

1944 年 南斯拉夫联邦人民共和国

1945 年 美英苏三国签订雅尔塔协定

1945 年 美国旧金山召开联合国国际组织会议，通过《联合国宪章》，联合国正式成立

1946 年 阿尔巴尼亚人民共和国成立

1947 年 经济互助委员会成立

1947 年 印巴分治

1947 年 美国提出马歇尔计划

1948 年 美国成立美洲国家组织

1948 年 第一次柏林危机

1949 年 中华人民共和国成立

1949 年 北大西洋公约组织成立

1950 年 朝鲜战争爆发

1952 年 埃及七月革命

1953 年 埃及共和国成立

1955 年 华沙条约

1955 年 万隆会议

1956 年 苏共二十大召开

1957 年 苏联成功发射世界上第一颗人造地球卫星

1958 年 第二次柏林危机

1961 年 柏林墙修建

1961 年 第一次不结盟国家和政府首脑会议召开

1961 年 宇航员加加林乘坐苏联第一艘载人宇宙飞船绕地球一周后安全返回地面

1961—1973 年 越南战争

1962 年 古巴导弹危机

1963 年 非洲统一组织成立

1964 年《七十七国联合宣言》

1967 年 东南亚国家联盟成立

1968 年 苏联军队入侵捷克

1969 年 美国"阿波罗 11 号"宇宙飞船将宇航员阿姆斯特朗、奥尔德林送上月球

1972 年 美国生物化学家郫伯格获得了第一批重组 DNA 分子，基因工程技术由此诞生

1974—1975 年 经济危机

1978 年 中国共产党十一届三中全会召开，开始改革开放

1980—1988 年 两伊战争

1985 年 戈尔巴乔夫提出"新思维"

1991 年 苏联解体、东欧剧变

1993 年 欧洲联盟成立

1992—1995 年 波黑战争

1988 年《美加自由贸易协定》

1989 年 亚太经济合作首届部长级会议

1992 年《北美自由贸易协定》

1993 年 亚太经济合作会议改名为亚太经济合作组织

1999 年 科索沃危机

2001 年 上海合作组织成立

2001 年 "9·11"事件

2001 年 阿富汗战争

2002 年 非洲联盟成立

2003 年 伊拉克战争

2006 年 南斯拉夫解体

2013 年 中国"嫦娥三号"成功发射

中国历史年表

约 170 万年前 元谋人生活在云南元谋一带

约 80 万年前 蓝田人生活在陕西蓝田一带

约 40 万—50 万年前 北京人生活在北京周口店一带

约 17000 年前 山顶洞人开始氏族公社生活

夏朝 约公元前 21—前 16 世纪

商朝 约公元前 16—前 11 世纪

西周 约公元前 11 世纪—前 771 年

春秋 公元前 770—前 476 年

战国 公元前 475—前 221 年

公元前 356 年 商鞅开始变法

秦朝 公元前 221—前 201 年

公元前 221—前 210 年 秦始皇在位

西汉 公元前 206—公元 8 年

公元前 140—前 87 年 汉武帝在位

公元 8 年 王莽改制

17—27 年 绿林赤眉起义

东汉 公元 25—220 年

184 年 黄巾起义

200 年 官渡之战

208 年 赤壁之战

三国 220—280 年

220 年 魏国建立

221 年 蜀国建立

222 年 吴国建立

263 年 魏国灭蜀国

265 年 西晋建立

280 年 西晋灭吴

316 年 西晋灭亡，长安被匈奴攻占

317 年 东晋建立

383 年 淝水之战

386 年 北魏建立

南北朝 420—589 年

隋朝 581—618 年

唐朝 618—907 年

755—763 年 安史之乱

五代 907—960 年

916 年 契丹政权建立

北宋 960—1127 年

1069 年 王安石变法

1125 年 金灭辽

1127 年 金灭北宋，南宋建立

1234 年 蒙古灭金

元朝 1271—1368 年

1279 年 元灭南宋

1351 年 红巾军起义

明朝 1368—1644 年

1405—1433 年 郑和七次下西洋

1616 年 努尔哈赤建立后金政权

1636 年 后金改国号为清

1644 年 李自成攻占北京，明朝灭亡

清朝 1644—1912 年

1662 年 郑成功收复台湾

1689 年 中俄签订《尼布楚条约》

1796—1805 年 白莲教起义

1840—1842 年 鸦片战争

1842 年《中英南京条约》签订

1844 年《中美望厦条约》《中法黄埔条约》签订

1851 年 太平天国建立

1856—1860 年 第二次鸦片战争

1858 年《中俄爱辉条约》《中俄天津条约》《中美天津条

约》《中英天津条约》《中法天津条约》签订

1860年《中英北京条约》《中法北京条约》《中俄北京条约》签订

19世纪60—90年代 洋务运动

1864年 太平天国失败

1876年《中英烟台条约》签订

1881年《中俄伊犁条约》签订

1884—1885年 中法战争

1885年《中法新约》《中日天津条约》签订

1894—1895年 甲午中日战争

1894年 兴中会成立

1895年《中日马关条约》签订，中国军民反抗日本占领台湾

1896年《中俄密约》签订

1898年 戊戌变法

1900年 八国联军侵略北京

1901年《辛丑条约》签订

1905年 中国同盟会成立

1911年 广州起义、武昌起义

1912年 中华民国成立

1913年 二次革命

1915年 新文化运动开始

1915—1916年 护国运动

1916年 袁世凯帝制活动失败

1917年 张勋复辟失败

1917—1918年 护法运动

1919年 中国旧民主主义革命时期结束、五四运动

1921 年 中国共产党第一次代表大会、中国共产党成立

1922 年 1—3 月 香港海员大罢工

1922 年 7 月 中国共产党第二次全国代表大会

1922 年 9 月 安源路矿工人罢工

1923 年 2 月 京汉铁路工人"二七"大罢工

1923 年 6 月 中国共产党第三次全国代表大会

1924 年 1 月 中国国民党第一次全国代表大会，革命统一战线正式成立

1925 年 5 月"五卅"运动爆发

1925 年 6 月—1926 年 10 月 省港大罢工

1926 年 7 月 国民革命军北伐

1927 年 4 月 蒋介石发动"四一二"反革命政变

1927 年 7 月 汪精卫集团叛变

1927 年 8 月"八一"南昌起义、八七会议

1927 年 9 月 秋收起义

1927 年 10 月 毛泽东建立井冈山革命根据地

1927 年 12 月 广州起义

1929 年 12 月 古田会议

1930—1931 年 中共中央根据地粉碎国民党三次"围剿"

1931 年 日本发动"九一八"事变

1931 年 11 月 中央工农民主政府在江西瑞金成立

1932 年 1 月 日本发动"一·二八"事变

1933 年 红军粉碎国民党第四次"围剿"

1934 年 10 月 中央革命根据地主力红军开始长征

1935 年 1 月 遵义会议

1935 年 10 月 长征红军到达陕北

1935 年 12 月"一二·九"运动爆发

1936年12月 西安事变

1937年7月 日本发动"七七"事变全面侵华

1937年8月 中国共产党召开洛川会议，公布《抗日救国十大纲领》

1940年1月 毛泽东发表《新民主主义论》

1939—1943年 国民党先后发起三次反共高潮

1941年1月 皖南事变

1942年 中国共产党开展整风运动

1944年 解放区军民开始局部反攻

1945年4月 中国共产党第七次全国代表大会

1945年8月 日本宣布无条件投降

1945年8—10月 重庆谈判

1945年9月 日本帝国主义签订投降书，抗日战争胜利结束

1945年10月 《双十协定》签订

1946年1月 中国共产党同国民党签订《停战协定》，政治协商会议召开

1946年6月 国民党发动全面内战

1946年12月 北平学生发动抗议美军暴行运动

1947年2月 台湾人民发动"二二八"起义

1947年5月 全国学生发动"反饥饿、反内战、反迫害"运动

1947年7月 人民解放军开始大反攻

1947年10月 中国共产党公布《中国土地法大纲》

1947年12月 毛泽东发表《目前形势和我们的任务》

1948年9—11月 辽沈战役

1948年11月—1949年1月 淮海战役

1948年12月—1949年1月 平津战役

1949年3月 中国共产党第七届中央委员会第二次全体会议

1949年4月 中国人民解放军总司令发布向全国进军的命令，解放军渡江作战，攻占南京

1949年9月 中国人民政治协商会议第一届全体会议举行

1949年10月1日 中华人民共和国成立

（撰稿人：何宛昱）

参考书目

［美］R. R. 帕尔默：《现代世界史》，何兆武等译，世界图书出版公司2009年版。

［美］彼得·赖尔、［美］艾伦·威尔逊：《启蒙运动百科全书》，刘北成、王皖强编译，上海人民出版社2004年版。

武寅主编：《简明世界历史读本》，中国社会科学出版社2014年版。

刘新成、刘北成：《世界史·近代卷》，高等教育出版社2007年版。

刘宗绪主编：《世界近代史》，北京师范大学出版社2004年版。

徐惟诚总编：《不列颠百科全书》（国际中文版），中国大百科全书出版社1999年版。

《中国大百科全书·外国历史》，中国大百科全书出版社1992年版。

王觉非主编：《欧洲历史大辞典》，上海辞书出版社2007年版。

钱乘旦、许洁明：《英国通史》，上海社会科学院出版社2002年版。

阎照祥：《英国政治制度史》，人民出版社1999年版。

吕一民：《法国通史》，上海社会科学院出版社2002年版。

丁建弘：《德国通史》，上海社会科学院出版社2002年版。

李琮主编：《世界经济学大辞典》，经济科学出版社2000年版。

［英］马赛厄斯等主编：《剑桥欧洲经济史》，徐强等译，经济科学出版社2004年版。